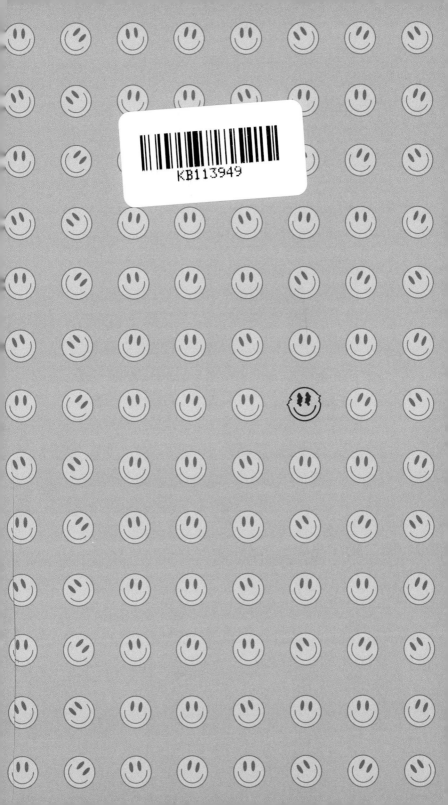

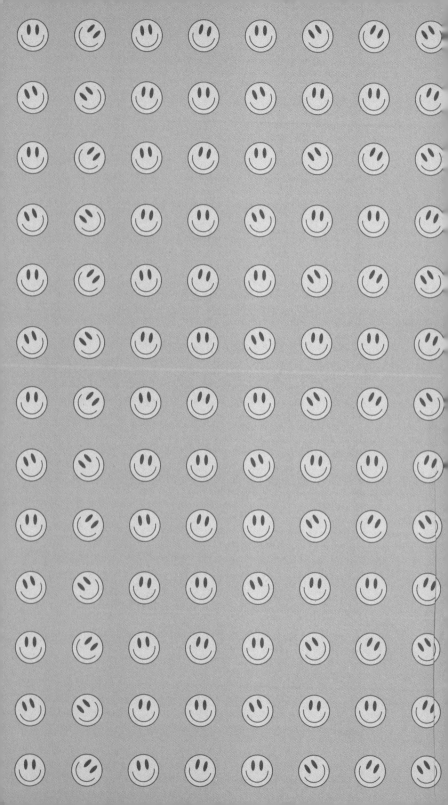

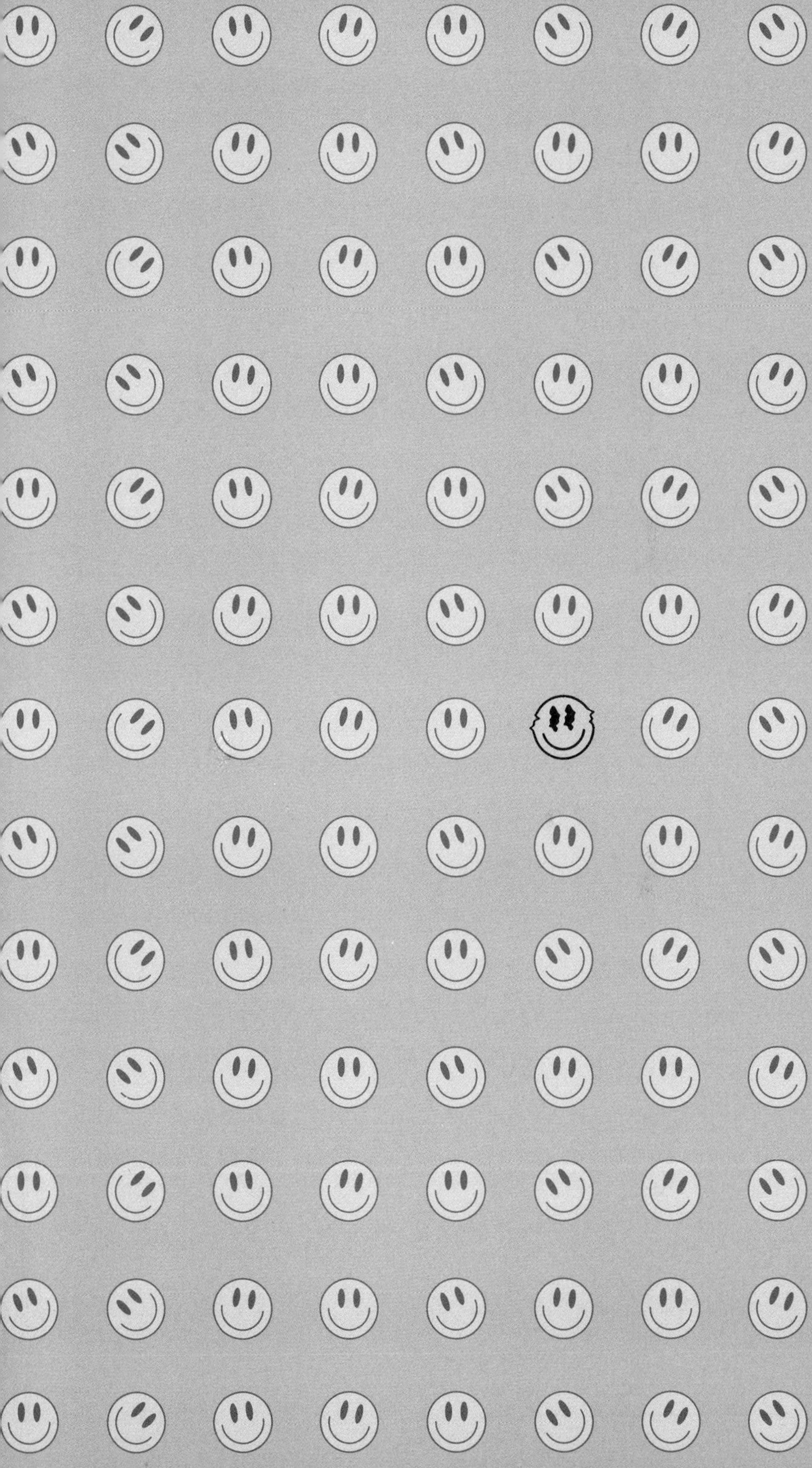

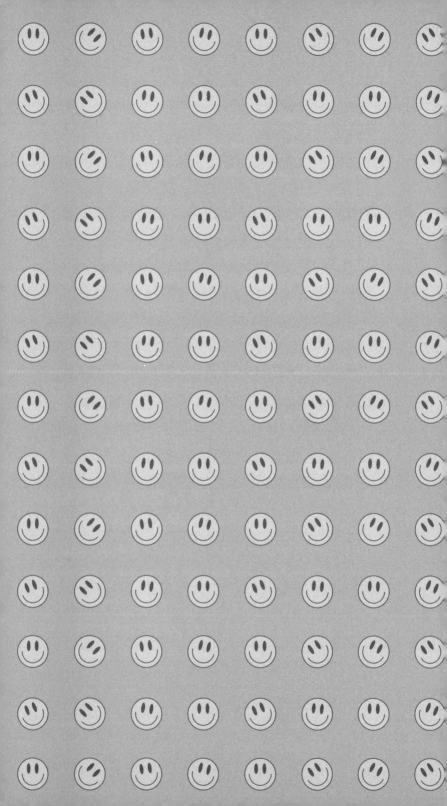

평등하다는 착각

일러두기

1. 단행본은 「 」, 잡지는 《 》, 논문은 「 」, 영화와 드라마 그리고 TV 프로그램 등은 〈 〉로 표기한다.

2. 지명과 인명, 작품명은 원칙적으로 국립국어원의 외래어 표기법을 따른다. 단, 용례로 굳어진 경우에는 통용되는 표기를 따른다.

평등하다는 / 착각

The Authority Gap

왜 여성의 말에는
권위가 실리지 않는가?

메리 앤 시그하트 지음 | 김진주 옮김

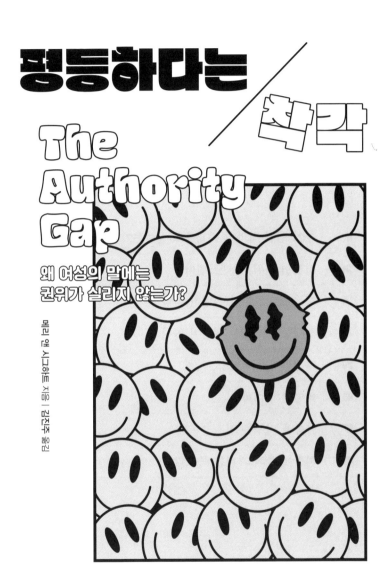

Angle Books

목차

바트 심슨은 마거릿 대처보다 권위 있는가

메리 매컬리스는 아일랜드 대통령이던 때 교황 요한 바오로 2세를 만나고자 바티칸을 방문했다. 매컬리스가 사절단 맨 앞자리에서 교황에게 소개되려는 순간, 교황은 그녀를 휙 지나치더니 그녀의 남편에게 손을 내밀며 물었다.

"대통령의 남편이 되느니 차라리 대통령이 되는 게 더 낫지 않나요?"

이 책을 쓰기 위해 인터뷰를 나누는 중에 매컬리스는 내게 이렇게 말했다.

"나는 손을 내밀어 공중에서 머뭇거리던 교황의 손을 잡고 말했어요. '안녕하세요. 아일랜드 국민이 뽑은 아일랜드 대통령 메리 매컬리스입니다. 교황님이 보시기에 좋든 싫든 말이죠.'"[1]

교황은 곧바로 농담이라고 둘러댔지만, 설혹 그 말이 사실이라고 해도 첫인사를 나누기 전부터 한 나라의 대표를 모욕했으니 너무나도 형편없는 농담이었다. 매컬리스가 당시의 기억을 떠올리며 말했다.

"교황은 '죄송합니다, 대통령님의 유머 감각이 남다르다기에 농담을 좀 해 봤습니다.'라더군요. 제가 대답했죠. '제 유머 감각이 뛰어난 건 맞지만 그 농담은 재미가 없네요. 제가 남성 대통령이었다면 듣지 않았을 농담이니까요.'"

남성 대통령은 당연하다시피 존중하면서 여성 대통령은 존중하지 않는 까닭은 무엇일까? 바로 여성과 남성 사이에 여전히 '권위 격차'가 존재하기 때문이다.

열등한 존재로 대우받고 싶은 사람은 없다. 특히 열등하지 않은 사람은 더더욱 그렇다. 문제의 본질을 명확하게 파악하고 싶다면 상황을 뒤집어서 생각해 보면 된다.

당신이 남성이라면 잠시 시간을 내어 생각실험을 하나 해 보자. 여성이 일상다반사로 당신을 가르치려 드는 세상에 살고 있다고 상상해 보자. 여성들은 당신의 견해를 무시하고 전문성을 의심하기 일쑤다. 당신이 회의에서 의견을 내려고 입을 여는 순간 여성 동료가 말을 가로채고 여성 부하는 당신이 그저 남성이라는 이유로 당신 밑에서 일하기를 거부한다. 여성 상사는 당신보다 능력이 부족한 다른 여성 동료를 승진시킨다. 사람들은 늘 당신에게 말을 걸기 전에 당신과 동행한 여성에게 먼저 말을 건다. 당신이 책을 썼는데, 남성이라는 이유로 인구의 절반이 그 책을 읽으려 들지 않는다. 그럴 때 당신이라면 그저 어깨를 으쓱하면서 이렇게 말할까?

"글쎄, 이 정도면 공평한 거지 뭘. 남성과 여성은 다르니까."

아니면 울분을 터트릴까?

소울 가수 아레사 프랭클린이 요구했던 '존중(R.E.S.P.E.C.T)'은 여전히 여성이 남성보다 더 치열하게 싸워야 얻을 수 있다. 우리가 남녀평등을 믿는다고 제아무리 강력하게 주장해도 현실에서는 여성 지도자나 전문가의 권위조차 쉬이 인정하려 들지 않는다. 여성이라면 누구나 과소평가되고 무시당하고 말허리가 잘리고 아랫사람 취급을 당한 경험이 있을 것이다(여기서 '여성'은 자신을 여성이라고 생각하는 사람 모두를 지칭한다). 우리 사회는 엄청난 발전을 이뤘고, 여성을 존중하고 여성의 말에 귀 기울이는 남성이 많아졌지만 아직 갈 길이 멀다.

연구에 따르면 사람들은 여전히 여성이 남성보다 전문성이 떨어진다고 생각한다. 남성과 여성 모두를 포함해서 대다수 사람들은 여전히 여성의 견해에 영향받기를 꺼린다. 그리고 여성이 권위를 행사하는 상황에 거부감을 갖는다. 다시 말해서 여성과 남성 간에는 여전히 권위 격차가 존재한다.

모든 성별 격차는 권위 격차에서 시작한다. 남녀 사이에서 발생하는 격차는 굉장히 크고 부당하다. 남성과 여성이 받는 임금과 승진 경험은 성과 평가 대비 14배나 차이난다. 이는 70 퍼센트의 남성이 같은 성과를 거둔 남녀 중 남성을 더 높이 평가하기 때문이다.[2] 여성은 명망 있는 직업과 전문직, 고위 관리직에서 남성만큼 좋은 성과를 내고 있지만 임금은 훨씬 적게 받는다.[3]

이는 우리가 여전히 너무 쉽게 '남성'과 '권위'를 연관 짓기 때문이다. 옥스퍼드대학교에서 권위 격차를 주제로 강의를 하려고 자료를 준비하면서 나는 용어를 정의하는 작업부터 시작했다. 먼저 구글 검색에서 제일 첫줄에 나온 옥스퍼드 온라인 사전의 정의를 캡처했다.[4] 사전에 나온 모든 예시 문장은 같은 대명사로 시작하고 있었다.

"그는 부하들에게 절대적인 권위를 행사했다."

"그는 지시를 내리는 상황에 익숙한 사람답게 자연스러운 권위가 있었다."

"그는 권위 있게 공을 쳤다."

"그는 주식 시장의 권위자다."

나는 권위 격차의 문제점을 이보다 훌륭하게 보여 주는 사례를 찾지 못했다. 그런데 지시에 익숙한 마거릿 대처에게는 자연스러운 권위가 없었는가? 세리나 윌리엄스는 공을 권위 있게 치지 않았는가? 헬레나 모리이는 주식 시장의 권위자가 아닌가? 이런 식의 차별 대우는 사전적 정의뿐만이 아니었다.

'전문성'과 관련된 슬라이드 이미지 자료를 찾으려고 했을 때도 똑같은 일이 벌어졌다. 제일 처음 나온 20장의 이미지에는 여성이 단 한 명도 등장하지 않았다. 그리고 남성들과 함께 있는 여성의 이미지가 처음으로 나오기 전에 바트 심슨의 이미지가 먼저 등장했다. 마침내 여성 이미지가 나왔지만, 자세히 보니 남성 전문가로부터 설명을 듣고 있었다. 때때로 우리가 찾던 자료는 이처럼 엉뚱한 모습으로 튀어나와 뺨을 사정없이 후려친다.

그렇지만 세상은 분명 달라지고 있다. 최고위직에 여성을 더 많이 앉히고 이에 환호하며, 여성 감독을 홀대한다고 아카데미를 비난하기도 한다. 또 의미 있는 상이 여성에게 많이 돌아갈 때는 열광한다.

하지만 '미투 운동' 이후로 선진국에서 목격되는 현상은 일종의 립 서비스 페미니즘이다. 우리는 여전히 트위터에서 여성보다 남성을 더 많이 팔로우하거나 리트윗한다. 남성과 여성이 함께 서 있으면 남성에게 먼저 말을 건다. 여성은 남성 작가가 쓴 책을 선뜻 집어 들지만 남성은 여전히 여성 작가의 책에 관심을 보이지 않는다.

무의식적 편향은 우리가 한 걸음 한 걸음 앞으로 나아갈 때마다 그 뒤를 바싹 쫓아온다. 그리고 우리는 스스로 이룬 진보에 너무나 쉽게 기뻐하면서 세상에 여전히 존재하는 편향을 알아차리지 못한다. 나는 이 책을 통해 편향을 자세히 살펴 보고, 이에 개인 및 사회가 취할 수 있는 방안을 제시하고자 한다. 그래서 비합리적인 사회적 조건화와 시대착오적인 편견의 산물이라는 편향의 본모습을 직시하고 이에 대항하기를 원한다.

뇌는 심리학자들이 '휴리스틱(heuristics)'이라고 부르는 지름길을 택한다. 이는 한꺼번에 지나치게 많은 정보를 처리할 필요가 없도록 세상을 범주화해서 인식하는 방식이다. 우리는 이 틀을 상호작용하는 사람과 자신 사이에 투명 필름처럼 덧입힌다. 다시 말해 자신의 성장 환경에서 습득한 편견을 바탕으로 상대가 어떤 사람일지 짐작한다. 우리는 남성을 사회 지도자와 연결 짓고, 여성을 가사와 연관 짓는다. 그리고 계속해서 그 틀을 사용한다. 이를 두고 덴마크 전 총리 헬레 토르닝 슈미트는 이렇게 말했다.

"우리 뇌는 여성 지도자에게 극심한 편견을 갖게 만듭니다. 석기 시대의 뇌 입장에서 보면 여성 지도자라는 존재는 부자연스러우니까요."[5]

하지만 이 틀을 석기시대로부터 이어져 온 진화의 산물로만 볼 수 없다. 현재 사회에서도 형성될 수 있다.

사람들은 이런 틀이 무의식에 깊이 뿌리내려 있다는 사실을 잘 알아차리지 못한다. 윤리적으로나 지적으로 성차별에 진지하게 반대하는 사람도 무의식적 편향에서 자유로울 수 없다. 편향은 굉장히 깊은 수준에서 무의식적으로 전달된다. 의식을 연구하는 과학자들이 설명하듯, 무의식적 편향은 우리가 세상을 바라보는 방식과 떼려야 뗄 수 없게 엮여 있다.

물론 백인과 소수 민족 간, 각 계층 간, 장애인과 비장애인 간, 이성애자와 성소수자 간에도 권위 격차는 존재한다. 이 역시 각각 책 한 권을 할애할 만한 주제이지만, 나는 그런 주제를 다룰 만한 적임자가 아니다. 그래서 이 책에서는 성별에 따른 권위 격차를 주로 다루되, 다른 편향이 성 편향과 교차하는 대목은 함께 다룬다.

남녀 간 권위 격차는 문화권에 관계없이 전 세계 여성에게 영향을 미친다. 나는 유럽과 미국뿐 아니라 아프리카, 라틴아메리카, 아시아와 중동에서 온 여성들과도 이야기를 나눴다. 그들은 열이면 열, 자기 말이 남성의 말만큼 진지하게 받아들여지지 않은 경험이 있다고 했다. 우리는 여성이 말할 때 자주 끼어들고, 전문성에 의문을 표시하고, 제대로 귀 기울이지 않으면서 자신이 그렇게 행동한다는 사실을 알아차리지 못하는지도 모른다. 실제로 많은 사람이 그렇게 행동하고 있다.

최고위직에 오른 여성조차, 특히 유색인 여성이라면 그런 경험을 한다. 나는 부커상을 수상한 소설가이자 문예창작학과 교수인 버나딘 에바리스토와 이야기를 나눈 적 있다. 에바리스토는 흠 잡을 데 없는 경력에 뚜렷한 재능과 카리스마 넘치는 성격의 소유자인데도 사람들을 애써 설득해야만 권위를 제대로 인정받는다고 말했다. 특히 '자신에게 배우러 와서는 별반 배울 게 없다는 식으로 사사건건 이의를 제기하는' 나이 많은 백인 남학생들을 대할 때 그런 일이 많다고 했다.

"나는 권위 있는 자리에 올랐어요. 대학교수에 왕립문학학회 부회장이에요. 부커상도 수상했고요. 수십 년간 서평을 쓰고 신문에 글을 기고해 왔죠. 그래서 얼핏 보면 어딜 가든 권위자로 대접받을 것 같지만 실제로는 그런 대접을 받아본 적 없어요. 걸보기에 권위 있는 자리에 오를 만한 사람이 아니다 보니 제대로 권위를 인정받지 못하는 거죠."[6]

남성들만 이렇게 행동하는 것은 아니다. 우리는 스스로를 진보적이고 지적인 존재로 여기지만 수많은 과학 문헌은 남녀를 막론하고 모두에게 무의식적 편향이 있음을, 심지어 자기 성별에 대해서도 그렇다는 점을 보여 준다.[7] 우리는 이런 편향을 의식하지 못하고 행동으로 옮긴다.

나 또한 예외가 아니다. 그 누구도 예외가 아니다. 나는 평생 페미니스트였고 여성의 말을 제발 더 진지하게 들어달라고 간청하는 책도 썼지만 편향에서 자유롭지 못하다. 가끔 라디오 인터뷰에서 젊은 여성이 남성이라면 결코 그러지 않을 높고 갈라진 목소리로 어린아이처럼 이야기를 하면 '자기가 무슨 말을 하는지 알고 있나?'라고 생각한다.

물론 그러고 나면 곧 뉘우치고 실수를 만회하려 애쓴다. 그녀가 하는 말을 주의 깊게 들으면서 어조가 아니라 내용으로 판단하려고 노력한다. 자신이 갖고 있는 편향을 알아차리고 능동적으로 개선하려고 할 때만 상황이 바뀔 수 있기 때문이다.

이 책을 쓰면서 나는 세상에서 가장 영향력 있고 성공한, 권위 있는 여성 50인과 인터뷰를 했다. 그들도 권위 격차를 경험하는지 알고 싶었기 때문이다. 프랜시스 모리스는 테이트 모던의 관장으로 미술계 최고의 인사다. 하지만 모리스 역시 사람들이 그녀의 직책을 알 때만 비로소 권위 격차로부터 자유로워진다.

"테이트 모던의 관장으로 근무하는 시간 동안에 저는 영향력 있고 논리정연한 사람으로 진지하게 받아들여져요. 하지만 이 건물을 떠나는 순간 아무것도 아닌 사람이 되고 말죠."

모리스가 말했다.[8]

"왜냐하면 미술관 밖 세상에서 저는 일개 여성으로, 사람들에게 진지하게 받아들여지지 않으니까요. 저는 사람들이 제 직업을 알지 못하는 상황에 처할 때가 많아요. 그럴 때 사람들은 남성 동료와 악수를 한 뒤에 저와 악수를 하고, 남편과 눈을 맞춘 뒤에 저와 눈을 맞춰요. 제가 중년의 여성으로서 드러낸 견해에는 관심을 보이지 않죠. 제 눈에는 그 차이가 명확하게 보여요. 테이트 모던의 관장이라는 사실을 아는 사람과 모르는 사람이 제게 접근하고 저를 대하는 방식이 서로 극명하게 다르거든요."

그건 모리스와 사회적 지위가 비슷한 남성도 마찬가지 아닐까? 이에 모리스는 단호하게 말했다.

"아니요. 이제껏 테이트 모던을 이끈 세 분의 남성 관장들과 함께 일해 봤지만 그들에게는 그런 일이 일어나지 않았어요."

트럼프 내각에서 교통부 장관으로 재직한 일레인 차오는 40대 후반이 되어서야 자신의 말이 남성 동료의 말만큼 관심을 얻게 되었다고 말했다. 그녀가 조지 W. 부시 내각에서 노동부 장관으로 임명된 시점이었다.

"놀랍죠? 그때가 마흔일곱 살이었어요. 난생 처음 뭔가 해냈다고 느꼈죠."[9]

하지만 그때 이미 차오는 미국 평화봉사단 단장을 비롯한 여러 대표직을 두루 거친 후였다. 그런 직위에 있을 때조차 사람들이 그녀의 말에 제대로 귀 기울이지 않았다는 것은 남녀 간의 권위 격차가 얼마나 심각한지를 단적으로 보여 준다.

최고위직에 오른 여성조차 권위 격차가 드러나는 상황에 너무나 익숙해서, 권위 격차가 나타나지 않는 상황을 마주하면 놀라면서도 기분이 좋다고 했다. 영국의 대법원장이던 브렌다 헤일은 언젠가 남성 부대법원장과 함께 모임을 주최했는데, 참석자들이 대부분의 질문을 부대법원장이 아닌 자신에게 해서 깜짝 놀란 적 있다고 말했다. 당시 헤일은 그 모임 뿐만 아니라 사법부 전체를 통틀어서 가장 높은 자리에 있었지만, 그런 일이 상당히 드물다는 걸 깨달았다고 했다.[10]

내가 이처럼 고위직 여성의 경험담을 이야기하는 까닭은 영향력이 엄청난 여성들조차 권위를 도전받고 견해가 묵살되고 전문성에 물음표가 붙는 신세라면, 나머지 여성들의 상황역시 별반 다르지 않다는 걸 잘 보여 주기 때문이다. 그리고 앞서 언급한 여성들이 권위 격차 문제를 극복했다면, 이들의 경험은 출신, 계층, 인종에 상관없이 이들보다 특권이 훨씬 적은 나머지 여성들에게 길잡이가 될 수 있다.

나는 다양한 연령대와 인종, 계층에 걸쳐 있는 평범한 여성들과도 이야기를 나눴다. 베이비 붐 세대부터 X세대를 거쳐 MZ세대에 이르기까지 권위 격차를 경험해 본 적 없는 여성은 단 한 명도 없었다. 앨리스(엔지니어, 27세)는 이렇게 말했다.

"제가 팀을 이끌고 있을 때, 지위가 같은 다른 남성 동료보다 더 많은 의심의 눈초리를 받아요. 그리고 남성 동료와 같은 수준으로 권위를 인정받으려면 더 많이 싸워야 해요. 사람들은 제 경력을 인정해 주기는 하지만 남성 동료들만큼은 아니거든요."

몇몇 국가에서는 성 역할에 대한 편견이 사회 곳곳에 버젓이 드러나 있다. 다큐멘터리 감독 샤르민 오바이드치노이는 파키스탄 여성의 지위가 얼마나 낮은지를 보여 주는 영화로 아카데미상을 두 차례나 수상했다.

"파키스탄은 여성 혐오가 극심한 나라입니다. 뼛속까지 가부장적인 국가죠. 마을이든 소도시든 대도시든 어디서나 대체로 남성이 여성 대신 결정을 내려요. 자기 인생을 스스로 결정할 수 있는 여성은 굉장히 드물죠. 초고학력에 신분이 높은 여성조차 자기 인생과 관련된 문제에서는 아주 사소한 결정조차 내릴 수 없어요."

만약 이런 상황을 거부한다면 어떻게 될까?

"자기 생각을 명확히 밝히고, 의문을 표시하고, 자기 권리를 요구하는 여성은 비난을 받고 꼬리표가 붙고 살해당하는 경우가 많아요. 그러다 보니 공공연하게 그런 행동을 하는 여성은 거의 없죠."[11]

다행스럽게도 선진국에서는 여성이 자기 인생과 관련된 결정을 스스로 내릴 수 있다. 목숨을 잃을까 봐 두려워하지 않고 자기 권리를 옹호하기 위해 목소리를 높일 수 있다. 하지만 그렇다고 해서 문제가 해결되었다고 볼 수 없다. 은밀하게 일어나는 성차별은 대항해서 싸우기가 굉장히 어렵기 때문이다. 가해자들은 성차별을 부인하거나 쉽게 발뺌하고, 성차별 사건에 불만을 표출하는 여성은 성마르고 예민하고 유머 감각이 없는 사람으로 여겨지고, 히스테리를 부린다거나 이야기를 지어낸다는 소리를 듣는다.

'권위'라는 말은 무엇을 뜻할까? 나는 권위를 두 가지 뜻으로 사용한다. 첫째는 지식과 전문성의 결과로 얻는 영향력이다. 다시 말해서 해당 분야의 권위자로 인정받는 것이다.

둘째는 권력과 지도력을 행사할 수 있는 능력이다. 다시 말해서 책임을 맡은 결과로 얻는 권한이다. 이 정의에 따르면 공공 영역에서의 권위만큼이나 가정에서의 권위도 쉽게 언급할 수 있지만, 이 책에서는 공공 영역에서의 권위만 다룰 예정이다.

나는 지능 면에서 남학생들에게 결코 뒤지지 않는 여학생들과도 이야기를 나누었다. 이들에게도 과소평가 받고 무시당한 경험이 있었다. 플로라(20세)는 이렇게 말했다.

"제 의견을 납득시키려면 남학생들보다 더 열심히 노력해야 해요. 특히 남학생이 다수인 모임은 남학생의 말에 먼저 귀를 기울이는 경우가 많아요. 남학생이 토론 주제를 이끌어 가면 구성원들이 그의 말을 진지하게 들어요. 반면 여학생이 뭔가 제안하면 남학생이 이를 농담으로 치부하고 다른 사람이 거기에 맞장구를 치면서 입을 막아버리죠."[12]

문제는 세상의 변화가 무의식에 스며들어 그 안에 깊이 뿌리박힌 편견을 바꾸기까지 오랜 시간이 걸린다는 점이다. 그때까지는 자신의 무의식적 편견이 타인을 바라보는 관점에 그릇된 영향을 미친다는 점을 스스로 알아차려야 하지만, 그러기가 쉽지 않다. 호주 총리를 역임하고 여성과 리더십을 아우르는 책을 공동 저술한 줄리아 길러드는 이렇게 말했다.

"인간은 아무런 편견 없는 환경에서 살아본 적이 없습니다. 진정한 성평등을 경험한 적 없죠. 따라서 불평등을 굉장히 민감하게 인식하고 성별을 비롯한 그 무엇으로도 사람을 차별하지 않으려는 젊은이들조차도 의지력만으로는 다양한 사회적 조건화에서 벗어날 수 없어요. 그저 '난 페미니스트예요.'라고 말하는 것만으로는 모든 사회적 조건화를 없앨 수 없죠. 자신의 머릿속에서 일어나는 현상을 예측하면서 그 현상에 순순히 굴복하지 않도록 노력해야만 해요."[13]

그렇다면 이런 현상은 왜 생길까? 그것은 오랜 가부장제 속에서 남성에게 권위를 부여하던 세월이 우리 마음속에 흔적을 남겨놓았기 때문이다. 불과 20세기 초, 소설가 아널드 베넷이 쓴 『우리 여성들(Our Women)』에는 '남성이 여성보다 우월한가?'라는 제목의 장이 버젓이 포함되어 있었다.[14] 베넷이 왜 굳이 물음표를 사용했는지는 의문이다. 이 장에서 베넷은 이렇게 썼다.

"남성이 지성과 창의성에서 여성보다 우월한 것은 사실이다. 남성은 그런 방면에서 늘 뭔가를 꾸준하게 성취해 왔지만 여성은 그러지 못했으며, 그런 가능성조차 보이지 않는다."

이 책을 읽은 버지니아 울프가 격분한 나머지 《뉴스테이츠먼(New Statesman)》에 반론을 제기하는 편지를 두 통이나 쓴 것도 무리는 아니다.[15] 울프는 '상냥한 매(Affable Hawk)'라는 가명으로 베넷의 책을 논평한 《뉴스테이츠먼》의 문학 편집장 데스몬드 매카시에게 가시 돋친 비판을 쏟아냈다.

그는 지능 면에서 여성이 남성보다 열등하다는 사실이 '눈앞에 명백하게 펼쳐져 있다.'고 썼다. 그리고 더 나아가 '여성이 교육을 더 많이 받고 행동의 자유를 더 많이 누리게 되더라도 지금과 같은 현실이 극적으로 바뀌는 일은 없을 것이다.'라는 베넷 씨의 결론에 동의하기에 이른다. 그렇다면 상냥한 매는 '내 눈앞에 명백하게 펼쳐진', 공정한 관찰자라면 누구라도 빤히 알 수 있는 사실, 그러니까 17세기는 16세기보다, 18세기는 17세기보다, 19세기는 16세기에서 18세기를 다 합친 것보다 걸출한 여성을 더 많이 배출했다는 사실을 어떻게 설명할 것인가? ……요컨대 이성(異性)에 대한 비관론을 늘어놓는 일은 언제나 즐겁고 기운을 북돋는다지만 베넷 씨와 상냥한 매가 그들 앞에 있는 증거를 그토록 확신하며 여성에 대한 비관론에 탐닉하다니, 조금 낙관적인 것은 아닌가. 비록 여성들이 남성의 지능이 지속적으로 낮아지기를 바라는 이유야 많겠지만, 그래도 세계대전과 세계평화보다 더 많은 증거를 찾기 전에 그것을 사실로 공표한다면 어리석은 일일 것이다.

베넷은 평균 지능도 남성이 여성보다 더 우월하다고 주장했다.

"모든 남성이 마음속 깊이 알고 있고, 모든 여성이 마음속 깊이 알고 있는 사실은 바로 일반 남성이 일반 여성보다 지능이 훨씬 높다는 것이다. ……이는 남성이 여성보다 육체적으로 더 강인하다는 것만큼이나 명백한 사실이다."

오늘날 여성이 지능 면에서 남성과 동등하다는 것이 과학적으로 확실하게 입증된 마당에 이런 터무니없는 글을 쓴다면 정말 어리석은 사람일 것이다. 하지만 2011년, 작가 비디아다르 나이폴은 어느 여성 작가도 자기보다 글을 더 잘 쓰지 못했노라고 주장했다.[16] 그리고 1959년, 미국 작가 노먼 메일러는 이렇게 썼다.

"가진 게 쥐뿔 없어도 훌륭한 소설가가 될 수 있지만…… 고환이 없으면 안 된다."[17]

문제는 우리를 둘러싼 세계를 만들고 이끄는 사람이 대체로 남성이라는 점이다. 우리 중 대다수는 아버지가 어머니보다 더 많이 일하고 돈을 더 많이 버는 가정에서 자라났다. 그리고 모든 공공 영역에서 남성이 여성보다 더 자주 요직에 오르고, 남성이 여성보다 권위자로 훨씬 더 많이 인용되는 현실과 마주해 왔다.

또한 남성은 주인공이고 여성은 협력자이거나 섹스 파트너로 등장하며, 남성의 분량이 여성의 분량보다 두 배 더 많고, 대개 남성이 감독을 맡은 영화를 너무 많이 봐 왔다.[18] 우리가 사는 세상은 여전히 남성이 우위를 점하고 서로를 더 높이 끌어올려주는 곳이다. 사정이 그러다 보니 은연중에 여성이 남성보다 열등하며 존중받을 만하지 못하다는 생각을 내면화하게 된 것도 놀라운 일은 아니다.

하버드대학교 심리학과 교수이자 학과장인 마자린 바나지는 무의식적 편향 혹은 '암묵적' 편향 분야의 전문가다. 바나지는 이렇게 설명했다.

"암묵적 편향은 우리가 속한 사회와 문화에서 비롯돼요. 왜냐하면 뇌가 알고 있는 것들은 바로 우리가 세상에서 본 것들이거든요. 예를 들어서 남성이 특정 종류의 일을 하는 모습과 여성이 또 다른 종류의 일을 하는 모습을 보는 거죠. 만약 내가 속한 사회에서 다수의 여성이 건설노동자나 엔지니어였다면 뇌는 그런 현상을 배울 거예요. 그리고 남성이 대체로 집에서 아이를 돌보고 요리와 청소를 한다면 그런 현상을 배우게 되겠죠."[19]

우리는 남성이 여성보다 우월하다는 생각을 굉장히 어린 나이에 받아들인다. 영국 부모에게 자기 아이의 지능 지수를 추정해 보라는 질문을 해 보았다. 그러자 부모들은 아들의 지능 지수를 평균 115로 추정했고(평균은 100이 되어야 하므로 이것 자체만으로도 우스꽝스러운 결과이다) 딸은 107로 추정했는데, 이 둘은 통계학적으로 아주 큰 차이였다.[20] 부모들이 그렇게 추정한 까닭은 알 수 없다. 왜냐하면 실제로 아동기에는 여자아이가 남자아이보다 성장이 빠르고 어휘력이 풍부한 데다 학교 성적마저 더 우수하기 때문이다. 하지만 이 결과는 남자아이들이 평균적으로 자신이 여자아이들보다 더 똑똑하다고 믿고 자라며, 여자아이들도 그렇게 믿고 자란다는 점을 알려 준다.

연구에 따르면 불과 다섯 살밖에 안 되었을 때부터 아이들은 여자아이가 남자아이만큼 수학을 잘 하지 못한다고 믿는다(실제로는 차이가 없다).[21] 그리고 '진짜 엄청 똑똑한' 아이들을 위한 게임을 할 테니 같이 할 조원을 고르라고 하면, 성별과 관계없이 모든 아이가 여자아이보다는 남자아이를 고르는 경향이 있다.[22] 그 나이에는 여자아이가 남자아이보다 학업 능력이 앞서고, 이 연구에 참여한 아이들도 그 사실을 알고 있는데도 말이다.

미국에서는 학교에서 운영하는 영재 프로그램에 실제로 참여하는 학생들 중 여자아이가 남자아이보다 11퍼센트 더 많은데도 미국 부모들은 구글에 '우리 아들이 영재인가요?'를 '우리 딸이 영재인가요?'보다 2.5배 더 많이 검색했다.[23]

사정이 이렇다 보니 성인 남성은 평균적으로 자신의 지능 지수를 110으로 추정하는 반면 성인 여성은 105정도로 추정한다는 결과가 전혀 놀랍지 않다.[24] 하지만 우리는 지능 지수 분포곡선의 양극단을 제외하면 여성과 남성의 지능 지수가 동일하게 분포되어 있다는 점을 안다. 여자아이들은 평균적으로 학교에서 더 좋은 성적을 얻고 남자아이들보다 학사, 석사 및 박사 과정에 합격할 가능성이 높다. 그런데도 남자아이와 성인 남성이 여자아이나 성인 여성보다 더 똑똑하다고 생각하는 주요 원인은 부모와 교사, 사회가 그릇된 믿음을 심어 주었기 때문이다.

몇몇 독자는 이게 다 옛날 이야기라고 주장할 것이다. 오늘날에는 여성이 특혜를 받고 있지 않은가? 실상 여성들이 최고위직을 전부 쓸어가고 있지 않은가? 지금은 '피부색이 옅고, 남성이며, 진부하다'고 여겨지는 중년 백인 남성이 가장 힘든 시기를 보내고 있지 않은가?

이런 특징들이 인생의 모든 영역에서 굉장한 이점으로 작용하던 과거와 비교하자면, 그들의 삶은 힘들어진 게 맞다. 그리고 지금까지 쭉 남성이 차지해 온 몇몇 요직에 마침내 여성들이 임명되기 시작한 것도 사실이다. 하지만 앞서 성공한 여성들의 경험에서 볼 수 있듯이, 최고위직에 임명되었다고 해서 여성들이 자신의 권위에 도전을 받지 않는 것은 아니다.

또한 이런 변화가 너무 급격하게 일어나서 남성들이 부당하게 고통받는 것도 아니다. 물론 남성이 누리던 특권이 줄어들기 시작하면서 그렇게 느낄 수는 있다. 여기서 말하는 '특권'은 부나 사회적 지위에서 비롯된 것이 아니라 단지 남성이기 때문에 누리는 특권을 말한다.

보리스 존슨은 첫 번째 내각 인선에서 여성 인재를 등용해 호평을 받았는데, 이때 여성은 33개 직책 중에서 겨우 여덟 자리를 차지했을 뿐이었다. 그러니까 이른바 대의 민주주의 사회에서 여성 한 명 당 남성 세 명이 탁자에 앉은 셈이다. 그리고 이 책을 쓰던 때에도 영국의 100대 기업 최고 경영자 중에서 여성은 고작 여섯 명뿐이다. 우리가 성평등이라는 개념의 발치에라도 도달하려면 여성들은 한참 나아가야 하고, 남성들은 한참 내려와야 한다.

철학자 케이트 만은 『다운 걸(Down Girl)』에서 이 현상을 이렇게 설명했다.

"이 [특권의] 수호자들은 대개 단단히 방어벽을 둘러치고 있다. 그래서 여간해서는 방어벽을 무너뜨리기 어렵다. 당연하게도 사람들은 자신이 누리는 특권을 유지하려고 심혈을 기울이기 때문이다. 설상가상으로 이런 사회 구조는 특권을 누리는 당사자의 눈에는 잘 띄지 않는다. 그래서 이들은 불평등한 사회 구조를 지지하고 떠받치는 역할을 한다. 따라서 이런 사회 구조를 해체하는 것은 특권층에게 사회적 실추일 뿐만 아니라 불의로 느껴질 수 있다. 그리고 그 과정에서 특권층은 다른 사람들과 동등해진 것이 아니라 납작 엎드러졌다고 느끼곤 한다."[25]

편향의 반대편에 있는 특권은 그 속성상 눈에 잘 띄지 않는다는 그녀의 말은 옳다. 대다수 남성은 자신이 누리는 특권을 제대로 의식하지 못한다. 의식할 필요가 뭐가 있겠는가?

여전히 일상생활에서 남성은 강물이 흐르는 방향으로 헤엄치고 여성은 강물을 거슬러 헤엄친다. 남성들은 빠르게 스쳐 지나가는 강둑 풍경을 보면서 스스로 굉장히 헤엄을 잘 친다며 기뻐한다. 그리고 강물을 거슬러 올라가려고 분투하는 여성들을 보면서 '쟤들은 왜 나만큼 빠르게 헤엄치지 못할까? 그건 분명 수영 실력이 나보다 부족하기 때문일 거야.'라고 생각한다. 지속적이고 의식적으로 노력하지 않으면 남성들은 강물의 흐름을 느끼지 못하고 자신이 거둔 성공과 여성들의 부진한 성공을 순전히 능력 차이 때문이라고 생각한다. 그들은 본능적으로 자신이 가진 특권과 그 특권이 낳은 편향이 자신에게 도움이 되었다는 점과 여성은 능력이 있음에도 뒤로 밀려났다는 사실을 믿으려 들지 않는다.

이는 남녀 간의 불평등이 심각하다는 것을 의미한다. 남성들과 이 주제를 두고 이야기를 나눴더니 몇몇 남성이 회의감을 드러냈다. 그들은 최고위직에 선임되는 여성이 많기 때문에 이 문제는 이미 해결됐고 내 주장은 시대에 뒤떨어졌다고 말했다. 오히려 여성이 특혜를 받아서 남성이 손해를 보고 있다고 생각했다.

이런 현상은 과거로부터 지속되어 온 편향이 여성의 눈에는 보이지만 남성에게는 보이지 않기 때문에 나타난다. 남성들은 여성이 매일 혹은 매주 참고 견디는 사소하지만 수없이 많은 모욕을, 여성의 자존심과 자신감에 상처를 입히는 모욕을 경험하지 않는다. 이들이 보이는 반응은 백인이 유색인에게 인종 차별은 존재하지 않는다고 말하는 것만큼이나 비뚤어진 것이다. 또한 내가 이 책에서 말하고자 하는 핵심 명제, 즉 여성이 그들의 대화 상대보다 해당 주제에 더 해박할 때조차 여성의 권위가 의심받고 도전받는다는 사실을 증명할 뿐이다.

앞으로 계속해서 살펴보겠지만, 남녀 간의 권위 격차가 여전히 존재한다는 증거는 굉장히 많다. 이런 증거는 남성들이 알은체하며 왈가왈부한다고 해서 사라지지 않는다.

요즘 들어 남성이 독점하던 사회 요직에 여성이 임명되면서 상황이 개선되고 있지만, 여성의 전문성에 대한 편견은 그다지 변하지 않은 듯하다. 키가 크고 위풍당당하며 말솜씨가 뛰어난 앤 멀케이는 미국의 여성 경영자로 엄청난 성공을 거두었다. 그녀는 복사기 회사 제록스가 덩치만 클 뿐 디지털 기술에 밀려 고전하고 있던 시절에 최고경영자를 맡았다. 멀케이가 임명되던 날 제록스 주가는 15퍼센트나 떨어졌는데, 그녀는 그 일을 두고 우스갯소리로 이렇게 말했다.

"정말이지 자신감을 듬뿍 북돋아주더군요."

회사는 파산 작전이었고, 6년 내리 적자를 기록하며 170억 달러가 넘는 부채를 지고 있었다. 멀케이가 온갖 악조건에도 불구하고 회사의 수익성을 회복하자 《머니》는 이를 '주가 대폭락 시대의 위대한 회복 스토리'로 묘사했다.[26] 2005년 《포춘》은 멀케이를 이베이 최고 경영자인 멕 휘트먼에 뒤이어 세계에서 두 번째로 영향력 있는 여성 기업인으로 꼽았다.

이런 점을 감안할 때, 멀케이가 경영계에서 슈퍼스타 대접을 받으리라고 예상할지 모르겠다. 만약 그녀가 동일한 경력을 가진 남성이었다면 분명 그랬을 것이다. 그렇지만 그녀는 이렇게 말했다.

"내가 새로 이사회에 합류하거나 새로운 역할을 맡을 때면 사람들은 '두고 보자'는 식이에요. 내 힘으로 이 자리까지 올라왔으니 이제는 내 실력을 증명해 보일 필요가 없다는 생각은 할 수가 없어요."[27]

어쩌면 이런 이야기들은 그저 개개인의 경험담에 불과할지도 모른다. 하지만 대부분의 여성들이 자신의 권위와 전문성이 과소평가되거나 의심받는 경험을 공유하고 있다. 연구에 따르면, 자기 능력을 입증하기 위해서 다른 사람보다 그와 관련된 증거를 더 많이 제시해야 한다고 말한 여성의 수는 남성의 두 배에 이른다. 여성은 전문성을 의심받거나, 발언 중에 말허리가 잘리거나, 아이디어를 가로채이는 경험을 남성보다 훨씬 더 많이 한다.[28] 내가 이 책을 쓰던 중에 주위 사람들에게 책 내용을 이야기하자 몇몇 남성은 당혹스럽다는 반응을 보였지만 여성들은 너 나 할 것 없이 모두 기뻐했다.

이 책을 쓰기 위해 나는 심리학을 비롯해 사회학, 언어학, 정치학, 경영학 등 다양한 학계 및 전문 영역에서 여성의 권위와 영향력, 능력 그리고 권력에 관한 연구와 구체적인 증거를 속속들이 살폈다. 또 새로운 연구를 진행해 보자고 주문하기도 했다. 그리고 나는 이 책을 통해 해결책을 제시하려고 노력했다. 이를 통해 모든 성별이 우리 사회가 가진 편견을 걷어내고, 새로운 세대가 지금과 다른 방식으로 생각하고 행동하게끔 이 거대한 변화에 동행하기를 간절히 바라본다.

누가 권위 격차의
존재를 의심하는가

The
Authority
Gap

최후 속단의 날

우리는 여성이라는 사실을 밝히기 꺼렸다. 왜냐하면…… 여성 작가에 대해 편견을 쉽게 갖는다는 인상을 받았기 때문이다.

— 샬럿 브론테

대다수 여성은 임금 격차만큼이나 권위 격차를 곧바로 알아차린다. 비교적 의식이 트인 남성도 권위 격차를 알아차릴 수 있다. 그렇다면 이번 장은 건너뛰어도 좋다. 하지만 권위 격차가 정말 존재하는지 의심되거나 권위 격차는 존재하지만 그럴 만한 이유가 있다고 생각한다면 이 장을 끝까지 읽으면서 의심할 여지없는 근거를 확인하기 바란다.

보스턴에 사는 작가 캐서린 니컬스는 첫 소설을 퇴고한 뒤 작가 친구 여럿에게 보내 검토를 부탁했다. 친구들은 충분히 준비됐으니 에이전트에 보내도 되겠다는 확신을 줬다. 그래서 니컬스는 소개 메일을 쓰고 소설의 도입부 몇 장을 첨부해서 에이전트 50곳에 보내고는 초조한 마음으로 회신을 기다렸다.

그녀는 기다리고…… 기다리고…… 또 기다렸다. 마침내

답장이 오기 시작했다. 거절 일색이었다. 에이전트 50곳 중에 전체 원고를 요청한 곳은 두 곳뿐이었고, 그마저도 진행할지 확신이 없다고 했다.

"작가 친구들은 좋은 책이 확실하니 믿고 기다리면 곧 좋은 소식이 올 거라고 했어요. 하지만 아니었죠."[1]

그래서 니컬스는 그녀의 표현에 따르자면 '정신 나간 계획'을 세웠다.[2] 자신의 이름과 비슷한 남성 이름으로 이메일 계정을 만들어서 똑같은 소개 메일과 견본 원고를 에이전트 몇 군데에 더 보내보기로 한 것이다. 첫 번째 메일을 보내고 두 번째 메일 작성을 채 마치기도 전에 이런 답변이 돌아왔다.[3]

"기쁘고 설레네요. 부디 원고를 보내주세요."

첫날 에이전트 여섯 곳에 문의를 넣었고 다섯 곳에서 즉시 답변을 보내왔다. 세 곳에서 전체 원고를 요청했고, 두 곳은 '흥미로운' 프로젝트라고 치켜세우며 훈훈한 거절 답장을 보내왔다.

"회신 내용이 이렇게도 다를 수 있구나 싶어서 정말 놀랐어요."[4]

그래서 그녀는 이 차이가 정확히 얼마나 큰지 보려고 남성 이름으로 50군데 에이전트에 접촉해 보기로 했다. 그 결과 17군데 에이전트에서 긍정적인 답변을 보내왔다. 이를 두고 니컬스는 자조 섞인 우스갯소리를 했다.

"나는 남성 이름으로는 8.5배 더 나은 작가예요."

한 출판사는 '캐서린'으로 원고를 보냈을 때는 출간을 거절했지만 '조지'로 보냈을 때는 책을 읽고 싶을 뿐만 아니라 상사에게 보여 주고 싶다고도 했다.

설혹 거절 편지가 오더라도 그 안에는 칭찬과 조언이 더 많이 담겨 있었다. 자신을 여성 작가로 소개했을 때는 '아름다운 글'이라는 칭찬을 받았을 뿐이었다. 반면 남성으로 소개했을 때는 '영리하다', '구성이 좋다', '흥미진진하다'는 찬사를 들었고, 개선하면 좋을 점에 대해서도 조언을 받았다.

"우쭐했던 기분은 바로 이 지점에서 분노로 변했어요. 남성 작가로서 저는 원고의 구성이라든가 등장인물의 사고 과정, 플롯의 기법과 관련된 중요한 조언을 받을 수 있었어요. 이 정도 수준의 관심은 원고를 수정할 때 굉장히 도움이 돼요."

니컬스는 스스로를 남성 작가로 소개했을 때는 조언을 받았지만 여성 작가로 소개했을 때는 그렇지 못했다.

"남성으로 산다는 건 어떤 기분일까요?"

나의 질문에 그녀가 웃음을 터뜨리며 대답했다.

"끝내줄 거예요!"

니컬스는 단 하나의 결정적 변수인 성별만을 바꾸었다. 그녀의 경험은 개인적인 일화에 불과할지도 모른다. 하지만 사회과학자들은 이보다 더 엄격한 실험에서도 동일한 결과를 내놓았다. 커린 모스 라쿠신, 존 도비디오 및 연구자들은 명문 대학교 이학계열 남녀 교수에게 연구실 관리직 지원서를 보냈다.[5] 이중 은폐(실험 진행자와 참가자 모두에게 실험에 관한 정보를 제공하지 않는 것—옮긴이) 무작위 연구로, 지원서 내용은 동일했지만 지원자의 이름은 남성 혹은 여성 이름으로 무작위 배정했다.

교수들은 남성 지원자를 (내용상 똑같은) 여성 지원자보다 훨씬 유능하고 고용할 만한 인물로 평가했다. 또 남성 지원자에게 더 높은 초봉과 더 많은 멘토링 기회를 제안했다. 이들의 뇌 속 편향이 이성적이고 과학적인 판단을 방해했던 것이다. 그 결과 남녀 지원자의 자격 조건이 동일했음에도 남성 지원자에게 더 많은 권위와 전문성이 부여됐다. 무의식적 편향이 존재할 이유가 전혀 없는 권위 격차를 만들어 냈다.

더 심각한 문제는 여성 교수도 남성 교수만큼이나 편향된 반응을 보였다는 점이다. 이 문제는 9장에서 더 자세히 살펴볼 예정이다. 예일대학교 심리학과 교수인 도비디오는 이렇게 말했다.

"편향이 더욱 공고해지는 효과를 보여 주죠. 결정을 내리는 상황에서 다수의 구성원들이 드러내는 미묘한 편향에 소수의 구성원들이 동조할 때, 이는 곧 편향된 반응을 정당화하는 결과를 낳거든요. 그러면 여성보다는 남성을 고용하는 관행이 지속되겠죠. 여성이 이런 식으로 미묘한 편향을 드러낼 때 남성은 이런 편향을 더 자유롭게 드러낼 수 있게 돼요."[6]

다른 연구에서는 온라인 수업을 듣는 학생들에게 지도 교수를 평가하게 했다.[7] 학생들은 교수가 여성이 아닌 남성이라고 생각했을 때 더 높은 점수를 줬다. 물론 교수는 같은 사람이었다. 이 연구 논문의 저자는 이렇게 썼다.

"정말 놀라운 결과다. 학생들은 교수의 실제 성별이 무엇이건, 자신이 봤을 때 남성이라고 판단되는 교수에게 평가 항목 전반에서 훨씬 높은 점수를 줬다."

즉 여성보다 남성에게 더 큰 권위를 부여한 것이다.

심리학과 남녀 교수를 대상으로도 이와 유사한 연구가 이뤄졌다. 교수들은 내용이 동일하더라도 상단에 남성 이름이 쓰인 이력서를 훨씬 높게 평가했다. 일자리도 남성 지원자에게 더 많이 제안했다.[8] 또한 그들은 남녀 지원자가 정확히 동일한 자격 조건을 지녔음에도 남성 지원자에게 연구 및 수업 경력이 훌륭하다는 언급을 더 많이 했다.

그런데 흥미롭게도 교수들에게 경험이 많은 과학자의 이력서를 보내고 '그'나 '그녀'가 종신 교수 자격이 되는지 물었을 때에는 여성에게 불리한 편향을 드러내지 않았다. 이를 두고 연구 논문 저자들은 아마도 이력서가 너무 훌륭해서 종신 교수직을 추천하지 않을 수 없었기 때문일 것이라고 했다.

"탁월한 경력이 승진 결정 시 나타나는 성별 편향을 완화하는 역할을 한다."

이런 결과는 현실에서 특출한 여성들이 더러 최고위직에 오르기는 하지만 그 비율이 남성보다 낮은 이유를 설명해 준다.

이 연구에서 특출한 여성 과학자는 남성 과학자와 비슷하게 종신 교수직 추천을 받았지만, 응답 여백에 경고성 논평을 네 배나 더 많이 받았다. '수업 평가를 해 보지 않고 이런 결정을 내릴 수 없다.'거나 '연구 발표하는 모습을 봐야 한다.'거나 '자력으로 연구 보조금을 획득하고 논문을 게재했는지 확인해야 한다.'는 식이었다. 여성이 특출한 과학자가 될 수 있다는 사실을 무려 21세기에도 여전히 믿기 어려워한다니, 참 놀랍고도 우울한 결과다. 그에 반해 남성 과학자에 대한 응답에는 그런 경고성 논평이 거의 없었다.

확실히 '탁월한' 경력에는 성별 편향을 완화하는 힘이 있다. 내가 이 책을 쓰기 위해 조사하는 과정에서 대화를 나눈 여성들도 성공하려면 자기 분야에서 굉장히 뛰어나야만 한다는 점을 잘 알고 있었다. 중국계 미국인 여성 사업가인 완 링 마렐로는 이렇게 말했다.

"일을 어떻게 하는지 아는 데서 그치면 안 돼요. 굉장히 능수능란해야 합니다. 그게 무엇보다 중요해요. 그래야만 남성들과 겨룰 자격이 주어지거든요. 그런 마음가짐이 없다면 결코 성공할 수 없죠."[9]

전문직 여성들은 실패를 감수할 수 없다는 점을 알고 있다. 남성 동료들과는 달리 두 번째 기회가 주어지지 않을 것이기 때문이다.

나와 인터뷰한 몇몇 여성은 일단 최고위직에 오르면 권위 격차가 공공연히 표출되는 상황이 훨씬 줄어든다고 말했다. 책임자에게 무례하게 굴거나 책임자의 의견을 무시하기 어렵기 때문이다. 덴마크 첫 여성 총리였던 헬레 토르닝슈미트는 이를 두고 이렇게 말했다.

"여성이 받는 대우는 최고위직에 오르기 전과 후가 완전히 달라요. 총리 시절에는 남성과 비슷한 대우를 받았어요. 막강한 권력과 권위가 주어지니까요."[10]

하지만 덴마크가 성평등 면에서 대다수 국가를 크게 앞서는 스칸디나비아 국가라는 점을 고려해야 한다. 3장에서 살펴보겠지만 칠레와 호주의 지도자는 권력의 정점에 이르러서도 권위 격차에서 완전히 자유로워지지 못했다.

경영계는 일단 고위 경영진에 오른 여성에게 조금 더 호의적이다. 앤 멀케이는 승진의 사다리를 오르고 올라 마침내 제록스를 경영하게 되었지만, 그 과정에서 끔찍한 성차별을 견뎌야 했다.

"하지만 일단 최고 경영자가 되면 남성과 다름없는 대접을 해 줘요. 그 직위에 따르는 권한이 있기 때문에 사람들이 대놓고 맞서거나 무시하지 못하는 거죠. 정말 멋지지 않나요?"[11]

혹시 이런 편향을 정당화할 만한 이유가 있는 건 아닐까? 실제로 남성이 여성보다 평균적으로 더 똑똑하고 유능하기 때문에 더 높이 평가하고 더 존중하는 게 당연한 것은 아닐까?

관련 근거를 살펴보자. 현실에서는 아주 어린 나이부터 여자아이가 남자아이보다 여러 면에서 뛰어난 모습을 보인다. 여자아이들은 성장이 빠르고 말도 빨리 시작하며, 상대적으로 이른 나이에 자제력을 보이고 풍부한 어휘를 구사한다.[12] 학업 성적도 더 뛰어나고, 특히 인문학에서 두각을 보인다. 일부 국가에서는 수학과 과학에서도 여자아이가 남자아이보다 성적이 좋고, 대학교 입학생도 더 많다.[13 14] 미국에서는 석사 과정의 57퍼센트, 박사 과정의 53퍼센트를 여학생이 차지한다.[15] 따라서 적어도 고등교육 기회를 동등하게 부여받은 젊은 세대에서만큼은 분명 여성이 남성보다 교육 수준과 자격 조건 면에서 우위에 있다.

평균적으로 여자아이와 여성의 지능은 남자아이와 남성의 지능과 정확히 같다.[16] 연구 자료를 보면 남자아이와 남성의 지능 지수가 더 다양하게 분포한다. 남녀의 지능 지수 분포곡선을 비교하면, 남성은 여성에 비해 가장 낮은 쪽에는 훨씬 더 많이 분포하고, 가장 높은 쪽에는 약간 더 많이 분포한다.[17]

지능 지수가 가장 낮은 축에 속하는 사람은 대체로 남성인데, 이는 남자아이가 발달장애에 더 취약하기 때문이다. 지능 지수가 가장 높은 쪽에서 나타나는 작은 차이는 그 원인이 생물학적 요인인지 사회적 요인인지 확실치 않다. 앞서 살펴본 바와 같이 부모들은 아들이 딸보다 더 똑똑하다고 믿기 때문에 아들을 더 독려할 수 있다. 만 6세 정도의 어린 나이에도 아이들 모두 남자아이가 여자아이보다 '진짜 엄청 똑똑할' 가능성이 더 높다고 믿기 때문에, 지적인 면에서 남자아이가 여자아이보다 자신감을 많이 가질 가능성이 있다.[18]

혹시 지능 지수의 최상단에서 남성이 여성을 앞서는 경향이 생물학적 차이 때문인지 아니면 양육 방식의 차이 때문인지를 판단할 때 도움이 되는 근거는 없을까? 흥미로운 사실로, 1970~80년대까지만 해도 수학에서 두각을 나타내는 미국 남자아이와 여자아이의 비율은 13 대 1이었다. 오늘날에는 그 비율이 2 대 1정도로 낮아졌다.[19] 몇몇 국가와 인종 집단에서는 성별 격차가 나타나지 않는다.[20] 이는 수학 능력의 차이가 생물학적 차이에서 기인하는 것이 아니라는 점을 강력히 시사한다. 이 차이가 생물학적 차이라면 시대와 장소, 인종에 따라 달라지지 않을 것이기 때문이다. 실제로 성평등이 잘 이뤄진 국가일수록 재능 있는 여성 수학자와 천재적인 여성 수학자를 더 많이 배출한다.[21] 따라서 지능 지수의 최상단에서 나타나는 성차는 생물학적 차이라기보다는 부모, 교사 및 아이들의 기대와 사회적 조건화 때문인 듯하다.

확실한 사실은 가장 높은 수준의 학업 성취도를 달성하는 여자아이가 남자아이보다 훨씬 더 많다는 것이다. 2019년에 영국은 중등 교육 자격 시험(11학년을 이수한 후 중등 교육을 제대로 이수했는지 평가하는 국가 검정 시험—옮긴이)의 등급 체계를 새로이 개편했다. 이 등급 체계에서 최고 점수는 9점이고 최하 점수는 1점이다. 전국에서 전 과목 9점을 받은 학생은 시험을 치른

학생의 상위 0.1퍼센트에 해당하는 837명이었다. 예상대로 여학생이 남학생보다 2 대 1의 비율로 더 많았다.[22] 따라서 남자아이나 남성이 여자아이나 여성보다 더 똑똑하다는 안일한 믿음을 뒷받침할 근거는 전혀 없다. 오히려 그 반대다.

사람들은 여전히 이공계 과목을 공부하는 여학생의 수가 충분하지 않다고 우려를 표한다. 그리고 여전히 많은 사람이 여학생의 뇌는 수학과 과학을 공부하기에 적합하지 않다고 생각한다. 그런데 이상하게도 남학생의 인문학 성적이 부진하다고 안달복달하는 사람은 찾아보기 어렵다. 글을 읽고 쓰는 능력은 OECD 국제 학업 성취도 평가에서 조사한 72개국 중 단 한 국가도 빠짐없이 여자아이가 남자아이보다 훨씬 앞섰다.[23] 이들 국가에서 여자아이의 수학 능력은 평균적으로 남자아이와 같았고, 과학 능력은 약간 뒤떨어질 뿐이었으며, 읽기 능력은 훨씬 앞섰다.

대학 입학을 위한 교육 과정인 A레벨에서 수강 과목을 선택할 때 교사들은 이렇게 조언한다.

"자신이 가장 잘하는 과목을 선택해라."

이에 따르면 남학생이 이공계 과목을, 여학생이 인문계 과목을 더 많이 선택하는 경향은 지극히 합리적이다. 이런 현상은 비교우위의 문제이지 여학생의 뇌가 과학을 공부하기에 부적합하기 때문이 아니다. 한 연구에 따르면 이를 통해 수학과 관련된 교육 과정이나 경력 선택에서 보이는 성별 격차의

80퍼센트가 설명된다.[24] 하지만 이런 상황도 바뀌기 시작했다. 2019년에는 처음으로 영국 A레벨 교육 과정에서 과학을 수강하는 여학생이 남학생보다 조금 더 많았다. 이는 교사들이 마침내 여학생에게 과학 과목을 수강하도록 독려했기 때문인지도 모른다.[25]

여학생이 남학생에 비해 여전히 크게 뒤쳐진 과학 과목이 하나 있는데, 바로 물리학이다. A레벨에서 물리학을 수강하는 남학생과 여학생의 비율은 3 대 1에 이른다. 흥미롭게도 사립 여학교에 다니는 여학생은 공립 남녀공학에 다니는 여학생에 비해서 A레벨에서 물리학을 네 배 더 많이 선택했다. 이는 물리학을 선택하는 문제가 지적인 요인 때문이라기보다는 사회적인 요인 때문이라는 점을 시사한다.[26] 물리학은 공부밖에 모르는 남학생들이 선택하는 과목이라는 선입견 때문에 여학생들이 꺼리는지도 모른다.

여대생들도 이와 다르지 않다. 한 연구에서는 여대생에게 전공으로 엔지니어링이나 컴퓨터공학을 선택하지 않는 이유를 물었다.[27] 그 이유는 수학이나 과학을 공부해야 해서라거나 해당 전공 공부가 어려울까 봐가 아니었다. 압도적으로 많은 여대생들이 이런 학과에서는 성차별이 존재한다고 생각해서라고 대답했다.

그리고 그것은 사실일 공산이 크다. 물리학과 천문학을 전공하는 여대학원생을 대상으로 진행한 한 연구에서는 76퍼센트가 성차별을 겪고 있다고 응답했는데, 성별 권위 격차가 실재한다는 근거도 밝혀 놓았다.[28] 한 예로 재닛은 연구자에게 이렇게 말했다.

"제 말에 귀 기울이지 않아요. 대체로 동료들이 그래요(지도교수님은 훨씬 나은 편이죠). 제 제안은 무시당하기 일쑤예요. 나중에 제 제안이 옳다는 게 밝혀져도 사람들은 제가 그런 제안을 했다는 걸 잊어버려요. 한번은 제 밑에 있는 대학원생에게 그가 수집한 데이터를 이해하려면 특정 요인을 고려해야 한다고 말한 적 있었죠. 그는 그렇지 않다면서 제 조언을 무시했어요. 그런데 다른 '남성' 대학원생이 똑같은 조언을 하자 곧바로 받아들이더라고요."

바로 이런 상황이 실제로 존재하는 권위 격차이다.

여성의 능력이 어느 모로 보나 남성만큼 뛰어나다면, 혹시 여성의 말에 권위가 실리지 않는 게 여성의 성격 때문은 아닐까? 심리학자 폴 코스타, 안토니오 테라치아노, 로버트 매크레이는 '빅 파이브 성격 특질(외향성, 우호성, 개방성, 성실성, 신경성)'을 평가하기 위해 개발된 성격 검사를 미국 남녀 1000명에게 실시하고 점수를 비교했다.[29] 성차는 출신 문화에 따라 다르게 나타났는데, 이는 곧 성격 특질이 몇몇 심리학자의 생각처럼 진화적으로 결정되지 않았음을 시사한다. 또 효과적인 리더십과 관련성이 가장 높은 두 가지 특질인 외향성과 개방성에서 남성과 여성은 거의 비슷한 점수를 보였다.

여성은 남성보다 온화함, 긍정적 정서, 사교성, 활동성에서 높은 점수를 보였다. 남성은 자기주장과 자극 추구에서 여성보다 높은 점수를 보였는데, 그 차이가 크지 않을 뿐더러 둘 다 전반적으로 리더십을 발휘하기에 유리한 특성이라고 보기 어렵다.

또한 시간이 지나면서 여성의 자기주장이 점점 강해지는 추세를 보면, 이것이 호르몬이나 진화적, 신경학적 차이의 문제가 아님을 알 수 있다.[30] 동일 특성에 대해서 수십 년 전과 오늘날을 비교한 결과, 오늘날 여성들은 과거보다 자신을 야심 차고 독립적이며 자기주장이 강하다고 평가했다. 그리고 전통적으로 여성스러운 특성으로 여겨지는 다정함이나 이해심 같은 특성도 잃지 않았다. 반면 남성은 수십 년 전이나 지금이나 별로 달라진 것이 없었다. 오늘날 이뤄진 여러 연구에서 자기주장의 성차는 매우 적었다.[31]

그리고 남성이 여성보다 위험을 감수하는 경향이 강한 것은 맞지만 이 차이 역시 크지 않고, 시간이 흐름에 따라 작아지고 있다.[32] 게다가 위험을 감수하는 특성이 리더의 자질로서 완전무결하다고 보기도 어렵다. 보리스 존슨, 도널드 트럼프, 자이르 보우소나루 같은 지도자들이 지난 몇 년간 몰고 온 재정 위기나 코로나 팬데믹 관리 실패를 떠올려 보자. 이 시기에 여성 지도자들은 위기를 훨씬 더 잘 헤쳐나갔다.

조직 경영에 꼭 필요한 능력인 공감 능력과 정서 지능은 여성이 남성보다 낫다.[33] 또 여성은 뇌물 수수같이 부정하거나 불법적인 행위에 더 엄격하다.[34] 그렇다면 경쟁심은 어떨까? 진화 심리학자들은 남성이 경쟁심을 더 많이 갖고 태어나며, 이는 짝짓기에 성공하려면 힘과 지위, 권력을 쟁취해야 하기 때문이라고 주장한다.

만약 경쟁심이라는 특성에서 남성과 여성이 타고난 생물학적 차이를 보인다면 이 성차는 여러 시대와 문화에 걸쳐 동일하게 나타나야 한다. 하지만 인도 카시족의 모계사회와 탄자니아 마사이족의 부계사회를 살펴본 연구자들은 굉장히 흥미로운 사실을 발견했다.[35] 연구자들은 참가자들에게 테니스공을 양동이에 집어넣는 과제를 주면서, 한 번 성공할 때마다 작은 보상을 받는 방식과 상대보다 점수를 더 많이 얻었을 때 세 배 더 많은 보상을 받는 방식 중 하나를 선택하게 했다. 그러자 마사이족에서는 남성이 여성에 비해 두 배 더 경쟁적인 모습을 보였지만, 카시족에서는 여성이 남성에 비해 두 배 더 경쟁적인 모습을 보였다. 또 카시족 여성은 마사이족 남성보다 경쟁심이 더 강했다.

결국 가장 중요한 요인은 문화적 맥락이다. 대다수 현대사회는 부계사회이기 때문에 남성이 여성보다 경쟁심을 더 공공연히 드러내는 경향이 있다(물론 여기서는 평균을 비교할 뿐이다. 개별 남성과 여성의 경쟁심은 평균에서 크게 벗어날 수 있다). 하지만 평균과의 차이도 아주 작아서, 남성이 살짝 더 경쟁적이고 여성이 살짝 더 협조적이다. 많은 여성이 나처럼 꽤 경쟁심이 강하다(이 말이 조금이라도 거슬리는가? 내가 남성이었어도 거슬렸을까?).

실제로 여성이 남성만큼 야심 차지 않을 수 있다. 일보다 가정을 우선시하는 여성이 존재하며, 여성이 남성보다 그런 경향이 있다. 하지만 이런 선택이 자발적인 것만은 아니다. 성별 임금 격차로 인해 남편이 받는 보수가 더 크기 때문에 임신하면 여성이 일을 줄이거나 경력을 포기하는 편이 더 합리적이다. 그리고 무급 가사노동은 여전히 남성보다 여성이 훨씬 더 많이 하다 보니(영국에서는 여성이 60퍼센트 더 많이 한다) 아이를 기르며 직장생활을 유지하는 일이 여성에게는 고되고 벅찰 수 있다.

이미 고위 관리직에 오른 여성과 남성은 최고위직에 오르려는 포부에서 차이를 보이지 않는다.[36] 하지만 실제로 최고위직을 차지하는 쪽은 거의 남성이다. 이런 상황은 순전히 능력 차이 때문이라고 볼 수 없다. 여성의 실적 평가가 평균적으로 남성의 실적 평가만큼이나 좋기 때문이다. 만약 포부나 능력 때문이 아니라면 무엇이 남아 있을까? 남은 것은 무의식적 혹은 의식적 편향뿐이다.

대학생을 대상으로 살펴보면, 여대생은 남대생만큼 포부가 컸지만 실현 가능성을 비교적 낮게 봤다.[37] 이들의 비관론에는 그럴 만한 이유가 있을지 모른다. 카탈리스트(일하는 여성을 위한 비영리 단체—옮긴이)는 미국, 캐나다, 유럽, 아시아의 일류 경영대학원에서 수학한 MBA 졸업생 약 1만 명을 대상으로 설문 조사를 실시했다.[38] 조사 결과에 따르면, 최고 경영자나 고위 간부가 목표인 졸업생 중 남성이 여성보다 더 좋은 일자리를 얻었고 졸업 직후 더 높은 연봉을 받았다. 연구자들이 경력, 산업, 지역 요인을 통제했을 때도 같은 결과가 나왔다. 자녀가 없는 남성과 여성 간의 격차도 동일했기 때문에 이는 자녀 양육과도 관련이 없었다.

어쩌면 20~30대 여성이 가정을 꾸린 후 회사를 떠날 가능성을 고려해서 고용주들이 위험을 회피하려는 것은 아닐까? 이것이 취업 시 여성이 겪는 문제 중 하나임에는 분명하다. 하지만 이는 잘못된 전제에 기반을 두고 있다. 직장을 떠나는 이유는 다양하기 때문이다. 예컨대 더 나은 직장으로 옮기는 것일 수도 있다. 실제로 직장을 떠나는 남성과 여성의 비율은 같았고,[39] 관리직에 이르면 남성이 여성보다 더 높았다.[40]

그런데도 MBA 졸업생뿐 아니라 모든 직장 여성이 동일한 교육 수준과 경력을 보유한 남성보다 느리게 승진한다는 사실이 여러 연구에서 밝혀졌다. 여성은 취업 후 관리자로 승진하기까지 더 오래 걸리고, 관리자가 된 후로도 승진 간격이 더 길다.[41]

600여 개 기업의 임직원 25만 명을 대상으로 이뤄진 대규모 설문 조사 '2020 직장 내 여성(Women in the Workplace 2020)'에 따르면, 남성 100명이 관리자로 승진할 때 여성은 85명밖에 승진하지 못했고, 유색인 여성의 경우에는 그 차이가 더 컸다. 남성 100명이 승진할 때 흑인 여성은 58명, 라틴계 여성은 71명이 승진했다.[42] 그 결과 2020년에 남성은 관리직의 62퍼센트를 차지한 반면 여성은 38퍼센트밖에 차지하지 못했다.

여성이 주도하는 분야도 예외는 아니었다. 예컨대 영국 중등학교 교사의 64퍼센트가 여성이지만 여성 교장은 39퍼센트밖에 안 된다.[43] 게다가 여성 교장은 평균적으로 남성 교장보다 임금이 13퍼센트 낮다.[44] 따라서 전통적으로 남성이 주도하는 이공계 분야에서 여성이 임금이 낮고 승진이 늦는 이유가 그들이 고정관념에 맞지 않는 분야에서 일하기 때문이라는 핑계를 대서는 안 된다. 이는 성차별의 영향이 틀림없다.

성차별이라는 장애물을 극복하고 최고위직에 오른 여성은 남성만큼 좋은 지도자가 될까? 연구에 따르면 최고위직에서는 여성이 남성보다 뛰어난 모습을 보였다. 99개 연구를 메타분석한 결과, 사람들은 여성 지도자가 남성 지도자보다 조직을 훨씬 더 잘 경영한다고 평가했다. 반면 남성 지도자는 여성 지도자보다 자기 자신을 더 높이 평가하는 경향을 보였다.[45]

여성은 특히 인사관리에 뛰어나다. 그리고 남성보다 변혁적 리더십을 더 잘 발휘한다. 변혁적 지도자는 직원에게 멘토 역할을 하면서 권한을 부여하고, 직원이 잠재능력을 최대한 발휘하도록 독려하며, 신뢰 관계를 맺고, 자유롭게 의견을 피력하도록 한다. 다시 말해서 권위적인 지도자가 아니라 민주적인 지도자가 된다.[46] 반면 남성은 직원을 자유롭게 풀어놓고 있다가 문제가 심각해진 후에 개입하고, 직원의 실수에 초점을 더 많이 맞추는 경향이 있다.

코로나 팬데믹 기간 동안 우리는 여성 지도자가 평균적으로 남성 지도자보다 얼마나 잘 대처해 왔는지를 목격했다. 전 세계 국가 지도자 중 여성은 7퍼센트에 불과했지만, 코로나바이러스에 가장 잘 대처한 10개국 중 4개국이 여성 지도자가 이끄는 국가였다.[47]

《뉴욕 타임스》의 니컬러스 크리스토프는 팬데믹 발생 후 첫 몇 개월간 남성 지도자가 이끄는 13개국과 여성 지도자가 이끄는 8개국의 사망률을 들여다봤다.[48] 남성 지도자가 이끄는 나라는 코로나 사망자가 인구 100만 명당 214명인 반면 여성 지도자가 이끄는 나라는 36명에 불과했다.

"코로나바이러스에 가장 잘 대처한 지도자들이 전부 여성은 아니었다. 하지만 유독 잘못 대응한 지도자는 전부 남성이었고, 대개 특정 유형에 속했다. 권위주의적이고, 자만심이 강하며, 큰소리 뻥뻥 치는 유형이었다. 영국의 보리스 존슨, 브라질의 자이르 보우소나루, 이란의 알리 하메네이, 미국의 도널드 트럼프를 떠올려 보자. 인구 100만 명당 150명이 넘는 사망률을 기록한 거의 모든 나라는 남성 지도자가 이끌었다."

크리스토프는 이것을 자존심의 문제로 봤다. 여성 지도자들은 기꺼이 국민의 건강을 최우선에 놓고 전문가의 의견을 따르며 빠르게 대처했다. 무엇보다 겸손했다. 그들은 자기 자신이나 조국이 남다르기 때문에 우리만은 괜찮을 것이라고 과신하지 않았다. 허풍을 치거나 거드름을 부리지도 않았다. 그저 해야 할 일에 신속하게 돌입했다.

경제학자 수프리야 가리키파티와 우마 캄밤파티는 이 현상을 조금 더 엄격하게 분석해 세계경제포럼에서 발표했다.[49] 그들은 여성 지도자가 이끄는 나라를 인구 및 경제 규모가 유사한 남성 지도자가 이끄는 다른 나라와 비교했다. 뉴질랜드와 아일랜드, 방글라데시와 파키스탄, 독일과 영국이 비교 국가로 선정됐다. 여기서도 여성 지도자가 이끄는 나라는 남성 지도자가 이끄는 나라에 비해 봉쇄 조치를 더 일찍 내렸고, 그 결과 확진자 수와 사망자 수가 훨씬 적었다. 특히 사망자 수는 차이가 컸다.

이는 여성 지도자가 위험 회피 성향이 더 강하기 때문일까? 그렇기도 하고 아니기도 하다. 여성 지도자들은 국민의 생명과 관련된 위험은 더 많이 회피했고, 경제적 위험은 더 기꺼이 감수했다. 저자들은 여성 지도자들의 훌륭한 의사소통 능력과 변혁적 리더십이 함께 어우러져서 이런 결과가 나타났다고 설명했다.

내가 이 책을 쓰기 위해 인터뷰한 거의 모든 고위직 여성이 변혁적 리더십을 활용했는데, 이는 부수적으로 여성 상사에

누가 권위 격차의 존재를 의심하는가

대한 반감을 완화하는 데 도움이 되었다. 지도자에게 꼭 필요한 결단력을 발휘할 때 나타나는 여성 권위자에 대한 저항을 사람들이 여성에게 바라고 기대하는 온화함으로 누그러뜨릴 수 있기 때문이었다.

뮤리얼 바우저는 민주당 소속의 아프리카계 워싱턴 D.C. 시장으로, 우리는 그녀의 리더십 유형을 주제로 이야기를 나눴다.

"한편으로는 직함에서 비롯되는 공식적인 권력이 있고, 다른 한편으로는 예전에 협력하는 과정에서 관계를 맺으며 얻는 권력이 있어요. 수년간 개발해 온 허물없는 리더십 기법 덕분에 저는 더 많은 통솔력을 발휘할 수 있었어요. 직접 소통하고, 전화하고, 문자 보내고, 사람들과 점심을 같이 하고, 좋은 일이 생기면 감사의 마음을 전하고, 그다지 좋지 않은 일이 생길 때는 직원들을 지원한 덕분이죠."[50]

트럼프 내각에서 교통부 장관을 역임한 일레인 차오는 이렇게 말했다.

"저는 스스로를 아주 포용적이고 참여지향적이라고 생각해요. 늘 사람들의 의견을 묻죠. 저보다 똑똑한 사람들을 두려워하지 않거든요. 오히려 그런 사람들이 제 곁에 있길 바라요. 정말 중요한 건 팀워크니까요."[51]

영국 국내정보국(MI5)의 두 번째 여성 국장이었던 일라이자 매닝엄불러는 리더십에서 겸손이 얼마나 중요한 덕목인지 알고 있으며, 리더십에 대한 통념 중에는 잘못된 것들이 많다고 생각한다.

"리더십 서적은 잘못된 것에 초점을 맞출 때가 많아요. 그런 책들은 리더의 포부, 목표, 사명, 목적 의식, 프로젝트 관리 능력 같은 것에 대해 얘기하곤 하죠. 하지만 가장 중요한 것은 리더의 행동 방식이에요. 리더는 어느 정도의 겸양을 갖춰야 하고 예의 바르고 공정하게 사람들을 대우해야 해요. 직원들에게 높은 기준을 제시하고 그 기준을 충족하도록 요구하면서도 그 과정에서 재미, 유머, 연민처럼 부드러운 면모를 드러내야 하죠. 그런 것들로 인해 직원들은 조직을 떠나지 않고 머물게 되거든요. 사람들은 조직 안에서 편안함을 느끼고 조직이 자기 이야기를 들어주기 바라요. 그저 교체 가능한 부속품이 되기를 바라지 않죠."[52]

남성 지도자는 겸손한 태도를 취하면 나약해 보일 위험이 있는 반면, 여성 지도자는 비교적 편안하게 겸손한 태도를 드러낼 수 있다. 그리고 직원들은 지도자의 겸손한 태도를 대체로 감사히 여긴다.

미국 재무부 장관 재닛 옐런도 비슷한 철학을 공유했다.

"저는 직원들이 보수를 우선하지 않는 조직에서 일해 왔어요. 직원들은 자신이 사회에 공헌하고 있고 정말로 좋은 일을 하고 있다고 느끼고 싶어 하죠. 그러면서 자기 일에 마음과 영혼을 쏟아요. 저는 그걸 너무나 잘 알고 있기 때문에 늘 이렇

게 말해요. '감사해요. 정말 훌륭한 일을 하신 거예요. 정말 고
맙게 생각해요. 잘 해냈어요.'라고요. 이런 말이 직원들에게
엄청난 동기부여가 되거든요."[53]

직원들이 상사에게 가장 바라는 것 중 하나가 피드백이다.
바로 이 때문에 남성 직원이든 여성 직원이든 여성 상사와 일
할 때 자기 일에 더 적극적으로 임한다.

그렇다면 이 장에서 제시한 근거들이 우리에게 들려주는
이야기는 무엇인가? 여성은 남성만큼 똑똑하고 더 많은 교육
을 받는다. 직장에서도 남성만큼 유능하다. 출세의 사다리에
발을 올린 여성은 남성만큼 포부가 크다. 그리고 일단 최고위
직에 오르면 평균적으로 남성보다 지도자 역할을 더 잘 해낸
다. 그렇지만 여성들은 그들의 지능, 교육, 능력에 걸맞은 보
상을 얻지 못하고 있다. 우리가 여전히 여성의 가치를 과소평
가하고 그들의 전문성을 의심하며 승진을 덜 시키기 때문이
다. 그리고 여전히 남성이 여성보다 똑똑하며 좋은 일자리를
더 많이 차지하고 더 많이 존중받을 만하다는 듯이 행동한다.
바로 이런 행동이 모여 권위 격차를 만든다.

2

뒤집힌 권위,
트랜스젠더

The
Authority
Gap

남성들은 점점 더 나를 아랫사람 취급하더니…… 내 인생 전체를 평가절하했다. 나는 어쩔 수 없이 이런 상황을 받아들였다. 오늘날에도 남성들은 여성들이 아는 것이 적고, 능력이 부족하고, 말이 적기를 그리고 무엇보다 자기를 훨씬 덜 앞세우기를 바란다는 사실을 깨달았다. 그래서 전반적으로 그에 맞춰 행동하게 됐다.

— 잰 모리스, 트랜스 여성 작가

여성이 자신의 능력과 전문성을 남성만큼 인정받고 존중받지 못한다고 느낄 때, 이것이 성차별 때문이라는 걸 증명하기란 쉽지 않다. 그리고 종종 여성은 능력 부족을 성차별 탓으로 돌린다는 비난을 받는다. 그런데 이것이 성차별 탓이라는 가설을 입증할 매우 설득력 있는 방법이 하나 있다. 바로 남성과 여성으로 모두 살아본 사람들의 이야기를 들어 보는 것이다.

그들은 똑같은 사람이기 때문에, 다시 말해서 능력과 경험과 성격은 같고 성별만 바뀌었기 때문에 성별이 그들의 인생에 미치는 영향력을 정확히 파악할 수 있다.

벤 바레스가 여성으로 살았던 MIT 시절, 하루는 수학 교수가 수업 시간에 어려운 시험을 냈다. 다섯 개의 문제 중 마지막 문제는 특히 어려웠는데, 바레스는 가까스로 그 문제를 풀어냈다. 다음 날 교수는 학생들에게 시험지를 돌려주면서 마지막 문제를 푼 학생은 아무도 없었노라고 말했다.

"교수님에게 가서 말했죠. '제가 그 문제를 풀었습니다.' 그러자 교수님이 저를 경멸 어린 눈빛으로 쳐다보며 이렇게 말하더군요. '자네가 아니라 남자친구가 풀어줬겠지.' 저는 할말을 잃었어요. 그러니까 교수님은 제가 부정행위를 했다고 의심한 거예요. 전 격분했어요."[1]

그 후 수십 년 동안 학계에서 여성 과학자로 경력을 이어가던 바레스는 자신이 불리한 입장이라는 사실을 깨달았다. 오랜 시간이 흐른 뒤 그는 이렇게 썼다.

"박사 과정 중에 남성 경쟁자에게 밀려 연구 장학금을 받지 못했던 일은 두고두고 아쉽다. 그때 하버드대학교 학장은 두 지원서를 다 읽고 내가 훨씬 유력하다고 장담했다(나는 영향력 있는 논문을 여섯 편 출간한 반면 남학생은 한 편밖에 출간하지 못했다)."[2]

중년이 된 그는 스탠퍼드대학교 신경과학 교수로 일하던 때 성전환 수술을 받았고, 이름을 벤 바레스로 바꾸었다. 남성이 된 이후 그의 삶은 깜짝 놀랄 만큼 달라졌다.

"사람들은 전보다 나를 더 진지하게 대우했다."[3]

한번은 바레스의 성전환 이력을 모르는 한 교수가 세미나에서 이렇게 말했다.

"벤 바레스의 오늘 강연은 정말 훌륭하네요. 그의 연구가 여동생이 한 연구보다 훨씬 낫더군요."[4]

바레스는 이렇게 결론을 내렸다.

"가장 큰 차이는 성전환 이력을 모르는 사람들이 나를 훨씬 더 존중한다는 점이다. 남성들이 내 말을 자르지 않아서 이제는 하고 싶은 말을 끝까지 다 할 수 있다."[5]

바레스는 대머리가 되고 수염을 기르면서 점차 여느 남성들처럼 대우받기 시작했고, 남성 동료들은 그에게 내심 여성을 어떻게 생각하는지까지 털어놓았다. 그가 성전환한 줄 알았더라면 절대 꺼내지 않을 성차별적 발언이었다.

"스탠퍼드 병원의 신경외과 의사는 내게 남성 외과 의사만큼 뛰어난 여성 외과 의사는 한 번도 못 만났다고 말했어요. 또 여성이 어린아이나 다름없다고 생각하는 사람도 있었죠."

우연히도 같은 대학교에서 이과대 교수로 재직 중이던 한 중년 남성은 바레스와 비슷한 시기에 성전환 수술을 받고 여성이 되어 이름을 조앤 러프가든으로 바꾸었다.

"스탠퍼드대학교에서 일자리를 얻었을 때만 해도 제 앞길은 탄탄대로였어요."

러프가든은 남성으로 살던 때를 떠올리며 말했다.[6]

"눈앞에는 출세 가도가 놓여 있었어요. 남성은 무능한 모습을 보이지 않는 한 유능하다고 간주되죠. 입을 열면 하던 말을 멈추고 귀를 기울여주고요. 단정적인 어투도 용인돼요. 토론에 참여할 때는 주장을 펴거나 사안을 바라보는 틀을 제시할 권한도 주어져요."

하지만 여성이 된 이후 모든 게 변했다. 종신 교수의 평균을 상회하던 연봉은 점차 하위 10퍼센트로 떨어졌다. 명망 있는 대학교 상임 위원회에서 밀려났고, 연구비 지원금을 따내기 힘들어졌으며, 인신공격을 당하기까지 했다. 남성으로 살면서 한 번도 겪지 못한 일이었다.

물론 러프가든은 성차별을 당했다기보다 성소수자로서 차별당했다고 주장하는 사람도 있을 수 있다. 실제로 트랜스 여성이 일반 여성처럼 보이기란 트랜스 남성이 일반 남성처럼 보이기보다 더 어렵고, 그 때문에 트랜스 여성이 더 심하게 차별받는 것도 사실이다. 하지만 바레스는 그가 트랜스 남성이라는 사실을 아는 사람들로부터도 이전보다 더 나은 대우를 받았다는 점을 기억해야 한다.

러프가든은 종종 바레스와 점심을 함께 먹으면서 경험과 의견을 주고받았다.

"우리는 거울에 비친 이미지처럼 좌우가 뒤바뀐 경험을 하고 있어요. 벤은 남성의 특권을 누리기 시작하면서 자신이 얼마나 많은 것을 얻었는지 깨달았고, 저는 여성으로 살면서 제 영향력이 얼마나 줄어드는지 경험하고 있어요.[7] 벤은 여성으로 살면서 시행한 연구들이 애초에 높은 평가를 받지 못했을 때 당혹스러웠고, 약간 기분이 상했다고 했어요. 하지만 그의 표현에 따르자면 '빌어먹을 똑같은 연구'가 남성 연구자의 성과물이 되자 높이 평가받았고, 그 점이 놀랍고도 언짢았다고 했어요. 그의 경력은 성전환 이후로 확실히 고공행진 중이죠. 그는 중심이 됐고 저는 변방으로 밀려났어요."

러프가든은 사람들이 자신의 연구를 점차 무시한다는 점이 가장 분하다고 했다.

"제가 남성으로서 국립과학재단에 연구지원서를 썼을 때는 확실히 존중을 받았어요. 물론 연구비를 지원받을 때도 있고 받지 못할 때도 있었지만, 검토서는 늘 정중했죠. 그런데 성전환 이후로는 그것이 논문이든 연구지원서든, 익명으로 받는 검토서에 악질적인 사견을 드러내는 경우가 많아졌어요. 학계는 여성에게 정말이지 녹록지 않아요. 남성이었을 때는 제 자신과 제 견해가 확실히 주류에 속했어요. 하지만 여성인 저는 자동으로 주류에 편입되지 않아요. 벤과도 이런 얘기를 나눈 적 있어요. 여성이었을 때 그의 견해는 이례적이라거나 비주류라는 평가를 받았어요. 하지만 성전환 후로는 지금껏 해온 모든 연구가 주류로 편입되었고, 그의 경력은 고공행진을 하고 있어요. 물론 그는 재능 있고 뛰어난 사람이에요. 하지만 여성으로 사는 동안에는 재능을 인정받지 못했죠. 반대로 여성으로 성전환한 제 견해는 점차 이례적인 비주류로 취급받고 있어요."

특히 러프가든의 화를 돋우는 것은 여성이 펼친 주장이 아니라 여성 자체를 공격하는 경향이었다. 러프가든은 남성이었을 때도 과학 이론에 이의를 제기했지만 존중받았고, 종신 교수직을 제안받았다.

하지만 조앤이 되고부터는 주위 반응이 눈에 띄게 달라졌다. 한번은 남성 동료 과학자가 그녀에게 호통을 치면서 공격적인 반응을 보였다. 러프가든은 그가 달려들어 때릴 것 같다고 느꼈다. 또 다른 동료는 러프가든이 강연을 마치자 멋대로 강단 위로 올라오더니 그녀가 연구 문헌을 제대로 읽어 보지도 않았다면서 호통을 쳤다. 남성이었을 때는 결코 경험해 보지 못한 일이었다. 그들은 마치 러프가든을 깎아내리려고 작정한 듯했다.

"회의에서는 말허리가 잘리기 일쑤예요. 그래서 지원사격을 해 줄 남성 동료를 찾아야 해요. 또 남성 동료가 저와 같은 주장을 펴면서 공을 가로채도 어쨌든 제 메시지가 전달된 것에 만족하면서 기분 상하지 않아야 해요. 이것이 제가 헤쳐나가야 할 삶이에요."

그녀는 여성에 대한 편견 속에서 권위 격차의 희생자로 사는 삶이 어떤 것인지 발견해가고 있다.

《뉴욕 타임스》와의 인터뷰에서 러프가든은 남성들이, 특히 과거에 그녀를 알지 못했던 남성들이 얼마나 더 자주 말허리를 자르고, 무시하고, 거들먹거리는지 설명했다.

"처음에는 어리둥절했어요. '여성이라서 차별받는 거라면 꼭 나쁜 것은 아니야.'라고 생각했죠. 하지만 다른 여성과 같은 대우를 받는 데서 오는 희열은 차츰 사라졌어요. 확실히요."[8]

그녀가 내린 결론은 무엇일까?

"남성은 자신의 무능함을 증명하기 전까지 유능하다고 평가받지만 여성은 자기 능력을 증명하기 전까지 무능한 사람 취급을 받아요."

이것이 바로 성별 권위 격차를 떠받치는 무의식적 가정이며, 러프가든과 바레스가 각각 여성과 남성으로 성전환하면서 발견한 사실이다. 남성이 된 바레스는 하룻밤 사이에 유능한 게 당연한 사람이 됐다. 실제로 그는 '여동생'보다 낫다는 찬사를 받았다. 이 말인즉 그는 자기 자신보다 더 낫다는 뜻이었다. 여성이 된 러프가든은 정반대 상황을 맞았다. 남성으로서 누리던 특권이 사라지자 갑작스레 그녀가 내뱉은 모든 말에는 물음표가 붙었고, 능력은 의문시됐다.

물론 두 사례는 두 사람이 들려준 이야기, 즉 개인의 일화에 불과할지 모른다. 하지만 이들의 이야기는 성별이라는 결정적 변수만 분리해 낸, 즉 성별 요인을 제외한 다른 모든 요인은 동일하게 유지됐다는 점에서 가장 과학적인 근거일지도 모른다. 그리고 이들의 이야기는 트랜스젠더의 경험을 훨씬 더 폭넓게 살펴본 다른 연구들에서도 반복적으로 나타났다.

한 남성이 상사가 무능한 변호사인 수잔을 해고하고 그 자리에 훨씬 능력 있고 유쾌한 '남성' 변호사를 신입으로 고용했다며 상사에게 축하의 말을 건넸다.[9] 여기서 핵심은 수잔과 신입 변호사가 동일인이라는 점이었다.

이는 포틀랜드주립대학교의 사회학자 미리암 에이벨슨이 여성에서 남성으로 성전환한 트랜스 남성 66명을 인터뷰하면서 수집한 일화 중 하나이다.[10] 인터뷰에 응한 대다수 트랜스 남성들은 남성이 된 후 전보다 훨씬 더 좋은 평가를 받았고, 더 존중받았으며, 권위를 의심받는 횟수가 줄었다고 했다.

에이벨슨은 이렇게 결론지었다.

"나와 인터뷰한 대다수 트랜스 남성에게는 성차별의 존재를 확신하게 된 계기가 있었다."

시카고대학교의 크리스틴 쉴트는 트랜스젠더를 대상으로 연구를 실시했다. 이 연구를 통해 트랜스 여성은 성전환 이후 보수가 거의 3분의 1로 줄어든 반면 트랜스 남성은 보수가 늘어났다는 사실을 확인했다.

쉴트와 인터뷰한 어느 트랜스 남성은 남성이 된 후 회의에서 의견을 낼 때마다 모든 참석자가 그의 의견을 받아 적는다고 말했다.

"여성이었을 때는 아무리 많은 근거를 대도 틀림없는 사실이냐고 의심했어요. 그런데 이제는 제 주장을 굳이 뒷받침할 필요가 없어요. 정말 희한해요."

또 다른 트랜스 남성은 이런 경험을 했다고 말했다.

"예전에는 너무 공격적이라고 지적받곤 했어요. 그런데 지금은 '책임감이 강하다.'는 말을 들어요."

쉴트는 이렇게 말했다.

"많은 트랜스 남성이 '남성'이 된 후 확실히 알아차리게 되는 사실이 있어요. 바로 직장에서 남성이 여성보다 더 많이 성공하는 까닭은 남성의 기술이나 능력이 더 뛰어나서가 아니라 성 편향으로 인한 특권을 누리기 때문이라는 점이에요."[11]

프레스턴도 성전환 이후에 겪은 경험을 털어놓았다.

"남성이라고 그냥 넘어가는 게 한두 가지가 아니라니까요! 빌어먹을 게으름뱅이들은 못 본 척 넘어가면서 여성은 아무리 열심히 일해도 무시한다고요. ……그건 제가 확실히 알아요. 그래서 제가 성전환한 후에 페미니스트가 됐다니까요. 직접 경험했기 때문에 남성으로 사는 것과 여성으로 사는 것이 얼마나 다른지 너무 잘 알거든요."

프레스턴은 예전과 똑같은 행동을 하는데도 더 진지한 대우를 받았다. 이를 두고 쉴트는 이렇게 말했다.

"인터뷰 대상자들은 여성이라 직장에서 무시당하고, 밀려나고, 과소평가되고, 주변 상황에 떠밀려 실수를 뒤집어쓴 경험들이 있어요. 그리고 남성이 되자 성별 외에는 달라진 게 없는데도 직장에서 권위가 높아졌어요. 그리고 아이디어나 능력, 특성이 더 긍정적으로 평가받았어요."

샬럿 올러는 20명이 넘는 트랜스 남성들을 인터뷰하고 이 같은 현상을 발견했다.

"저와 인터뷰한 트랜스 남성들은 성전환 전에는 일터가 여성에게 이토록 거친 곳인지 몰랐다고 이구동성으로 말했어요. 그들은 남성이 되자 직장에서 실수는 사소하게 넘겨지는 반면 성과는 크게 부풀려진다고 느꼈죠. 자신의 말에 무게가 더 실리는 것 같다고 언급한 사람도 많았어요. 하룻밤 사이에 직장에서 권위와 존중을 얻게 된 것 같다면서요. 또 오랫동안 의심해 왔던 남성들의 성차별적 태도도 확인할 수 있었대요. 그들은 남성 상사가 여성 동료를 비하하는 발언을 하거나 여성 입사 지원자를 헐뜯었던 기억을 떠올렸죠."[12]

토머스 페이지 맥비는 트랜스 남성이자 《쿼츠(Quartz)》의 편집자다. 그는 성전환 이후 사람들의 대우가 180도로 달라져서 깜짝 놀랐다고 했다.

"제가 말하면 사람들이 귀만 기울이는 게 아니라 몸을 앞으로 기울인다니까요. ……30여 년간 직장에서 꿔다 놓은 보릿자루 취급받던 사람에게는 정말 놀라운 변화죠. 예전에는 사람들이 제 말을 끊곤 했어요. 제 목소리를 듣고 사람들이 말을 멈추고 귀를 기울인 적은 단 한 번도 없었죠. 그리고 제 '가능성'을 보고 일을 맡기겠다는 사람은 아무도 없었어요. 제가 근무했던 곳은 남성이 내면화된 성차별적 태도를 반성하고 여성이 요직에 오르는 진보적인 조직이었는데도 말이죠."

토머스는 자신의 경험을 솔직하게 털어놓았다.

"제가 새롭게 얻은 낮고 조용한 목소리로 회의에서 발언한 첫날, 사람들이 제 말에 집중하는 게 느껴졌어요. 저는 그게 너무 불편해서 말을 제대로 끝마치지 못했어요. 그건 정말이지 한 번도 경험해 보지 못한 낯선 기분이었죠. 회의실 안에 있던 사람들 모두 저와 함께 숨 죽이고 있었어요. 아주 자연스럽게요. 다들 제가 다시 말을 이어가기를 기다리고 있었죠. 요즘은 사람들이 거의 매일같이 대내외적으로 제 의견을 물어와요. 제가 맡은 일과 전혀 관련이 없는 문제까지도요. 이런 긍정적인 피드백 덕분에 저는 더 창의적이고 생산적인 사람이 될 수 있었죠."

트랜스 여성은 거울에 비친 상처럼 트랜스 남성과 정반대의 변화를 겪는다. 다니엘라 페트루잘렉은 오라클에서 세일즈 컨설턴트로 일할 때 여성으로 성전환하기로 결심했다. 남성으로 살 때 직장생활은 굉장히 순탄했다.

"중요한 결정을 내릴 때마다 사람들이 제 의견을 묻곤 했어요. 제가 무슨 역할을 맡고 있든지 상관없이요. ……모두 저와 얘기를 나누면서 프로젝트에 대한 피드백을 받고, 제가 이런저런 상황을 어떻게 극복했는지 알고 싶어 했죠. 회사는 제가 맡은 프로젝트를 밀어줬어요. ……성전환하기 얼마 전에는 다른 팀들이 저를 스카우트하려고 제안을 해 왔어요. 상사는 곧 승진하게 될 거라며 장담했고요. 모든 게 순탄해 보였지요."

그렇다면 성전환 이후에는 어땠을까?

"사람들이 더이상 제 의견을 물어오지 않아요. 과거에 제가 문제를 해결하던 방식은 관심 밖으로 밀려났어요. 남성이었을 때 저는 자신의 성과를 자랑하고 남에게 공로를 빼앗기지 말라고 배웠어요. 그런데 여성이 된 후로 그렇게 행동하면 '너무 거만해'라거나 '말이 앞서는 여성'이라는 말을 들었어요. 정말 미칠 노릇이었죠. 실제로 저는 달라진 게 아무것도 없었거든요. 아니 예전보다 더 나은 사람이 됐죠. 제 본모습을 숨기느라 소모했던 에너지를 전부 일에 쏟을 수 있었으니까요. 그해에 세일즈 컨설턴트로 가장 좋은 성과를 냈는데 누구도 제게 관심을 보이지 않았어요. 스카우트 제의는 없던 일이 됐고 승진도 물 건너갔죠. 제 아이디어는 더이상 관심을 얻지 못했어요."

페트루잘렉은 이렇게 덧붙였다.

"제게는 '여성으로서의 삶'이 너무 낯설어서 처음에는 이해가 안 갔어요. 하지만 시간이 조금 흐르고 비로소 깨달았죠. 이게 특별히 저에 대한 반감 때문이 아니란 걸요. 저는 정확히 제가 원하던 걸 얻었을 뿐이에요. ……그러니까 여성으로 대우받고 있어요."

트랜스 여성인 폴라 스톤 윌리엄스는 남성일 때 결혼해서 아이를 낳고 살다가 성전환을 했다.

"저는 여성이 된다는 것의 의미와 성전환 전의 성별인 남성에 대해서 많은 것을 배우고 있어요. 고등교육을 받은 백인 남성들은 사회가 그들에게 얼마나 유리하게 기울어져 있는지 알 도리가 없어요. 그들이 지금껏 경험해 왔고 앞으로도 경험할 유일한 사회이기 때문이죠. 저도 남성이었을 때는 제가 특권을 누리고 있다는 생각을 한 번도 못 해 봤어요. 하지만 실제로는 특권을 누렸던 거죠.[13] 여성이 된 뒤로는 제가 멍청해진 것 같다고 느껴요. 사람들이 하나같이 잘 알지도 못하면서 말한다는 식으로 반응하니까 제가 정말 제대로 알고 말하는 건지 의문이 들더라고요. 이제는 여성들에게 자신을 의심하는 경향이 나타나는 이유를 이해할 수 있어요."

몇몇 트랜스 남성은 여성을 대할 때 남성들의 성차별 습관을 자신도 모르게 똑같이 저지르고 있다는 사실을 깨닫는다고 했다. 매디슨 스퀘어 가든에서 열리는 권투 시합에 처음으로 출전한 트랜스 남성 토머스 페이지 맥비는 이를 시인했다.

"직장에서 뭔가 이상한 기류가 감지됐어요. 그래서 회의에서 제가 의견을 관철하려고 시도한 횟수를 세기 시작했죠. 제가 남의 말허리를 얼마나 자주 자르는지를요. 3 대 1의 비율로 여성의 말을 더 자주 끊더군요. 더 나쁜 건 제가 미묘하게 여성보다 남성을 더 진지하게 대우한다는 점이었어요. 남성이 보낸 메일에 더 빨리 답장하고, 남성의 생각을 더 주의 깊게 살피고 남성의 주장에 영향을 더 많이 받더라고요."[14]

영화 리뷰 사이트 '프런트 로우 센트럴(Front Row Central)'의 편집자인 마틴 슈나이더도 이런 차이를 우연히 발견했다. 과거에 슈나이더는 동료인 니콜 홀버그가 자기가 여성이라서 고객을 상대하기 더 힘들다고 불평하면 그럴 리 없다고 생각했다.[15] 그러던 어느 날, 그는 실수로 니콜의 이름으로 고객에게 이메일을 보냈다가 고객이 자신을 이전과 얼마나 다르게 대하는지 알게 됐다. 그 상황을 슈나이더는 이렇게 묘사했다.

"고객은 완전히 막무가내였어요. 제 질문에 답할 가치도 없다는 듯 싹 다 무시했죠. 자기가 쓴 방법이 업계 표준이고(업계 표준이 아니었어요) 자기가 쓴 용어를 제가 이해조차 못 한다면서요(저는 이해했어요)."

슈나이더가 자기 이름으로 다시 메일을 보내자 고객은 곧바로 이의제기를 멈췄다.

"바로 개선되더군요. 제 제안에 감사를 표하면서 긍정적이고 신속하게 응답하더라고요. 완전 모범 고객이 됐죠. 중요한 건 제가 사용한 기법이나 제안한 내용이 전혀 달라지지 않았다는 점이에요. 유일하게 달라진 건 남성 이름을 썼다는 거였죠."

그래서 그는 실험적으로 2주 동안 니콜과 서명을 바꿔서 사용해 보기로 했다.

"정말 지옥 같은 시간이었죠. 고객들은 제 요청과 제안에 전부 의문을 표했어요. 평소 같으면 손쉽게 상대할 만한 고객들이 가타부타 딴지를 걸더라고요."

그동안 니콜은 가장 생산적인 2주를 보냈다.

"저는 이제 니콜이 '자기 이름으로' 일할 때 시간이 더 오래 걸리는 이유가 우선 고객이 자신을 존중하도록 설득해야 하기 때문이라는 걸 알아요. 고객이 니콜의 업무 능력을 인정할 때쯤이면 저는 이미 다른 고객을 상대하는 일을 반쯤 마칠 시간인 거예요. 제게는 정말 충격적인 경험이었죠. 그런데 니콜은 거기에 익숙해져 있더라고요. 그녀는 그 과정을 그저 자기 업무의 일부로 여겼죠."

편향은 무의식적일 때가 많고 강물의 흐름처럼 눈에 보이지 않기에 그 존재를 부정하고픈 유혹에 빠지기 쉽다. 자기에게 편견이 있음을 인정하려는 사람은 찾아보기 어렵다. 그리고 남성들은 슈나이더와 트랜스 여성들처럼 직접 경험하기 전까지는 남성으로서 특권을 누려왔다는 사실을 인정하고 싶어 하지 않는다. 하지만 눈에 보이지 않는다고 해서 편향이 존재하지 않는 것은 아니다. 바레스가 《네이처》에 실린 영향력 있는 논문에 썼듯이 말이다.

"성차별이 자기 경력에 해가 되는 경험을 직접 해 보지 않는 한 사람들은 성차별의 존재를 도무지 믿지 않는다."[16]

트랜스 남성들은 성전환 이후 전보다 훨씬 존중을 받았다. 트랜스 여성은 정반대의 경험을 했다. 이들의 증언이 권위 격차의 존재를 증명하는 가장 설득력 있는 근거인 까닭은 성전환 전후로 성별을 제외하고는 모든 면에서 똑같기 때문이다. 타인의 시선에서 바뀐 것이라고는 이들의 성별뿐이다.

그러므로 우리는 여성이 남성보다 더 가혹한 평가를 받고 덜 진지하게 받아들여진다는 여성의 말을 믿어야 한다. 그리고 사회가 남성에게는 자연스레 존중과 권위를 부여지만 여성에게는 그렇게 하지 않는다는 여성의 말을 믿어야 한다. 그것이 바로 남성이 된 여성들이 직접 경험한 현실이기 때문이다.

3

행동으로 드러난
은밀한 편향

The
Authority
Gap

업체를 상대로 보안 시스템을 판매해 온 저는 나이 많고 부유한 보석상을 고객으로 맡게 되었어요. 보석상 주인은 첫 미팅 때부터 저와 얘기하기를 거부하더라고요. 한번은 전화를 걸었는데 제 목소리가 나오자 이렇게 중얼거리더라고요. '빌어먹을, 또 그 여자야. 제발 일을 제대로 알고 하는 책임자를 연결해달라고.'

— 미셸, 멈스넷(영국 육아 정보 사이트—옮긴이) 기고자

운 좋게도 나는 사회생활의 대부분을 유명 언론사의 고위직으로 보낸 덕분에 권위 격차의 바닥을 많이 경험하지 않았다. 《더 타임스》 같은 조직에서 공적 권위를 부여한 사람을 면전에서 무시하기란 쉽지 않기 때문이다.

그렇지만 권위 격차는 어딜 가나 모습을 드러냈고, 내 이력을 모르는 사람이 있는 자리에서는 그 문이 활짝 열렸다.

최근에 나는 고위급 국제 콘퍼런스에서 두 남성 참석자와 대화를 나눈 일이 있었다. 한 사람은 전 외무부 장관이었고, 다른 사람은 BBC 해외 특파원이었다. 해외 쟁점에 관해서라면 두 사람이 나보다 아는 게 훨씬 많았다. 하지만 영국 정치에 관해서라면, 30년간 정치부 기자로 활동했고 그 대부분을 《더 타임스》에서 보낸 내가 그들보다 아는 게 더 많았다. 그리고 그런 사실을 두 사람도 잘 알고 있었다. 그때 우리와 생면부지인 이탈리아 기자가 다가왔다. 그는 나를 투명 인간 취급하면서 두 남성에게 영국 정치에 관해 질문해도 되냐고 물었다.

"토니 블레어가 정계에 복귀할 수 있을까요?"

"어림없어요."

나는 그 이유를 설명하기 시작했다. 이탈리아 기자는 내게 반쯤 등을 돌리고 선 채 나를 쳐다보지도 않았다. 그리고 뒤이어 두 남성에게 질문을 이어갔다.

"이봐요, 저는 영국 정치부 기자예요. 그러니까 확실히 알고 하는 말이라고요."

나는 도대체 왜 그런 말을 해야 했을까? 우리는 모두 동등하게 콘퍼런스에 초대받은 참가자였고, 그는 우리 중 누구도 알지 못했다. 그런데 왜 그는 나보다 두 남성이 아는 게 많을 것이라 가정했을까? 그리고 왜 내 대답을 의도적으로 외면했을까? 그의 행동은 굉장히 무례했을 뿐 아니라 본인에게 전혀 도움이 되지 않았다.

런던에서 열린 또 다른 소규모 콘퍼런스에서는 하루 동안 참가자들이 서로를 알아갈 기회가 있었다. 그날 저녁에 나는 대화를 나눠본 적 없는 한 남성 옆에 앉게 됐다. 그는 은행가로, 나보다 살짝 나이가 많았다. 그는 내게 무슨 일을 하는지 물었다. 당시 나는 굉장히 다양한 일들을 하고 있었기 때문에 그가 어떤 일에 관심을 보일지 알 수 없었다. 그래서 이렇게 대답했다.

"여러 가지 일을 하고 있어요.《인디펜던트》정치부 기자이고, 한 싱크탱크의 의장이고, 두어 기업의 이사를 맡고 있고, 독특한 라디오 프로그램의 제작자이며, 테이트 모던의 자문위원이고, 몇몇 자선단체에서도 활동하고 있죠."

"우와, 꼬마 숙녀(little girl—옮긴이)가 바쁘시네!"

그가 감탄하며 말했다. 그때 나는 쉰 살이었고, 당시 총리보다 나이가 많았다. 이럴 땐 어떻게 반응해야 할까? 트위터에서는 그를 포크로 찌르거나 와인을 부어야 했다는 게 중론이었지만, 나는 씩씩거리며 대꾸했을 뿐이다.

"누가 저를 '꼬마 숙녀'라고 부른 건 여섯 살 때가 마지막이었는데, 그때도 엄청 화가 났었죠!"

이렇게 경험한 두 차례의 권위 격차는 다른 여성들이 처해 있는 상황을 이해하는 데 도움이 되었다. 훌륭한 경력이 있어도 여성은 시시때때로 권위 격차를 경험한다. 일하는 여성이라면 누구나 자질을 의심받고, 과소평가되고, 아랫사람 취급당하고, 말허리가 잘리고, 무시당하는 등의 권위 격차를 경험한다.

호주 총리였던 줄리아 길러드는 누가 봐도 출중하고 강인한 여성이지만, 남성들은 그녀가 친절한 성차별이라고 부르는 방식으로 길러드를 얕잡아 보곤 했다.

"기업 이사들과의 모임이나 호주 국가안보회의에 참석해 보면 여성은 저 혼자일 때가 많았어요. 그리고 남성들 중에는 의도는 좋을지 몰라도 대화 내내 '정말 힘드실 것 같아요. 총리직은 정말 만만찮은 일이죠.'라는 말만 계속하는 부류가 있었어요. 그럴 때면 이렇게 말하고 싶었죠. '총리직은 누구에게나 만만찮은 일이에요. 제가 이 자리에 온 건 서로 알고 있는 지식을 나누면서 이 복잡한 문제의 해결책을 함께 찾아가기 위해서예요.' 그러니까 그들이 생각하는 남성과 여성 간의 올바른 관계는 상대 여성에게 총리가 될 만한 능력이 있을 때조차 다정한 삼촌과 예뻐하는 조카의 관계인 거죠. 여성을 실력으로 그 회의에 정당하게 참석한 동등한 상대로 인정하지 않는 거예요."[1]

그녀가 그들보다 더 높은 지위에 있었다는 걸 내가 지적하자 길러드는 웃음을 터트리며 화답했다.

"네, 그러니까요!"

미첼 바첼레트는 유엔 인권최고대표와 두 차례 칠레 대통령을 역임했다. 피노체트 정권 당시 아버지가 죽임을 당하고 본인도 고문을 겪었음에도 정계에 입문할 만큼 용기 있는 여성이었다. 그런 바첼레트조차 함께 일했던 몇몇 남성이 그녀의 권위를 인정하게 만들기까지 꽤나 힘겨웠다고 했다.

"처음 대통령이 됐을 때 저보다 연배가 높고 국회에 오래 계셨던 장관 한 분이 계셨죠. 우리는 주로 밤에 국정 회의를 열었고, 거기서 여러 사안을 의논하고 결정했어요. 회의 말미에 저는 결정을 내리고 시행 방안을 요약해서 전달하곤 했죠.

제가 마지막에 '좋아요, 우리는 a, b, c를 시행할 겁니다.'라고 말하면 그분은 항상 그 뒤에 일어서서 뭔가 발언을 했어요. 왜냐하면 자신이 회의를 끝마쳐야 의사 결정권자라는 인상을 줄 수 있으니까요. 여성이 지시를 내리는 상황을 받아들이기가 그만큼 힘들었던 거죠."[2]

데이비드 캐머런과 테리사 메이 내각에서 장관직을 세 차례 역임한 앰버 러드는 '정계 거물'로 묘사될 만한 인물이다. 그런 묘사가 여성에게도 쓰인다면 말이다. 하지만 그런 그녀조차 자신을 가르치려드는 남성을 피할 수 없었다.

"제가 하원 의사당에 처음 앉았던 날을 결코 잊을 수 없어요. 나이가 지긋하고 사람 좋아 보이는 보수당 하원 의원이 제가 페미니스트라는 걸 알고는 이렇게 묻더라고요. '조지 엘리엇(19세기 영국 작가―옮긴이)이 여성이라는 사실을 알고 있나요?' 세상에, 저와 친분을 쌓으려고 한 거라지만 그건 아니잖아요."[3]

남성에게 과소평가되는 경험은 고위급 여성 정치인의 전유물이 아니다. 직종과 사회계층을 막론하고 그런 경험을 해보지 못한 여성은 거의 없을 것이다. 폴리 마셜 태플린은 음반 제작사의 소유주이자 운영자다. 그녀는 2018년 글래스톤베리 페스티벌에서 두 번째로 큰 무대의 운영을 홀로 맡았고, 스톰지와 리암 갤러거 같은 스타들이 그 무대를 빛냈다.

"현장에 있는 캠핑카에서 머물며 일분일초도 쉬지 못한 채 진이 빠지도록 일했어요. 그리고 월요일 아침이 되자 젖 먹던 힘까지 짜내서 택시와 기차를 타고 옥스퍼드로 갔어요. 그쪽 대학교에서 열리는 여름 학기 문학 수업을 받으려고요. 문학은 제 첫사랑이거든요. 그런데 거기서 만난 사람들이 저한테 글래스톤베리에서 한 자원봉사가 즐거웠냐고 묻더라고요. 그 말이 아직도 가슴에 사무쳐요. 저를 왜 그렇게 낮춰 봤을까요? 제가 쉰여덟 살 먹은 아줌마라서요?"[4]

여성을 과소평가하는 현상은 전통적으로 남성 분야로 여겨지는 과학·기술·공학 분야에서 특히 더 빈번하게 일어난다. 실리콘 밸리는 남성들이 득시글거리는 곳으로, 그중 몇몇 남성은 여성이 컴퓨터라는 복잡한 세계를 이해할 수 있다는 사실을 믿지 못한다. 용기를 내서 도전한 여성들은 곧 자신에게 눈에 띄게 냉랭한 직장 분위기를 감지하곤 한다. 이들은 자신에게 능력이 부족하다거나 자신이 '남성 중심의 조직 문화'에서 배제된다고 느낀다.[5]

나는 캘리포니아주 멘로 파크에 있는 메타 본사에서 열린 콘퍼런스에 참석해서 뉴욕대학교 저널리즘 교수인 메러디스 브루사드를 만났다. 브루사드는 참을 수 없는 '기술-남성우월주의(techno-chauvinism)' 때문에 컴퓨터공학자라는 직업을 버렸다고 말했다.

"성차별은 정말 어찌해 볼 도리가 없었어요. 과학·기술·공학·수학(STEM) 분야에서 여성을 주변화한다는 말은 전부 사실로 드러났어요. 저도 당했죠. 처음엔 제 잘못인 줄 알았어요. 제가 충분히 강인하지 못하고 똑똑하지 못해서 그런 거라고 생각했죠. 그러던 어느 날 그게 아니라는 걸 깨달았어요. 사실 저는 잘하고 있는데 여성을 밀어내는 사회적 힘이 너무 강하기 때문이라는 걸요. 기술 분야에서 여성의 말은 무시당하기 일쑤예요. 젊은 여성이 하는 말이라면 특히 더 그렇죠. 정말 미칠 노릇이었어요. 저는 제가 무슨 말을 하고 있는지 정확히 알고 있었다고요."[6]

어쩌면 여성이기 때문이 아니라 젊기 때문에 무시당한 건 아닐까? 그녀는 아니라고 말했다.

"기술 분야에서 젊은 남성은 젊기 때문에 오히려 더 인정받아요. 천재성과 젊음을 숭상하는 문화가 기술 분야에 깊이 뿌리내려 있거든요. 사람들은 기술 문제를 해결하는 뛰어난 해법이 천재적인 수학자들에게서 나온다고 믿어요. 그리고 우리는 수학자라고 하면 이런 모습을 떠올리죠. 후드 티에 청바지를 입고, 커다란 헤드폰을 쓰고 노트북을 두드리면서 세계를 변화시키는 젊은 백인 남성이요."

최고 수준의 기술 기업도 기술-남성우월주의를 비껴갈 수 없었다. 슈비 라오는 구글의 모기업인 알파벳의 회계담당자였다. 그녀는 1980년대 후반에 컴퓨터공학을 전공한 네 명의 여대생 중 한 명으로, 여성에게 적대적인 남성 중심의 조직에서 시스템공학자로 굉장히 힘든 시간을 보내다가 경영대학원에 진학했다. 하지만 최고위직에 오른 뒤에도 상황은 그다지 나아지지 않았다.

"몇 번이고 거듭 제 실력을 입증해야 했어요.[7] 회의에서 남성이 발언하면 사람들은 '그래요, 좋은 생각이네요. 한번 시도해 보죠.'라는 식으로 반응해요. 하지만 여성이 발언하면 '글쎄, 제가 보기에는 자료가 더 필요하고 조금 더 숙고해 봐야 해요. 그런데 정말 실현가능할지는 잘 모르겠네요.'라는 식이에요. 이렇게 계속해서 능력을 의심받다 보면 지치고 자신감도 떨어져요. 저는 끊임없이 엄청난 도전을 받았고, 그게 삶의 일부가 됐어요."

슈비 라오는 이렇게 덧붙였다.

"저는 사람들이 '슈비가 그렇게 말하니까, 그녀가 쌓아온 수년간의 경험과 지혜와 전문성을 감안하면 그녀의 말을 받아들여야 할 것 같아.'라고 하지 않으리란 걸 잘 알아요. 이의를 제기할 테니 저는 그걸 예상하고 대비해야 하죠."

여성의 전문성을 인정하지 않는 행태는 굉장히 흔하며, 헬레 토르닝슈미트도 이런 현실을 잘 알고 있었다.

"자격을 갖추고 최고위직에 오른 여성에게조차 사람들은 결코 남성에게는 하지 않을 방식으로 실력을 검증하는 질문을 해대요. 전 지난 수천 년 동안 평범한 남성이 최고위직에 오를 수 있었던 것처럼 평범한 여성도 최고위직에 오를 수 있

어야만 사회가 진정한 성평등을 이룬 거라고 생각해요."⁸

『남자들은 자꾸 나를 가르치려 든다(Men Explain Things to Me)』
를 써서 '맨스플레인'이라는 신조어의 탄생에 일조한 리베카
솔닛은 유독 여성의 전문성을 의심하는 행태가 어떻게 여성
의 자신감을 꺾어 놓는지 설명했다.

"여성이라면 누구나 내 말을 이해할 것이다. 이 편향 때문
에 여성들은 나서서 말하지 못하고, 용기 내어 말해도 남성들
은 그 말을 경청하지 않는다. 이 편향은 길거리 성희롱과 마찬
가지로 이 세상이 젊은 여성들을 위한 게 아니라는 점을 넌지
시 암시함으로써 그들을 침묵으로 몰아넣는다. 이러한 편향
때문에 여성들은 자기를 검열하고 제한하는 법을 배우는 반
면 남성들은 근거 없이 과도한 자신감을 갖는다."⁹

이 책을 쓰기 위해 자료 조사를 하다 보니 나는 '권위'라는
주제에 준전문가가 됐다. 하지만 내가 권위를 주제로 이야기
할 때 남성들은 크게 두 부류의 반응을 보였다. 비록 소수이긴
하지만 몇몇 남성은 주제에 관심을 보이면서 지적인 질문을
던졌다. 그러나 대다수는 내 생각이 근본적으로 틀렸다고 반
박하거나 한바탕 설교를 늘어놓았는데, 해당 주제에 무지한
상태이면서도 그럴 때가 많았다. 이들은 내 전문성과 권위를
깎아내리려 시도했다.

한번은 첫 번째 부류에 속하는 유쾌한 남성과 함께 있다가

이런 일이 벌어졌다. 그러자 그는 두 번째 부류에 속하는 남성의 행동이 무례해서라기보다 상황이 아이러니해서 놀랐다며 내게 질문을 던졌다.

"당신에게 맨스플레인을 하던 남성은 스스로 당신의 책이 말하고자 하는 행동 패턴을 자신이 정확하게 실연했다는 사실을 어떻게 깨닫지 못했을까요? 그리고 당신은 그 남성의 말을 왜 참고 듣고 있었나요?"

나는 남성들이 이런 식으로 행동하는 데 너무 익숙해진 나머지 속으로는 씩씩거려도 겉으로는 고개를 끄덕이는 법을 배웠노라고 대답했다.

맨스플레인 현상은 젊은 여성에게 특히 더 심하게 나타난다. 로라 베이츠는 저자이자 전 세계 여성들이 경험한 성차별과 성희롱을 데이터베이스화하는 '일상 속 성차별 프로젝트 (Everyday Sexism Project)'의 설립자이다. 그녀는 젊지만 자기 분야에서 인정받는 권위자다.

"저 같은 경우에는 성별, 나이, 다루는 주제의 조합이 남성이 묵살하고 싶어 하는 삼위일체를 이루고 있죠. 여성, 그것도 젊은 여성이 성차별을 이야기하니까요. 이 현상이 특히 더 신기한 건 제가 전문가로서 발언하는 맥락에서 주로 일어난다는 거예요."[10]

베이츠는 서른네 살이다. 남성이었다면 주위에서 공공연히 가르치려 드는 일을 좀처럼 겪지 않을 나이다. 언젠가 베이츠는 하원 의원들이 성차별 문제를 논의하고자 모인 특별한 자리에서 강연을 해달라는 요청을 받았다.

"하원 의원들은 저에게 성차별의 근거를 제시해달라고 요청했어요. 제가 여성들이 겪은 성차별과 관련된 데이터를 가장 많이 모았으니까요. 저는 시간을 들여 갖가지 형태로 일어나는 성희롱, 성학대, 성폭행 사건을 소개했어요. 그런데 회의가 끝나갈 무렵에 중직을 맡은 하원 의원이 제게 다가와 속삭였어요. 제 시각이 굉장히 부정적이라면서, 정말로 변화를 원한다면 남성들의 관심을 끌어낼 방법을 진지하게 고민해 보라고 하더군요. 그는 제가 흥분해서 장광설을 늘어놓는다고 느꼈던 거죠."[11]

(베이츠는 굉장히 차분하고 조리 있게 이야기한다는 말을 덧붙여야겠다.)

"정말 어처구니가 없었죠. 하원 의원들 앞에서 여성이 직면한 성차별 문제를 이야기해달라고 초청받았으니까요. 그리고 확실히 권위 격차가 드러나는 상황이었죠. '호들갑 떨지 마, 아가씨. 아가씨는 지금 자기가 무슨 얘기를 하는지 잘 모르고 있어.'라고 말하는 중장년의 남성이 있었어요. 그리고 그처럼 막강한 영향력을 가진 남성은 절대 알 도리가 없는, 수많은 여성이 일상에서 마주하는 현실을 여성들의 언어로 이야기해달라고 요청받은 제가 있었죠."

그러니까 그 하원 의원은 여성, 특히 젊은 여성을 끈질기게 따라다니며 괴롭히는 문제가 무엇인지 배우려고 회의에 참석해놓고도 편견 때문에 매력적이고 젊은 금발의 여성이 이 주제의 권위자임을 받아들이지 못했다. 그로 인해 그는 성차별 문제를 제대로 이해할 기회를 놓쳤다.

어떤 남성들은 그들과 여성 사이에 권위 격차가 없는 듯 행동한다. 나와 수년간 함께 일한 남성 동료 중에도 나를 동등하게 대우해 주는 이들이 있다. 나는 그들과 함께 일하는 것이 즐겁고, 그들이 나를 존중해 줘서 고맙다.

하지만 몇몇 남성이 훌륭하게 행동한다고 해서 제대로 행동하지 않는 사람들(여기에는 여성도 포함된다)이 일으키는 문제는 줄어들지 않는다.

나이가 들고 직급이 높아지면 여성도 권위를 인정받기가 쉬워진다. '미투 운동' 이래로 여성이 직장에서 참고 견뎌야 하는 조직적 성차별이 주목받기 시작했고, 전 세계적으로 성별 권위 격차가 눈에 띄게 줄고 있다.

하지만 권위 격차는 아직 사라지지 않고 있다. 여전히 여성이 남성보다 열등하다고 굳게 믿는 사람들이 존재하고, 무의식적 편견 때문에 여성을 과소평가하고 여성에게 무례하게 행동하는 사람들도 많다. 그들은 자신이 편향되게 행동하고 있다는 걸 알아차리지 못하지만, 당하는 여성들은 확실히 알아차릴 수 있다. 무의식적 편향은 가해자가 편향의 존재를 부인할 공산이 크기 때문에 지적하기가 더 어렵다.

여성 중에는 이런 행태에 너무 익숙해진 나머지 이골이 난 사람도 있다. 샤론 네스미스 소장은 영국군에서 여성으로서 가장 높은 지위에 올랐다. 네스미스는 하도 무뎌져서 잘 알아차리지 못하긴 해도 여전히 권위 격차가 드러나는 일이 발생한다고 말했다.[12]

"함께 회의에 참석한 부하들은 종종 누군가 제게 무례하게 말하거나 말허리를 끊거나 제 말을 경청하지 않아서 놀랐다고 말해요. 막상 저는 알아차리지 못했는데 말이죠. 너무 익숙해서 누군가 지적해주기 전에는 알아차리지 못하곤 해요."

국방 참모총장을 역임한 닉 카터 경도 권위 격차 문제를 시인했다.

"남성 중심의 조직에서 여성이 자기 의견을 내기란 쉽지 않죠. 위원회를 소집해 보면 남성 비율이 90퍼센트에 이르거든요. 운이 좋으면 80퍼센트고요. 이런 상황에서 여성에게 남성과 비슷하게 발언할 기회를 부여하려면 노력이 필요해요. 하지만 모두가 그 방향으로 가려고 하지 않죠."[13]

군에 소속된 남성 중에는 여성을 군대에 들어와서는 안 되는 침입자로 여기는 사람들이 있고, 그 때문에 여성의 견해는 평가절하되거나 무시당할 때가 많다.

"권위 격차 문제가 특히 제 눈에 띄기 시작한 건 참모총장이 되고 나서부터였어요. 뛰어난 자질을 가진 여성 공무원이 많은 국방부에서 일했으니까요. 국방부에서는 여성 직원의 의견을 묻지 않거나 여성 직원에게 남성 직원만큼 발언권을 주지 않으면 문제가 되거든요."

그래서 문화 충격을 받았는지 묻자 그가 대답했다.

"물론이죠! 하지만 그래서 더 좋았어요. 불편한 대화를 나누는 과정을 통해 타인의 관점을 더 잘 이해할 수 있게 되니까요."

닉 카터는 자신보다 나이가 어리고 직급이 낮은 두 명의 여성 직원을 '리버스 멘토(후배가 선배에게 조언자가 되어 주는 것—옮긴이)'로 삼았다. 리버스 멘토는 그가 여성의 말허리를 끊거나 나중에 후회할 말을 내뱉으면 일깨워 주었다. 그래서 그의 언행이 달라졌을까? 그렇다. 그는 리버스 멘토를 둔 덕분에 자신이 조금 더 사려 깊어졌다고 말했다.

네스미스 소장은 권위 격차를 감내하는 법을 배웠지만, 권위 격차에 격렬한 분노를 터트리는 여성도 존재한다. 빈은 영국의 저명한 경제학자다.

"한번은 제 전문 분야의 사안을 두고 두 원로 남성 기자가 저를 배제한 채 얘기를 나눈 적이 있어요. 당시 저는 그 사안을 두고 재무부 장관과 굉장히 긴밀하게 협력하고 있었죠. 그리고 그 사안은 그날의 정책 논제이기도 했어요. 동석하고 있던 저는 두 사람이 그 사안에 대해 질문하기를 기다렸어요. 둘 다 제가 어떤 일을 하는지 알고 있었으니까요. 하지만 묻지 않더군요. 그리고 사슴 두 마리가 서로 뿔을 들이받으며 싸우는 것처럼 치열하게 치고받았어요. 저는 어이없어하며 관련 지식도 없는 둘이 무의미하게 난타전을 벌이는 광경을 지켜봤죠. 기자들이 해당 사안을 알려 주려고 그 자리에 있는 사람에게 진실은 묻지 않고 싸우는 데만 골몰하는 모습을요.”[14]

남성들이 여성의 권위를 깎아내리는 갖가지 방식(과소평가하고, 무시하고, 가르치려 들고, 쓸데없이 자질을 의심하고, 인신공격하는 것)도 충분히 짜증스럽지만, 여성이 논지를 다 펼치기도 전에 말을 끊고 끼어드는 것은 그보다 더 짜증스러울 수 있다.

끼어들기는 두 가지 이유에서 굉장히 무례한 행동이다. 첫째, 말을 끊는 사람은 자기 견해가 말하고 있던 사람의 견해보다 더 흥미롭다고 여긴다. 둘째, 말 끊기는 입막음을 하려는 노골적인 시도다.

연구 결과에 따르면 여성은 남성보다 말허리가 잘리는 경험을 더 많이 했고, 대개 말을 끊는 사람은 남성이었다.[15] 여성도 끼어들기를 하지만, 주로 상대의 말에 동의하거나 내용을 보충하거나 상대의 말에 힘을 실어주기 위한 목적일 때가 많았다. 반면 남성은 타인이 논지를 끝까지 펼치지 못하게 방해하려는 의도일 때가 많았고, 상대가 여성이라면 그런 경향이 한층 더 두드러졌다.

그리고 남성이 더 자주 말허리를 자르는 것은 그들이 상급자일 때가 더 많기 때문은 아니었다. 미국 대법원 판사보다 더 높고 권위 있는 직책은 얼마 없을 것이다. 하지만 2017년에 실시한 한 연구에 따르면, 대법원 판사 3분의 1밖에 안 되는 여성 판사들이 말허리 잘리기의 3분의 2를 감내해야 했다.[16] 이 말은 여성 판사들이 남성 판사들에 비해 네 배 더 많이 말허리를 잘렸다는 뜻인데, 말허리 자르기의 무려 96퍼센트는 남성 변호사나 남성 판사가 저질렀다.

호주 고등법원을 대상으로도 유사한 연구가 진행됐다. 남성 변호사는 판사가 여성일 때 말을 두 배 더 많이 끊었고, 특히 여성이 수석 재판관일 경우에는 더 심했다.[17] 이 논문의 저자인 어밀리아 러프랜드는 이렇게 썼다.

"사법 권력의 정점에 이른 여성조차 불평등한 대우를 받을 가능성이 높다는 사실은 남성에게 사법 권력을 부여하는 편향이 뿌리 깊다는 점을 시사한다. 정성 분석을 활용한 이 연구 결과에 따르면, 여성 판사들은 일상생활뿐만 아니라 법정에서도 대화를 지배하려는 남성을 상대해야만 한다."

여기서 하급자 남성이 상급자 여성의 말을 끊는 하나의 패턴이 드러난다. 이 패턴을 잘 보여 주는 사례로 800년 된 옥스퍼드대학교에서 첫 여성 총장이 된 루이즈 리처드슨의 일화를 들 수 있다.

"저는 350명이 참석하는 회의의 의장으로, 그날 회의를 주재하고 있었어요. 회의에는 업무를 담당한 사람들이 몇몇 있었는데, 그들은 그 일이 처음이었어요. 반면 저는 의장 역할을 여러 번 해 봤고요. 제가 연설을 하고 있는데 그중 한 사람이 '잘못 읽고 계세요. 여길 읽으셔야죠.'라고 말하더군요. 모두가 보는 앞에서 제가 읽고 있는 대본의 다른 부분을 가리키면서요. 저는 '고맙지만 제가 맞아요.'라고 말하고 연설을 이어 갔어요. 그리고 다음 날 그에게 말했죠. '제가 질문을 하나 할 테니 생각해 보면 좋겠어요. 제가 남성 총장이었다면 어제처럼 행동했을까요? 수많은 청중 앞에서 남성 총장이 공식 연설을 하는 와중에 연설 내용을 정정하려고 말을 끊었을까요? 특히 본인이 그 모임에 처음 참석한 날이고 알다시피 본인이 잘못 알았던 건데요.' 그는 아무 말도 못 했어요. 저는 이렇게 말했어요. '지난밤에 저도 머릿속으로 생각실험을 해 봤어요. 저처럼 생각실험을 한번 해 보세요.'"[18]

이 생각실험은 남성이 여성의 말을 끊고 있다는 걸 깨달을 때마다, 특히 그 여성이 자신보다 상급자라면 반드시 해 봐야 한다. 왜냐하면 이것이 일반적인 유형이기 때문이다. 남성 환자는 여성 의사의 말을 끊고, 남성 부하는 여성 상사의 말을 끊으며, 남학생은 여교사의 말을 끊는다는 연구도 있다.[19]

이 모든 행위는 철학자 케이트 만이 『다운 걸』에서 제시한 가부장적 신념에 잘 들어맞는다. 그 신념은 바로 남성이 여성에게서 자신이 원하는 몫을 가져갈 권한이 있다는 믿음이다. 말을 끊는다는 맥락에서 보면 남성이 여성에게서 빼앗아도 된다고 생각한 것은 발언권이며, 가부장적 신념 때문에 남성은 여성이 발언권을 넘기기를 기대한다.[20] 이는 남성들이 왜 자신에게는 여성의 말을 끊을 권한이 있다고 여기면서 여성이 자신의 말을 끊을 때는 적대적이고 그릇된 행위라고 느끼는지를 설명해 준다.[21] 그리고 남성 하급자가 여성 상급자의 말을 끊는 것은 권력의 불균형이 초래한 불편한 감정을 보상받으려는 방편일 수 있다.

남성은 수적으로 우세할 때 한층 더 불량하게 행동한다. 여성 한 명이 남성 네 명과 함께 회의에 참석한 경우, 여성의 말허리를 자른 남성의 발언은 70퍼센트가 부정적인 내용이었다.[22] 상황을 바꿔서 회의실에 여성 네 명과 남성 한 명이 있을 때는 말허리를 자른 발언의 20퍼센트만이 부정적인 말이었다. 연구 결과가 말해 주듯 여성이 수적으로 우세할 때 남성은 공격성이 줄면서 훨씬 유순해진다.

세 살 반에서 다섯 살밖에 안 된 남자아이도 여자아이가 남자아이의 말을 끊는 횟수보다 두 배 더 많이 여자아이의 말을 끊는다.[23] 부모도 아들보다 딸이 말할 때 더 자주 말을 끊는다. 그러면서 아이들에게 은연중에 이런 행동 양식을 심어준다. 이를 통해 남자아이는 여자아이의 말을 끊어도 괜찮다고, 여자아이는 남자아이가 자기 말을 끊을 수 있다고 배운다.[24] 주위 환경에 쉽사리 영향을 받는 아이들에게 권위 격차의 본보기를 보이는 셈이다. 이는 굉장히 부당한 일이지만, 부모는 자신이 그렇게 행동한다는 사실을 미처 깨닫지 못한다.

아동기에 배운 행동 양식이 성인기의 행동 양식으로 굳어지는 과정은 쉽게 이해할 수 있다. 마모헤티 파켕은 아프리카 최고 대학교인 케이프타운대학교의 총장이다. 그녀는 열정적이고 자신감 넘치는 사람이지만, 대학원생 시절에는 몸에 밴 예의를 떨쳐내고 발언할 기회를 얻기까지 순탄치 않았다고 고백했다.

"6개월 동안 강의 시간에 아무 말도 못 했어요. 손을 들었으니까요. 다른 백인 학생들은 손을 들지 않고 그냥 말을 시작했죠. 6개월이 지나서야 예의를 벗어던져야 한다는 걸 깨달았어요. 그렇지 않으면 내 목소리를 낼 수 없어요."[25]

어려서부터 남성보다 고분고분하고 싹싹하게 굴도록 배워온 여성에게는, 순종하지 않으면 더 크게 혼났던 여성에게는 흔한 문제다. 미국 국무부 장관이었던 매들린 올브라이트는 여성들이 끼어드는 법을 더 많이 배워야 한다고 말했다.

"여성은 회의에서 손을 들기 때문에 말할 기회를 얻을 때쯤이면 논의가 다른 방향으로 흘러가 버리는 경우가 많아요. 그래서 내가 '적극적 경청'이라고 부르는 걸 할 필요가 있어요. 여성은 논의에 끼어들어서 자신감 있는 목소리로 자기주장을 펼쳐야 해요. 반드시 자기 목소리를 내야 한다고요."[26]

그렇지 않으면 꿔다 놓은 보릿자루 신세가 되기 십상이다.

한 기술 기업의 공동 창립자이자 최고 경영자인 키런 스나이더는 기술 기업 회의에서 말허리 자르기를 주제로 설문 조사를 실시했고, 위에서 소개한 행동 요령과 일맥상통하는 결과를 얻었다.[27] 남성은 여성보다 두 배 더 많이 끼어들었고, 남성보다 여성의 말을 거의 세 배쯤 더 많이 끊었다. 그리고 남성의 말허리를 자른 여성은 가장 직급이 높은 세 명이었는데, 이들은 연구 참가자 중에서 가장 말을 많이 끊은 네 명 중 세 명이었다. 고위직 여성은 남성들의 규칙을 따를 때만 권위 격차를 피해갈 수 있었다.

하지만 이런 시도에도 위험이 따른다. 여성이 말을 자주 끊기 시작하면 사람들이 좋아하지 않기 때문이다. 이는 헬레 토르닝슈미트가 발견한 현상이다.

"여성이 말을 많이 끊으면 문제가 될 소지가 있어요. 얼마만큼 끼어들지를 아주 세심하게 조절해야 하죠. 하지만 희한하게도 남성들은 그럴 필요가 없어요. 그들은 얼마든지 말을 끊어도 괜찮거든요."[28]

조지타운대학교의 언어학 교수인 데버라 태넌은 1980년대부터 남성과 여성의 대화 유형을 주제로 글을 써왔다. 그녀는 직장에서 여성이 큰 진전을 이뤘음에도 불구하고 남녀의 대화 유형은 그다지 달라지지 않아서 놀랐다고 했다.

"1980년대부터 다양한 조직과 기업, 회사에서 강연을 해 왔어요.[29] 강연을 가 보면 반응이 늘 똑같아요. 많은 분이 '그게 바로 제가 겪은 일이에요. 어제 그런 경험을 했다니까요. 제 얘기를 하시는 줄 알았어요.'라고 말하죠. 90년대 초에 저는 직장 여성이 늘어나면 대화 유형이 달라질 거라고 생각했어요. 그래서 변화가 없다는 게 실망스럽기도 하고 놀랍기도 해요. 제가 보기에 사람들이 권위 있는 사람의 언행을 남성적인 이미지와 연결 짓기 때문인 것 같아요. 우리는 여전히 권위를 남성과 연관 짓죠."

남성이 여성의 말허리를 자를 때 그녀가 제안하는 대처 방안은 무엇일까?

"말을 멈추지 말고 계속 하세요."

하지만 이 방법을 썼을 때 끼어든 남성이 계속 말을 이어간다면 두 사람이 몇 문장을 동시에 말하는 굉장히 당혹스러운 상황이 연출될 수 있다. 서양고전학 교수이자 TV 역사학자인 메리 비어드는 자기 나름의 비법을 내게 설명해 줬다.

"저는 '잠깐만요, 나도 얘기 좀 할게요. 여성에게도 발언할 기회를 주셔야죠.'라거나 '남성분들, 차례를 기다려요. 나도 말 좀 합시다.'라고 해요. 그리고 나이가 들수록 그게 더 쉬워져요."[30]

말허리를 자르는 행위를 회의에 참석한 다른 사람이 지적해 주면, 특히 남성이 지적해 주면 굉장히 도움이 된다. 회의를 이끄는 의장은 특히 말허리 자르기를 민감하게 알아차려야 하고, 그런 상황이 만연한 경우에는 '말허리 자르지 않기'를 규칙으로 만들어야 한다.

그리고 여성의 목소리가 들리다가 남성이 끼어들 때 이를 알려 주는 애플리케이션인 '우먼 인터럽티드(Woman Interrupted)'를 활용하는 방법도 있다. 우먼 인터럽티드의 데이터에 따르면, 남성이 끼어드는 현상이 영국에서는 1분에 1.67회, 미국에서는 1.43회, 파키스탄에서는 무려 8.28회, 나이지리아에서는 7.22회, 말레이시아에서는 6.66회 일어난다.[31]

회의에서 여성의 견해를 무시할 수 없게 만드는 또 다른 방법이 있다. 오바마 행정부 초기에는 대통령 수석 보좌관의 3분의 2가 남성이었다. 그들은 매일 오전 회의를 진행했는데, 여성 보좌관들은 남성 보좌관들이 자신들의 말에 귀 기울이지 않는다는 걸 깨달았다. 그래서 '증폭 전략'을 고안해냈다. 여성 보좌관이 좋은 의견을 내면, 다른 사람이 그 의견을 반복해서 말하면서 처음 의견을 낸 사람에게 공을 돌리는 전략이다.[32] 이 전략을 쓰자 회의에 참석한 남성들이 더 주의를 기울이게 됐고, 뒤늦게 같은 아이디어를 내면서 그 공을 뺏어가는 상황도 방지할 수 있었다.

국제통화기금(IMF) 총재였던 크리스틴 라가르드는 한 세계경제포럼 패널에게 이렇게 말했다.

"여성 임원이 발언하면 어떤 일이 벌어지는 줄 아세요? 대다수 남성 임원들이 몸을 뒤로 빼고 들고 있는 종이나 바닥을 내려다보죠. ……그럴 땐 누군가 그런 상태를 깨트려야 해요.[33] 제가 의장일 때는 이렇게 말했어요. '다른 분이 발언 중

입니다. 잘 들어 보셔야죠.'"

법조계의 상황도 나쁘기는 매한가지다. 헬렌 마운트필드는 빼어난 칙선 변호사로, 옥스퍼드대학교 맨스필드칼리지 학장직을 맡고 있다. 그녀는 법조계의 권위 격차가 뿌리 깊다고 봤다.

"저는 여성이 하는 말은 흥미롭지 않다는 편견을 굉장히 뚜렷하게 의식하게 되었어요.[34] 법정에서는 말을 더 빨리 끊고, 지루한 표정을 짓고, 메모하지 않는 등 갖가지 방식으로 여성의 이야기가 그다지 흥미롭지 않다거나 여성이 그다지 명석하지 않다는 기색을 보여요. 법정에서 남성들이 받는 대우와는 정말 다르죠."

여성의 말을 경청하지 않는 현상은 여성의 정신 건강에도 악영향을 미친다. 영국 북부에서 활동하는 정신과 의사 아니타 마틴은 이렇게 말했다.

"누구에게나 자기 인생을 주체적으로 살아갈 권리가 있어요. 하지만 사람들이 자기 말에 귀 기울이지 않고 자기 의견이 반영되지 않는다는 걸 경험을 통해 학습하면, 자기가 뭘 해도 의미가 없다고 생각하게 되죠. 바뀌는 게 없으니까요. 여성들은 사회로부터 그들이 무슨 생각을 하든 상관없다는 메시지를 끊임없이 받아요. 그리고 자기 의사를 표현하고 권리를 주장하기가 굉장히 어렵다는 사실을 끊임없이 경험하게 되면서 우울증에 빠지게 돼요. 남성보다는 여성이 그런 문제를 겪는 경우가 더 많아요."[35]

　권위 격차를 드러내는 모든 행위의 바탕에는 여성을 과소평가하는 경향이 자리한다. 우리가 여성의 능력이나 전문성을 실제보다 낮게 본다면, 여성이 하는 말에는 자연스레 주의를 덜 기울이게 된다. 특히 남성은 여성의 견해를 남성의 견해보다 훨씬 낮춰보는 경향이 있다. 남성은 여성을 일상적으로 과소평가한다.

　《더 타임스》에서 부편집자를 맡았던 시절, 나는 처음 만난 남성과 아래와 같은 대화를 자주 나눴다.

　　남성: 무슨 일을 하세요? [운이 좋은 경우다. 아예 묻지 않는 남성들
　　　도 많다.]

　　나: 기자예요.

　　남성: 프리랜서 기자요? [바닥에서부터 시작한다.]

　　나: 아뇨, 소속 기자예요.

　　남성: 오! 어디 소속이에요?

　　나: 《더 타임스》요.

　　남성: [목소리가 올라간다] 오! 거기서 무슨 일을 하세요?

　　나: 정치부 기자고, 부편집자예요.

　　남성: [목소리가 더 올라간다] 오!

그는 나를 띄워 주려던 걸지도 모르지만, 실제로는 내가 직급이 낮고 별 볼 일 없는 사람이라고 짐작했는데 둘 다 아니라서 놀랐다는 것을 보여줄 뿐이었다. 나는 나이가 들고 자신감이 커지면서 가끔 이렇게 물었다.

"그냥 궁금해서 그러는데, 제가 남성이었어도 프리랜서냐고 물었을까요?"

그러면 대개는 겸연쩍어 하면서 그러지 않았을 거라고 시인했다. 물론 현실적으로 고위급 신문 기자 중에는 여성보다 남성이 많고, 프리랜서 기자 중에는 남성보다 여성이 많을 것이다. 또 세계 최고 수준의 기자 중 몇몇은 프리랜서 기자다. 하지만 대다수는 생활비 벌기도 힘들다. 그래도 자기 앞에 있는 사람이 맨 아래층에 속할 거라고 짐작하고, 더 나아가 그 짐작을 입 밖으로 내뱉는 태도는 무례하고 불필요하다.

알리안츠 글로벌 인베스터스 최고 경영자였으며, 이사로 활동하고 있는 BAE 시스템즈(영국 항공방위산업체—옮긴이)가 '경영 및 재무 분야에서 전 세계적으로 존경받는 리더'라고 묘사한 엘리자베스 콜리도 나와 똑같은 경험을 했다고 말했다.

"매일 런던으로 출퇴근하는 통근 기차에서 한 은행의 재무 담당 이사와 종종 대화를 나눴어요. 그는 내가 하는 일에 별 관심을 보이지 않았죠. 어느 날 저녁, 길드홀에서 열리는 행사에 참석했는데 그가 앉아 있는 탁자에 앉게 되었어요. 그때 그 사람 얼굴은 정말 볼만했어요! 진짜 짜릿했죠."[36]

나와 인터뷰한 고위직 여성 중 다수는 책임자가 되고 나서도 비서나 하급 직원으로 오해받은 경험이 있었다. 앤드리아 정은 미국의 거대 기업 에이번에서 여성으로서는 처음으로 최고 경영자를 맡았다.

"사람들은 제가 의장이나 최고 경영자가 아닐 거라고 짐작하고 두리번거렸어요. 그들은 지도자란 이러저러한 사람일 거라는 선입관을 가지고 있는데, 제가 그 이미지에 맞지 않았던 거죠."[37]

우리는 관리자라고 하면 남성을 떠올린다(Think manager, think male). 앤드리아 정은 아시아계 미국인이므로 이 경우에는 '백인 남성을 떠올린다.'고 해야 할 것이다.

제록스의 최고 경영자였던 앤 멀케이는 조지 부시 대통령이 파키스탄 지진 피해자를 돕기 위한 자선기금 모금을 위해 임명한 다섯 명의 최고 경영자 중 한 명이었다. 나중에 그 일에 대한 감사의 표시로 백악관 연회에 초청받았다. 그녀는 카드에 이름과 직함 및 회사명을 적었는데, 이는 대통령에게 자신이 만나는 사람이 누군지 알려 주려는 목적이었다.

"저는 남편과 그걸 가지고 농담을 했어요. 남편이 나보다 더 최고 경영자처럼 보이는데, 어떻게 하는지 지켜보자고요. 아니나 다를까 대통령이 인사를 건네더니 남편에게 몸을 돌려서(남편 이름이 조예요) '조, 제록스에서 굉장한 일을 하고 계시더군요.'라고 말했어요. 그때 남편은 우아하게 대답했죠. '감사합니다만, 그 일은 제 아내가 했습니다.'"[38]

대다수 직장 여성은 실제보다 더 하급자로 오해받는 경험을 한다. 다음은 헬레 토르닝슈미트의 말이다.

"제가 [유럽 의회 의원으로] 유럽 의회에 참석했을 때, 모두가 저를 비서로 오해하더군요. 물론 비서가 나쁠 건 없죠. 하지만 비서는 직원을 고용하고 의사 결정을 내리는 사람이 아니잖아요."[39]

성차별적 편견이 인종 차별적 편견과 합쳐지면 끔찍한 결과를 낳기도 한다. 흑인이며 노동당 의원인 던 버틀러는 하원 의회에 참석했던 첫날, 승강기 앞에 서 있다가 한 동료 의원에게 이런 말을 들었다.

"이 승강기는 청소부용이 아니에요."[40]

그가 단지 피부색과 성별 때문에 그녀가 영국 입법부에서 유권자를 대변할 자격을 갖추지 못한, 교육 수준이 낮은 육체노동자라고 짐작했다는 점은 우리 사회가 앞으로 나아가야 할 길이 상당히 멀다는 사실을 보여 준다. 그리고 그런 생각을 겉으로 드러내 그녀에게 승강기를 탈 권리가 없다고 말했다는 것은 그의 머릿속에 백인 남성 우월주의가 얼마나 만연한지 보여 준다.

나와 인터뷰를 나눈 다른 여성들은 신원이 알려진 상태에서도 과소평가를 당한다고 말했다. 완 링 마텔로는 네슬레와 월마트에서 고위관리직을 맡은 것을 비롯해서 경영계에서 눈부신 경력을 쌓아왔으며, 《포브스》가 뽑은 '전 세계에서 가장 영향력 있는 여성' 목록에서 9위를 차지하기도 했다. 우버와 알리바바의 이사로 재임 중인 그녀는 고용하려던 남성과 홍콩 공항에서 이런 일을 경험했다.

"그가 갑자기 걸음을 멈추더니 제게 물었어요. '당신이 정말 글로벌 최고 재무 책임자에 이 넓은 지역을 담당하는 최고 경영자 맞나요?' 저는 그를 바라보면서 대답했어요. '맞아요. 그런데 왜 그런 질문을 하죠?' 그러자 그가 대답했어요. '너무 겸손하셔서요. 그렇게 지위가 높은 분이 이처럼 겸손하리라고는 생각도 못 했거든요.'"[41]

마렐로는 동료뿐 아니라 부하 직원에게도 어느 정도 겸손함을 드러내고 그들에게 귀를 기울이는 태도가 조직을 이끌고 부하 직원의 성과를 끌어올리는 데 도움이 된다고 믿었다. 사실 이것은 상사가 갖춰야 할 덕목이다.

"우리를 과소평가하게 만드는 바로 그 특성이 팀원에게 영감을 불어넣어 줘요."

오늘날 우리가 성평등과 관련해서 입에 발린 말을 아무리 많이 듣는다고 해도 현실에서는 여전히 권위 격차가 크게 벌어져 있다. 이 은밀한 편향은 과거에 대놓고 차별했던 것만큼이나, 아니 어쩌면 그것보다 더 여성에게 해로울 수 있다. 은밀한 차별은 훨씬 더 자주 일어나고 그 효과가 빠르게 축적되기 때문이다. 끼어들고, 무시하고, 의심하고, 말허리를 자르고, 과소평가하고, 얕잡아보는 행위는 하나하나 떼어놓고 보면 사소할지 몰라도 누적되면 큰 영향을 미친다. 갖가지 성차별이 불러온 결과를 살펴본 한 연구에 따르면, 은밀한 차별은 여성에게 특정 직업을 허용하지 않는 전통적 성차별만큼이나 악영향을 미친다.[42] 권위 격차의 누적 효과는 마치 복리 이자처럼 찾아와 오늘날 여성이 남성에 비해 훨씬 적은 기회와 성공을 누리게 만든다.

은밀한 편향은 지적하기 어려운 까닭에 대처하기도 훨씬 힘들다. 남성 상사가 여성 직원에게 '여성이 감당할 수 있는 업무가 아니라네.'라며 어려운 업무를 맡기지 않는다면 곧장 인사부로 가서 상사가 시대에 뒤떨어진 성차별주의자라고 불평할 수 있을 것이다.

하지만 상사가 '내 생각에 자네는 아직 이 업무를 맡을 준비가 안 된 것 같네.'라고 말하면 어떨까? 여성은 자신감을 잃고 스스로를 탓하면서, 남성 상사의 평가가 실제로는 무의식적 편견에 물든 것이라 해도 이를 곧이곧대로 받아들일 공산이 크다.

그렇게 두 사람 모두 상사의 그릇된 판단을 옳다고 믿게 된다. 그리고 바로 이런 식으로 여성은 부당하게 밀려난다.

하지만 현실이 계속 이런 식일 필요는 없다. 개인의 무의식적 편향을 바꾸는 건 쉽지 않지만(편향은 우리가 요직에 오른 여성에 익숙해지면서 점차 줄고 있다) 경계할 수는 있다. 또 뇌가 편향에 속아 넘어갈 때 그것을 알아차리고 교정할 수 있다. 나는 이 책의 말미에 권위 격차를 좁히기 위해서 실천할 수 있는 다양한 방법을 소개해두었다.

하지만 그에 앞서 당신이 남성 독자라면 응당 이렇게 자문할지도 모른다.

"그런데 내가 권위 격차가 줄어들기를 바랄 이유가 있나요? 그래서 나한테 좋을 게 뭔데요?"

그 질문에 대한 대답은?

"놀랍게도 얻을 게 아주 많다."

4

성평등은
제로섬 게임이
아니다

The
Authority
Gap

성평등은 남성에게도 유익하다. 남성이 바라는 바에 귀 기울여 보면
성평등이 실상 남성이 바라는 삶에 도달하는 방편임을 알게 된다.

— 마이클 키멀, 사회학자

지금 남성이 이 책을 읽고 있다면 먼저 고맙다는 인사를 하고 싶다. 당신은 남성이면서 여성 작가가 쓴 책을 선택했다는 점에서 흔치 않은 사람이다. 또한 주로 여성에 대해 이야기하는 책을 읽는다는 점에서 더더욱 흔치 않은 사람이다. 그에 대한 보상으로 이번 장을 남성 독자에게 할애했다. 언뜻 와 닿지 않을지 몰라도 이 장에서는 여성을 남성만큼 진지하게 대하고 존중할 때 남성이 얻게 될 이득을 다룬다. 권위 격차를 줄이는 것이 모두가 이기는 포지티브섬 게임이라는 증거는 굉장히 많다.

믿기지 않을 수도 있다. 남녀 문제는 시소처럼 한쪽이 올라가면 다른 쪽은 떨어질 수밖에 없지 않은가? 개별 사례로는 그런 경우가 발생할 수 있다. 예를 들어 남성이 채용이나 승진을 놓고 여성과 경쟁하는 상황이라면, 여성에게 불리한 편향이 사라졌을 때 여성 경쟁자가 당신을 누르고 선택될 수도 있다. 하지만 이런 경우를 제외하면 성평등은 삶의 모든 측면에서 당신을 더욱 행복하고 건강하고 만족스럽게 만들 것이다. 잠도 더 푹 잘 것이고, 결정적으로 섹스를 더 자주, 더 만족스럽게 하게 될 것이다.[1]

개인의 삶에서 시작해서 직장, 더 나아가 경제, 국가, 지구로 범위를 넓혀 가면서 권위 격차를 좁힐 때 남녀 모두가 얻는 이득에 대해 살펴보자.

일상에서 여성을 존중하고 남성과 동등하게 대하는 남성은 친구나 동료, 나아가 연인으로서 여성과 훨씬 좋은 관계를 유지할 수 있다. 예전에 내 친구의 아들이 대학에서 학기를 마치고 돌아와서는 흥분한 목소리로 이렇게 말했다.

"아버지, 내가 여성의 마음을 얻는 비법을 알아냈어요."

"비법이 뭔데?"

내 친구가 물었다.

"쉬워요, 그들이 하는 말을 귀 기울여 듣기만 하면 돼요!"

정말이다. 여성은 남성을 만나면 몇 분 안에 상대가 자신을 동등한 존재로 존중하는지, 아니면 가르치려들거나 귀를 닫고 할말만 생각하는지 바로 눈치 챈다. 여성이 후자에 속하는 남성에게 친구로서든 연인으로서든 관심을 가질 이유가 뭐 있겠는가? 남성은 자신이 우월하다고 생각할 게 뻔한 데다 그녀가 어떤 사람인지 관심도 없는데 말이다. 이건 확실하다. 여성의 눈에 성차별주의자는 정말 매력이 없다.

오늘날 여성은 육아와 가사를 동등하게 분담하며 좋은 아버지가 될 만한 남성을 배우자로 선택하려 한다.[2] 심리 치료사 필립 호드슨은 『감성적인 남성(Men: An investigation into the emotional male)』에서 이렇게 언급했다.

"남성이 조금만 변해도 관계가 굉장히 개선된다. 하지만 남성은 그 변화가 엄청 크다고 생각해서 거부한다."[3]

수많은 연구가 입을 모아 부부가 동등한 관계를 맺고 가사와 육아를 공평하게 분담할 때 남편을 포함한 가족 구성원 모두가 혜택을 누린다고 말했다. 부부 사이에 소통이 잘 됐고, 부부 관계에 대한 아내의 만족도가 높아졌다. 아내는 남편이 자신을 존중하며 두 사람이 한 팀을 이루고 있다고 느꼈으며, 가사나 육아를 더 많이 감당하면서 원망이 쌓이거나 기력이 소진되는 일도 적었다. 그 결과 아내는 더 행복하고 건강해졌다. 아이들도 마찬가지다. 성평등 가정의 아이들은 문제 행동을 덜 보이고 학교생활을 잘 했다. 그리고 무엇보다 남편 자신이 더 행복하고 건강해졌다. 성평등 가정을 이룬 남성은 자기 삶에 만족할 가능성이 두 배 더 높고 음주와 흡연, 약물 복용을 덜 했다. 그리고 정신질환을 덜 겪었고, 이혼할 확률이 낮았으며, 아이들과 더 좋은 관계를 맺었다. 그리고 성관계를 훨씬 더 자주, 더 만족스럽게 누렸다.[4] 이런 마당에 성평등을 마다할 이유가 있을까?

남성과 여성 모두에게 좋은 소식은 요즘 남성들이 점차 아이들 인생에 더 깊이 관여하고 싶어 한다는 점이다. 어린 자녀와 보내는 시간이 충분하지 않다고 말하는 아버지가 무려 70퍼센트나 됐다.[5] 팬데믹 이전에도 여성만큼 많은 남성이 유연근무가 가능한 직장을 찾고 있었다.[6] 유연 근무를 하는 아버지는 워라밸에 더 만족했고, 이직을 더 적게 했다.[7] 그리고 그 배우자는 유연 근무를 할 수 없는 배우자를 둔 여성에 비해서 승진 가능성이 거의 두 배 더 높았다.[8] 한편 육아 휴직을 한 아버지는 아이와 훨씬 더 친밀한 관계를 맺었다.[9]

오늘날에는 좋은 아버지가 되는 것이 가족을 부양하는 것만큼이나 중요하게 여겨진다. 2013년 월터 톰슨 인텔리전스는 500명의 영국 남성에게 '현대 남성을 규정하는 가장 중요한 덕목'을 꼽아보라고 요청했다. 응답 중 '경제적 부양'의 비율(51퍼센트)은 '자녀 양육 능력'(49퍼센트)과 '가족에 대한 정서적 지지'(46퍼센트)에 비해 약간 높을 뿐이었다.[10]

육아에 적극적인 남성은 여성이 자유롭게 경력을 쌓도록 도울 뿐 아니라 권위 격차를 줄여 준다. 또한 다음 세대의 태도를 변화시키는 효과도 가져온다. 육아와 가사를 동등하게 분담하는 아버지를 둔 딸들은 직업상 포부를 쫓을 가능성이 더 높았고, 직업 선택 시 고정관념에 휘둘리지 않았으며, 자존감과 자신감이 높았다. 육아와 가사 분담을 잘하는 아버지를 둔 아들들은 가정과 직장에서 여성과 남성의 역할을 조금 더

평등한 관점으로 바라보는 경향이 있었다.[11] 또한 청소년기에 이르면 남성성과 성별에 관해서 경직된 시각을 가진 또래에 비해 폭력을 휘두를 가능성도 절반 정도로 낮았다.[12]

성평등은 남성에게 잘 맞는 선택지로, 남성에게 안정된 관계와 행복한 가정생활에서 오는 사랑과 위안을 경험하게 해 준다. 또 가부장제의 낡은 관념에서 비롯된 경직된 남성성의 굴레에서 해방시켜 준다. 이 굴레는 여성만큼이나 남성에게도 불쾌할 수 있다.

호주 총리를 역임한 줄리아 길러드는 이렇게 말했다.

"성 고정관념이 자기 삶에 악영향을 미쳤다고 느끼는 남성들이 있어요. 주위 시선을 의식하지 않고 자기 바람대로 살았다면 이들은 지금과는 아주 다른 선택을 했을 거예요. 예를 들어 어떤 남성들은 파트타임으로 일하면서 아이들과 더 많은 시간을 보내고 싶지만 그런 말을 입 밖으로 꺼내지 못하더라고요. 그랬다가는 직장에서 야망이 없는 사람으로 비춰질까 두려워서요."[13]

인권 변호사이자 토니 블레어의 아내로 널리 알려진 셰리 부스도 이 의견에 동의했다.

"사실 가부장제는 남성에게도 불리해요. 남성 중에도 아이들과 더 많은 시간을 보내고 싶어 하는 사람들이 있어요. 또 공격적인 지도자 유형을 좋아하지 않는 사람도 많죠. 우두머리 수컷은 암컷뿐 아니라 다른 수컷도 괴롭히거든요."[14]

성평등은 제로섬 게임이 아니다

노르웨이의 사회학자 외스테인 훌터는 「남성에게 무슨 득이 된다는 거지?(What's in It for Men?)」라는 제목의 훌륭한 논문에서 성평등 수준이 높은 유럽 국가 그리고 미국의 주에서 남성이 누리는 혜택을 열거했다. 성평등 지역에 사는 남성은 이혼율이 낮았고, 폭력 사건에 의한 사망률이 절반 정도밖에 되지 않았다. 이들 지역에서는 남성 자살률과 여성 자살률의 격차가 적었다. 더불어 배우자나 자녀를 폭행할 가능성도 낮았는데, 이는 자녀가 성장한 뒤 폭력을 저지를 위험도 줄여 주었다. 그리고 무엇보다 남성들의 행복도가 더 높았다.

"성평등 수준이 높아지면 여성은 혜택과 특권을 누리지만 남성은 지금껏 누리던 혜택과 특권을 빼앗긴다는 것이 가장 흔한 오해예요."

훌터가 발견한 바에 따르면 성평등 수준이 높은 지역에 사는 남성은 다른 지역의 남성에 비해 행복할 가능성이 두 배 높았고, 우울할 가능성은 절반 밖에 안 됐다. 이 효과는 계층이나 소득 수준과는 관계없었다.[15]

남성들의 행복도는 성평등이 이뤄진 가정에서 더 높았는데, 그러면 직장은 어떨까? 관찰한 바에 따르면 직장도 가정과 같았다. 여성 동료를 동등한 존재로 존중하고 그들의 능력을 남성 동료만큼 제대로 인정하면, 여성은 당신에게 호의를 가지고 더 열심히 일하고 이직 가능성도 낮아진다.

갤럽은 직원 2700만 명을 대상으로 설문 조사를 실시한 후 「미국 관리자 실태」라는 보고서를 펴냈다. 이 보고서에 따르면 여성 관리자를 상사로 둔 직원은 남성 관리자를 상사로 둔 직원에 비해서 '회사에 내가 발전하도록 독려해 주는 사람이 있다.'는 문항에 동의한 비율이 26퍼센트 더 높았고, '지난 6개월 동안 직장에서 내 발전에 대해 이야기해 준 사람이 있다.'는 문항에 매우 동의한다는 비율도 29퍼센트 더 높았다.[16]

그 결과 여성 상사를 둔 직원들은 업무 몰입도와 회사에 대한 충성도가 더 높았다. 이는 고용주에게도 좋은 소식이다. 남녀 직원 모두 여성 상사와 일할 때 자기 일에 더 몰입했다. 보고서는 이렇게 결론을 내렸다.

"직원에게 기대하는 바를 알려 주고, 부하 직원과 좋은 관계를 형성하며, 팀 분위기를 돈독하게 이끌고, 직원에게 발전할 기회를 부여하는 능력 면에서 여성 관리자가 남성 관리자를 두루 능가했다."

그리고 이 설문 조사에 따르면 여성 관리자 본인도 남성 관리자에 비해 업무 몰입도가 높았는데, 이는 남성만큼 인정받으려면 더 열심히 일해야 하기 때문일 것이다. 남호주 주지사를 역임한 마이크 랜 역시 정치계에서 이 같은 현상을 발견했다. 내가 랜을 만난 건 줄리아 길러드가 호주 역사상 처음으로 여성 총리가 되었을 때 견뎌야 했던 끔찍한 여성 혐오에 대해 이야기를 나누는 자리에서였다.

"여성 지도자는 내각 보고서를 다 읽고 와요. 남성 지도자보다 훨씬 성실하죠. 왜 그럴까요? 그게 올바른 자세이기도 하지만, 여성은 남성보다 훨씬 엄격한 잣대로 가혹한 평가를 받기 때문이기도 해요. 그래서 여성은 남들보다 조금이라도 나아지려고 애쓰죠. 제가 보기에 남성은 여성에게서 배울 점이 많아요. 도대체 왜 그걸 두려워하는지 모르겠어요. 의회와 내각에 여성이 많아지면서 남성 정치인의 태도가 예전보다 훨씬 나아졌어요."[17]

권위 격차의 결과로 나타나는 현상 중 하나는 여성에게 더 엄격한 잣대를 들이댄다는 것이다. 이는 고용주가 능력에 비해 승진이 더딘 여성들의 재능을 썩히고 있다는 의미이다. 랜이 지적했듯 여성은 남성보다 더 나은 성과를 낼 때가 많다. 예를 들어 여성 중개인이 파는 집이 더 높은 가격에 팔렸고, 여성 변호사가 비윤리적인 행위를 덜 저질렀으며, 여성 의사가 치료한 환자들은 사망률과 재입원률이 낮았다.[18]

또 기업이 권위 있는 자리에 여성을 더 많이 앉히는 게 좋다는 강력한 근거가 있다. 2019년 글로벌 컨설팅 기업 맥킨지에서 15개국 1000여 개 대기업을 조사한 후 발표한 보고서에 따르면, 여성 비율이 높은 기업은 낮은 기업보다 평균 이상의 수익을 낼 가능성이 25퍼센트 더 높았다. 그리고 고위직 여성 비율이 높을수록 그 가능성은 더 높아졌다.[19]

영국 상위 350개 기업을 대상으로 이뤄진 또 다른 연구에서는, 여성이 고위직의 3분의 1 이상을 차지하는 기업은 고위직 여성이 한 명도 없는 기업에 비해서 수익률이 10배 이상 높았다.[20] 경제학자들은 이것이 결코 사소한 차이가 아니라고 말한다. 지금보다 더 많은 여성이 기업에서 요직을 맡을 경우 우리의 일자리와 소득이 얼마나 더 많아질지 생각해 보자.

주식 시장과 투자자도 이 점을 알고 있다. 그래서 많은 기관 투자가가 고위직에 여성을 거의 두지 않은 기업에 압력을 넣고 있다. 일단 고위직에 여성을 더 많이 앉히면 더 나은 인재를 채용할 가능성이 높아지기 때문이다. 여성의 61퍼센트는 근무할 기업을 고려할 때 고위직의 다양성을 감안하고, 67퍼센트는 자신과 유사한 역할 모델이 있는지 확인한다.[21]

이처럼 성 다양성을 확보한 기업이 더 좋은 성과를 내는 한 가지 이유는 훨씬 더 넓은 인재풀에서 직원을 채용하기 때문이고, 또 다른 이유는 여성이 남성보다 좋은 성과를 낼 때가 많기 때문이다.[22] 더욱이 조직 내 다양성이 높을수록 의사 결정이 잘 이뤄진다는 명확한 증거도 있다.

조직에 이질적인 사람이 들어오면 처음에는 불편할 수 있다. 하지만 바로 이 불편한 느낌 덕분에 우리는 구태의연한 일상에서 벗어나 정신을 바짝 차리게 된다.

조직학 및 경영학 교수인 캐서린 필립스는 살인 사건을 조사하는 집단을 구성하는 실험을 했다. 이 연구에서 서로 잘 아는 사람끼리 구성된 집단보다 외부인이 포함된 집단이 범인을 제대로 밝혀낼 가능성이 높았다. 왜냐하면 그 집단의 구성원들이 더 열심히 생각했기 때문이다.[23] 다양성이 가장 적은 집단은 자신들이 내린 결정에 가장 큰 자신감을 보였지만, 실제로 결정 과정에서 실수를 저지를 가능성이 가장 높았다.

"대체로 사람들은 자신과 의견이 다른 사람보다는 같은 사람과 함께 있기를 선호해요."

하지만 서로서로 동의하는 것이 항상 더 나은 결과를 낳지는 않는다. 캐서린 필립스의 말을 더 들어 보자.

"집단의 구성원이 다양하면 인지 처리 과정이 길어지고, 서로 교환하는 정보의 양이 많아지고, 갈등을 더 많이 인식하게 되죠. 그런데 놀랍게도 사람들은 다양성에서 비롯되는 이런 혜택을 잘 알아차리지 못해요. 다양성이 높은 집단이 더 나은 성과를 낼 때조차 구성원들은 그 효과를 알아차리지 못하죠."

그러나 알아차리지 못한다고 해서 다양성의 효과가 사라지는 것은 아니다.

창업투자 분야는 폐쇄적이고 남성 중심적이기로 유명하다. 하지만 창업투자사 중에서 여성을 파트너로 더 많이 고용한 회사는 수익률이 10퍼센트 더 높았다. 또 다른 연구에 따르면, 여성이 경영하는 기술 기업은 투자 수익률이 35퍼센트나 더 높았다.[24] 그럼에도 여전히 우리 사회에서는 남성이 경영하는 회사가 전체 창업투자금의 93퍼센트를 따낸다.

그러니 사회가 여성의 잠재력을 잘 활용하면 지금보다 얼마나 더 부유해질지 상상해 보자. 여성에게 지금보다 더 많은 권위를 부여한다면, 다시 말해서 여성의 재능에 주목하고, 여성을 더 많이 승진시키고, 여성에게 더 많은 자금을 빌려 주며, 여성이 리더십을 발휘하게 한다면 세계 경제는 더 크게 성장할 것이다.

유럽중앙은행 총재인 경제학자 크리스틴 라가르드가 조녀선 오스트리와 함께 펴낸 논문에 따르면, 여성이 직장에 가져다 주는 상호보완적 기술과 관점을 고려할 때 성평등 하위 50퍼센트 국가가 권위 격차를 줄이면 해당 국가의 GDP가 35퍼센트 증가할 수 있다. 더불어 남성 직원의 임금도 증가한다. 이는 직장에 능력 있는 여성이 더 많이 유입되면서 생산성이 높아지고, 그 혜택을 모두가 함께 누리기 때문이다.[25]

한편 맥킨지는 모든 국가가 성평등 지수가 가장 높은 국가만큼 성평등을 개선하면 12조 달러를 더 벌어들일 것으로 추산했다. 이는 전 세계 GDP의 11퍼센트에 해당하며, 현재 독일과 일본, 영국의 GDP를 합친 금액과 맞먹는다.[26] 성평등에 뒤따르는 혜택은 엄청나게 크다.

또한 여성에게 남성과 동등한 정치 권력을 부여하면 세계가 지금보다 훨씬 원활하게 굴러갈 것이다. 우리는 이미 뉴질랜드의 저신다 아던 같은 여성 지도자가 합의와 공감의 리더십으로 국가를 성공적으로 이끌어 가는 모습을 목격했다. 이

　　　　　　　　　　　　성평등은 제로섬 게임이 아니다

런 사례는 많다. 여성 정치인은 평균적으로 남성 정치인에 비해 지역구 업무를 많이 처리하고, 청렴도가 높으며, 협력적이고 포용적인 리더십을 선보인다는 점이 여러 연구에서 입증됐다. 여성 지도자는 취약 계층의 복지에 더 많은 관심을 기울였다. 또한 중앙 정부로부터 지역구에 필요한 자금을 더 많이 지원받았고, 입법 활동도 더 활발하게 수행했다.[27]

더 나아가 세계는 더욱 평화로워질 것이다. 여성 지도자가 이끄는 나라는 전쟁에 참전하거나 내전이 발발할 확률이 낮았다. 여성이 노동 인구의 10퍼센트만을 차지하는 국가는 40퍼센트를 차지하는 국가에 비해 내부적으로 갈등을 경험할 확률이 거의 30배나 높았다. 더불어 평화 협상 과정에 여성이 참여하면 협상 과정이 매끄럽게 진행되었고, 협상안이 더 오래도록 효력을 발휘했다.[28]

「성평등과 삶의 질((E)quality of life)」이라는 연구 논문의 저자들은 각국의 성평등이 삶의 질에 미치는 효과를 교차분석했다. 그리고 이런 결과를 내놓았다.

"여성의 지위가 개선되면 해당 국가의 삶의 질이 전반적으로 크게 개선된다. 결론은 아주 단순하다. 여성에게 부여된 상대적 권한을 측정한 지표들을 분석한 데이터는 하나같이 성평등을 이룬 사회일수록 행복도가 높다고 나온다."[29]

여성뿐만 아니라 남성도 거주지로 사우디아라비아보다 스웨덴을 선호하는 현상에는 다 그럴 만한 이유가 있다.

"삶의 질이 한쪽이 얻은 만큼 다른 쪽은 잃는 제로섬 게임이라면 여성의 행복도가 높아진 만큼 남성의 행복도는 떨어질 것이다. 하지만 그렇지 않다. 성평등은 남녀 모두의 삶의 질을 향상시키는 것으로 보인다. 이는 다양한 측정 지표가 한결같이 보여 주는 결론이다."

오늘날 청소년의 행복을 깊이 우려하는 현실을 고려할 때, 성평등 국가의 청소년이 행복도가 높다는 점은 무척 기분 좋은 소식이다(국가의 부와 소득 평등을 통제해도 같은 결과가 나온다).[30]

마지막으로 성평등이 우리 행성의 미래에 어떤 영향을 미칠지 고려해 보자. 여성은 기후 변화 문제를 더 심각하게 받아들이고, 기후 변화가 미래 세대에 악영향을 미치리라고 믿는다. 또 기후 변화가 각자의 삶에도 영향을 미칠 것이라고 생각한다.[31] 따라서 더 많은 여성이 의사 결정권자가 되고 사람들이 그들의 말에 귀 기울이면 지구 온난화 해소에 도움이 될 것이다.

인도네시아와 페루, 탄자니아에서 산림 자원 사용자를 대상으로 한 실험에서 의사 결정 집단 구성원 중 여성이 50퍼센트 이상을 차지한 경우, 이들은 나무를 보존하고 수익을 공평하게 배분하는 결정을 더 많이 내렸다.[32]

국가 차원에서도 국회에 여성이 많을수록 기후 변화 정책은 엄격했고, 이산화탄소 배출량은 적었다.[33]

가정에서부터 직장, 경제, 국가와 지구에 이르기까지 여성에게 남성과 동등한 권위를 부여하는 것은 우리 모두에게 이득이다. 삶에 여성의 재능과 관점을 더하면 남녀 모두 커다란 혜택을 누리게 된다.

권위 격차를 좁힐 때 우리는 더 행복하고 건강하고 부유하고 충만한 삶을 살 것이고, 국가 운영도 더 원활해질 것이다. 그런 흐름 속에서 우리는 지구도 구해낼 수 있을지 모른다.

5

자신감이라는
함정

The
Authority
Gap

우리는 보통 자신감의 표현을 능력의 표시로 잘못 해석하는 경우가 많다. 그래서 남성이 여성보다 지도자로서 더 뛰어나다는 잘못된 신념을 갖게 된다.

— 토마스 차모로-프레무지크, 조직 심리학자

지금까지 우리는 권위 격차가 무엇이며 권위 격차를 줄일 때 얼마나 많은 이득을 볼 수 있는지 알아봤다. 이제부터는 권위 격차의 중심에 무엇이 있으며 권위 격차를 줄이기 위해 무엇을 할 수 있을지 살펴보려고 한다.

여성이 남성만큼 유능하고 지도자로서 적합한 자질을 갖췄는데도 사람들이 여성을 남성보다 낮게 평가하고 여성의 말을 흘려듣는다면 뭔가 다른 이유가 있을 것이다.

여성은 상대적으로 남성보다 자신감이 부족할 때가 많은데, 사회가 여성의 자신감을 다양한 방식으로 꺾어 놓는다는 점을 감안하면 이런 사실이 그다지 놀랍지 않다.

미국 재무부 장관인 재닛 옐런은 연방준비제도이사회 의장이었을 당시 독일 총리 앙겔라 메르켈과 더불어 전 세계에서 가장 영향력 있는 여성이었다. 옐런은 미국 경제를 운영했는데, 실제적으로는 세계 경제를 이끄는 것과 다름없었다. 그럼에도 사기꾼이 된 듯한 느낌을 받았다고 말했다.

"그런 생각이 들더라고요. '도대체 여기서 뭐 하고 있는 거야? 어떻게 이 자리까지 온 거지?' 내가 맡은 일을 제대로 해내지 못할 것만 같았어요."[1]

이건 그녀 혼자만 겪는 문제가 아니다. 나와 인터뷰를 나눈 영향력 있는 여성 중에는 이런 불안감을 토로하는 경우가 많았다. 여성 지도자는 가면 증후군(성공한 사람이 자기 능력을 의심하며 언젠가 자신의 무능함이 세상에 드러날까 염려하는 심리 현상—옮긴이)을 남성에 비해 두 배 더 많이 겪는데, 연구 결과에 의하면 무의식적 편향이 주요 원인으로 지목되었다.[2]

판사로서 오를 수 있는 최고위직인 영국 대법원장을 역임한 브렌다 헤일은 인생의 매 단계마다 이런 걱정에 휩싸였다고 말했다.

"인생의 다음 단계를 앞두고 있던 시절에는 단 한 번도 제가 잘 해낼 수 있을 거라고 확신한 적이 없었어요. 중등 교육 자격 시험을 통과하고 고등학교에 갈 때도 잘 해낼 수 있을까 걱정했어요. 다행히 지나고 보니 잘 해냈더라고요. 캠브리지에 갈 때도, 맨체스터에서 변호사로 활동을 시작할 때도 그리고 법률 위원회에서 일을 시작할 때도 그런 걱정을 했어요. 그러니까 매번 '잘 해낼 수 있을까?' 의문을 품었다가 지나고 나면 '아, 할 수 있구나.' 했던 거죠."[3]

그녀는 모든 과정을 잘 헤쳐 나갔지만, 이처럼 평생 자기 능력에 의문을 품는 일이 얼마나 소모적일지 생각해 보자.

전 세계에서 가장 권위 있는 여성 중 한 명인 크리스틴 라가르드도 긴장된 마음을 털어놓았다.

"발표나 발언을 할 때 자주 긴장하는 편이라서 용기를 쥐어짜야만 움츠러들지 않고 제 생각을 말할 수 있어요."[4]

물론 남성 중에도 가면 증후군을 겪는 사람이 있지만, 그들은 쉽게 인정하지 않을 수도 있다. 내가 남편에게 가면 증후군을 겪어본 적 있냐고 묻자 그는 있다고 답했다. 하지만 얘기를 들어 보니 여성인 내가 경험한 것과는 완전히 결이 달랐다. 남편은 자신이 뭔가를 잘 알지 못한다는 생각이 들면 모험을 앞두고 있는 기분이 든다고 했다. 그러니까 빠른 속도로 길모퉁이를 도는 것처럼 솜씨 좋게 처리해야 할 일로 여기는 것이다. 이런 식의 태도는 자신이 애초에 그 일을 맡을 만한 인물이 아니라고 느끼는 것과 전혀 다르다.

가면 증후군 밑에는 자신감 문제가 도사리고 있다. 가면 증후군은 자신감이 부족할 때 나타나는 현상이다. 그렇다면 권위 격차는 여성이 남성만큼 자신감 있게 행동하지 않아서 생기는 것일까?

여성이 남성에 비해 전반적으로 자신감이 떨어지는 것은 사실이다. 사람들이 여성을 태어날 때부터 남성과 다르게 대한다는 점을 고려하면 전혀 놀랍지 않다. 아기일 때부터 어머니들은 딸을 조심스럽게 대하고 아버지들은 아들을 공중으로 던졌다가 잡는 놀이를 많이 한다.[5] 이처럼 서로 다른 양육방식 때문에 남자아이는 신체적 자신감을 더 발달시킬 수 있다.

지능이라는 측면에서도 같은 양상이 나타난다. 앞서 살펴봤듯이 영국 부모는 아들이 딸보다 더 똑똑하다고 생각한다.[6] 그리고 남성은 여성보다 더 똑똑하다고 생각한다.[7] 그렇지만 성별 지능 지수 분포는 분포도의 양극단을 제외하면 동일하다.

앨런 라이언은 옥스퍼드대학교에서 학장으로 근무하던 당시에 이상한 점을 발견했다. 남학생과 여학생의 지적 수준이 비슷한데도 성적 1등급을 받는 비율은 차이가 났던 것이다. 그래서 그는 대학교 차원에서 재학생을 대상으로 심리 측정 검사를 실시하기로 마음먹었다. 결과는 놀라웠다.

"여학생들은 정상이었지만 남학생들은 제정신이 아닌 것 같았죠. 그들은 자신의 흥미도, 지능, 호감도를 전부 과대평가했어요. 남학생들은 자기기만적인 모습으로 스펙트럼의 끝단에 몰려 있는 반면 여학생들은 정확히 중간에 모여 있었죠. 토론 수업을 하면 남학생들이 '저요! 저 좀 보세요!'하면서 관심을 끌 때가 많아요."[8]

생물학과 재학생을 대상으로 실시한 연구에서는 학생들에게 과에서 누가 가장 똑똑하냐고 물었다.[9] 남학생들은 한결같이 실력이 더 출중한 여학생을 제쳐놓고 다른 남학생을 더 높게 평가했다. 남학생들의 편향은 학기 말로 갈수록 심해졌고,

그런 경향은 수업 성적과 발표력 요인을 통제해도 여전했다. 반면 여학생들은 다른 학생들을 정확하게 평가했다.

이처럼 남성이 여성의 능력을 지속적으로 과소평가하는 현상은 여성의 지적 자신감을 꺾기 마련이다. 그리고 이 현상은 놀라울 정도로 이른 시기에 시작된다. 일리노이대학교의 심리학자 린 비앤은 5~7세 아동 240명에게 이야기를 읽어 줬다.

"내가 일하는 곳에는 사람들이 아주 많아요. 그들 중에 아주 특별한 사람이 있는데요. 이 사람은 굉장히 똑똑해요. 이 사람은 누구보다 빠르게 일을 처리할 방법을 알아낸 뒤 해답을 제시해요."[10]

그러고 나서 아이들에게 두 남성과 두 여성의 사진을 보여 주고는 '굉장히 똑똑한' 사람이 누구일지 맞춰 보라고 했다. 5세 아이들은 남아와 여아 모두 자신과 동일한 성별의 성인을 골랐다. 하지만 6~7세에 이르자 여자아이도 남성의 지능을 더 높게 평가하기 시작했다. '진짜 똑똑한' 아이가 여자아이일지 남자아이일지 짐작하게 해도 똑같은 결과가 나왔다. 연구에 참가한 아이들은 여자아이가 남자아이보다 학교 성적이 더 좋다는 사실을 알고 있었는데도 말이다.

그 다음에 비앤은 6~7세 아이들에게 두 가지 게임을 소개했다. 하나는 '진짜 엄청 똑똑한' 아이들을 위한 게임이라고 소개하고, 다른 하나는 '굉장히 열심히 노력하는' 아이들을 위한 게임이라고 소개한 후 참가 의사를 물었다. '진짜 엄청 똑똑한' 아이들을 위한 게임에는 여아의 비율이 남아보다 훨씬 낮았지만 '굉장히 열심히 노력하는' 아이들을 위한 게임에서는 차이가 없었다. 만난 적 없는 아이의 사진을 보여 준 뒤 게임 친구를 고르게도 해 봤다. 그러자 '진짜 엄청 똑똑한' 아이들을 위한 놀이에서는 아이들이 남자아이 대신 여자아이를 선택할 확률이 51퍼센트나 떨어졌다. 이처럼 아이들은 굉장히 어린 나이부터 남자아이가 여자아이보다 똑똑하다는 고정관념을 내면화했다. 이 연구 결과를 보면 성장 과정에서 여자아이의 지적 자신감이 남자아이보다 떨어지는 것이 당연해 보였다.

성인도 마찬가지다. 비앤은 성인 남녀에게 지능 수준이 높아야 하는 과제와 의욕 수준이 높아야 하는 과제에 적합한 사람을 각각 추천해달라고 요청했다. 지능 수준이 높아야 하는 과제의 경우, 남성 대신 여성을 추천할 확률이 38퍼센트 더 낮았다. 그리고 여성도 남성만큼 편향된 선택을 했다.

무의식적 편향을 측정하기 위해 개발된 '암묵적 연합 검사(Implicit Association Test)'를 실시한 결과에서도 참가자의 나이, 성별, 국적에 상관없이 '명석하다'는 특성은 주로 남성과 높은 연관성을 보였다. 사실 '명석하다'는 특성은 '강인하다'는 특성에 이어 두 번째로 남성과 강하게 연관되어 있었다. 이외에 남성과 긴밀하게 연관된 다른 심리학적 특성은 없었다.[11]

이 같은 현상은 부모와 교사가 아이를 바라보는 관점 때문에 나타나는 듯하다. 이번에는 스무 살 미국 여학생의 사례를 살펴보자.

"고등학생 때 제 성적은 최상위권이었어요. 그런데도 저에 대한 평가는 공부를 '열심히' 한다거나 '근면하다' 정도였어요. 심지어 '근성 있다'는 식의 칭찬을 받기도 했어요. 반면 성적이 좋은 남자애들은 '명석하다'거나 '재능이 뛰어나다'는 칭찬을 받았죠. 중요한 건 제가 공부를 안 했다는 거예요. 과제로 내준 읽을거리도 읽지 않았고, 필기한 걸 복습하지도 않았어요. 그냥 수업에 참석했고, 시험지에 답을 적어냈을 뿐이에요. 그런데도 선생님들은 제가 열심히 공부해서 그런 성적을 얻었다고 여겼어요. 그리고 과학 성적이 아주 좋았는데, 아무도 제게 STEM 학과를 권하지 않았어요."

재닛 옐런은 이런 말을 했다.

"우리는 누군가에게 똑똑하다는 칭찬을 많이 하는데, 그런 칭찬은 대개 남성의 몫으로 돌아가요. 여성이 똑똑하다는 이야기를 듣는 일은 잘 없죠. 여성은 성실하다는 말은 듣지만 명석하다는 말은 잘 듣지 못해요. 그렇다고 해서 똑똑한 여성들이 똑똑한 남성들보다 적을 이유는 없어요."[12]

이처럼 똑똑하다는 특징을 남성과 연결 짓는 편향 때문에 여성은 수학, 물리학, 철학, 경제학처럼 높은 지능이 요구되는 학문에 흥미를 잃게 된다. 용감하게 해당 학문에 발을 들여놓은 여성은 제 아무리 똑똑하다고 해도 남성에게 무시당하기 십상이다. 그리고 이런 경험들이 쌓이면 자신감을 잃게 된다.

최근 전미경제학회가 실시한 설문 조사에 따르면, 성별 때문에 부당한 대우를 받았다고 응답한 여성 경제학자는 50퍼센트에 육박하는 반면 남성 경제학자는 3퍼센트에 불과했다.[13] 또 자신의 연구 성과보다 동료의 연구 성과가 더 진지하게 받아들여졌다고 대답한 여성은 70퍼센트에 이르렀다.

남성 경제학자들이 동료 여성 경제학자들을 어떤 시선으로 바라보는지 알고 나면 설문의 결과들이 하나도 놀랍지 않다. 버클리대학교의 앨리스 우는 텍스트 마이닝 기법으로 '경제직 루머'라는 웹사이트에서 100만 개가 넘는 게시물을 조사했다.[14] 이 사이트는 젊은 경제학자들이 구인 및 구직에 대한 잡담을 나누는 온라인 휴게실 같은 곳이다. 여기서 여성 경제학자를 언급할 때 가장 자주 사용하는 단어 30개는 너무 끔찍해서 책에 담기 힘들 정도였다. 그 단어를 차례로 열거하면 '끝내주는', '레즈비언', 'bb(자기)', '성차별', '젖꼭지', '항문', '기혼', '페미나치', '잡년', '핫한', '질', '젖가슴', '임신한', '임신', '귀여운', '아줌마', '부담', '매력적인', '육감적인', '홀딱 반한', '아름다운', '비서', '드럼통', '쇼핑', '데이트', '비영리', '꿍꿍이', '섹시한', '구식', '창녀'였다.

남성 경제학자들을 묘사한 단어들은 대체로 경제학과 관련이 있었다. 물론 '육감적인'이나 '양아치'라는 단어도 있었지만

'조언자', '오스트리아 학파', '수학자', '가격 책정', '교과서', '훠 턴(펜실베이니아대학교 경영대학원)', '유쾌한', '목표', '최고' 그리고 '노벨'도 있었다.

조사 결과는 역겹기 그지없다. 남성 이용자들은 도대체 무슨 생각을 했던 걸까? 틀림없이 섹스였을 것이다. 그들에게는 여성 동료의 지적 능력에 대한 관심과 존중이 아예 없는 것일까? 경제학처럼 지적 과단성이 굉장히 중요한 분야에서 가장 자주 언급되는 연관어가 '젖꼭지', '항문', '육감적인', '창녀'라니 여성 경제학자들이 성공을 거두기가 얼마나 어려울지 가늠이 된다. 게다가 이런 글이 올라온 곳은 공개 사이트다!

당시 전미경제학회장을 맡고 있던 옐런도 이 조사 결과에 몸서리를 쳤다. 하지만 놀라지 않았다. 그녀가 처음으로 하버드대학교에서 교편을 잡았을 때, 경제학과 교수진 중 유일한 여성이었다.

"그때 남성들의 세계에서 여성으로서 성공한다는 것이 얼마나 힘든지 절감했죠. 저는 완전히 외톨이였어요. 사람들은 저를 우습게 봤고, 제가 일을 제대로 해내지 못할 거라고 여겼어요. 관심이나 배려 같은 건 아예 없었죠."

경제학은 경력을 쌓으려면 협업이 꼭 필요한 분야인데, 그녀와 함께 협업하려는 남성은 아무도 없었다. 그래서 경제학부에 다른 여성이 합류한 후에야 옐런은 논문을 펴내고 경력을 쌓아갈 수 있었다. 옐런은 여성 경제학자들이 세미나에서 종종 겪는 어려움을 이야기해 줬다.

"경제학 세미나는 굉장히 공격적이에요. 참가자들은 과시욕이 아주 강하죠. 여성 경제학자가 첫 슬라이드를 띄운 뒤 '오늘 세미나에서 제가 다루려는 주제는'이라고 입을 떼면, 그 말이 채 끝나기도 전에 누군가 '글쎄요, 질문부터 잘못된 것 같네요. 그런 식으로는 아무것도 증명하지 못할 걸요.'라고 말해요. 그런 말은 대체로 남성의 입에서 나오죠. 여성 경제학자가 살펴보려고 했던 질문이 아주 흥미로울 때조차도요."

옐런이 말을 이었다.

"남성은 유독 여성에게 더 심하게 굴어요. 발표자가 남성이면 '글쎄요, 그것도 현 상황을 이해하는 아주 흥미로운 방식이긴 하지만 저라면 그렇게 보지 않을 것 같네요.'라고 말해요. 그런 말은 듣는 사람 입장에서 훨씬 고무적이죠."

이런 이유로 남성은 경제학 분야에서 여성보다 자신감을 얻기가 훨씬 수월하다. 남성은 남성 동료의 말을 더 진지하게 듣고 이의를 덜 제기한다. 반면 여성은 동료들이 자신의 경제학 이론보다 가슴 크기에 관심이 많다는 사실을 깨닫게 된다. 또 학문 교류 과정에서 저격당할 가능성도 높다.

철학 분야에서도 여성의 자신감은 낮아진다. MIT 철학과 교수인 샐리 해슬랭거는 페미니즘 철학 저널 《히파티아(Hypatia)》에 실린 유명한 논문에 이렇게 썼다.

"내 안에는 깊은 분노의 샘이 있다. 그 안에는 내가 철학계에서 받은 대우에 대한 분노, 내가 아는 사람이 받은 대우에 대한 분노 그리고 철학계에 존재하는 많은 여성과 소수자들에게 악영향을 끼쳐 이들을 철학계에서 내몬 상황에 대한 분노가 담겨 있다.[15] 그리고 대학원 시절 한 교수는 내게 이렇게 말했다. '여성 철학자 중에는 일류가 없어. 앞으로 나올 가능성도 없지. 왜냐하면 여성에게는 독창적인 아이디어를 낼 능력이 없거든.'"

이 교수는 무의식적 편향이 아니라 의식적 편향을 노골적으로 드러냈다. 상황이 이렇다 보니 처음에는 남성만큼 지적 자신감을 갖고 있던 여성도 강철같이 확고한 자기 확신이 없다면 이런 모욕에 의연하게 대처하기 어렵다. 그리고 어린 시절에 받은 교육 때문에 그렇게 대처할 수 있는 가능성은 그리 높지 않다.

교사들은 여학생들이 교실에서 얌전하게 지내기를 기대하며, 그들에게 관심과 격려를 덜 보낸다. 미국에서 이뤄진 한 연구에 따르면 초등학교와 중학교 수업 시간에 남학생은 여학생에 비해 무려 여덟 배 더 많은 관심을 받았다.[16] 수업 시간에 남학생이 발언하면 교사가 귀 기울여 듣고 응답했지만 여학생이 발언하면 '손을 들고 얘기하라.'고 말할 때가 많았다. 질문에 답하려는 학생이 없을 때는 여학생보다 남학생을 주로 독려했다.

교실에서의 행동을 연구하는 데이비드 새드커와 마이러 새드커에 따르면 다음과 같은 일들이 벌어진다.

"교사들은 여학생에게 말을 덜 걸고 질문을 덜 했을 뿐 아니라 칭찬, 질의 및 응답, 훈육도 덜 했다. 여학생들은 교사가 남학생들에게 주고 남은 시간에 약간의 관심과 보살핌을 받을 뿐이었다. 그 결과 대다수 여학생들은 교실에서 문제 행동을 보이지 않았다. 여학생들은 미소 짓고, 빠르게 과제를 마무리하고, 단정하게 주위를 정돈하고, 남학생들의 의견을 따르고, 누가 말을 걸 때만 말하는 법을 재빨리 배웠다. ……이런 환경에서는 여학생들이 자기 목소리와 자신감, 포부를 잃는 게 당연하다. 그리고 이 문제는 성인기까지 지속될 가능성이 높다."

트리니티웨스턴대학교 교수인 앨리슨 줄레도 이와 유사한 연구를 진행했고, 다음과 같은 사실을 발견했다. 교사들은 인정의 신호로 남학생이 한 말을 여학생이 한 말보다 아홉 배 더 많이 반복했고, 여학생보다는 남학생에게 훨씬 많은 질문을 던졌으며, 남학생의 대답을 더 많이 칭찬했다. 줄레 역시 교사의 행동이 여학생에게 굉장히 큰 영향을 미치며, 그 영향은 그때뿐만 아니라 이후의 삶까지 지속된다는 점에 동의했다.[17]

임상 심리학자 리사 다무어는 이렇게 물었다.

"학교가 우리 아들들에겐 자신감의 산실이지만 딸들에게는 그저 능력의 산실일 뿐이라면 어떻겠는가?"[18]

다무어는 여학생들이 노력에 지나치게 기대는 반면 남학생들은 부모와 교사의 지적을 피할 수 있는 선에서 요령을 부리며 최소한만 노력하는 경우가 많다고 지적했다. 그리고 교사들은 남학생들이 이런 식으로 행동하는 것을 장려했다.

"적당히 혹은 최소한의 노력을 기울이고도 학교에서 성공한 경험은 굉장히 중요한 역할을 한다. 이런 경험을 통해 남학생들은 자신감을 기른다. 단지 기지를 발휘하는 것만으로도 얼마나 많은 것을 성취할 수 있는지 깨닫기 때문이다. 이들에게 학교는 자기 능력에 대한 믿음을 쌓고, 그 믿음에 의지해서 편안한 마음으로 조금씩 성장하는 훈련장의 역할을 한다."

여학생 중에도 학교에서 노력을 그다지 많이 기울이지 않고 설렁설렁 잘 해내는 경우가 있지만, 교사들은 여학생이 이런 식으로 행동하는 걸 대체로 싫어한다. 내 딸들 중 한 명도 굉장한 요령꾼이라 학교에서 오로지 기지만으로 그럭저럭 잘 해나갔다. 딸은 제법 요령이 좋아서 늘 간당간당하게 최고 등급을 받곤 했다. 하지만 그런 딸을 두고 한 교사는 나에게 몹시 화를 내며 불평했다.

"이런 여학생은 정말 처음 봤어요!"

나는 이런 남학생은 아주 많이 봤을 거라고 응수했다. 그러자 교사도 그렇다며 인정했다. 이렇듯 교사는 여학생과 남학생에게 각기 다른 잣대를 들이댄다.

여자아이는 부모나 교사, 친구들로부터 겸손하고 스스로를 낮추라고 배운다. 그래서 스스로를 낮추면서 친구들과 친해진다.

"난 수학은 정말 구제불능이야."

"내 머리카락이 정말 맘에 안 들어."

반면 남자아이는 친구들과 함께 놀면서 자기 자랑을 많이 한다.

"우리 아버지 차가 너희 아버지 차보다 커."

"공은 내가 더 멀리 차."

이처럼 여성은 서로 자신의 치부를 드러내면서 친분을 맺는 반면 남성은 그 반대이다. 이런 성향은 성인기까지 지속된다.

문제는 남성이 겸손하게 말하면 스스로를 낮추는 것이라고 여기는 반면, 여성이 겸손하게 말하면 그 말을 곧이곧대로 받아들인다는 데 있다. 수학에 젬병이라고 말하면 정말로 그렇다고 믿는다. 옥스퍼드대학교 언어 및 커뮤니케이션학과 교수인 데버라 캐머런은 이렇게 썼다.

"여성은 겸양을 드러내는 말이 원칙적인 평등주의로 해석되기보다 열등한 지위를 확인하는 의미로 해석될 때가 많음을 깨닫는다."[19]

그런데 여자아이나 여성이 겸손하게 굴지 않으면 남성뿐 아니라 여성도 그들을 향해 겸손하지 못하다고 지적한다. 내가 《더 타임스》에서 사설을 편집할 당시, 다음날 신문 기사 계획 회의에 참석하는 사람 중에 여성은 나를 포함해서 고작 두 명뿐이었다. 특집 담당인 브리짓이 회의에 참석하지 않을 때면 나 혼자였다. 회의에서는 살벌한 경쟁이 펼쳐졌고, 남성 동료들은 잘 알지 못하는 사안에 대해서도 필사적으로 아는 척했다. 거기에는 내가 본보기로 삼을 만한 고위직 여성이 없었다. 나는 이 남성들 사이에서 어떻게 살아남았을까?

나는 두 개의 선택지가 있다는 걸 곧 깨달았다. 일단 얌전한 여성인 척하는 것이었다. 하지만 그러면 과격하고 경쟁적인 남성들에게 치여 존재감이 사라질 게 뻔했다. 아니면 허리를 꼿꼿이 세우고 앉아 의견을 피력하면서 남성들만큼 자신감에 차 있는 척하는 것이었다. 내가 보기에는 후자가 살아남을 수 있는 유일한 길이었다.

그리고 그 방법이 통했다. 처음에는 상사가 얼굴을 코 바로 앞까지 바짝 들이밀고서 내게 호통을 쳤다. 나는 움츠러들지 않았다. 그러자 상사는 두 번 다시 그런 식으로 나를 괴롭히지 않았다. 나는 자신감 있게 남성 동료들만큼이나 나도 회의에 참석할 자격이 있다는 듯 행동했다. 풍자 잡지 《프라이빗 아이(Private eye)》에 실린 내 캐리커처 밑에 '거만한 메리 앤'이라는 제목이 붙은 것도 무리는 아니었다. 그들은 아마 이런 부제를 붙일 수도 있었을 것이다. '여성이여, 네 분수를 알라.'

남자아이와 남성은 허풍을 떨거나 거만하게 굴어도 그냥 넘어갈 때가 많다. 그래서 10대 여자아이보다는 10대 남자아이가 허풍 떠는 모습을 더 자주 볼 수 있다. 이 말이 지나친 일반화라고 생각하는가? 그렇다면 9개국 15세 청소년 4만 명을 조사한 「허풍쟁이. 그들은 누구이며 우리는 그들의 삶에 대해 무엇을 알고 있는가?」[20]라는 조금 특이한 제목의 학술 논문을 살펴보자.

연구진은 학생들에게 16개의 수학 개념 목록을 준 뒤 각각에 대해 얼마만큼 알고 있는지 평가해 보라고 했다. 사실 그들은 학생들 모르게 '적정 수', '가정법 조정', '서술 분수'라는 가짜 개념 3개를 목록에 끼워 넣었다. 그 결과 9개국 모두에서 위의 가짜 개념을 알고 있다고 주장한 남학생이 여학생보다 훨씬 많았다.

그뿐만 아니라 이 허풍쟁이들은 자기 허풍을 믿고 있었다. 이 연구의 공동 저자 중 한 명인 니키 슈어는 이렇게 말했다.

"연구 결과를 보면, 허풍쟁이들은 허풍을 안 떠는 대조군에 비하여 능력이 뛰어나지 않을 때도 자기 능력에 훨씬 더 큰 자신감을 보이죠."

자신감 문제는 여성에게 딜레마로 작용한다. 여성은 비호감이 될 위험을 무릅쓰고 남성만큼 자신감 있는 모습을 보이든지 아니면 겸손하게 자기를 낮춰야 한다. 하지만 겸손도 해로울 수 있다. 사람들이 자신감 부족을 능력 부족으로 쉽게 오해하기 때문이다. 만약 누군가 자기 능력에 대해서 굉장한 자신감을 드러내면, 특히 그 사람이 남성일 때 우리는 그 말을 믿는 경향이 있다. 심리학자 토마스 차모로-프레무지크는 《하버드 비즈니스 리뷰(Harvard Business Review)》에 「왜 무능한 남성들이 리더가 되는 걸까?」[21]라는 제목의 글을 기재했고, 이후 같은 제목으로 책을 펴냈다. 그가 내놓은 답은 무엇이었을까?

"경영진 성비 불균형의 주요 원인은 우리에게 자신감과 능력을 구별하는 능력이 없기 때문이다. 대다수 사람은 자신감의 표현을 능력의 표시로 잘못 해석하기 때문에 남성이 여성보다 지도자로서 더 뛰어나다는 잘못된 신념을 갖게 된다."

그리고 차모로-프레무지크는 이점 역시 지적했다.

"거만한 태도와 과도한 자신감은 지도자 역량, 즉 좋은 성과를 내는 팀을 만들고 유지하는 능력 그리고 팀원들이 이기심을 내려놓고 팀 공통의 이익을 추구하게 만드는 능력과 반비례한다."

그 결과는 어떨까?

"남성 관리자를 기업이나 정치 권력의 사다리 꼭대기에 올려놓은 바로 그 심리적 특성이 그들의 몰락을 부른다. 어떤 자리에 도달하기 위해 필요한 자질은 그 자리에서 자기 역할을 제대로 수행하기 위해 필요한 자질과 다르고, 때로는 정반대이기도 하다."

그렇다면 여성에게 자기주장 훈련을 시키기보다 남성에게 겸손의 미덕을 갖추게 하는 것이 권위 격차의 문제를 더 원활하게 해결하는 방법일지도 모른다.

하지만 현실에서는 여전히 자신감이 지나치게 넘치는 지원자가 자리를 꿰찰 가능성이 높다. 자신감과 능력은 아무런 관련이 없는데도 말이다.[22] 남자아이와 남성은 거들먹거리고 큰소리치면서 물리적 공간과 소통의 공간을 지나치게 많이 차지하고 있지만, 사람들은 그들의 말을 믿어 준다. 사람들은 남성이 자신을 홍보하는 것은 허용해 주면서도 여성이 그러면 불편해 하며 곱지 않은 시선을 보낸다. 잠시 여성이 거들먹거리는 모습을 떠올려보고 얼마나 불편하게 느껴지는지 가늠해 보자.

그렇다면 여성이 좀 더 적극적으로 나서야 할까? 주도적으로 나서서 자신감 있게 자기주장을 펼치고 자기 몫을 요구해야 할까? 다시 말해서 권위 격차의 책임을 여성에게 돌려야 할까? 여성이 자신감 있는 모습을 보여 주기만 하면 권위 격차는 사라질까? 아쉽게도 문제는 그리 단순하지 않다. 여성은 남성처럼 자신 있게 행동하면 불이익을 당하기 때문이다.

여성은 종종 자기를 내세울 줄 모른다는 비판을 받는다. 극단적인 사람들은 성별 임금 격차를 전부 여성 탓으로 돌린다. 이들은 여성이 임금 인상을 더 적극적으로 요구했다면 남성과 같은 수준의 임금을 받을 수 있었을 거라고 주장한다. 하지만 호주 연구자들은 여성도 남성만큼 자주 임금 인상을 요청하지만 받아들여지지 않는다는 사실을 발견했다.[23] 게다가 여성이 남성처럼 자기주장을 하다가는 밉보이기 십상이다. 그리고 자기주장을 하더라도 임금 인상이나 승진, 일자리를 얻지 못할 때가 많다.[24] 남성과 달리 호감이 가도록 행동해야 보상을 받기 때문이다.

MBA 졸업생을 대상으로 실시한 설문 조사에 따르면, 처음 일자리를 제안받을 때 여성도 남성만큼 임금 협상을 시도하지만 남성이 여성보다 더 높은 임금을 제의받는다.[25] 그리고 임금 협상을 시도했을 때 채용되지 않을 가능성은 여성이 남성보다 두 배 높았다.[26] 이런 경우 여성은 남성에 비해 불이익을 당할 공산이 컸고, 고용주가 임금 협상을 시도하는 여성과는 함께 일하고 싶지 않다고 말할 확률이 남성에 비해 다섯 배 더 높았다. 이러한 편향은 전적으로 남성 고용주에게서 비롯되었다. 남성 고용주는 임금 협상을 하는 남성 구직자는 싫어하지 않지만 여성 구직자는 싫어했다. 여성 고용주의 경우에는 성별에 따른 차이가 없었다.

여성에게는 자기 홍보도 딜레마다. 여성은 과소평가 받을 때가 많기 때문에 자신이 거둔 성공과 성취를 부각시키지 않으면 취직과 승진 기회를 놓칠 가능성이 크다. 그렇다고 적극적으로 자신을 홍보하면 비호감을 사서 채용과 승진 기회를 놓칠 수도 있다. 결국 여성은 고용되려면 일단 호감을 사야 한다. 그러나 남성은 이런 편향의 영향을 받지 않는다. 남성은 자신감을 내보이며 자기를 대놓고 홍보해도 사람들은 허풍이 세다고 보지 않고 그 말이 맞겠거니 생각한다. 남성은 자신에게 유리하도록 협상을 벌일 수 있고, 그래도 괜찮다고 여긴다.

사회학자 로리 러드맨은 이 현상을 시험해 봤다.[27] 그녀는 채용이나 승진처럼 자기 홍보가 중요한 상황에서 자신감 있게 행동하고 자기주장을 펼친 여성이 남성에 비해 잘 수용되지 않는다는 점을 발견했다. 자기 홍보를 한 여성들은 대체로 능력을 더 인정받긴 했지만, 그럼에도 호감도와 채용 의사는 떨어졌다.

그러니까 셰릴 샌드버그의 말처럼 여성은 '주도적으로 나서지' 않으면 기회를 얻지 못한다.[28] 하지만 '주도적으로 나서면' 비호감을 사서 도리어 채용되지 않을 수 있다. 그런데 채용이나 승진을 위해서는 호감을 사야 한다. 그렇게 여성은 삼중고를 겪는다.

이 편향에 대응하기란 여간 까다로운 게 아니다. 그래도 편향의 효과를 완화하기 위해 할 수 있는 일이 몇 가지 있다. 만약 우리가 누군가의 채용이나 승진을 고려하고 있다면, 후보자들이 직감적으로 풍기는 인상에 의존하지 말고 구체적인 근거를 살펴서 판단하도록 각별히 신경쓰도록 하자. 각 후보자의 자격과 성과를 명확히 알아볼 수 있게 목록을 작성하는 것도 도움이 된다. 그리고 면접에서 이런 질문은 가급적 피하자.

"자기 자신이 가장 자랑스러웠던 때는 언제인가요?"

이런 질문을 받은 남성은 자기를 홍보할 기회를 얻는 반면, 남성만큼 자유롭게 자기 홍보를 할 수 없는 여성은 불편할 수 있기 때문이다. 마지막으로 호감도가 결정을 좌우하지 않도록 주의를 기울이자.

여성을 자신감이 부족하고 자기주장을 충분히 내세우지 못한다며 비난하거나 그저 '주도적으로 나서라'고 조언하는 것은 지나치게 단순한 처방이다. 데버라 캐머런은 이렇게 썼다.

"여성에게 남성처럼 행동하라는 처방은 여성이 남성과 다른 잣대로 평가받는다는 사실을 고려하지 않은 것이다. 여성들은 이러지도('당신 말에는 권위가 없어서 아무도 귀 기울이지 않아요!') 저러지도('당신은 너무 날카로워서 아무도 안 좋아해요!') 못하는 상황에 처해 있다."[29]

여성들은 자신감과 온화함을 정확한 비율로 버무려야만 존중받는 동시에 호감을 살 수 있다. 남성과 달리 여성은 상대에게 호감을 줘야만 이야기에 귀를 기울여주고 채용, 승진되기 때문이다.

성공과 자신감을 두루 갖춘 여성에게 유독 따라붙는 수식어를 살펴보면 우리가 들이대는 이중 잣대를 이해하는 데 도움이 된다. 이런 수식어에는 '오만한', '거친', '거슬리는', '날카로운', '공격적인', '무시무시한', '냉정한', '깐깐한', '통제적인', '남성을 깔아뭉개는', '고약한', '비호감인', '밀어붙이는', '야심찬'이 있다.

특히 '야심 찬'이라는 단어로 여성을 묘사할 때 흥미롭다. 나는 젊은 시절에 야심 차다는 말을 많이 들었다.

"메리 앤은《더 타임스》소속 부편집자로, '야심 찬'이라는 수식어가 늘 따라붙어서 아이들은 그게 어머니의 중간 이름이라고 착각할 정도다."

《인디펜던스》에 실렸던 내 프로필 중 한 문장이다.[30] 하지만 야심을 품지 않고서는 어느 조직에서도 최고위직에 도달할 수 없다.

가장 진보적이라고 여겨지는《뉴욕 타임스》조차 노동부 장관을 두 차례 역임했고 교통부 장관에도 올랐던 일레인 차오를 이렇게 묘사했다.

"미안한 기색도 없이 야심 찬 여성."[31]

그래서 차오는 정확하게 무엇이 미안해야 했을까?

"저도 그 말이 정말 이상하다고 생각하긴 했어요."

내가 그 표현을 어떻게 생각하느냐고 묻자 그녀가 답했다.

"저는 여전히 '야심 차다'는 단어에 대해서 양가감정을 느껴요. 특히 저는 아시아인이고, 공동체 중심의 아시아 문화에서는 겸양을 무척 강조하거든요. '야심'이라는 단어는 개인을 중시하는 서양 문화의 일부로 느껴져요."[32]

헬레나 케네디는 저명한 인권 변호사로, 대법원이 대법관 공석 세 자리에 전부 남성을 앉히기로 결정했다는 소식을 듣고 최고위급 법관과 대화를 나눴다고 했다. 당시 열두 명의 대법관 중 여성은 브렌다 헤일 한 명뿐이었기에 케네디는 최소한 공석 한 자리는 여성으로 채워야 할 시점이라고 생각했다.

"그가 마땅한 여성 후보가 없다기에 제가 정말이냐며 한 여성 판사를 콕 집어서 추천했어요. 그랬더니 '그분은 대가 너무 세요.'라고 대답하더라고요. 저는 남성 판사를 묘사하면서 대가 세다는 표현을 쓰는 경우를 본 적 없었거든요. 굉장히 충격적이었죠."[33]

더 나아가서 그는 모든 영국인에게 영향을 미치는 결정을 내리는 대법원에 열두 명의 대법관 중 열한 명이 남성(이고 백인)이어도 아무 문제가 없다고 봤다. 하지만 대법원은 판결의 대상이 되는 국민을 조금 더 잘 대표해야 하지 않을까?

'대가 센' 여성이 받아들이기 힘든 대상이라면, 권력을 추구하는 여성은 더 심각한 혐오의 대상이다. 버나딘 에바리스토는 이런 현상을 종종 지적했다.

"언젠가 친구와 얘기를 나누다가 저는 세상을 더 나은 곳으로 바꾸고 사회를 변화시키고 싶은 마음이 간절하다고 했어요. 그러면서 '힘 있는 사람이 되고 싶어.'라고 말했죠. 그 말을 듣고 친구가 흠칫 놀라더라고요. 그리고 의심스러운 눈길을 보내면서 제가 힘 있는 사람이 되고 싶어 한다는 사실에 거의 몸서리를 치더군요. 아시다시피, 우리는 힘 있는 사람이 되기를 바라야 해요. 물론 권력은 공익을 위해 사용해야겠죠. 권력 그 자체로는 나쁠 게 없어요. 하지만 제 친구는 힘 있는 사람이 되고 싶다는 제 바람이 마치 경멸스러운 것처럼 여기더군요. 그리고 얼마 전에 한 남성과 인터뷰를 한 적 있었죠. 제가 야심에 대해 이야기하면서 우리가 바라는 바를 성취하기 위해서 열심히 노력해야 한다는 식의 얘기를 하고 있었는데, 그가 그러더군요. '세상에, 권력에 눈이 멀었군요!' 그는 농담으로 한 말이라지만, 사실 진심이 담겨 있었죠."

에바리스토는 말을 이었다.

"권력에 눈이 멀었다는 건 또 무슨 의미일까요? 왜 여성은 강하고 힘 있는 사람이 되고 싶어 할 때 권력에 눈이 멀었다는 비난을 들어야 할까요? 우리는 그저 삶을 주도적으로 살고 싶을 뿐이에요. 그게 잘못됐나요? 여성은 이 사회가 어떻게 운영되어야 할지를 두고 발언권을 갖고 싶은 거예요. 목소리를 내기 바라고, 사람들이 여성의 목소리에 귀를 기울여서 변화를 끌어내길 바라죠. 그러기 위해서는 먼저 힘 있는 사람이 돼야 해요. 그러니까 그건 우리가 목표로 삼을 만한 것이죠. 권력을 추구하는 건 좋고 훌륭한 일이에요. 권력을 남용하는 게 나쁜 거죠."[34]

우리는 권력을 가진 여성들이 이 세상에서 선한 일을 할 수 있도록 그들을 격려하고 우러러볼 방법을 찾아야 한다. 권력을 행사하는 여성을 볼 때마다 계속해서 불편한 마음이 든다면 사회에서 권위 격차는 절대로 사라지지 않을 것이다.

에바리스토와 마찬가지로 워싱턴 D.C. 시장 뮤리얼 바우저도 흑인이자 여성으로 겪는 이중 차별 속에 고군분투하고 있다. 바우저는 정치계에서 여성 지도자가 마주하는 이중 잣대를 잘 의식하고 있다. 이중 잣대는 특히 연설하고 법안을 통과시키는 일을 하는 국회 의원보다 시장이나 주지사처럼 괴로운 결정을 내려야 하는 행정직 여성에게 더 엄격하다.

"사람들은 여성이 승진 결정을 내리는 걸 좋아하지 않아요. 그건 행정직 여성을 바라보는 시선과도 관련 있죠. 사람들은 빠른 의사 결정이 필요하고 승자와 패자가 생기는 행정직을 여성이 맡는 데 익숙하지 않거든요. 여성이라면 누구도 패자가 되지 않도록 약자를 챙겨야 한다고 생각하죠. 하지만 행정가로서 모든 책임을 져야 하는 상황에서 그런 식으로 행동할 수 없어요. 남성 행정가라면 과감하게 결정해도 괜찮지만 여성 행정가라면 오래 숙고하고 부드럽게 이야기하고 절대로 거칠게 말하면 안 된다는 식이죠."[35]

많은 여성이 연륜이 쌓일수록 자신감 있게 자기주장을 펴기가 쉬워진다고 말한다. 일레인 차오는 자신이 어떻게 트럼프 대통령에게 맞설 준비가 돼 있었는지 얘기했다.

"그는 저를 존중해요. 그리고 저는 그가 두렵지 않아요. 어쩌면 제가 나이를 먹을 만큼 먹었고, 지금껏 이 일을 해 왔고, 제가 하는 일을 잘 알고 있어서겠죠. 저는 제 의견을 있는 그대로 솔직하게 말해요. 눈치가 빠르고 요령이 있죠. 타이밍을 잘 잡고요. 그리고 그는 그런 제 태도를 존중해 줘요."

여성이 자신을 괴롭히는 남성에게 직접 맞서야 할 때도 있다. 메리 로빈슨이 아일랜드 대통령이었을 당시 총리는 찰스 호히였다. 그녀는 멋진 이야기를 들려줬다.

"총리는 제가 마뜩찮았죠. 총리가 보기에 제가 헌법상 대통령의 권한을 지나치게 많이 행사하고 있었거든요. 그러니까 제가 너무 일을 많이 벌이는 게 문제라는 거였죠. 회의를 너무 많이 하고, 사람을 너무 많이 만나고, 지역 순회와 해외 순방도 너무 많이 한다고요. 그래서 그는 저를 다시 상자 안에 가둬둘 법적 견해서를 들고 찾아왔어요. 우리는 제 서재에서 조용히 만나서 논쟁을 벌였죠. 저는 헌법 변호사여서 논쟁에선 그보다 한 수 위였어요. 총리도 변호사였지만 그가 제기하는 문제마다 제가 효과적으로 반론을 펼쳤죠. 결국 총리는 법적 견해서를 바닥에 내던지고 말았어요. 서재 문밖을 나설 때 웃고 있는 건 저였어요. 그 후로는 그런 문제를 한 번도 겪지 않았어요."[36]

로빈슨은 자기 지식에 대한 확신이 있었기 때문에 논쟁에서 호히를 이길 수 있었다. 이것이 바로 나와 인터뷰한 여성들이 거듭 언급한 자신감 증진법이다. 여성들은 많은 남성과는 달리 허풍 치는 위험을 감수하지 않는다. 대신 자기 견해에 완전한 확신을 얻을 때까지 시간을 들여 준비한다. 그리고 이런 준비를 거치면서 자신감을 얻는다.

재닛 옐런은 매사에 준비가 철저하기로 유명하다. 연설문 첫머리에 '안녕하세요, 재닛 옐런입니다.'를 써놓을 정도이다.

"저는 기본적으로 준비를 굉장히 많이 해요. 뭐든 즉흥적으로 하는 법이 없죠. ……[미국 연방준비제도이사회] 의장을 포함해서 어느 자리에 있든지 저 스스로 자신감이 충만하다고 느낀 적은 단 한 번도 없어요. 살면서 제가 다 꿰고 있다거나 뭐든지 할 수 있다거나 제가 최고니까 긴장을 풀어도 된다고 느낀 적이 한 번도 없죠."[37]

부의장은 옐런에게 기자 회견을 앞두고 그렇게 오랜 시간 준비할 필요 없다며 그녀를 안심시키려고 애썼다고 했다.

"그는 '그냥 걸어 들어가시면 돼요. 기자 회견을 준비하느라고 이렇게 많은 시간을 들일 필요 없어요. 그래도 전혀 문제 없을 거예요. 그냥 회견장에 가서 질문에 답해도 잘하실 거예요.'라고 조언하더라고요. 그의 말이 사실일지 몰라도 저는 준비하는 편이 더 좋아요. 자신감을 북돋을 필요가 있거든요."

엘리자베스 콜리도 속내를 털어놓았다.

"저는 불안한 과잉성취자예요. 그래서 사람들이 제 부족함을 꿰뚫어 볼 것 같은 상황이나 제가 철저히 깨지고 얼굴에 먹칠할 것 같은 상황으로 스스로를 계속 몰아가요. 사람들은 나이가 들고 직위가 올라가면 가면 증후군이 사라질 거라고 해요. 자신을 계속 밀어붙이지 않는다면 그럴 수도 있겠죠. 하지만 끊임없이 자신을 밀어붙이는 사람은 정말 열심히 준비하는 수밖에 없어요."[38]

대다수 여성은 자기 업적이 남성에 비해 과소평가될 위험이 있다고 직감하기 때문에 위험을 감수하지 않는 법을 배운다. 일레인 차오는 이렇게 설명했다.

"여성은 제대로 된 전문성을 갖추고 있어도 치밀하게 준비에 준비를 거듭하죠. 전반적으로 남성 동료에 비해서 업무를 훨씬 더 성실하게 수행해요. 조그만 실수도 내보여선 안 되니까요.[39] 바로 이런 점 때문에 여성은 너무 로봇 같다는 비판을 받곤 해요. 저는 전보다 좀 더 즉흥적으로 대응할 수 있게 됐어요. 그래도 준비를 잘 해두는 편이 더 좋아요. 자신감도 생기고 편안해져서 더 잘 해낼 수 있으니까요."

크리스틴 라가르드와 앙겔라 메르켈은 과도하게 준비하는 성향을 두고 서로 비교해 보기도 했다.

"우리가 똑같은 습관을 갖고 있다는 걸 알게 됐어요."

라가르드가 말했다.

"어떤 사안을 고려할 때 우리는 그 사안을 안에서 보고, 밖에서 보고, 옆에서 보고, 뒤집어 볼 뿐만 아니라 역사적, 유전적, 지리적 요인들도 두루 살펴요. 모든 부분을 완벽하게 꿰뚫고 이해하기를 바라죠. 누구에게도 속아 넘어가지 않게요. 우리는 모든 걸 한눈에 파악할 전문성이 자신에게 없다고 생각해요. 물론 아무 실수 없이 완벽하게 일을 처리하려고 과도하게 준비하고 연습하는 건 일정 부분 자신감 문제이기도 해요. ······정말 시간을 많이 잡아먹거든요!"[40]

그러니까 앞에서 언급한 여성들 모두가 내용을 완전히 꿰

뚫고 있다는 확신이 들 때 자신감이 솟는다고 했다. 여성으로서 처음으로 런던 주교에 오른 세라 멀러리는 자세와 관련해서 유용한 조언을 하나 해 줬다.

"쉽지 않은 자리에 임할 때는 일부러 어깨를 뒤로 젖히고 의자에 기대앉아요. 제가 그 자리를 충분히 차지할 수 있도록 굉장히 의식적으로 그런 자세를 취하죠. 제가 눈에 띄는 게 중요하니까요. 그리고 어려운 회의를 앞두고는 빨간 립스틱을 발라요."[41]

제록스를 구한 앤 멀케이도 자기 나름의 요령을 알려줬다. 멀케이는 어려운 도전에 임하도록 자신을 밀어붙인다.

"늘 자신감 전투를 벌이죠. 자신감이 그렇게 부족한 편은 아니지만 시시때때로 불안해지거든요. 누군가 이런 말을 하더라고요. 여성은 성공에 대한 열망이 아니라 실패에 대한 두려움이 원동력이 될 때가 더 많다고요. 제가 딱 그런 사람이라서 그 말이 굉장히 흥미로웠어요. 저는 늘 자신과 싸워요. 앞으로 나서서 목소리를 내도록 밀어붙이죠. 불편한 상황에서 입을 다물기보다 앞으로 나서서 어려운 임무를 맡으려고 하거든요. 그래서 매일 자신감 부족이라는 악령을 물리치는 싸움을 하죠. 시간이 흐를수록 그 싸움에서 이기기가 조금씩 쉬워져요."[42]

나이가 들수록 자신감을 갖는 게 수월해지는 건 확실하다. 하지만 이 말이 젊은 여성에게 위로가 되지 않을 것이다. 나는 딸에게 자신감이 느껴지지 않을 때조차 자신 있게 행동하라고 조언한다. 그러면 적어도 사람들에게 조금 더 존중받을 것이고, 그것만으로도 자신감이 조금이나마 더 생길 것이다. 하지만 이런 방법으로는 비호감을 사는 문제를 해결할 수 없다. 지금보다 젊었을 때 신문의 내 프로필에는 '그녀의 자신감은 전설적이다.'라고 쓰여 있었다.[43] 우리가 이 장에서 살펴본 바에 의하면 그건 아마도 칭찬이 아니었을 것이다.

권위 격차가 나타나는 한 가지 원인은 남성이 여성보다 자기 견해에 자신감을 내비치기 때문일 것이다. 남성은 어릴 때부터 자기가 바라는 바를 요령 있게 얻어내고 자기주장과 자기 홍보를 하도록 사회화되는 반면, 여성은 똑같이 행동했을 때 불이익을 당한다. 그리고 남성은 평균적으로 자신이 여성보다 명석하고, 또 명석할 수 있다고 믿는 반면 여성은 그저 성실할 뿐이라고 믿도록 길러진다.

한편 여성도 이러한 편향을 내면화한다. 그리고 자신감이 있어도 겉으로 내비치는 게 늘 좋은 결과를 불러오지 않는다는 사실을 깨닫는다. 게다가 여성은 남성보다 과소평가되기 쉬워서 겸손하게 자신을 낮춰도 손해를 보기는 매한가지다.

우리는 이 터무니없는 상황을 헤쳐나갈 방법을 찾아야 한다. 부모와 교사는 가정과 학교에서 남자아이만큼 여자아이의 자신감을 키워 주면서 다음 세대에서 이 편향을 바로잡기 위해 노력해야 한다. 여자아이는 노력만큼 재능도 칭찬해 주고 교실에서 자기 목소리를 내도록 독려해야 한다. 남자아이는 자기 말만 앞세우지 않도록 가르치고 자기 능력을 현실적으로 평가하는 능력을 길러줘야 한다. 또 '자신감이 부족하다.'거나 '자신감이 넘친다.'는 이유로 여성을 비판하지 않아야 한다. 그보다는 자신감을 갖는 게 남성보다 훨씬 어렵다는 점을 이해해야 한다.

그리고 우리는 다양한 행동 양식을 소중히 여기는 법을 배워야 한다. 회의에서 소리 높여 호언장담하는 사람만큼이나 조용하게 기여하는 사람에게도 똑같이 귀 기울일 줄 알아야 한다. 남성이 거리낌 없이 나서서 발언한다고 해서 그의 말이 맞다는 보장은 없다. 또 임금 인상을 요구한다고 해서 그가 임금 인상을 요구하지 않는 여성에 비해서 더 유능한 것도 아니다.

또 권위 있는 여성을 볼 때 마음속에 떠오르는 단어들을 점검해 봐야 한다. 정말로 아니꼽거나 못되거나 거슬리는 여성인가? 아니면 이 단어들이 그녀보다 우리 자신에 대해서 더 많은 이야기를 들려주는가? 그녀와 똑같이 행동하는 남성을 보고 이와 똑같은 단어를 떠올리는가? 그렇지 않다면 우리는 그녀를 재평가해야 한다.

개인적으로 나는 자신 있고 시건방지며 야심 찬 여성이 굉장히 멋지다고 생각하지만, 내 의견은 아마 비주류에 속할 것이다. 대다수 남성과 일부 여성은 내 견해에 동의하지 않을 것이다. 하지만 나는 모두가 이런 여성을 멋지다고 생각해야 한다고 믿는다. 그때까지 권위 격차를 줄이기 위해 우리는 사람들에게 보이는 본능적인 반응을 주의 깊게 살피고 이성을 동원해서 그런 태도를 고쳐야 한다. 무엇보다 우리는 더이상 자신감을 능력으로 오해하지 말아야 한다. 자신감과 능력은 전혀 상관없기 때문이다.

6

쩍벌남의 대화법

The
Authority
Gap

다시 한번 말하지만 ······ 그건 이런 거예요. ······
아마 알고 계시겠지만 제 생각에 ······ 여성들은 말이
너무 많아요.

남성이 행사하는 여러 종류의 특권 가운데 말할 권리만큼 무심코 행
사되는 권리도 없다. 남성은 마치 신에게 말할 권리를 부여받기라도
한 듯 혼자서 대화를 독점하고, 여성을 가르치려 들고, 말허리를 끊
으면서 마음속에 떠오른 생각을 여과 없이 입 밖으로 내뱉는다.

                — 데버라 캐머런, 언어 및 커뮤니케이션학과 교수

내가 여성이고 기자라서 그런지 몰라도 만찬에 참석해서 옆자리에 남성이 앉으면 곧바로 질문을 던져 이야기를 끌어낸다. 그게 예의이기도 하고 대화를 시작하는 좋은 방법이기 때문이다. 하지만 정말 짜증스러울 때가 있으니, 바로 상대 남성이 나에게 일말의 관심도 보이지 않을 때다. 그리고 그럴 때가 정말 많다.

한번은 그런 자리에서 오른쪽에 앉은 남성과 45분이 넘도록 대화하며 그의 인생과 직업과 가정에 대해서 알아야 할 건 샅샅이 알아냈다. 마침내 대화 소재도, 내 인내심도 바닥을 드러냈다. 나는 다정한 미소를 띠고 말했다.

"저, 그쪽 이야기를 듣는 게 즐겁긴 했습니다만 대화 예절상 이제는 제가 뭘 하는지 물어보실 차례 아닐까 싶네요."

"아!"

그가 소리쳤다.

"제가 뭘 하냐고요? 그러니까……."

그러고는 또 자기 얘기를 늘어놓는 게 아닌가!

루이즈 리처드슨도 비슷한 이야기를 들려줬다.

"어느 대학의 여성 부학장이 제게 들려준 얘기예요. 한번은 만찬 자리에서 두 남성 사이에 앉았는데, 그중 한 명이 대학교 학장이었대요. 그는 그녀가 한두 번 질문을 던지자 에피타이저가 나올 때부터 줄곧 자기 얘기를 늘어놓았다더군요. 그러더니 메인 요리를 다 먹어갈 때쯤 '제 얘기는 충분히 한 것 같네요.'라고 말하고는 반대편 쪽으로 돌아앉아버렸대요."

이런 대화법에는 쩍벌남이라는 표현이 잘 어울린다. 남성이 대화의 지분을 너무 많이 차지하는데다, 자기 주위에 앉은 사람(흔히 양옆에 앉은 여성)에게 피해를 주니까 말이다. 이런 행동이 무례한 이유는 자기 얘기만 장황하게 늘어놓기 때문이다.

그리고 상대에게 관심을 보이지 않는 태도 역시 무례하긴 마찬가지다. 이런 태도는 곧 상대보다 자신이 더 흥미롭다는 생각을 드러내기 때문이다. 그런데 애초에 상대 여성에게 아무런 질문도 하지 않았는데 누가 더 흥미로운지 어떻게 알 수 있겠는가.

이 현상은 권위 격차를 보여 주는 동시에 권위 격차가 나타나는 원인을 설명해 준다. 남성이 쉴 새 없이 떠들면서 여성이 발언할 여지를 주지 않는다면 여성은 목소리를 내기 어렵다. 간혹 여성이 목소리를 내더라도 말이 많다고 싫어하거나 이

조차 허락되지 않는 경우도 있다. 여기에도 이중 잣대가 적용된다.

흔히 우리는 여성이 남성보다 훨씬 수다쟁이라고 생각한다. 하지만 실제로 남녀에게 전자기기를 부착하고 하루 동안 사용한 단어의 수를 세어보면, 남녀가 말하는 단어 수는 1만 6000개 정도로 거의 똑같았다.[1] 이 연구에서 말이 가장 많았던 세 명은 4만 7000단어를 사용했는데, 모두 남성이었다(그리고 700단어 밖에 사용하지 않은, 말수가 가장 적은 사람도 남성이었다).

공적인 자리에서 여성이 남성보다 말을 훨씬 적게 한다는 것은 확실하다. 그리고 조지타운대학교의 언어학 교수 데버라 태넌에 따르면, 이는 여성이 쩍벌남식 대화법과 정반대로 행동하기 때문이다.

"제가 보기에 여성이 회의에서 발언을 덜 하는 건 말이 너무 많다는 인상을 주지 않으려고 조심하기 때문이에요. 그러니까 여성은 물리적 공간을 덜 차지하듯 대화의 공간을 덜 차지하려는 거죠. 극장이나 비행기에서 자리를 선택할 때, 사람들은 가능하면 여성 옆에 앉으려고 해요. 왜냐하면 경험상 여성은 옆 사람 공간을 침범하지 않으려고 팔다리를 모으고 앉을 가능성이 크니까요. 이와 비슷한 이유로 공적인 자리에서 발언하는 여성들은 비교적 낮은 목소리로 간결하게 발언하며 대화의 공간을 적게 차지하려고 노력해요."[2]

남성의 권리 의식에 대한 케이트 만의 설명을 다시 떠올려 보자. 남성들 중 몇몇은 지하철에서 다리를 쩍 벌리고 앉을 권리가 있다고 느끼듯 자신에게 대화를 독차지할 권리가 있다고 느낀다. 메리 비어드도 이런 말을 했다.

"'제가 말이 너무 많았죠?'라고 말하는 남성은 보기 힘들지만 '죄송해요, 제가 말이 너무 많았죠?'라고 말하는 여성은 참 많아요. 이런 문제는 개별 사례로 보면 사소하지만 하나하나 쌓이면 아주 큰 문제가 되기 때문에 다루기 어려워요."[3]

이와 관련된 연구를 진행하기 위해 바버라 에이킨스와 진 에이킨스 부부는 대학원 교직원 회의를 일곱 차례에 걸쳐 녹음했다.[4] 발언 횟수는 한 사례를 제외하고 모두 남성이 많았고, 발언 시간은 모든 사례에서 남성이 더 길었다. 더욱이 여성의 입에서 나온 가장 긴 발언은 남성의 입에서 나온 가장 짧은 발언보다도 짧았다.

캐나다 몬트리올의 한 자치구 시장인 수 몽고메리는 이런 현상을 영리하게 시각적으로 표현했다. 그녀는 시 의회 회의가 열리는 동안 집중하기 위해 뜨개질을 즐겨 하는데, 남성이 발언할 때는 붉은색 털실로, 여성이 발언할 때는 녹색 털실로 숄을 짰다.

"75퍼센트에서 80퍼센트가 붉은색이고 녹색은 여기저기 조금씩 묻어나는 정도예요."[5]

의회 의석의 비율을 남성이 그만큼 많이 차지하고 있기 때문은 아니다. 의회는 여성 의원 31명과 남성 의원 34명으로 구성되어 있었다. 그렇다면 왜 이런 격차가 나타날까?

"여성들은 핵심을 간추려 효율적으로 말해요. 반면 남성들은 자기 말소리 듣는 걸 좋아해요. 모든 남성이 그런 건 아니지만 유독 발언을 오래하는 남성들이 있죠."

그녀가 짠 숄의 이미지는 온라인으로 볼 수 있다.

또한 남성은 다른 사람이 발언한 이후에 발언하기를 좋아한다. 10개국에서 개최된 학술회의 250건을 분석한 연구에 따르면, 남성은 여성보다 질문을 2.5배 많이 했다.[6] 연구자들이 남녀에게 얼마나 자주 질문했고 질문한 이유가 무엇인지 묻자, 여성은 질문할 용기가 없었다거나 발표자가 너무 훌륭해서 주눅이 들어 질문하지 못했다는 답변을 자주 했다. 연구자들은 또한 발표 이후에 첫 번째 질문자가 여성일 경우 다른 여성들이 질문을 더 많이 하는 경향이 있다는 사실도 발견했다. 그래서 나는 토론이나 강연의 진행을 맡을 때면 성비 균형을 맞추기 위해서 첫 질문의 기회를 여성에게 주곤 한다.

때로 문화적 요인도 여성이 나서서 발언하기를 망설이도록 영향을 미친다. 유엔 주재 요르단 대사였던 디나 카와르는 아랍 여성으로서는 처음으로 유엔 안전보장이사회 주재 대사가 되었다. 하지만 그런 그녀도 이렇게 말했다.

"가장 치열한 싸움은 바로 여성인 제 자신과의 싸움이에요. 자라면서 습득한 금기가 몸에 배어 있어서요. 스스로를 억제하는 습관을 극복하기가 가장 힘들어요. 저는 토론에서 제 목소리를 내는 법과 제일 마지막에 발언하지 않는 법을 새로 배워야 했어요. 이제껏 남성이 먼저라고 배웠기 때문이죠."[7]

그리고 웃으며 이렇게 말했다.

"중동 남성들은 여성이 발언하면 일단 '아, 귀엽네.'라는 식으로 반응해요. '맞는 말이네, 얘기를 들어볼 만하네.'라는 반응이 나오기까지 시간이 걸리죠. 다행히 저는 이제 그런 시기는 지났어요."

연구 결과에 따르면 여성은 본보기로 삼을 만한 여성을 접하면 발언을 더 길게 한다.[8] 한 연구에서 젊은 남녀 참가자들은 힐러리 클린턴, 앙겔라 메르켈, 빌 클린턴의 사진에 미묘하게 노출되거나 아예 노출되지 않은 상태에서 이야기하라는 요청을 받았다. 빌 클린턴의 사진에 노출되거나 아예 노출되지 않았을 때 여성은 남성보다 짧게 이야기했다. 하지만 힐러리 클린턴이나 앙겔라 메르켈의 사진을 봤을 때는 성별에 따른 차이가 사라졌다. 게다가 이들의 연설을 들은 청취자들의 평가에 따르면 여성들이 더 유창하게 말했다.

주변 환경은 확실히 우리에게 영향을 미친다. 미노체 샤피크는 잉글랜드은행에서 부총재로 일하던 당시 주변 환경으로 인해 자신이 얼마나 의기소침해졌는지 깨달았다.

"벽에 줄줄이 걸려 있는 거대한 초상화 속에는 노년의 백인 남성들만 가득했어요. 노년의 백인 남성이 그려진 수백 개의 초상화들이 회랑을 가득 채운 가운데, 여성 초상화는 제 선임 부총재의 자그마한 초상화 한 점 뿐이었죠."[9]

　이번에는 남녀의 발언 시간을 주제로 한 연구 중에서 내가 가장 좋아하는 연구를 소개하려 한다. 이 연구자들은 참가자들에게 알브레히트 뒤러의 그림 세 점을 보여준 뒤 그림과 관련된 이야기를 원하는 만큼 해 보라고 요청했다.[10] 이 연구에서 여성 참가자는 평균 3.17분 동안 얘기했고, 남성 참가자는 13분 동안 얘기했다. 그러니까 남성이 여성보다 네 배쯤 길게 얘기한 셈이었다. 하지만 이 통계가 완전히 정확하다고 볼 수 없었다. 세 명의 남성 참가자들이 테이프의 최대 녹음 시간인 30분을 넘겼기 때문이다!

　5장에서 살펴보았듯이 학교에서 남학생은 발언하도록 격려를 받는다. 교사는 여학생보다 남학생에게 질문을 더 많이 하고, 남학생을 교실 앞으로 더 자주 불러내며, 남학생이 발언하면 칭찬한다. 반면 여학생은 수업 시간에 얌전히 잘 앉아 있으면 칭찬받는다. 데이비드 새드커와 마이러 새드커, 캐런 지틀먼은 교사의 행동을 관찰한 후 그 영향력이 잘 드러나는 일화를 들려줬다.

　데이비드[새드커]는 미국 중서부의 한 고등학교 강당에서 학생들을 만났던 때가 특히 기억에 남는다고 했다. 성평등 기자 회견에 100명이 넘는 학교 신문기자들이 모여 데이비드와 연구자들에게 질문했다. 처음엔 망설이던 학생들이 이내 질문을 쏟아내기 시작했다.

"잠깐만요."

데이비드가 질문 세례를 멈추고 말했다.

"여기서 지금 아이러니한 상황이 벌어지고 있는데 알아차리신 분?"

강당을 가득 메운 기자들이 우두커니 주위를 둘러봤다. 그때 뒤쪽에 모여 서 있던 여학생 중 한 명이 말했다.

"질문을 전부 남학생들만 하고 있어요."

학생들의 '헉' 하고 숨을 들이쉬는 소리가 강당을 울렸다. 학생들은 자신이 기사로 내보내려 했던 이야기의 살아 있는 증거가 되었다는 사실을 깨달은 것이다.

그리고 이런 글도 썼다.

"남학생과 여학생은 같은 교실에 앉아서 같은 교과서를 보고 같은 선생님의 이야기를 듣지만 전혀 다른 교육을 받는다. 초등학교에서 대학원까지 여학생은 교실에서 눈에 띄지 않는 학생이 될 가능성이 높다. 교사들은 남학생과 더 자주 상호작용하고, 남학생에게 더 좋은 질문을 던지며, 남학생에게 더 상세하고 유용한 피드백을 해 주고, 남학생을 더 엄격하고 공개적으로 훈육한다. 이처럼 교사의 시간, 에너지, 관심, 재능이

고르지 않게 배분되는 동안 학생들의 태도가 형성된다. 여학생들은 끈기 있게 기다리면서 교사의 관심이 남학생에게 먼저 가닿는 현실을 받아들인다. 남학생들은 교실 분위기를 좌우하는 주인공이 자신이라는 사실을 배운다. ……오늘날 성차별적 교육 환경에서 남자아이들은 자신에게 권력이 있다고 배우고, 남성으로부터 남성에게 계승되는 특권의 힘을 이해하기 시작한다."

그리고 3장에서 살펴봤듯이 남자아이 중 상당수가 성인이 되면 이 특권을 행사한다. 여성의 말허리를 끊고 끼어들고 무시하면서 여성의 영향력을 거부하고 전문성에 도전한다. 또 대화의 장에서 여성의 몫까지 차지하며 여성의 발언을 깎아내리고, 여성이 전문가인 분야에서도 여성을 가르치려 든다. 많은 여성이 앞에 나서서 발언해 봐야 소용없다고 생각하는 것도 무리는 아니다.

철학자 케이트 만은 『남성 특권: 여성 혐오는 어디에서 비롯되는가』에 이렇게 썼다.

"지식의 측면에서, 특히 고급 지식의 측면에서 남성이 우선권을 갖는다는 믿음은 가부장제 자체에 대한 믿음만큼이나 확고하다. 때로 이 생각은 여성은 권위자가 될 수 없다는 생각으로 이어진다. 예를 들어 아리스토텔레스는 『정치학』에서 '노예는 심사숙고하는 능력이 전혀 없다. 여성은 심사숙고할 줄 알지만 권위가 없다.'고 썼다. 이러한 사고방식에는 여성은 지식과 능력이 부족하기 때문에 남성이 설명해 줘야 한다는 가정이 깔려 있다. 하지만 이것만으로는 남성이 여성보다 아는 게 많지 않다는 사실을 인정하고 싶지 않을 때 도리어 여성을 가르치려 들거나 여성이 자신보다 아는 게 많다는 사실이 드러나면 분노를 표출하는 이유가 되지 못한다."[11]

여성은 이런 이유로 확신이 설 때만 자기 목소리를 낸다. 확신 없이 말을 꺼냈다가는 불이익을 당할 수 있기 때문이다. 경영학 교수인 캐서린 틴슬리와 로빈 일리는 한 생명공학 회사에서 이를 증명해 주는 전형적인 사례를 발견했다.[12] 회의 내내 여성 과학자들은 남성 동료들에 비해 훨씬 적게 발언했지만, 회의가 끝난 후 1 대 1 대화에서는 통찰력 있는 아이디어를 자주 제시했다. 상사들은 여성이 아이디어를 제시했을 때 아주 사소한 오류만 있어도 폐기했다. 그에 반해 남성의 경우에는 설령 오류가 있더라도 장점을 살려서 진행했다.

그런데 남성들이 회의에서 여성의 의견에 반드시 귀 기울일 필요가 있을 때는 놀라울 정도로 상황이 달라졌다. 크리스토퍼 카포위츠와 탈리 멘델버그는 『침묵하는 성(The Silent Sex)』을 저술하는 과정에서 남성과 여성을 5인 1조로 편성하여 한 지역의 자금 조달책과 사용처를 논의하는 연구를 진행했다.[13] 각 조의 남녀 구성비는 가능한 모든 조합으로 했다. 그 결과, 거의 대다수 조에서 남성이 여성보다 훨씬 더 많이 발언했다. 오직 두 가지 상황에서만 여성이 남성과 동등하게 발언했다.

첫 번째는 여성이 조 구성원의 80퍼센트 이상(다섯 명 중 네 명 이상)을 차지하는 경우였고, 두 번째는 의사 결정이 다수결이 아니라 만장일치를 이뤄야 하는 경우였다.

그러나 논의 집단에 참가하는 여성의 수를 늘린다고 해서 반드시 여성의 영향력이 증가하는 것은 아니다. 때로는 역효과가 나타나기도 한다. 예컨대 1997년에 노동당이 압도적인 승리를 거둔 뒤 하원에 여성 의원들이 많이 유입됐을 때, 일부 남성 의원들은 여성 의원들에게 끔찍한 성차별적인 행위를 했다. 보수 하원 의원들이 여성 의원이 발언할 때 손을 앞으로 뻗어서 마치 멜론의 무게를 재는 듯한 시늉을 했던 것이다.[14]

여성은 남성만큼 말을 많이 하면 사람들이 자기 말에 귀 기울이지 않을 거라고 걱정할 뿐 아니라 싫어할지도 모른다고 걱정한다. 그리고 이런 우려는 현실이 된다. 한 연구에서는 두 사람이 정확히 똑같은 길이로 말하는 대본을 여성 두 명, 남성 두 명 그리고 여성과 남성이 읽게 한 뒤 이를 참가자들에게 들려줬다. 대본을 여성 둘이 읽거나 남성 둘이 읽었을 때 참가자들은 두 사람의 발언 시간을 정확히 맞췄다. 하지만 똑같은 대본을 여성과 남성이 읽자 남녀 참가자 모두 실제와 달리 여성이 말을 더 많이 했다고 판단했다.[15]

여성은 이를 본능적으로 알아차리는 경우가 많은데, 헬레 토르닝슈미트도 그런 경우에 해당된다.

"어느 회의에서나 발언 시간을 재 보면 남성이 여성보다 훨씬 길어요. 하지만 회의가 끝나고 누가 말을 가장 많이 했냐고 물어보면, 사람들은 남녀의 발언 시간이 비슷했다거나 여성이 더 많이 했다고 생각하죠. 발언을 오래 하는 게 남성에게는 좋은 전략일지 몰라도 여성에게는 그렇지 않아요. 그래서 여성들은 어느 순간 말하다 멈추죠."[16]

권력과 권위를 지닌 여성은 이 문제에서 자유롭지 않을까? 스스로에게 권력이 있으니 대화를 주도할 권리가 있다고 느끼지 않을까? 남성과 달리 여성은 그렇지 않았다. 예일대학교 경영대학원의 빅토리아 브레스콜은 미국 상원 의회 두 회기 동안 상원 의원들의 발언 시간을 개별 측정했다.[17] 이 연구에 따르면 남성 의원은 영향력이 클수록(의원 경력이나 의장직을 맡은 기간 등으로 측정) 열변을 토했고, 말을 많이 했다. 하지만 여성 의원은 영향력을 더 많이 가지고 있다고 해서 말을 더 많이 하지 않았다.

브레스콜은 그 원인이 알고 싶었다. 영향력 있는 여성은 남성보다 민주적이고 비위계적인 리더십 유형을 선호하기 때문에 권력을 행사하지 않는 걸까? 아니면 전통적으로 남성의 리더십 유형으로 여겨지는 지배적 행동 양식을 따르면 비호감과 반발을 살까 봐 두려운 걸까? 사회 심리학자들은 이를 지위 부조화 가설로 설명한다. 흔히 여성의 지위가 남성보다 낮다고 생각하는데, 이로 인해 여성이 자신의 영향력을 마음껏 발휘하면 성별 고정관념과 부조화를 이뤄서 남녀 모두 불편해한다는 것이다. 바로 이런 이유로 여성은 자기주장, 지배력, 자신감, 책임감처럼 전통적으로 남성의 행동 양식이라 간주하는 주도성을 드러낼 때 사회로부터 처벌을 당한다.

브레스콜은 영향력 있는 여성들이 말을 많이 하지 않는 현상의 원인을 파악하기 위해 실험을 진행했다. 그녀는 206명의 남녀에게 네 명이 조를 이뤄 마케팅 회의를 하면서 전략을 세우는 장면을 상상해 보라고 주문했다. 이들 중 반에게는 그들이 회의에서 영향력이 가장 큰 사람이라고 말해 주었고, 나머지 반에게는 영향력이 가장 작은 사람이라고 말해 주었다. 그런 뒤 회의에서 본인이 발언을 얼마나 많이 할지, 조원들과의 관계 형성을 위해 얼마나 노력할지, 다른 조원들이 자신의 말수가 많다고 평가할까 봐 걱정되는지 물었다.

연구 결과는 앞서 언급한 상원 의원의 발언 시간 연구와 유사했다. 남성은 영향력이 클 때 발언 시간이 길어졌지만 여성은 영향력과 발언 시간 사이에 상관관계가 없었다. 또 발언 시간과 관계 형성 욕구 사이에도 연관성이 없었는데, 이는 여성이 남성보다 민주적 리더십 유형을 선호하는 것과는 관련이 없다는 점을 보여 주었다.

하지만 발언 시간과 구성원의 평가에 대한 걱정 사이에는 강력한 상관관계가 있었다. 이 요인은 다음 질문을 통해 측정했다.

"조원들이 당신을 싫어할까 봐 걱정되나요?"

"조원들이 당신의 말수가 많다고 평가할까 봐 염려되나요?"

"조원들이 당신이 회의를 주도했다고 생각할까 봐 걱정되나요?"

영향력 있는 여성들은 이 문항에 동의할수록 말수가 적었다. 하지만 남성들은 그런 걱정을 하지 않았다.

이 여성들의 걱정은 현실을 반영하고 있을까? 브레스콜은 참가자들에게 '다른 권위자들보다 훨씬 말수가 많은' 가상의 최고 경영자를 평가하게 했다(최고 경영자들은 흔히 말을 많이 한다).[18] 남녀 참가자 모두 말 많은 최고 경영자의 이름을 '존'이라고 소개했을 때보다 '제니퍼'라고 소개했을 때 훨씬 무능하고 지도자에 어울리지 않는 사람이라고 평가했다. 반면 '제니퍼'가 말수가 적은 편이라고 묘사하자 참가자들은 그녀를 능력 있고 지도자에 어울리는 인물로 평가했다.

루이즈 리처드슨은 바로 이 때문에 여성의 정서 지능이 더 높아진다고 생각한다.

"결국 여성은 사람들과 상호작용할 때 훨씬 세심하게 상대를 고려하고 자신을 의식하게 돼요. 저는 대화하면서 상대에게 제가 미치는 영향에 깊이 관심을 기울이지만 남성들은 그러지 않는 것 같아요. 남성들은 일방적으로 중요한 할말이 있다는 듯 말해버리죠. 일단 최고위직에 오른 여성이 남성보다 성공하는 까닭은 그 자리에 올라가는 과정에서 이런 기술을

DNA에 각인될 정도로 능숙하게 익혔기 때문이에요."[19]

여기서 여성들은 다시 한 번 해결하기 어려운 딜레마에 맞닥뜨린다. 남성들만큼 말을 많이 하면 말이 '너무 많아서' 무능해 보이고 호감도가 떨어진다. 그렇다고 말을 너무 적게 하면 영향력과 권위가 사라진다. 고위직 여성들은 꼭 해야 할말을, 많지도 적지도 않게 하는 방법을 습득한다. 그들은 일제히 퍼붓는 남성들의 목소리 사이를 뚫고 나아갈 만큼 자신감이 있지만 사람들에게서 멀어지지 않을 만큼 온화해야 한다. 여성들은 '사회가 용인하는 대화'라는 평균대 위에 서 있기 위해 올림픽 체조선수 같은 민첩성과 훈련을 거치는 반면, 남성들은 그저 마루 위를 어슬렁거리기만 해도 된다.

문제는 말수뿐만이 아니다. 발언 시 목소리도 권위를 떨어뜨릴 수 있다. 채널4의 뉴스 진행자인 존 스노우는 '낮은 목소리에 권위가 실린다.'고 믿었다.[20] 권위 격차를 주제로 나와 이야기를 나눴던 다른 남성들도 같은 견해를 내비쳤다. 그렇다면 우리가 여성에게 권위를 덜 부여하는 것은 부분적으로나마 목소리가 높기 때문은 아닐까?

2018년에 비키 스팍스가 BBC에서 남성 월드컵 해설을 맡았을 때, 그녀의 목소리를 두고 불평이 얼마나 많았을지 짐작이 갈 것이다. 축구선수 제이슨 컨디는 이렇게 말했다.

"목소리가 너무 높아서 듣고 있기 힘들다."

다른 이들은 목소리가 '빽빽거린다', '얄팍하다', '날카롭다', '귀에 거슬리다', '짜증난다'고 평가했다.[21]

메리 비어드는 『여성, 전적으로 권력에 관한』에서 이렇게 썼다.

"남성의 '깊은 목소리'라는 표현에는 '깊다'라는 단어 자체에서 오는 권위가 묻어난다. 사람들은 여성의 목소리에서는 권위가 묻어나지 않는다고 생각한다. 어쩌면 사람들이 여성의 목소리에서 권위를 느끼는 법을 학습하지 못한 것일지도 모른다."[22]

우리가 낮은 목소리를 권위와 연관 짓는 것은 낮은 목소리 자체에 권위가 더 실리기 때문일까, 아니면 낮은 목소리를 '남성'과 연관 짓고 '남성'을 '권위'와 연관 짓기 때문일까? 이 편향들은 우리 내면에서 너무나 복잡하게 얽혀 있어서 두 가지를 분리해내기란 불가능하다. 권위 격차의 다른 면면과 같이 무의식은 '남성' 하면 '지도자'를 떠올리고 '깊은 목소리' 하면 '권위'를 떠올린다.

여성은 자기 목소리가 자기 견해를 진지하게 받아들여지지 못하게 방해할 수 있다는 사실을 안다. 그래서 비교적 성평등이 이뤄진 국가에서 지난 수십 년간 여성의 평균 목소리 높이가 놀랄 만큼 떨어졌다는 사실이 더욱 흥미롭다.[23]

그리고 이 현상은 비교적 성평등이 잘 이뤄진 국가에서 더 강하게 나타났다. 미국 여성의 목소리는 일본 여성의 목소리보다 낮고, 스웨덴 여성의 목소리는 미국 여성의 목소리보다 낮으며, 독일 여성은 스웨덴 여성보다도 목소리가 낮았다.[24] 중성성이 제법 높은 독일 사회에서는 남성과 여성의 목소리 높이가 그다지 차이나지 않았다. 반면 일본 여성은 서양 여성에 비해 훨씬 더 높은 음역대의 목소리를 냈다.[25] 그리고 이를 통해 전통적인 여성의 특성, 즉 순종적이고 무력하며 공손하고 종속적인 특성을 드러냈다. 일본 여성들이 공손하게 말할 때 그들의 목소리는 비정상적으로 높은 음역대인 450헤르츠에 이르렀다. 반면 영국 여성의 목소리는 320헤르츠를 넘기지 않았다. 한편 일본 남성은 비교적 작은 체구에도 불구하고 영국 남성보다 목소리가 더 낮았다.

영국에서 두 번째로 여성 총리에 오른 테리사 메이는 정치계에 입문하는 야심 찬 젊은 여성을 위해 조언해달라는 요청에 '남성처럼 행동하세요.'라고 답변했다.[26]

영국의 첫 번째 여성 총리였던 마거릿 대처 역시 목소리를 남성처럼 내야 한다는 것을 깨달았다. 참모들은 마거릿 대처의 목소리가 '날카롭고' 권위가 실리지 않는다고 조언했다. 대처는 결국 목소리를 60헤르츠나 낮췄는데, 이는 남성과 여성의 평균 목소리 높이차의 절반쯤 된다. 하지만 그녀의 목소리는 뭔가 이상하게 들렸고, 인위적이며 거들먹거리는 느낌이 났다.

마거릿 하지는 베테랑 노동당 하원 의원이다. 그녀는 장관직을 여럿 거쳤고 하원 공공회계위원회 의장을 맡았다. 그리고 그간의 경험에서 다음과 같은 교훈을 얻었다고 했다.

"하원에서는 목소리가 굉장히 중요해요. 토론할 때 여성은 목소리가 높아지죠. 케임브리지 하원 의원인 앤 캠벨은 목소리가 꽤 높아요. 거기서 목소리를 더 높이면 아마도 비웃음을 샀을 거예요. 말의 신뢰성도 평가 절하되었겠죠. 저는 항상 목소리를 낮추려고 굉장히 신경을 써요."[27]

독일 총리 앙겔라 메르켈도 이에 동의했다. 그녀는 《디 차이트》에서 이렇게 말했다.

"여성의 목소리는 남성의 목소리만큼 낮고 강하지 않아요. 그래서 여성은 권위를 풍기는 법을 습득해야만 하죠."[28]

인권 변호사 헬레나 케네디는 판사에 지원했다가 권위가 부족하다는 지적을 받은 여성들의 이야기를 들려줬다.

"그러니까 여기서 권위는 도대체 무엇을 의미하는 걸까요? 우리가 권위를 언급하면서 찾고 있는 건 무엇일까요? 법정에서 쩌렁쩌렁한 목소리를 내면 확실하게 권위가 서면서 사람들에게 옳고 그름을 가르칠 수 있다는 걸까요? 그건 사람들이 권위를 남성과 연관 짓기 때문이에요. 하지만 권위는 사실 판사라는 지위로부터 비롯되는 거예요. 법복을 입고 높은 연단에 앉아 있는 것 자체가 권위의 표식이니까요."[29]

케이프타운대학교의 총장인 마모헤티 파켕도 정확히 같은 현상을 목격했다.

"제가 들었던 비판 중 하나는 '지도자다운 무게가 없다.'는 거였어요. 대학교 총장직 채용을 놓고 열린 인사 위원회에서 나온 말이었죠. 그래서 '무슨 의미로 하신 말씀인가요?'라고 묻자 사람들은 '신뢰감을 주는 목소리가 아니다.'라더군요. 누구도 남성에게는 그런 말을 안 해요."[30]

한 실험에서 다양한 음역대의 목소리를 들려주자 사람들은 낮은 음역대의 목소리를 (남녀 모두) 더 유능하고 신뢰감을 준다고 평가했다.[31] 존중과 신뢰를 얻고 싶은 여성이라면 목소리를 낮추는 게 확실히 도움이 된다. 하물며 전통적으로 여성이 맡는 학부모 회장을 뽑을 때조차 우리는 다른 조건이 같다면 목소리가 낮은 후보에게 투표하는 경향이 있다.[32]

일리노이대학교의 조이 쳉은 이 편향을 실험해 보려고 참가자들을 작은 집단으로 나눈 뒤 달에서 재난 상황이 벌어졌을 때 우주인들이 살아남기 위해 필요한 물품을 논의하게 했다.[33] 그 후 참가자들에게 개인적으로 다른 집단 구성원들을 영향력에 따라 순위를 매기도록 했다. 쳉은 대다수 참가자가 토론이 시작된 직후 몇 분간 목소리 높이를 조정했으며, 목소리를 낮춘 사람들이 영향력 순위가 더 높다는 것(혹은 영향력 순위가 높은 사람이 목소리를 더 낮췄다는 것)을 발견했다. 목소리가 낮았던 구성원들은 다른 구성원들에게 비교적 지배 성향이 강하고 자기 뜻을 관철하려는 의지가 강하다는 평가를 받았고, 그 결과 집단의 결정에 더 많은 영향력을 행사할 수 있었다.

여성들은 이런 점을 본능적으로 알아차릴 때가 많다. 중국계 미국인 디자이너이자 건축가인 마야 린은 체격이 작고 실제보다 훨씬 어려 보였다. 그녀는 스물한 살이라는 어린 나이에 건축학과 학생 신분으로 워싱턴 D.C.의 베트남 전쟁 기념관 설계 공모전에서 우승했다. 이 설계안을 시행해야 할 연상의 백인 남성들은 그녀가 젊고, 여성이고, 아시아인이라는 사실(그녀는 이를 '트라이펙터'라고 불렀다)[34]에 그저 놀라기만 한 건 아니었다. 그들은 그녀의 뜻을 꺾으려 들었다. 이에 마야 린은 집요하게 맞섰다. 비록 체구가 작고 머리카락이 무릎까지 내려올 만큼 긴 데다 '끽해야 열두 살 정도로 보였지만' 그녀는 낮은 목소리를 가지고 있었다.

"늘 목소리가 낮아서 천만다행이라고 생각했어요. 사람들에게 명령을 내려야 했으니까요. 저는 현장에서 유일한 여성이었기 때문에 낮은 목소리가 제 방패막이 되어줬어요."

여성의 높은 목소리는 변성기를 거치며 낮아진 남성의 목소리와 다르게 어린애 같은 인상을 줄 수 있다. 따라서 진지하게 받아들여지고 싶은 여성이라면 목소리를 살짝 낮추는 게 도움이 된다. 그런데 《파이낸셜 타임스》의 첫 여성 편집장인 로울라 칼라프는 적당한 음색을 갖추는 것도 쉽지 않다고 설명했다.

"예전에, 제가 편집장이 되기 한참 전에 누군가 제게 목소리가 너무 나긋나긋하다면서 그러면 일할 때 불이익을 받을 수 있으니 더 확실한 어조로 말하라고 하더라고요. 제 생각에 그가 하려던 말의 본뜻은 결국 제가 남성이 아니라는 거였어요. 저는 그렇게 받아들였어요. 그 자리에 남성이 아니라 여성이 있는 게 익숙하지 않았던 거죠."[35]

사람들은 부드럽게 말하면 나약하거나 망설인다고 오해한다. 같은 이유로 여성은 (특히 젊은 여성은) 말끝을 마치 질문하듯 올리는 '업토크'를 한다고 종종 비난을 받는다. 업토크는 듣기에 굉장히 거슬릴 수 있고, 말하는 사람의 권위를 약화시킬 수도 있다. 하지만 평서문을 질문으로 바꿔 주어 듣는 사람이 고개를 끄덕이거나 재확인하며 더 적극적으로 대화에 참여하게끔 이끈다. 또 앞으로 할말이 더 남아 있다고 암시해서 다른 사람이 끼어드는 것을 방지할 수 있다. 게다가 업토크는 여성들만의 전유물이 아니다. 남성도 여성만큼 자주 말끝을 올린다. 다만 그로 인해 비난 받지 않을 뿐이다.[36]

여성이 목소리를 높이면 어떻게 될까? 당연히 날카로워진다. 날카로운 목소리는 좋을 게 없다. 반면 남성들은 목소리를 높이면 위압적인 느낌을 준다. 힐러리 클린턴은 대통령에 출마했을 때 이 문제를 여러 차례 겪었다.

니컬러스 섭타이렐루는 2016년 대선 캠페인 기간에 언론 분석을 실시했다. 미국 언론에서 여성은 남성보다 적게 언급됐지만 악을 썼다는 비난을 더 많이 받았고, '새된 소리를 질렀다.'거나 '날카롭게 소리쳤다.'는 평가를 두 배 더 많이 받았다.[37] 이 단어들은 클린턴을 묘사할 때 끊임없이 쓰였다. 클린턴은 자서전에서 이렇게 썼다.

"내 목소리를 싫어하는 사람들이 있다는 말을 여러 번 들은 후 나는 언어 전문가에게 도움을 청했다. 그는 연단에 오를 때 심호흡을 하고 행복하고 평온한 기억을 떠올려야 한다고 말했다. 그러면 집회에 모인 사람들이 흥에 겨워 함성을 지르기 시작할 때 남들이 하듯이 함성을 되받아치지 않을 수 있다고 했다. 남성들은 마음껏 함성을 지를 수 있지만 여성은 안 된다는 것이다. 나는 전문가에게 대답했다. '좋아요, 한번 해 보죠. 하지만 궁금해서 묻는 건데 공인인 여성 중에서 부드럽고 낮은 목소리로 군중의 환호성에 잘 화답한 사례가 있나요?' 그는 그런 사례를 떠올리지 못했다."[38]

여기서 다시 지위 부조화 문제가 등장한다. 우리는 여성이 귀에 거슬리는 날카롭고 새된 소리를 낸다거나 오만하고 위협적이며 냉혹하다고 비난하지만, 진짜로 하고 싶은 말은 (무의식적일지 모르지만) 여성이 권위를 행사하는 모습을 보는 게 불편하다는 것이다.

권위를 행사하는 여성은 두 가지 방식으로 신경을 거스른다. 첫 번째로 성별 고정관념에 맞지 않는 행동 방식이 거슬릴 수 있다. 강한 자기주장, 자신만만한 태도, 공격적인 어조, 권력 행사는 여성답지 않다. 두 번째로 여성이 지나치게 위압적이라고 느낄 수 있다. 이 말은 곧 여성이 권위를 지나치게 많이 드러낸다는 뜻이다. 과연 남성이었더라도 위압적이라고 느꼈을까? 아니면 고정관념 탓에 눈앞에 있는 사람을 정확하게 평가하지 못하는 걸까? 우리가 왜곡된 렌즈를 통해 여성을 바라보는 것은 아닐까? 우리의 반감은 앞에 있는 여성 때문이 아니라 자신 때문에 생긴 건 아닐까? 권위 있는 여성을 판단하기 전에 우리는 늘 스스로에게 이런 질문을 던져야 한다.

또 사람을 말수가 많고 적음으로 판단하지 않도록 각별히 주의를 기울여야 한다. 누군가 말을 많이 한다고 해서 그의 말이 더 흥미롭거나 중요한 것은 아니다. 회의에서 말을 적게 하는 사람이 가장 지혜로울 수 있다. 여성은 어려서부터 앞에 나서지 말라고 배운다. 앞서 교실을 관찰한 연구들에서 살펴봤듯이 여자아이는 말이 너무 많으면 불이익을 당한다. 따라서 우리는 여성을 판단할 때 이런 성장 환경을 고려해야 한다.

그리고 조용한 여성이 회의에서 자기 목소리를 내도록 격려하고 남성이 회의를 지배하지 않게끔 노력을 기울여야 한다. 질문과 답변 시간에는 첫 질문 기회를 여성에게 부여해서 다른 여성들이 용기 내서 질문하게끔 유도할 수도 있다. 또 남성이라면 자신이 대화의 지분을 얼마만큼 차지하고 있는지 주의를 기울일 수 있다. 여성과 대화할 때 대화 지분을 동등하게 나누고 있는가? 상대가 질문하는 만큼 상대에게 질문하고 있는가?

마지막으로 우리는 여성의 높은 목소리를 혐오하지 않아야한다. 어렵겠지만 목소리의 높낮이가 아니라 말의 내용에 집중하는 법을 익혀야 한다. 언론에서 흔히 말하듯 '콘텐츠가 왕이다.' 아니, 어쩌면 '콘텐츠가 여왕이다.'라고 말하는 편이 좋을지도 모르겠다.

마음을 바꾸는 힘

The
Authority
Gap

고맙습니다, 칸 양. 다음 의제로 넘어가기에 앞서
우리가 너그럽게 웃을 수 있도록 해 주셔서
많은 도움이 됐습니다.

남성이 여성에 대항해서 사용하는 무기는 바로 여성의 말을 진지하
게 듣지 않는 것이다.

— 데이비드 미첼, 소설가

지금까지 우리는 남성이 여성보다 자신감을 더 많이 키우고 대화의 장에서 더 많은 지분을 차지하게 되는 과정을 살펴봤다. 또 여성은 자기 목소리를 내고도 묵살당할 수 있으며, 이후 남성이 같은 의견을 제시해서 그 공로를 가로채갈 수 있다는 것도 알게 되었다. 더불어 여성의 전문성은 과소평가되기 쉽다는 것도 살펴봤다. 이 모든 요인이 더해져서 여성의 영향력은 남성이 미치는 영향력과 크게 차이가 난다. 남녀를 막론하고 우리는 여성의 견해보다 남성의 견해에 쉽게 좌우된다. 특히 남성은 더 그렇다.

노던일리노이대학교의 캐슬린 프롭은 학부생을 대상으로 한 연구에서, 참가자들을 혼성 집단으로 나눈 뒤 양육권 분쟁과 관련한 권고안을 판사에게 제출하게 했다.[1] 관련 정보 중 몇 가지('결혼 생활은 처음부터 문제가 많았다.', '장모는 사위가 바람을 피웠다고 생각했다.' 등)는 전체 구성원에게 공개했고, 몇 가지는 구성원 두 명에게만, 다른 몇 가지는 한 명에게만 공개했다. 그런 뒤 구성원들 각자가 서로 다르게 받은 정보를 바탕으로 양육권을 결정하게 했다.

프롭은 집단이 최종 결정을 내릴 때 남성이 제공한 정보를 여성이 제공한 정보보다 두 배 더 많이 활용한다는 점을 발견했다. 해당 정보가 한 명에게만 알려진 경우, 남성이 소개한 정보를 집단이 활용할 가능성은 여섯 배나 됐다. 즉 집단 구성원들은 남성이 제공한 정보에는 주의를 기울이고 활용하는 반면 여성이 제공하는 정보는 무시하는 경향이 있었다.

여성은 남성보다 영향력이 훨씬 작다. 그리고 여성의 견해가 남성의 견해에 밀려 묵살되는 현실은 굉장히 파괴적인 결과를 낳는다. 그런 이유로 이제껏 강간 사건이 발생했을 때 신고와 기소가 덜 이뤄졌다. 그런 이유로 긴 세월 동안 가정 폭력이 경찰에게 무시당했다. 그리고 여성 하원 의원의 수가 임계치에 이르기까지 정치는 자녀 양육에 무관심했고, 장구한 세월동안 성희롱을 저지른 남성들이 처벌을 면해 왔다.

여성의 영향력은 전문가가 된다고 해서 커지지 않는다. 그리고 전문가가 되면 오히려 영향력이 줄기도 한다. 한 연구에서는 경영학과 학생 143명(남녀 비율은 대략 절반이었다)에게 산불이 났을 때 생존 요령에 관한 정보를 줬다.[2] 그런 뒤 산불에서 살아남는 데 가장 도움이 될 만한 물품을 중요도에 따라 순위를 정하게 했다. 그리고 개인별로 정한 순위를 실제 전문가들이 뽑은 공식적인 순위와 비교해서 가장 높은 점수를 얻은 학생들을 전문가로 뽑았다. 학생들에게는 점수를 알려 주지 않았기 때문에 전문가로 뽑힌 학생뿐 아니라 그 외 학생들도 누가 전문가인지 몰랐다. 여학생과 남학생은 평균 점수나 자기 능력에 대한 자신감에서 차이가 없었다.

그러고는 학생들을 집단으로 나누고 각 집단마다 전문가 학생을 한 명씩 배정한 뒤 그 안에서 다시 순위를 정하게 했다. 연구자들은 각 구성원이 다른 구성원의 견해를 받아들여 얼마나 자기 견해를 바꿨는지 평가해서 개개인의 영향력을 측정했다. 이제는 예상할 수 있겠지만, 집단 내에서 여성은 남성보다 영향력이 적었다. 게다가 놀랍게도 여성 전문가는 구성원들에게 여성 비전문가보다도 전문성이 낮다는 평가를 받았고, 집단에 미친 영향력도 훨씬 적었다.

도대체 왜 그럴까? 우선 남녀 구성원 모두 여성의 과제 수행 능력이 남성보다 떨어질 것이라고 기대했다(실제로는 그렇지 않았다). 여성을 과소평가하는 무의식적 편향이 드러난 전형적인 사례였다. 그래서 이들은 처음부터 여성이 하는 말을 그다지 신뢰하지 않았다. 그런데 전문가는 토론 과정에서 집단 구성원을 설득하기 위해 종종 다른 구성원의 견해에 이의를 제기해야 했다. 이때 전문가가 여성인 경우, 반대 의견을 제시하면 구성원에게 호감을 주기 어려워서(남성은 이의를 제기해도 괜찮

다) 설득 과정이 순조롭게 진행되지 않았다. 한편 여성 비전문가는 집단의 의견에 동조하는 경향을 보였다. 그 결과 여성 전문가보다 더 능력 있고 호감이 간다는 평가를 받았고, 더 큰 영향력을 행사했다. 남성에게는 이런 효과가 전혀 나타나지 않았다.

텍사스대학교의 이선 버리스가 실시한 또 다른 연구에서는 각 집단이 서점 운영과 관련해서 전략적 결정을 내리게 했다.[3] 그리고 무작위로 한 구성원에게 서점의 재고 관리 체계에 오류가 있다고 알려준 뒤 관리 체계 개선 방안에 관한 자료를 줬다. 자료를 받은 구성원이 여성일 때, 그녀가 기존 재고 관리 체계에 이의를 제기하고 새로운 관리 체계를 제안하면 집단의 대표는 그녀의 충성도를 낮게 평가했고 해당 제안을 실행할 가능성도 줄어들었다. 모두가 집단 구성원 중 한 명이 유익한 정보를 추가로 알고 있다는 점을 인지했는데도 내부 정보를 알고 있는 여성의 제안은 배제되었다.

현실에서도 이의를 제기하는 여성은 주위의 반발 속에 굉장히 힘든 시간을 보낸다. 레이트 모던의 관장인 프란시스 모리스는 사회생활 내내 이런 일을 겪었다고 말했다.

"살면서 저는 늘 기존 질서를 뒤흔드는 편이었어요. 회의 진행을 더 빠르게 하자고 제안하거나 다른 사람의 견해에 반론을 펴거나 기발한 아이디어를 제안하기도 했죠. 그렇지만 사람들은 그런 제 행동을 좋게 봐주지 않았어요. 저는 이런 행동 때문에 상사에게 꾸지람을 듣기도 했어요. 사람들은 여성이 순응하고 협력하며 앞에 나서지 않기를 기대해요. 제 사회생활을 돌이켜보면 기존의 질서를 뒤흔드는 성향이 승진에는 방해가 되었던 것 같아요. 그런 제 성향은 오랫동안 부적절하다는 지적을 받아왔지만, 아마 같은 행동을 남성들이 했으면 부적절하다고 생각하지 않았을 거예요. 서글픈 현실이죠."[4]

정치 권력을 잡은 이들에게 의문을 제기하고 해명을 요구하는 것은 방송사 정치부 편집장의 직무 중 하나이다. 하지만 스카이 뉴스 정치부 편집장인 베스 릭비는 바로 그 때문에 비난을 받았다.

"제가 의문을 제기하면서 질문을 던지면 트위터 상에서 남성들은 이렇게 말하곤 해요. '그냥 넘어가는 법이 없어.' 거기엔 성차별적이고 여성혐오적인 요소가 있어요. 남성은 의문을 제기해도 되지만 여성은 의문을 제기하면 성가신 잔소리 취급을 당하죠."[5]

메리 비어드는 『여성, 전적으로 권력에 관한』에서 이렇게 말했다.

"여성이 논란이 될 만한 비주류 견해 혹은 다른 견해를 제시하면 그게 해당 여성의 멍청함을 드러내는 일이 되고 만다. 그냥 그녀의 견해에 동의하지 않는 게 아니라 그녀가 멍청하다고 말한다. '미안하지만 그쪽이 이해를 못하는 거예요.'라는 식이다."

평생 영향력을 연구해 온 웰즐리대학교의 린다 칼리는 이렇게 썼다.

"여성은 능숙하고 주도적인 모습을 보일수록 특히 남성에게 영향력을 행사하기 어렵다. 이는 여성에게 그런 식으로 행동할 권리가 없기 때문이다. 아니면 남성이 여성에게는 그럴 권리가 없다고 믿기 때문이라고 말할 수 있겠다. 유능한 여성을 남성의 특권을 위협하는 존재로 여기는 일부 남성에게 여성은 지도자나 권위자로서 거부당할 가능성이 크다."[6]

루이즈 리처드슨도 그런 경험을 많이 했다.

"제게는 정말 멋진 남성 동료들이 있어요. 그들은 제가 총장이라는 걸 불편해 하는 남성 동료들을 농담거리로 삼곤 했어요. 그들 말에 따르면 그런 남성들은 애초부터 남성이 우월하고, 최고의 자리에 올라야 한다고 믿는대요. 그게 자연스럽다는 거죠. 그래서 그런 질서를 거스르는 사람을 굉장히 싫어한다고요. 몇몇은 자격지심 같은 걸 느끼는지도 모르겠어요."

굉장히 유능한 고위급 여성조차 남성들이 가득한 회의실에서는 영향력을 미치기 어렵다. 새러 손턴은 영국 반노예위원이며, 그 전에는 템스밸리 경찰 지서장이었다. 그러니까 그녀도 샤론 네스미스 소장처럼 사회생활 내내 남성들에게 둘러싸여 있었던 셈이다. 그녀는 경찰서장협의회 대테러위원회에서 활동할 때 사용한 전략을 얘기해 줬다.

"위원회에는 여성이 거의 없었어요. 그래도 저는 목소리를 내기로 단단히 결심했죠. 그래서 늘 관련 논문을 읽었어요. 그리고 위원회에서 무슨 얘기를 할지 미리 생각해뒀어요. 또 항상 발생한 사건들을 머릿속에 담아 놓았어요. 제 자신을 철저히 훈련시켰죠. 종이 여백에 요점 세 가지를 적어 놓고 얘기해서 횡설수설하는 법도 없었고요. 저는 늘 착실하게 준비했고, 어떻게든 영향력을 미치려고 노력했어요. 발언권은 처음부터 얻을 수 있었지만 영향력을 행사할 수 있게 되기까지는 시간이 걸렸어요. 사람들이 제 목소리에 귀를 기울이게끔 이야기하고 이를 바탕으로 사람들에게 영향력을 미치기 위해서 정말이지 부단히 노력했어요."[7]

문제는 남성뿐 아니라 여성도 리더십과 영향력을 남성과 연관 짓는다는 것이다. 사람들에게 '지도자를 그려 보세요.'라고 이야기하면 대다수가 남성을 그린다. 수세기 동안 남성이 사회를 지배하면서 뇌에 그런 그림이 각인되었기 때문이다. 가정에서 아버지가 어머니 위에 군림하는 경우가 많았기에 아이들은 굉장히 어린 나이부터 가정과 사회를 책임지는 사람은 남성이고, 아버지의 견해가 어머니의 견해보다 더 낫고 우선한다고 배운다. 10장에서 자세히 살펴보겠지만 우리를 둘러싼 세계는 이런 고정관념을 강화한다. 그 결과 여성은 사람들에게 영향력을 미칠 만한 능력과 지도자 자질을 충분히 갖추더라도 인정을 받기가 훨씬 어렵다.

이 현상을 증명하는 가장 좋은 방법은 앞선 구직자 연구에서처럼 다른 조건은 전부 동일하게 하고 이름만 남성과 여성으로 바꿔서 실험해 보는 것이다. 어느 연구에서는 참가자들을 가상의 보험회사 영업팀 전화 회의에 참석하게 했고, 회의 참가자 중 '에릭' 혹은 '에리카'라고 불린 인물이 똑같은 대본을 읽었다. 이후 이들이 리더십을 어느 정도 발휘했고, 팀에 어떤 영향을 미쳤으며, 팀장 역할을 잘했는지 평가받았다. 에릭은 영업 실적 개선에 도움이 될 만한 건설적인 아이디어를 제시했고, 팀의 실적을 비판만 했던 다른 사람들보다 팀장으로서 더 나은 평가를 받았다. 하지만 에릭과 완전히 똑같은 아이디어를 제안했던 에리카는 더 나은 평가를 받지 못했다.

연구자들은 이 연구를 현실에서도 시도해 보기로 했다. 그들은 웨스트포인트 육군 사관학교에서 열린 대규모 대회에 참가한 참가자들에게 대회가 끝난 후 누가 팀장이 되기를 바라는지 물었다. 질문 결과 팀장으로 선택된 사람은 자기 아이디어를 발표한 남성뿐이었다. 이 연구의 저자 중 한 명인 카일 에미크는 이렇게 말했다.

"여성의 발언 빈도는 많든 적든 아무런 영향을 미치지 못했다. 여성은 앞에 나서서 발언을 해도 지위를 획득하지 못했고, 이후 팀장 감으로 간주될 가능성도 훨씬 낮았다."[8]

여성이 지도자가 되는 상황은 사회 통념에서 벗어나기 때문에 사람들을 불편하게 만든다. 그리고 여성이 적극적으로 나서서 자기 견해를 밝히면 사람들은 그녀의 견해에 영향받기를 거부한다.

흥미롭게도 흑인 여성은 이 영역에서만큼은 백인 여성보다 오히려 나은 대우를 받는다. 흑인 여성은 단호하게 자기 할말을 한다는 고정관념 덕분에 앞에 나서서 자기 견해를 밝혀도 반감을 사지 않는다. 한 연구에서는 참가자들에게 가상의 대기업 간부가 실적이 부진한 부하 직원을 다루는 사진을 보여 주었다. 지배적인 상사는 부하 직원에게 조치를 취하라고 요구하면서 단호하게 얘기한 반면, 협동적인 상사는 부하 직원을 격려하면서 온화하게 이야기했다. 참가자들은 해당 상사가 상황을 얼마나 잘 처리했는지, 부하 직원이 상사를 얼마나 존경하는지 평가했다.

사람들은 단호하게 말하는 흑인 남성과 백인 여성은 부정적으로 평가한 반면 흑인 여성은 백인 남성만큼 단호하게 자기 의견을 말해도 좋게 평가했다. 이 연구 결과는 흑인 여성이 적어도 리더십 인식에 관한 한 백인 여성보다 나은 상황에 있음을 암시했다(물론 애초에 높은 자리에 오르기까지 흑인 여성은 여성에 대한 편견에 더해 흑인에 대한 편견을 이겨내야 해서 더 힘든 시간을 보낸다). 연구진 중 한 명인 애슐리 로제트는 이렇게 말했다.

"고위직 흑인 여성은 독특한 위치를 차지한다. 이 결과는 여성 전반에 기대되는 역할이 흑인 여성에게도 기대되는 것은 아니라는 점을 보여 준다."[9]

하지만 린다 칼리가 연구에서 밝혀낸 바에 따르면, 흑인을 제외한 다른 인종의 여성들은 단호하게 자기주장을 하기 보다는 망설이거나 머뭇거리면서 자기를 낮추며 말할 때 오히려 남성들에게 더 많은 영향을 미칠 수 있었다. 남성들은 머뭇거리는 여성의 능력을 단호한 여성에 비해 낮게 평가하면서도 그들에게서 더 많은 영향을 받았다. 또한 남성은 유능한 여성을 위협적이고 호감도가 떨어진다고 평가했다. 그 때문에 유능한 여성이 남성에게 미치는 영향력은 줄어들었다.

따라서 여성에게 말을 얼버무리지 말고, 사과하지 말고, 자기를 낮추지 말고, 문장 끝을 올리지 말라는 조언들은 역설적으로 여성에게 전혀 도움이 되지 않는다. 그렇다고 머뭇거리며 말하거나 자기를 비하하면 자신감과 능력이 부족해 보인다. 이는 여성이 남성과 똑같은 대우를 받기 바랄 때 맞닥뜨리는 수많은 이중 잣대 중 하나다. 권위 격차가 여성이 남성만큼 전문성과 자신감을 갖추면 해결되는 문제였다면, 여성들은 지금쯤 이 문제를 해결하고도 남았을 것이다. 하지만 여성이 전문성과 자신감을 갖추면 남성은 여성의 권위와 영향력에 오히려 더 크게 저항한다.

또 다른 연구에서는 남성이 '굉장히 여성스러운(외모가 여성스럽다기보다는 전통적인 성 역할에 맞는)' 여성에게 영향을 더 쉽게 받는지 시험해 봤다.[10] 아니나 다를까 남성은 똑같은 대본을 '여성스러운' 여성과 '여성스럽지 않은' 여성이 읽었을 때, 여성스러운 쪽이 더 설득력이 있다고(목소리만 듣고도 신체적으로나 성적으로 더 매력 있다고) 평가했다. 또 여성스러운 쪽이 지식 수준이나 능력이 떨어진다고 생각하면서도 이들의 주장에 설득당하는 경향을 보였다.

여성에게는 굉장히 우울한 소식이 아닐 수 없다. 여성은 유능하고 아는 것이 많을수록 남성에게 영향력을 미치기 어렵고 비호감을 살 공산이 크다. 남성을 설득할 기회를 얻으려면 매력적이고 고분고분하며 망설이는 듯한 인상을 줘야 한다. 마치 1950년대로 되돌아가거나 해리 엔필드의 스케치 코미디 '여성들이여, 자신의 한계를 알라!(Women, Know Your Limits)'의 멋진 영상 속으로 들어간 느낌이다(아직 이 영상을 보지 못했다면, 유튜브에서 꼭 한번 찾아보기 바란다).

여성들은 이 편견을 뚫고 나가는 과정에서 화도 못 낸다. 한 연구에서는 참가자들을 살인 사건과 관련된 모의 배심원 심의 과정에 참여하게 했다.[11] 사실 다른 다섯 명의 배심원은 대본에 따라 연기하는 배우들로, 네 명은 참가자의 의견에 동의했고 한 사람은 반대했다. 반대 의견을 낸 남성이나 여성이 감정을 전혀 드러내지 않았을 때는 참가자의 마음이 바뀌지 않았다. 반대 의견을 펼친 배심원이 남성이고 화를 낸 경우 평결에 대한 참가자의 자신감은 극적으로 떨어졌다. 하지만 반대 의견을 펼친 배심원이 여성이고 화를 낸 경우(남성 배심원과 완전히 같은 말을 했지만) 평결에 대한 참가자의 자신감은 두드러지게 올라갔다. 여성은 아무런 영향을 미치지 못했던 것이다.

완전히 절망에 빠지기 전에 여성으로서 남성에게 유능하고 영향력 있는 사람이 될 수 있는 한 가지 방법이 있다는 사실을 기억하자. 성평등을 이룬 이상적인 세상에서는 여성이 남성과 다르게 행동할 필요가 없고 그렇게 행동하지도 않을 것이다. 우리는 다른 사람들의 의식적이거나 무의식적인 편향에 분노하고만 있어서는 앞으로 나아갈 수 없다. 편향을 뚫고 나아갈 길을 찾고자 노력해야 한다. 물론 나는 이런 식의 편향이 줄어들기를 바라며, 15장에 편향을 줄이기 위한 여러 가지 방법을 제안해 두었다. 편향이 존재하는 동안에도 편향을 뚫고 나아갈 길은 존재한다.

자신감을 연구하는 사람들이 제안하듯, 여성은 자기 능력을 온화함으로 중화시켜야 한다. 사람들은 여성에게는 연대성을, 남성에게는 주도성을 기대한다. 그래서 여성은 주도적일 때 대체로 처벌을 받는다. 적어도 리더십 문제와 관련해서는 이것이 바로 권위 격차의 중심에 놓인 편견이다. 사람들은 주도적인 방식으로 행동하는 대다수 지도자의 모습을 여성에게 기대하지 않기 때문에 여성은 지도자로 받아들여지기가 훨씬 더 힘들다.

남성 지도자는 '시원시원하고 호탕하다.'는 말을 들어도 되고 그런 이유로 그를 더 존중할 수 있다. 하지만 여성 지도자가 '시원시원하고 호탕하다.'면 저절로 비호감을 사는데, 이는 우리의 고정관념을 거스르기 때문이다. 머릿속 휴리스틱은 우리에게 여성이 어떤 존재인지 알려 줄 뿐 아니라 여성이 어떤 존재가 되어야 한다고 생각하는지도 알려준다. 우리는 '시원시원하고 호탕한' 여성을 '못된 계집(bitch)'이라고 부를지도 모른다. 그리고 연대성을 드러내지 않는 남성보다 연대성을 드러내지 않는 여성에게 훨씬 불편한 감정을 느낀다. 흔히 여성이 지도자로서 주도성을 보여 줘야 하는 상황에서는 더욱 더 그렇다.

따라서 남성이 여성의 말을 경청하기를 원한다면 연대성을 드러내는 것이 중요하다. 간결하고 명확하며 단호한 언어를 구사하는 여성은 같은 방식으로 소통하는 남성보다 영향력이 작다. 하지만 이런 의사소통 방식에 미소를 짓거나 고개를 끄덕이는 등 온화함을 더하면 남성만큼 설득력을 갖게 되고, 단순히 능력만 드러내는 여성보다 더 설득력을 갖게 된다.

일반적으로 남성이든 여성이든 사람들은 연대성을 갖춘 사람을 더 좋아한다. 하지만 온화함과 호감은 남성에게는 필수가 아니지만 여성에게는 필수이다. 여성은 남성과 달리 호감을 얻어야만 영향력을 행사할 수 있기 때문이다. 다시 말해서 남성은 호감을 얻지 않더라도 다른 사람들에게 영향력을 행사할 수 있지만, 여성은 일반적으로 호감을 얻은 후에야 타인에게 영향을 미치고 권위를 행사할 수 있다.

참으로 불공평한 현실이다. 왜 여성은 남성이 갖출 필요가 없는 조건을 갖춰야 하는가? 불행히도 뇌가 본능적으로 작동하는 방식을 어떻게든 바꿔 놓거나 교정하기 전까지는 이 불리한 조건을 감내해야 한다.

여성과 여자아이는 이런 현실을 굉장히 일찍 받아들인다. 이제 스무 살인 샬럿 스턴은 지역 병원에서 급식 담당으로 근무하고 있다. 그녀와 친구들은 내게 이렇게 말했다.

"이놈의 권위 격차 때문에 분통 터질 때가 많아요. 저희 같은 젊은 여성은 어린 나이와 성별 때문에 승진이 어렵거든요. 게다가 '못된 계집'이라거나 '대장질'한다는 소리를 들을까 봐 걱정돼서 중요하거나 권위 있는 자리가 부담스러울 때도 있어요. 팀 내에서 다른 팀원과 부딪힐 때는 까칠하다는 인상을 주지 않으려고 한 수 접고 들어가기도 해요. 하지만 제 또래의 남성 직원들은 이런 문제를 겪지 않아요. 똑같은 입장인데도 남성 직원들은 책임자나 권위 있는 사람으로 자연스럽게 받아들여지죠."

이지 래드포드는 샬럿 스턴과 마찬가지로 스무 살이고 TV 프로그램 개발자이다. 그녀 역시 또래 남성 직원들과의 사이에서 겪는 문제를 토로했다.

"남성들은 우리가 페미니즘이나 여성의 권리에 대한 이야기를 꺼내면 귀를 기울이지 않아요. 하지만 같은 얘기를 남성이 하면 의식이 깨인 사람으로 대접하죠. 여성들은 이런 얘기를 할 때 '호르몬 장애'니 '페미나치'니 하는 소리를 듣지 않으려면 감정을 억눌러야 해요. 그러지 않으면 설득이 불가능하죠. 정말 짜증나고 속상해요. 제 경험에 따르면 여성은 특히 젊은 남성과 대화할 때 '올바른 페미니스트'가 돼야 해요. 충분히 재미있으면서 예뻐야 '못된 계집'이 되지 않고 여성의 권리를 옹호할 수 있어요."

개인적으로 나는 사람들의 본능적인 적대감을 누그러뜨리도록 권위에 온화함을 덧입히는 사회적 기술을 익혔다. 내가 이 책을 쓰는 과정에서 인터뷰한 대다수 여성들도 나와 같은 결론에 도달해 있었다. 그들은 자기 권위에 대한 반발심을 불식시키기 위해 온화함을 활용한다고 말했다.

"항상 유능함과 공감을 함께 보여줘야 해요. 그리고 결단력도 갖춰야 하죠. 그러려면 나름의 방식을 구축해야 해요."

뮤리얼 바우저는 조지 플로이드의 죽음 이후 며칠 지나지 않아 백악관 바로 앞 16번가 도로에 '흑인의 생명도 소중하다.'는 문구를 노란색 페인트로 엄청나게 크게 새기고 그 구역을 '흑인의 생명도 소중하다 광장'으로 명명했다. 이는 분명 결단력과 공감을 함께 보여 주는 사건일 것이다.

경제학자이자 정치가인 라니아 알 마샤트는 이집트 국제협력부 장관이다. 알 마샤트는 매우 남성 중심적인 사회에서 굉장히 능숙하게 권위를 행사하며 헤쳐 왔다. 그녀는 내각 동료들이 벌이는 분쟁에 끼어들지 않았다. 그럴 때면 동료들은 그녀를 향해 스위스처럼 군대가 있어도 전쟁에는 뛰어들지 않는다고 지적했다. 하지만 알 마샤트는 그게 바로 자신의 매력이고 정서 지능이라고 생각했다.[12]

그러나 여성에게 온화함을 보여 주라는 요구에는 대가가 따른다. 헬레 토르닝슈미트는 이것이 여성에게 더 높은 잣대를 들이대는 행위라고 생각했다.

"여성 지도자를 보는 관점에서 굉장히 중요한 것 중 하나는 사람들이 남성 지도자보다 여성 지도자에게 훨씬 많이 열정과 온화함을 느끼고 싶어 한다는 거예요. 그건 곧 여성 지도자가 남성 지도자보다 더 많은 조건을 갖춰야 한다는 의미죠. 또한 그 조건들을 다 갖추는 데 실패할 가능성도 높다는 뜻이에요. 그래서 저는 그런 요구가 여성에 대한 인식을 낮추는 역할을 한다고 봐요."

그리고 이런 말도 덧붙였다.

"저도 그런 일을 겪었어요. 저는 '총리님이 어떤 사람인지 감이 잡히지 않는다.'는 얘기를 듣곤 해요. 그런데 남성 총리들은 이런 요구를 받지 않죠. 사람들은 여성 지도자가 머리뿐만 아니라 가슴으로 결정 내리기를 기대해요. 하지만 그건 약점이 될 수 있어요. 전통적으로 지도자는 가슴으로 결정하지 않잖아요. 지도자라면 굉장히 이성적이어야 하는데, 여성이 이성적인 모습을 보이면 냉정하다는 비난을 받아요. 그러니까 여성 지도자에게는 해결할 수 없는 딜레마가 있는 거죠."

레베카 쿠쿨라는 조지타운대학교 철학과 교수로, '다차원적인 딜레마'를 풀어낼 방법이 없다며 절망감을 드러냈다.

"저는 여성이 전문성과 권위가 적절히 드러나도록 자세를 취하고 목소리를 낼 적절한 방법이 없다고 봐요. ······우리 문화에서는 너무 여성스럽게 말하면 하찮고 진지하지 못하다는 인상을 주죠. 또 너무 여성스럽지 못하면 성 규범을 위반했다거나 불쾌하다거나 남성처럼 행동한다는 인상을 줘요. 예의 바르고 친절하게 대하려고 애쓰면 약자처럼 보여요. 그렇다고 친절하지 않으면 남성에 비해 엄격하게 적용되는 행동 잣대 때문에 문제가 생겨요. 저는 여성들의 발언이 전문가의 말처럼 들리도록 자리매김할 방법이 거의 없다고 봐요. 종종 말의 내용보다 여성으로서 자신을 어떻게 표현하는가가 더 중요할 때가 많아요."[13]

과연 쿠쿨라의 말처럼 여성은 온화하고 친절하면 영향력과 결단력을 갖출 수 없을까? 브렌다 헤일은 그 생각에 동의하지 않았다.

"수습 변호사 시절에 남성 선배에게 질문한 적 있어요. '선배님은 여성 의사와 결혼하셨으면서 왜 여성 변호사는 좋게 보지 않으세요?' 선배가 그러더군요. '그거야 변호사는 싸우는 직업이고, 의사는 보살피는 직업이잖아.' 선배는 여성이 싸울 줄 모른다고 생각하더라고요. 물론 변호사로 성공하려면 싸움을 아주 잘해야 해요. 언제, 무엇을 두고, 어떤 방법으로 싸울지, 또 언제 타협하고 합의해야 할지 알아야 하죠. 변호사는 싸울 줄 알아야 한다는 선배의 말은 맞아요. 하지만 선배가 여성을 바라보는 견해는 옳지 않아요."

여성이 남성만큼 싸울 줄 모른다고 생각할 이유는 전혀 없다. 물론 여성은 싸움에 온기를 더할 수 있긴 하다.

헤일의 선배는 여성은 연대할 수 있어도 주도적일 수 없다고 생각한 반면, 어떤 사람들은 주도적인 여성은 연대할 수 없다고 생각한다. 다시 말해서 똑똑하고 자신감 있는 여성은 친절할 수 없다는 것이다. 굉장히 유능한 여성은 실제로 비호감이 아닌데도 사람들에게 비호감일 거라는 오해를 받는다. 이 역시 여성들만 겪는 문제다.

2018년에 오하이오주립대학교의 나타샤 쿼들린은 최근 졸업한 가상의 졸업생들을 만든 뒤 2000건이 넘는 입사지원서를 냈다.[14] 그녀는 이력서에 평균 학점과 학업 성취 관련 사항을 적었다. 이들 중 학업 성취도가 가장 높은 여성 집단은 면접 제안이나 추가 연락에서 밀렸다. 학업 성취도가 가장 낮은 남성 집단보다도 면접 제안이나 추가 연락을 덜 받았다. 이런 현상은 수학과 졸업생들 사이에서 가장 심하게 나타났다. 평균 학점이 A보다는 B에 가까운, 중간 수준의 학업 성취도를 보인 여성들이 취업 시장에서 가장 성공을 거두었다.

이 연구에 따르면 남성은 능력과 열의를 기준으로 선발되었지만, 여성은 호감도를 기준으로 선발되는 경향이 높았다. 그리고 평균 수준의 지능을 갖춘 여성이 고도의 지능을 갖춘 여성보다 호감도가 높았다. 남성 구직자의 경우에는 호감도 항목이 언급되지 않다시피 했다.

여기서 어떤 결론을 끌어낼 수 있을까? 우리는 딸에게 취업을 잘 하려면 공부를 열심히 해서 학점을 잘 받아야 한다고 말한다. 하지만 현실에서는 그저 평범한 성적을 얻는 게 오히려 더 나을지도 모른다. 우리는 젊은 여성들이 수학을 비롯한 STEM 과목을 공부하도록 독려하지만, 이런 과목에서 뛰어난 성과를 보이면 오히려 재능이 있다는 이유로 불이익을 당할 수 있다. 물론 나라면 절대 이런 해결책을 옹호할 수 없다.

우리는 노력한 만큼 성취가 보상되는 성과주의 사회에 살고 있다고 믿는다. 그리고 기업은 자사의 다양성을 높이기 위해서 명석한 여성을 선발하려고 애쓰는 성평등 사회에 살고 있다고 믿는다. 하지만 대학을 갓 졸업한 젊은 여성들은 너무 많이 성취했다는 이유로 차별 당한다.

여성은 자기 견해를 밝힐 때 온갖 훼방과 이의 제기, 무시를 당한다. 게다가 전문성은 과소평가 받고 권위는 저항에 부딪히다 보니 남성만큼 영향력을 발휘하지 못한다. 그뿐만 아니라 여성 전문가는 사회적 통념에 의문을 제기했다가 공격을 당할 수 있다. 유능한 여성은 자기를 낮추거나 능력을 온화함으로 누그러뜨리지 않고서는 남성에게 많은 영향력을 미치지 못한다. 더욱이 능력이 빼어난 여성이라면 온화함을 갖춰도 불이익을 당할 수 있다.

이는 권위 격차가 특히 남성에 대한 여성의 영향력을 감소시킨다는 확실하고도 우울한 증거이다. 남성이 여성의 견해에 귀 기울이게 만들려면, 여성은 호감 가는 사람이 되고자 무던히 애써야 한다. 하지만 애초에 남성이 여성의 견해를 들어볼 생각이 없다면 어떨까? 그것이 우리가 다음 장에서 살펴볼 주제이다.

8

허공에 울려 퍼지는
목소리

The
Authority
Gap

고백하건대, 오늘날 재능 있다는 여성 작가들에 대해서는 할말이 하나도 없다. 문제는 내 안에 있는 게 틀림없다. 나는 여성 작가가 쓴 책을 도저히 읽을 수 없다. 적어도 음탕한 여성이 콜걸이 된 경험담 정도는 들려줘야 흠뻑 빠져들 만한 여성 작가라고 말할 수 있다.

— 노먼 메일러, 소설가

정치부 기자 시절, 나는 앤드류 닐이 진행하는 BBC 정치 프로그램에 종종 출연했다. 금요일마다 기자 두 명을 초대해서 여섯 가지 주제를 놓고 토론을 벌이는 프로그램이었다. 나는 이 프로그램에 옛 동료 대니얼 핀켈스테인과 함께 출연한 적 있었다.

옛 직장에서 대니와 나는 바로 옆자리에 앉았다. 우리는 구내식당에서 한 주에 몇 번씩 함께 점심식사를 하면서 늘 정치 얘기로 수다를 떨곤 했다. 그는 보수당에, 나는 노동당에 더 가까웠지만 우리는 서로를 완전히 동등한 존재로 여겼다. 우리 사이에는 권위 격차가 없었고, 그는 여성이 아는 게 많을 때는 기꺼이 그 사실을 인정하고 여성에게 발언권을 넘기는 유쾌한 남성이었다.

그러니 함께 출연한 프로그램에서 진행자가 나를 무시하다 시피 했을 때 내가 얼마나 화가 났을지 짐작이 갈 것이다. 방송을 마치고 홀대당한 기분을 떨칠 수 없었던 나는 방송을 돌려봤다. 아니나 다를까 진행자는 여섯 항목 모두 대니에게 먼저 의견을 물었다. 게다가 내가 의견을 내고 나면 대니에게는 추가로 질문을 던졌지만 나에게는 한 번도 추가 질문을 던지지 않았다.

일반적으로 진행자는 두 토론자의 의견을 번갈아가며 물어야 한다. 나는 의견을 묻는 비율이 4 대 2만 되었어도 이해했을 것이다. 하지만 6 대 0이라니? 그건 내 권위와 전문성을 철저히 무시하는 무례한 행동이었다.

그래서 나는 이 일을 정치 언론에서 남성이 서로를 더 높게 평가한 사례로 칼럼에 싣기로 했다. 빅테이터 기업에 영국 정치계의 인플루언서 간 팔로우 및 리트윗 횟수를 의뢰해 보니, 남성 인플루언서는 여성 정치부 기자보다 남성 정치부 기자를 훨씬 많이 팔로우 했다. 정치부 기자 중에 남성이 여성보다 더 많다는 사실을 감안해도 마찬가지였다. 일례로 닐은 여성보다 남성을 세 배 더 많이 팔로우 했다.

누군가를 팔로우 하는 행위는 왜 중요할까? 사람들이 누군가의 말을 얼마나 많이 (혹은 적게) 듣고 싶어 하는지 가늠할 수 있기 때문이다. 우리는 트위터에서 팔로우 상대를 선택할 때 자신이 높게 평가하는 사람, 흥미로운 아이디어를 낸다고 생각하는 사람을 선택하는 경향이 있다. 반대로 누군가의 트윗을 팔로우 하지 않는 것은 그 사람의 견해에 관심이 없음을 암시한다. 물론 나는 닐이 남성을 여성보다 더 많이 팔로우 하는 이유를 알지 못한다.

그런데 흥미롭게도 이 격차는 미국에서도 비슷하게 나타났다. 워싱턴 정치부 기자를 대상으로 연구를 실시해 보니, 전체 기자단 중 거의 절반이 여성 기자인데도 불구하고 남성 기자는 대체로 다른 남성들하고만 교류했다.[1] 그리고 남성 기자로부터 댓글을 가장 많이 받은 기자 25명 중에는 여성 기자가 한 명도 없었다. 남성 기자는 댓글의 92퍼센트를 다른 남성에게 달았고, 리트윗의 75퍼센트는 다른 남성의 글이었다. 논문 저자인 니키 어셔는 이렇게 말했다.

"이 정도로 유의미한 통계적 차이는 본 적이 없다."

지금까지 언급한 편향의 대다수는 여성과 남성 모두에게 나타난다. 우리는 알게 모르게 여성에 대한 기대 수준이 낮고, 여성의 말에 주의를 덜 기울이며, 고위직에 오른 여성을 불편하게 생각한다. 이번 장에서는 특정 현상 하나를 집중적으로 살펴볼 예정이다. 바로 모든 문화권의 남성들이 노먼 메일러처럼 소셜 미디어를 통해서든 책이나 영화를 통해서든 여성의 목소리에 아예 관심을 가지지 않는다는 점이다. 여성의 이야기를 듣지도 읽지도 보지도 않는 마당에 어떻게 여성의 권위를 인정할 수 있으며, 여성이 무엇을 잘하는지 알겠는가?

여성이 허공에 대고 말하는 듯한 이 현상의 심각성은 남녀가 읽는 책을 살펴보면 잘 알 수 있다. 비소설은 특정 주제에 대해 권위를 빌려오는 출처가 되어 주고, 소설은 타인의 세상과 마음속으로 들어가 공감 능력과 이해력을 넓혀 준다. 멀리 갈 것도 없이 잠시 시간을 내어 가장 최근에 읽은 책 다섯 권에서 열 권 정도를 떠올려 보고, 그중 남성 작가가 쓴 책과 여성 작가가 쓴 책이 몇 권인지 살펴보자. 당신이 남성이고 대략 50 대 50의 비율이라면, 축하한다. 당신은 굉장히 이례적인 남성이다. 작가 그레이스 페일리는 이렇게 말했다.

"여성은 늘 남성에게 독자가 되어 주는 호의를 베풀지만 남성은 그 호의에 보답하지 않는다."[2]

남성이 여성 작가의 책을 읽지 않는 현상을 살펴본 첫 연구는 중요한 메시지를 담고 있다. 퀸메리대학교의 리사 자딘과 애니 왓킨스는 소설 읽는 습관을 두고 100명의 학자, 비평가, 작가 들과 인터뷰했다.[3] 그들과 이야기를 나눈 남성 다섯 명 중 네 명은 가장 최근에 읽은 소설이 남성 작가가 쓴 소설이라고 답했다. 반면에 여성은 남성 작가의 소설을 여성 작가의 소설만큼 읽었다. 가장 최근에 읽은 여성 작가의 소설을 묻자, 대다수 남성은 기억나지 않는다면서 응답하지 못했다. 지난 2년 동안 여성 작가가 쓴 소설 중에 '가장 중요한' 작품을 꼽아 달라고 요청하자 대다수 남성은 전혀 아는 바 없다고 말했다. 반면 여성들은 전체 작품 중에서 읽을 책을 골고루 골랐다. 오늘날 여성 작가가 남성 작가만큼 문학 작품을 많이 쓴다는 점을 고려하면 남성들은 전체 작품의 절반만 읽는 셈이다. 여성 작가의 소설이 그다지 좋은 작품이 아니라고 생각했기 때문일 수도 있지만, 읽어 보지도 않고 어떻게 그런 판단을 내릴 수 있을까? 보고서는 이렇게 결론을 내렸다.

"남성은 남성 작가가 쓴 소설을 읽는 경향이 있지만 여성은 여성 작가와 남성 작가의 소설을 모두 읽는다. 결과적으로 여성 작가가 쓴 소설은 '특별 관심사'로 남는 반면 남성 작가가 쓴 소설은 여전히 서사와 문체, 작품성의 기준이 된다. '위대한 미국 소설'하면 마크 트웨인, 존 스타인벡, 필립 로스, 조너선 프랜즌의 작품들이 떠오를 것이다. 그렇다면 토니 모리슨은 어떤가? 하퍼 리는? 앨리스 워커는? 도나 타트는?"

아일랜드 소설가 존 보인은 어떤 문학 축제에서 저명한 남성 작가 세 명은 '세계 문학계의 거물'로 소개하고 그와 동등한 자격을 갖춘 여성 작가는 '놀라운 이야기꾼' 정도로 소개한 일을 기억하고 있었다.[4] 그는 여성이 인간의 복잡성을 더 잘 이해하기 때문에 남성보다 소설을 더 잘 쓴다고 믿는다.

"여성들은 남성의 머릿속에서 무슨 일이 일어나고 있는지 꽤 잘 알고 있는 것 같아요. 반면 남성들은 여성의 머릿속에서 무슨 일이 일어나고 있는지 전혀 감을 잡지 못하죠."

하지만 이렇게 생각하는 사람은 드물다. 대다수 사람들은 남성 작가와 여성 작가가 쓰는 소설에 대해 기대치가 서로 다르며, 그에 따라 다른 잣대를 들이댄다(1장에서 캐서린 니컬스가 남성 이름으로 에이전시에 원고 보냈던 일을 떠올리자). 그러다 보니 몇몇 남성은 여성의 글이 읽어 볼 가치가 없다고 믿는다. 아일랜드 소설가 앤 엔라이트는 《런던 리뷰 오브 북스》에서 이런 현상을 멋지게 설명했다.

"남성 작가가 '고양이가 매트 위에 앉았다(The cat sat on the mat).'는 문장을 쓰면 우리는 이 문장의 경제성을 칭찬한다. 하지만 여성 작가가 같은 문장을 쓰면 진부한 것이 되고 만다. 남성 작가가 '고양이가 매트 위에 앉았다.'라고 쓰면 우리는 문장 구조의 단순함과 강인함, 정확성에 마음을 빼앗긴다. '고양이(cat)'와 '매트(mat)'의 연관성을 이해하고, 이 동물의 우아함을 느끼며, 타악기를 두드리는 듯한 단음절어가 바닥에 깔린 매트의 기하학적 무늬를 더 강렬하게 보여 준다고 감탄한다. 이는 실로 진실하고 매우 현실적인 문장으로(이 명사들을 보라!), 남성적인 명사 '매트'와 여성적인 명사 '고양이'를 모두 포함하고 있다. 이 문장은 왠지 모든 걸 다 말해 주는 듯하다. 반면 여성 작가가 '고양이가 매트 위에 앉았다.'라고 쓰면 그녀의 관심은 굉장히 가정적인 것에 한정된 듯한 인상을 준다. 이제 주석으로 내려가서 고양이(pussy: 여성의 성기나 성교, 성교 대상으로서의 여성을 의미하기도 한다—옮긴이)에 대해 농담할 시간이다."[5]

메리 비어드는 언젠가 문학상 심사위원을 맡았을 때 경험한 이야기를 들려줬다.

"남성 심사위원들이 굉장히 두꺼운 책을 집어 드는 게 확실히 눈에 띄더라고요. 그들은 책을 들어 올리면서 '이건 정말 묵직한 작품이야.'라고 말했는데, 거기에는 '이건 굉장히 남성적인 작품이야.'라는 의미가 담겨 있었죠. 그러자 다른 심사위원이 '이제 얇은 책들도 좀 살펴 볼게요.'라고 말하더라고요. 물론 남성 작가와 여성 작가의 작품이 엄청나게 다른 건 아니지만, 모두가 수긍하게 만드는 긍정적인 수식어는 대체로 남성과 깊이 연관된 게 많아요. 여성은 대체로 '묵직한' 것들을 안 다루죠. 이런 단어는 확연히 성별을 떠올리게 하진 않지만 암묵적으로 성별에 관한 정보를 담고 있어요. 이런 단어를 사용하는 남성도 이런 사실을 전혀 의식하지 못해요."[6]

카밀라 샴지는 문학상 심사위원을 수차례 경험해 봤다.

"여성 심사위원들은 최종 후보자 명단에 오를 책을 지명할 때 남성 작가의 책과 여성 작가의 책을 두루 올려요. 하지만 남성 심사위원들은 주로 남성 작가의 책을 올리죠."[7]

어느 해에 그녀는 이 문제를 공론화시키기로 했다. 심사위원단이 첫 번째 회의를 위해 앉았을 때 샴지는 여성 작가가 이 문학상을 받은 일이 한두 번밖에 없었다는 사실을 지적했다. 그들이 후보작 명단을 만들기 위해 다시 모였을 때, 심사위원들은 제출한 작품을 모조리 읽기로 되어 있었다. 한 남성 심사위원의 후보작 명단에 여성 작가가 쓴 책이 두 권 포함되어 있었다. 이 책 중 한 권에 대해 질문을 받은 그는 고개를 으쓱하더니 샴지를 보며 말했다.

"첫날 여성 작가를 포함시키지 않느냐고 해서 넣은 거예요."

샴지는 그가 책을 읽지 않는 게 분명하다고 말했다.

"정말 흥미로운 건 그 작품이 후보작 명단에 들었다는 거예요. 아마 심사위원 중 몇 명이 그 책을 읽고 좋게 봤나 봐요. 아마도 여성 심사위원들이었겠죠. 그런데 다음번 회의에 참석해 보니 그 남성 심사위원이 이 책의 열렬한 지지자가 되어 있더라고요. 결국 책을 읽어 봤는데 정말 훌륭했던 거죠!"

아만다 크레이그는 영국 소설가로, 현대 사회의 문제를 주로 다룬다. 그리고 세라 휴스는 《인디펜던트》에서 크레이그의 『황금률(The Golden Rule)』을 비평하면서 이런 질문을 던졌다.

"아만다 크레이그는 왜 더 널리 알려지지 않았을까? 크레이그는 소설에서 불법 이민자의 역경이나 브렉시트가 영국 시골 마을에 미치는 영향 같은 주제를 다루고 있다. 이는 조너선 코같이 유명 소설가가 다루는 주제와 동일하다. 그런데 크레이그는 누구나 알 만한 명성을 누리지 못한다."[8]

세라 휴스는 이렇게 덧붙였다.

"이건 아마도 크레이그가 추구하는 영향력이 '여성적'으로 보이고 무게감이 부족하다는 인상을 주기 때문일 것이다. 크레이그는 테세우스와 아드리드네의 이야기나 『한여름 밤의 꿈』을 현대적으로 개작한 이야기처럼 작품에 신화와 동화를 언급하기를 두려워하지 않는다. 하지만 상상력을 북돋는 이야기들은 언어와 형식의 유희만큼 주목을 받지 못한다."

그리고 여성과 남성은 굉장히 유사한 책을 쓰고도 굉장히 다른 평가를 받을 수 있다. 카밀라 샴지는 소설 『홈 파이어』로 2018년 여성문학상을 수상했다. 테러에 대항한 전쟁이라는 맥락에서 『안티고네』를 재해석한 작품으로, 영국-파키스탄 이민자의 세 남매와 내무부 장관의 아들이 복잡하게 얽힌 관계를 뿌리 깊은 현대 사회의 문제와 더불어 다루고 있다. 하지만 샴지는 이렇게 말했다.

"제 책을 읽은 사람들은 가족이나 로맨스와 관련된 대목을 훨씬 더 많이 언급해요. 남성 작가들도 가족과 로맨스에 대해 저만큼, 어쩌면 저보다 더 많이 쓰지만 그들의 소설은 주로 더 광범위한 정치적 맥락에서 회자되죠."[9]

이는 단지 영어권에서만 일어나는 현상일까? 물론 아니다. 노르웨이 작가 칼 오베 크나우스고르는 총 여섯 권에 이르는 자전 소설 『나의 투쟁』을 써서 찬사를 받았다. 가정사를 굉장히 상세하게 서술한 책이었는데, 아마 여성 작가가 썼더라면 대단치 않은 글로 평가 받았을 것이다. 2010년 벨기에 작가 베른하르트 드울프는 아이들과의 일상을 다룬 반자전적 소설로 네덜란드 최고 문학상인 리브리스상을 수상했다. 그로부터 3년 전, 이 문학상의 심사위원 중 한 명은 여성 작가가 '사소한 일상'을 주제로 글을 쓸 때가 너무 많다고 한탄했다.[10]

남성이 여성 작가가 쓴 책을 얼마나 안 읽는지 더 자세히 알아보기 위해서 나는 도서데이터 분석업체 닐슨 북 리서치에 누가 정확히 무엇을 읽는지 확실하게 조사해달라고 요청했다. 나는 남성 독자가 여성 작가를 낮춰 보는 문제뿐만 아니라 애초에 여성 작가의 책을 읽기는 하는지 알고 싶었다. 조사 결과에 따르면 남성들은 여성 작가의 책을 펼쳐 보지 않을 가능성이 굉장히 높았다. 영국에서 소설과 비소설을 통틀어 베스트셀러 전반을 살펴보면, 여성이 남성보다 책을 조금 더 많이 읽었다. 전체 독자 중 여성은 54퍼센트였고, 남성은 46퍼센트였다. 하지만 작가별로 독자를 나눠보면 결과는 극적으로 차이가 났다.

다니엘 스틸, 조조 모예스, 제인 오스틴, 마거릿 애트우드 등 여성 작가들의 책 중에서 가장 잘 팔린 책 열 권을 살펴보니, 독자의 19퍼센트만이 남성이었고 나머지 81퍼센트는 여성이었다. 반면 찰스 디킨스, J. R. R. 톨킨, 리 차일드, 스티븐 킹 같은 남성 작가의 책 중에서 가장 잘 팔린 열 권은 독자의 55퍼센트가 남성, 45퍼센트가 여성으로 훨씬 더 균형 잡혀 있었다. 다시 말해서 여성은 남성 작가가 쓴 책을 읽었지만, 남성은 여성 작가가 쓴 책을 거의 읽지 않았다. 그리고 열 명의 여성 저자들 중에서 가장 많은 남성 독자층을 보유한 작가는 스릴러 작가인 L. J. 로스였다. 그녀는 이름 대신 이니셜을 썼기 때문에 남성 독자가 작가의 성별을 알지 못했을 가능성이 있다. 이 결과는 우리가 남성과 여성에게 동등한 지적, 예술적,

문화적 권위를 부여하기를 얼마나 꺼리는지 보여 준다.

문학 소설에 관심을 갖고 있는 사람이라면 누구나 읽었을 마거릿 애트우드의 작품도 독자의 21퍼센트만이 남성이었다. 반면 애트우드와 마찬가지로 문학상을 수상한 남성 작가 줄리언 반스나 얀 마텔은 거의 두 배(39퍼센트와 40퍼센트)에 가까운 남성 독자를 보유하고 있었다. 힐러리 맨틀은 남성 독자 비율이 34퍼센트밖에 안 됐다.

이런 현상은 여성이 문학 소설을 잘 못 쓰기 때문에 나타나는 게 아니다. 오히려 그 반대다. 2017년 영국과 아일랜드에서 가장 많이 팔린 소설 다섯 권 중 다섯 권 모두 여성 작가의 소설이었고, 열 권 중에서는 아홉 권이 여성 작가의 소설이었다.[11] 그리고 여성 작가가 쓴 책에 남성 독자들이 재미를 못 느낀 것도 아니었다. 오히려 여성 작가의 책을 조금 더 선호했다. 독자에게 책을 추천해 주는 웹사이트 '굿리즈'에서 남성 독자는 여성 작가의 책에는 5점 만점에 3.9점을 주었고, 남성 작가의 책에는 3.8점을 줬다.[12]

남성 독자가 여성 독자보다 약간 더 많은 비소설 부문에서도 유사한 양상이 나타난다. 하지만 그 차이가 소설 만큼 두드러지지 않는다. 남성은 여전히 남성 작가의 책을 여성 작가의 책보다 훨씬 더 많이 읽고, 여성도 여성 작가가 쓴 책을 더 선호한다. 하지만 그 차이가 작지 않다. 여성이 남성 작가의 책을 읽는 비율은 남성이 여성 작가의 책을 읽는 비율보다 65퍼센트 높았다. 이는 남성들이 의식적으로든 무의식적으로든 여성 작가에게 남성 작가만큼 권위를 부여하지 않는다는 것을 암시한다. 어쩌면 이들은 여성 작가의 책을 읽어볼 시도도 해 보지 않고 여성 작가의 책이 자신에게 맞지 않을 거라고 지레짐작하는지도 모른다.

이런 현실은 여성 작가의 책 판매 실적에만 나쁜 영향을 미치는 것이 아니다. 남성이 경험하는 세계를 편협하게 만든다.

"저는 남성들이 여성 문학에 관심이 없다는 걸 아주 오랫동안 알고 있었어요."

버나딘 에바리스토가 말했다.

"이 현상은 무엇을 말해 주고 있을까요? 문학은 우리가 타인의 이야기와 생각을 탐색하며 지성과 상상력을 개발하는 방편이에요. 여성 작가는 여성의 이야기를 쓸 때면 여성의 경험을 다뤄요. 그리고 여성의 관점에서 바라본 남성의 경험도 다루고요. 그러니까 남성들이 여성의 글에 관심을 갖지 않는 현상은 정말 많은 것을 얘기해 줘요. 굉장히 안타깝고 걱정스런 현상이죠. 저는 이것이 여성을 하찮은 존재로 취급하는 행위라고 생각해요. 사회적으로 큰 문제예요."[13]

대중의 찬사를 얻고 싶은 여성 작가라면 남성을 주인공으로 내세우는 편이 좋다. 니콜라 그리피스는 지난 15년간 영미권에서 가장 중요한 여섯 개의 문학상을 분석한 결과, 문학상의 명망이 높을수록 수상작의 주인공이 남성일 가능성이 높다는 점을 발견했다.[14] 일례로, 2000년부터 2015년까지 퓰리처상을 수상한 작품은 절반 이상이 남성 작가가 남성을 주인공으로 쓴 작품이었다. 여성 작가의 수상작 중에 절반은 남성이 주인공이었고, 나머지 반은 남성과 여성이 모두 등장했다. 퓰리처상 수상 작가 중에 여성이나 여자아이를 주인공으로 쓴 작가는 아무도 없었다. 하지만 소설은 남성이 아니라 인간의 삶을 다루어야 한다. 그리피스는 이렇게 썼다.

"이는 여성 작가들이 자기 검열을 하거나 아니면 문학의 가치를 평가하는 사람들이 여성을 두렵거나 불쾌하거나 지루한 존재로 치부한다는 것을 의미한다. 이런 결과가 여성의 견해는 흥미롭지 않거나 가치가 없다는 생각을 드러낸다는 점에 의심의 여지가 없다."

이처럼 여성 작가가 인정받지 못하는 현실은 여성 작가에게 악영향을 미친다. 돌리 앨더튼은 자서전 『사랑에 대해 내가 아는 모든 것』으로 《선데이타임스》 베스트셀러 작가 반열에 오른 작가다. 하지만 적어도 영국에서 이 책은 남성 독자에게 아무런 관심을 받지 못했다. 그녀를 인터뷰하러 온 기자는 전부 여성이었다.

"여성이기 때문에 쓸 수 있는 굉장히 한정적인 작품으로 홍보되고 받아들여졌지만, 여성의 경험은 한정된 경험이 아니라 보편적인 인류 공통의 관심사예요."[15]

남성 독자에게 외면당한 현실은 앨더튼의 사기를 꺾어 놨다.

"저는 남성 독자가 하나도 없다고 느꼈어요. 인구의 절반이 제 생각을 자신과 동떨어진 것으로 취급한다는 걸 알고 나니 자존심이 상하더라고요. 제가 해야만 했던 이야기에 인구의 절반이 관심을 보이지 않는다는 생각이 들면 제 존재가 마치 어딘가 이상한 장소로 떠밀려 가는 느낌이 들어요."

남성이 여성 작가의 책을 읽지 않을 때, 거기에는 단순한 권위 격차가 아니라 완전한 공백이 생겨난다.

그렇지만 앨더튼은 도서 홍보 차 방문한 덴마크에서 사뭇 다른 경험을 했다. 그녀는 자신을 인터뷰하러 온 남성 기자에게 남성 기자와 인터뷰하는 일이 처음이라고 말했다.

"그 기자는 정말 믿기 어렵다고 하더군요. 그는 20대였는데, 자기뿐 아니라 다른 친구들도 남성 작가가 쓴 자서전이나 소설만큼이나 여성 작가의 작품을 읽는다더라고요."

맞다. 세상은 달라질 수 있다. 그리고 이것은 해결하기 아주 쉬운 문제다. 그저 남성들이 여성 작가가 쓴 책에 손을 뻗기만 하면 된다.

하지만 영국과 미국은 아직 갈 길이 한참 멀다. 《에스콰이어》가 꼽은 '남성이라면 누구나 읽어 봐야 할 최고의 책 80권'[16] 중에 여성 작가가 쓴 책은 단 한 권뿐이었고, 그나마 추천받은 한 명의 여성 작가는 플래너리 오코너라는 중성적인 이름을 가지고 있었다. 조지 엘리엇과 브론테 자매부터 J. K. 롤링에 이르기까지 여성 작가들은 남성과 남자아이들이 자신이 쓴 책을 읽도록 설득하기 위해 이름을 바꾸거나 숨겨야 했다. 나도 이 책을 메리 앤 시그하트 대신 M. A. 시그하트로 내고 싶은 마음이 굴뚝같았다.

《에스콰이어》가 꼽은 이 추천 도서 목록은 남성이 다른 남성에게 추천하는 책이었기 때문에 남성 작가 쪽으로 치우친 것이라고 생각할지도 모르겠다. 그렇다면 《뉴욕 리뷰 오브 북스》는 어떨까? 《뉴욕 리뷰 오브 북스》 평론가 중 여성의 비율은 2018년에도 29.6퍼센트에 머물렀다.[17] (《런던 리뷰 오브 북스》는 32퍼센트로 아주 조금 많았다.) 그리고 《뉴욕 리뷰 오브 북스》가 검토한 책 중에 여성 작가가 쓴 책은 31퍼센트밖에 안 되었다. 즉 남성 독자가 여성 작가의 책을 꺼리는 만큼 문학 비평지도 여성 작가의 책을 피하거나 추천하기를 꺼렸던 것이다.

문학 평론가, 즉 사회로부터 책을 평가하는 권위를 부여 받은 평론가는 대체로 남성이다. 그리고 그들은 다른 남성이 쓴 책에 권위를 부여한다. 소설가 앤 엔라이트는 이렇게 말한다.

"나는 종종 남성들이 다른 남성들이 쓴 책에 너무나 쉽게 찬사를 보내는 모습에 감탄한다. 그리고 아주 조금은 그들이 서로 돌아가며 찬사를 주고받는 방식에 질투를 느낀다. 이런 남성들의 애정은 문화를 관통하여 소용돌이처럼 휘몰아치며 남성들의 자신감과 명성을 높여 준다. 남성의 작품은 여성 평론가에게도 읽히고 논의된다. 이 등식은 오직 한쪽으로만 기울어져 있다. 남성들은 여성 작가의 작품에 관심이 없다."[18]

《뉴욕 리뷰 오브 북스》에서 이런 사실을 모르고 있는 것도 아니다. 내가 통계 자료를 가져온 '비다 카운트'는 2010년에 이 가치 있는 통계 자료를 일반에 공개했다. 그 시점부터 《뉴욕 리뷰 오브 북스》의 여성 평론가 비율은 증가하고 있지만, 증가 속도는 나무늘보만큼이나 느리다. 2014년부터 2021년까지 3퍼센트밖에 오르지 않았다.

그보다 훨씬 더 잘하고 있는 출판물도 있다. 《뉴욕 타임스 북리뷰》의 2019년 여성 평론가 비율은 58퍼센트로, 지난 10년 동안 크게 개선됐다. 《타임스 문예부록》은 49퍼센트다. 다시 말하지만 우리 사회는 달라질 수 있다.

한편 장르 전체가 도서 소개 대상에서 제외될 때도 있다. 가벼운 소설 중에 남성이 즐겨 읽는 스릴러, 범죄 미스터리, 추리 소설은 도서 소개 대상이 된다. 특히 리 차일드의 신작은 빠지는 법이 없다. 그리고 닉 혼비나 데이비드 니콜스 같은 남성 작가가 펴낸 인간관계나 가정생활을 다룬 상업적인 책들도 빠지지 않는다. 하지만 이와 유사한 글을 쓰는 여성 작가의 책은 조롱이라도 하듯 '칙릿(chick-lit, 젊은 미혼여성의 일과 사랑을 주제로 한 소설 장르—옮긴이)' 또는 로맨스 소설로 분류되고, 주요 일간지에는 소개되지 않는 경우가 많다.

"그들이 칙릿 소설을 소개하는 글을 쓴다면 아마 무례한 내용일 거예요."[19]

세레나 맥커시는 1990년대에 소설을 쓰기 시작했는데, 그 때 브리짓 존스 시리즈의 첫 권이 막 출간되었다. 그래서 출판사에서는 그녀를 칙릿 작가로 포장하기로 했다.

"제 책들은 하나같이 중요한 사회 문제를 다루고 있었지만 광고 문구는 어김없이 '직장은 있어도 남자친구는 없는 그녀, 과연 남자친구를 찾을 수 있을까?' 따위였죠."

맥커시는 책의 마케팅 방식에 대해 아무 말도 못하고 있다가 마침내 묘안을 떠올렸다. 그녀는 이름을 중성적인 알렉스 마우드로 바꾸고 작가로서 새롭게 시작하기로 했다.

그녀가 '알렉스'라는 이름으로 낸 첫 번째 스릴러 소설 『사악한 소녀들(The Wicked Girls)』은 여러 매체에 소개되었고, 스티븐 킹이 꼽은 올해의 책 열 권 중 한 권으로 꼽혀 찬사를 받았으며, 명망 높은 에드거상도 수상했다.

"아마존 리뷰를 보면 확실히 독자 중에 남성이 많아졌어요. 지금 팔로워 성비는 50 대 50이지만, 예전에는 개인적으로 알고 지내는 남성들을 빼면 전부 여성이었거든요. 새로운 이름을 쓰면서부터 모든 게 달라졌죠."

맥커시는 앞선 장에서 살펴봤던 캐서린 니컬스나 트랜스 남성, 구직자와 같은 경험을 했다. 하지만 아마존에서 별점 1개를 준 후기에는 이렇게 쓰여 있었다.

"나는 여성 작가가 쓴 스릴러를 좋아하지 않는다. 알렉스 마우드가 영국 여성 작가가 지어낸 이름인 줄 알았더라면 이

허공에 울려 퍼지는 목소리

책을 결코 사지 않았을 것이다.”

맥커시가 내린 결론은 무엇일까?

“제가 성공을 거뒀다는 사실이 정말 놀랍고, 소셜 미디어에서 제가 여성이라는 걸 알지 못하는 사람들이 공손하게 이야기를 건네는 것도 유쾌해요.”

그렇지만 맥커시는 로맨스 소설『원데이(One Day)』로 유명해진 데이비드 니콜스 같은 남성 작가가 여러 매체에 소개되고 찬사를 받는 현실이 짜증난다고 말했다.

“『원데이』는 훌륭한 소설이에요. 하지만 많은 여성 작가들이 자기 작품에서는 ‘전형적인 칙릿’으로 취급됐던 요소가 그 책에서는 찬사 받는 걸 보고 놀라워 해요.”

결국 그들이 쓴 책의 주제는 로맨스, 감성 그리고 관계이다.

서평은 좋을 수도 있고 나쁠 수도 있지만, 도서 추천은 늘 좋다. 그래서 나는 《타임스 문예부록》, 《가디언》, 《스펙테이터》, 《뉴스테이츠먼》에서 추천한 ‘올해의 책’을 살펴봤다. 남성보다 여성에게 올해의 책을 꼽아달라고 더 많이 요청한 곳은 《가디언》이 유일했다. 다른 곳은 남성이 61~70퍼센트를 차지했고, 그중 《스펙테이터》가 가장 편향되어 있었다.

《스펙테이터》의 남성 평론가들은 남성 작가의 책을 여성 작가의 책보다 네 배 더 많이 추천했다. (그보다 수가 훨씬 적은) 여성 평론가들은 남성 작가의 책을 42퍼센트, 여성 작가의 책을

58퍼센트 추천했다. 《타임스 문예부록》에서도 남성 평론가들이 추천한 책은 69퍼센트가 남성 작가의 책이었고, 31퍼센트만이 여성 작가의 책이었다. 여성 평론가들이 추천한 책의 성비는 44 대 56이었다. 《뉴스테이츠먼》은 진보 성향임에도 평론가의 3분의 2가 남성이었고, 남성 평론가들은 69 대 31의 비율로 남성 작가의 책을 더 많이 추천했다. 다만 여성 평론가들이 여성 작가들의 책을 훨씬 많이 추천하면서 그 효과가 중화되기는 했다. 정리하자면, 남성 평론가들은 여성 작가보다 남성 작가에게 훨씬 더 많은 권위를 부여하고 있었다.

평론가들도 문학계에서는 권위 있는 존재이다. 그 결과 독자는 도서 추천과 관련해서 남성이 여성보다 권위가 있다고 믿으며, 남성 작가가 쓴 책이 여성 작가가 쓴 책보다 낫다고 믿게 된다. 이 두 가지 믿음은 사실이 아님에도 권위 격차를 악화시키는 역할을 한다.

버나딘 에바리스토는 치우친 현실을 바로잡기 위해 늘 신경을 쓴다고 말한다.

"책을 추천해 달라는 요청을 받으면 나는 항상 여성 작가를 추천해요. 또 일부러 흑인 여성 작가나 유색인 여성 작가를 선택하죠. 내가 추천하지 않으면 이들 작가의 작품이 추천 도서 목록에 들 수 없다는 점을 아니까요. 적어도 두세 권은 백인이나 백인 남성이 쓰지 않은 책이 추천 도서 목록에 들어가도록 일부러 그런 책을 추천해요."[20]

캘리포니아대학교 버클리캠퍼스의 데이비드 배먼은 2018년 《뉴욕 타임스》의 '바이 더 북' 칼럼 중 최근 100개를 분석했다.[21] 이 칼럼은 작가와의 인터뷰를 통해 작가가 침대 옆에 놓고 보는 책을 소개했는데, 배먼은 여기서 남성 편향이 심하게 나타난다는 점을 발견했다. 인터뷰에 응한 남성 작가가 추천한 책은 남녀 비율이 4 대 1에 이르렀지만, 여성 작가가 추천한 책은 51 대 49로 훨씬 균형 잡혀 있었다. 그리고 남성 작가 중 절반은 여성 작가를 아예 언급조차 하지 않았다.

배먼은 이 결과가 남성 작가가 쓴 소설에서 여성이 상대적으로 낮은 지위를 갖는 것과 연관되어 있다고 말했다.

"평균적으로 남성들은 자기 이야기 속 여성에게 등장인물 지분의 3분의 1 이상 부여하기를 꺼린다."[22]

작가 로런 그로프는 2018년 5월 '바이 더 북' 인터뷰에서 성비 불균형을 바로잡기 위해 여성 작가의 책만 추천했다. 그로프는 인터뷰를 맺으면서 이런 질문을 던졌다.

"이 칼럼에서 남성 작가들이 자신이 사랑하는 책이나 자신에게 영향을 준 책을 꼽을 때, 왜 여성 작가 한두 명의 책 밖에는 안 읽어본 듯한 인상을 줄까요? 그건 본래 남성 작가가 여성 작가보다 훌륭해서는 아닐 거예요. ……그리고 남성 작가들이 나쁜 사람들이어서도 아니죠. 우리는 그들이 나쁜 사람이 아니란 걸 알아요. 사실 그들을 좋아해요. 우리가 그들을 좋아하는 건 그들의 책을 읽었기 때문이죠. 우리 눈에 보이지 않는 치명적인 무언가가 남성 작가들이 책등에 여성의 이름이 적힌 책에는 손을 뻗지 못하게 혹은 자기 삶에 영향을 미친 책을 꼽아달라는 요청을 받을 때 여성 작가가 쓴 책을 떠올리지 못하게 막고 있는 것 같아요. 저는 그게 뭔지 궁금해요."[23]

여성의 견해를 받아들이고 여성의 글을 흠모하며 여성 작가에게 문학적 권위를 부여하는 일에 관한 한 일부 남성에게는 사각지대가 있는 게 분명하다.

여기에는 현실적인 결과가 따른다. 여성 작가는 더 적은 수입을 감내해야 한다. 남성 독자가 남성 작가의 책보다 여성 작가의 책을 훨씬 적게 읽다 보니 출판사들이 여성 작가의 가치가 떨어진다고 간주하기 때문이다. 뉴욕시립대학교 퀸스칼리지의 사회학자 데이나 베스 와인버그와 수학자 애덤 캐펠너는 2002년에서 2012년 사이 북미에서 출간된 200만 권의 책을 조사했다.[24] 그들은 여성 작가가 쓴 책의 가격이 남성 작가에 비해 평균 45퍼센트 낮다는 점을 발견했다.

여성의 목소리에 귀 기울이지 않는 현상은 비단 여성 작가뿐 아니라 우리 모두에게 영향을 미친다. 여성은 문화의 절반을 차지하고 있다. 만약 문화를 이루는 성인의 절반에게 목소리가 없다면 우리가 경험하는 세계의 절반은 다뤄지지 않을 것이다. 그로 인해 거기서 교훈을 얻지 못하고, 그 경험을 기반으로 무언가를 세울 수도 없게 된다. 이를 두고 니컬라 그리피스는 이렇게 말했다.

"인류는 자신이 가진 가능성의 절반밖에 실현하지 못했다."

이런 현실에서 맨부커상이 2019년 마거릿 애트우드의 『증언들』과 버나딘 에바리스토의 『소녀, 여자, 다른 사람들』을 공동 수상작으로 선정했다는 소식은 상당히 고무적이다. 둘 다 여성 작가가 여성에 대해서 쓴 책으로, 특히 에바리스토의 책은 유색인 여성을 다루고 있다. 마침내 사회가 진일보한 것이다. 이런 흐름이 더 널리 퍼져나가기를 기대해 본다. 그리고 여성의 글을 남성의 글만큼 인정하고, 남성이 이 세계의 나머지 절반에게 마음 열기를 기대해 본다.

에바리스토는 60세에 이르러서야 자기 작품이 어느 정도 진지하게 받아들여진다고 느꼈다.

"더 많은 독자에게 다가가고 영국 문학계에서 백인 남성이 누리던 존중을 받기까지 정말 녹록지 않은 여정이었어요."[25]

그 여정의 어디까지가 그녀가 여성이기 때문이고, 어디까지가 흑인이기 때문이었을까?

"그걸 나눠서 생각해 봐야 할 때도 있겠죠. 인종 때문인가? 아니면 성별, 계층, 학력 때문인가? 이 모든 게 영향을 미쳐요. 제가 부커상을 수상한 첫 흑인 여성이자 첫 흑인 영국인이라는 게 중요한 이야기를 들려주고 있죠."

그렇다면 어떻게 흑인 여성이 부커상을 수상하게 됐을까?

"중요한 건 그 방에 있었던 사람이 누구냐, 바로 그거예요. 저는 이게 그만큼 단순한 문제라고 생각해요. 부커상 심사위원진에는 여성 네 명과 남성 한 명이 있었고, 저는 그게 역사를 만들었다고 봐요. 그들은 굉장히 강인한 여성들이었기 때문에 제 책에 확실히 공감할 수 있었을 거예요. 동시에 사회는 지난 몇 년간 흑인 여성의 예술, 아이디어, 문화, 문학을 조금 더 받아들이는 쪽으로 바뀌어왔어요. 그래서 제 책 같은 책들이 돌파구를 찾을 수 있었다고 생각해요. 하지만 그렇게 되기까지 50년이나 걸렸어요."

어린 시절 오빠는 TV에서 서부극이나 스릴러가 나오면 같이 보자고 나를 끈덕지게 졸라댔다. 나는 싫다고 말하면서도 오빠와 나란히 앉아서 프로그램이 끝날 때까지 보곤 했다. 오빠는 내가 이상한 거라며 그 영화들은 객관적으로 훌륭한 작품이라고 주장했다.

나는 어려서 오빠 말을 그대로 믿었기 때문에 스스로가 문제라고 생각했다. 하지만 결국 뭐가 진짜 문제였는지 깨달았다. 문제는 서부극 등장인물 중에 흥미로운 여성이 없다는 점이었다. 여성은 어쩌다 술집에서 잠깐 등장할 뿐이었다. 그리고 스릴러에서는 젊고 매력적인 여성이 사이코패스에게 스토킹을 당하다가 살해당하곤 했다. 오빠는 남성이기 때문에 그런 문제가 전혀 신경쓰이지 않았던 것이다.

하지만 이들은 상을 받은 '훌륭한' 영화가 틀림없었다. 명작의 반열에 오른 것이다. 내가 뭐라고 〈석양의 무법자〉는 주인공 세 명이 전부 남성이고 조연 53명 중에 여성은 한 명뿐이기 때문에 훌륭한 작품이 아니라고 평할 수 있겠는가?

하지만 등장인물 56명 중에 한 명만 빼고 전부 여성인 영화를 남성들이 모여서 보는 모습을 상상할 수 있을까? 2019년에 개봉한 영화 〈작은 아씨들〉은 원작을 훌륭히 각색한 작품이다. 그레타 거윅이 감독을 맡았는데, 여성 주인공들과 함께 주연급 남성 주인공이 네 명 등장하고 조연으로 등장하는 남성은 30명이 넘었다. 그럼에도 《베니티 페어》는 이렇게 지적했다.

"〈작은 아씨들〉은 남성이 적게 등장하는 문제가 있었다."[26]

소니 픽처스가 시상식 시즌에 투표권자들을 위해 개최한 상영회에 이 영화를 보러 온 남성 관객의 수는 굉장히 적었다.

"[남성들이] 떼 지어서 상영회에 오지는 않았다고 말할 수 있겠네요."

영화 프로듀서인 에이미 파스칼이 말했다.

"그리고 DVD는 받아서 봤는지 모르겠어요. 저는 이게 완전히 무의식적인 편향이라고 봐요. 악의적으로 보지 않은 건 아니었을 거예요."

하지만 이런 관대한 해석에도 불구하고 결과는 달라진 게 없었다. 평론가들은 〈작은 아씨들〉을 굉장히 높이 평가했다. 〈작은 아씨들〉은 로튼 토마토(영화 비평 사이트—옮긴이)에서 94점을 받았는데, 남성들만 등장하는 〈1917〉보다 5점이나 높은 점수였다. 하지만 〈1917〉은 골든 글로브와 바프타스(영국 아카데미 시상식—옮긴이)에서 작품상을 수상한 반면 〈작은 아씨들〉은 주요 시상식 어디에서도 작품상을 수상하지 못했다. 그건 아마 남성 투표권자들이 그 영화에 표를 주기는커녕 영화를 보지도 않았기 때문일 것이다.

〈작은 아씨들〉에서 대쉬우드 역으로 출연한 트레이시 레츠는 이 문제를 더 직설적으로 거론했다.

"저는 남성이 만든, 남성에 대한, 남성 관객을 위한 영화가 여전히 기준으로 여겨지는 곳에서 여전히 이런 말도 안 되는 논의를 하고 있다는 게 믿기지 않아요. 여성들의 영화는 중요한 축에도 끼지 못하고 별도의 영역으로 분류되죠. 정말 어처구니없어요."

도서 평론과 마찬가지로 영화 평론은 주로 남성이 주도하며, 미국 내 남성 평론가의 숫자는 여성 평론가의 3배가 넘는다.[27] 여기서도 남성 평론가가 소개하는 영화는 주인공이 남성일 때가 많았다. 이들이 소개하는 영화 중에 적어도 한 명 이상의 여성 주인공이 등장하는 영화는 37퍼센트밖에 안 되었지만, 여성 평론가가 소개하는 영화는 51퍼센트에 이르렀다.

그리고 남성은 여성에 비해 주인공이 여성인 영화를 호의적으로 평가하지 않는 경향이 있었다. 여성 평론가는 여성 주인공이 나오는 영화에 평균 74점을 줬지만, 남성 평론가는 62점을 줬다. 하지만 주인공이 남성인 영화에서는 남녀 평론가의 평가가 크게 다르지 않았다. 여성은 주인공이 남성인 영화에 73점을 줬고, 남성은 70점을 줬다. 그러니까 남성 평론가들은 여성이 주인공으로 나오는 영화를 애초에 잘 보지도 않을뿐더러, 보더라도 낮게 평가하는 경향이 있었다. 여성 평론가의 평가는 조금 더 균형 잡혀 있었다.

이쯤 되면 예술계 전반에서 똑같은 일이 벌어지고 있다는 소식이 놀랍지 않을 것이다. 연구자들이 프랑스, 독일, 네덜란드, 미국에서 지난 50년간 문화 예술을 다룬 신문기사를 조사한 결과, 해당 기간 동안 여성의 참여는 늘어났지만 여성의 작품을 다루는 기사는 20~25퍼센트에 머물렀다.[28] 이 논문의 제목이 모든 것을 말해 주었다. 「평론가들은 여전히 여성 예술가에게 지면을 충분히 할애하지 않는다.」

그렇다면 평론가의 성별은 어떨까? 대체로 남성이다. 그러니까 예술계에서도 남성은 여성의 예술 작품을 과소평가하거나 무시하면서 여성이 열등하고 무가치하며 그다지 존중할 만하지 않다는 고정관념을 지속시키고 있다.

여성의 예술 작품은 말 그대로 과소평가되고 있다. 평균적으로 여성의 작품은 남성의 작품에 비해 경매 시장에서 48퍼센트 낮은 가격에 팔린다. 그렇다면 여성 예술가가 남성에 비해 실력이 떨어지는 건 아닐까? 한 실험에서 연구자들은 딥아트 알고리즘을 이용해서 만든 예술 작품을 사람들에게 보여주면서 무작위로 남성과 여성의 이름을 붙였다. 갤러리에 자주 방문하는 부유한 남성들(다시 말해 일반적인 미술품 수집가들)은 '남성'의 작품을 '여성'의 작품보다 높게 평가했다. 그래서 저자들은 이런 결론을 내렸다.

"여성의 작품이 더 낮은 가격에 팔리는 이유는 여성의 작품이기 때문이다."[29]

하지만 이런 편향을 전부 고의로 돌릴 수는 없다. 남자아이가 성장하면서 내심 여자아이보다 남자아이가 더 우월하다고 믿게 된다면, 또 성인이 된 후로도 사회로부터 동일한 메시지를 받는다면 남성들은 남성 작가와 남성 영화 제작자와 남성 예술가 등이 관심을 더 받을 만하다고 생각할 수 있다. 그리고 그들이 인간의 기준을 남성으로 본다면, 남성에 대한 이야기는 인류 보편적 이야기로 취급하고 여성에 대한 이야기는 특수한 일부 집단의 이야기로 인식할 수 있다.

하지만 이런 믿음은 남성이 여성보다 더 낫다는 잘못된 전제를 바탕으로 하기에 마땅히 의문을 제기해야 한다. 육체적 힘을 요구하지 않는 거의 모든 분야에서 여성이 남성만큼 능력을 발휘한다는 사실을 받아들인다면, 우리는 그런 인식에 걸맞게 여성의 재능을 알아보고 존중해야 한다. 우리는 소셜 미디어에서 여성을 팔로우하고, 여성이 쓴 책을 읽고, 여성이 만든 영화를 보고, 여성이 창조한 예술 작품을 감상해야 한다. 그러다 보면 여성의 전문성에 기분 좋게 놀라게 될지 모른다.

남성 중에 자신의 관심사를 다루는 여성 작가가 없을 것 같다고 생각하는 사람이 있다면, 세계대전을 다룬 팻 바커의 책이나 헨리 8세의 궁정에서 사용된 교묘한 책략을 다룬 힐러리 맨틀의 책을 권한다. 여성 작가가 쓴 소설에 감상적인 로맨스만 등장하는 것은 아니다. 여성의 작품에 대한 남성들의 무관심은 오늘날 권위 격차에 크게 기여하고 있다. 하지만 아주 쉽게 고칠 수 있다. 그저 남성들이 적극적으로 여성의 목소리에 스스로를 노출시키려고 결심만 하면 된다. 일단 여성의 목소리에 익숙해지면, 그것이 인간에 대한 이야기라는 사실을 발견하게 될 것이다.

　　남성이 자신의 마음과 취향의 폭을 넓혀서 얻게 될 혜택은 엄청나게 크다. 여성이 쓴 책이나 여성이 만든 영화라고 해서 남성에게 아무런 도움이 안 되는 게 아니다. 여성의 작품은 여성으로 이 세상을 살아가는 것이 어떠한지 남성이 보고 공감하게 도와주는 하나의 통로가 된다. 그리고 무의식중에 남성들을 가두고 있는 공기 방울을 터트려 새로운 생각과 통찰 그리고 아이디어가 싹트게 도와줄 것이다. 그것이 바로 예술의 목적 아닐까?

9

여성도 성차별을
한다

The
Authority
Gap

"난 저 여성처럼 냉정하고
강압적인 상사는 되지 않을 거야!"

인생에서 가장 중요한 전환점은 바로 나 자신의 편향을 깨달은 날이었어요. 다시 말해서 내 마음과 내 손이 여성과 리더십을 남성과 리더십만큼 쉽게 연관 짓지 못한다는 사실을 직면한 날이었죠.

— 마자린 바나지, 심리학자

앤 해서웨이는 데이비드 니콜스의 소설『원데이』를 각색한 영화에서 여주인공을 맡으면서 여성 감독과 처음으로 손발을 맞췄다. 당시 헤서웨이는 다른 여성에 대한 무의식적 편향이 솟구치는 걸 느꼈다.

"〈원 데이〉를 찍으면서 론 쉐르픽 감독님을 조금 더 일찍 신뢰하지 못했던 게 정말 후회돼요. 이제껏 함께 작업해 온 다른 감독님들과 달리 쉐르픽 감독님을 신뢰하지 못했던 게 혹시 감독님이 여성이기 때문은 아닐까 싶어 지금까지도 두려워요. 제 무의식 속 여성 혐오가 감독님 앞에서 모습을 드러낸 것 같아요. 예전에는 여성 감독이 찍은 첫 영화를 볼 때 단점에 집중한 반면 남성 감독이 만든 첫 영화는 장점에 집중했어요. 또 남성 감독을 살필 때는 다음 작품에서 어떤 시도를 할지 궁금하게 여긴 반면 여성 감독을 살필 때는 어느 대목에서 실패를 거듭할지 눈여겨보았어요."[1]

해서웨이가 인정했듯, 그녀는 다른 여성의 능력을 과소평가함으로써 권위 격차에 일조하고 있었다.

여성이 다른 여성에게 편향을 보이는 행위를 '내면화된 여성 혐오'라고 부른다. 우리는 자라온 양육 환경과 눈에 비친 사회 현상 그리고 가부장적 사회에서 권력을 쥔 남성들의 지배적인 태도로 인해 여성 혐오를 내면화한다. 여성은 남성만큼이나 고정관념에 빠지기 쉽다. 그리고 고정관념을 바탕으로 휴리스틱이 형성되면 뇌는 지름길을 애용한다. 판단 기준을 개개인의 능력이 아니라 성별에 두게 된다.

심리 치료사이자 작가인 필리파 페리는 성장 과정 동안 여성 혐오를 심각하게 겪었다고 말했다.

"아버지는 여성이 열등하다고 굳게 믿는 분이셨어요. 두 분이 결혼하실 때 어머니는 마흔 살이셨어요. 아버지는 아들을 원했죠. 두 분 사이에서 둘째인 제가 딸로 태어나자 아버지는 크게 실망하셨어요. 아이를 낳을 기회가 더는 없을 텐데 딸이 태어났으니까요. 아버지는 그 일을 두고 '우리 집은 개까지 암캐'라는 농담을 즐겨 하셨어요. 또 여성 혐오가 심하셨는데, 저는 그걸 그대로 흡수했죠. 그리고 70년대에 TV를 보면 남성들에게는 개성이 있었지만 여성에겐 없었어요. 여성은 수다쟁이, 잔소리꾼, 섹시한 사람은 될 수 있어도 평범한 사람은 될 수 없었죠. 이 모든 것이 소리소문 없이 제게 스며들었어요. 우리는 여성이 '열등한' 존재라고 생각하도록 세뇌되었죠."[2]

의식 수준에서는 성평등을 강력하게 지지하는 여성도 무의식적 편향으로 인해 다른 여성에게 부정적으로 반응할 수 있다. 전문직 여성도 예외는 아니어서 여성과 직장, 남성과 가정을 쉽게 연결 짓지 못할 수 있다. 무의식적 편향(암묵적 편향이라고도 부른다)을 검사해 보면 여성(80퍼센트)이 남성(75퍼센트)보다 편향된 모습을 조금 더 많이 보인다. '성별–직장' 암묵적 연합 검사는 레베카, 다니엘 같은 남녀 이름과 더불어 '아이', '사무실'처럼 가정이나 직장과 관련된 단어를 보여 주고 특정 조합을 얼마나 빠르고 정확하게 클릭하는지를 측정한다. 이 검사는 여성과 가정, 남성과 일 사이의 암묵적 연합이 얼마나 견고한지 보여 준다.

암묵적 연합 검사도 완벽하지는 않다. 무엇보다 검사를 반복해서 실시해 보면 결과가 항상 다르게 나온다. 또 여성과 요리 혹은 남성과 사무실을 쉽게 연결 짓는 사람이라고 해서 꼭 성별 고정관념을 올바르게 여긴다거나 유지하려든다고 단정할 수 없다. 하지만 암묵적 연합 검사는 우리의 의식적 선호와 관계없이 성별 고정관념이 뇌에 얼마나 강하게 각인되어 있는지를 보여 준다.

성별 권위 격차를 주제로 책까지 쓴 나 역시 암묵적 연합 검사를 받아 보니 성별 편향이 조금 나타났다. 성별 편향을 보인

건 나뿐만이 아니다. 우리 중 대다수는 미셸과 '경영', 폴과 '아이들'이 같은 범주에 묶여 있을 때 반응이 느려진다. 암묵적 연합 검사를 개발한 하버드대학교 교수 마자린 바나지는 '우리 문화가 우리 뇌에 지문을 남겼기' 때문이라고 말한다.[3]

우리는 남성과 지도자를 연관 짓고, 여성과 육아를 연관 짓는 것에 너무나도 익숙한 나머지 그 반대 상황이 있을 수 있다는 점을 잘 인식하지 못한다. 그리고 남성이 지도자나 상사, 여성이 어머니나 부하 직원인 상황에 너무 익숙하다. 이런 식의 연결이 나타나는 과정에는 가치 판단이 개입되지 않는다. 그저 고정관념에 맞지 않는 조합은 서로 조화를 이루지 못해서 잘 연상이 안 되고, 그로 인해 반응 속도가 느려질 뿐이다. 여성은 남성을 '가정'과 관련된 단어와 연결해야 할 때 반응 속도가 가장 느리다.

누군가 카드 한 벌을 주면서 하트와 다이아몬드는 왼쪽에, 클로버와 스페이드는 오른쪽에 놓으라고 하면 붉은색 카드와 검은색 카드로 나눠 굉장히 쉽고 빠르게 분류할 수 있다. 하지만 하트와 클로버를 왼쪽에, 다이아몬드와 스페이드를 오른쪽에 놓으라고 하면 속도가 확연히 느려진다. 이것이 바로 암묵적 연합 검사에서 나타나는 현상이다. 여성과 요리의 연합은 순식간에 이뤄지지만 여성을 이사회 회의에 데려다 놓고 남성을 다림판 앞에 데려다 놓기까지는 아주 약간의 시간이 더 소요된다.

"인생에서 가장 중요한 전환점은 바로 나 자신의 편향을 깨달은 날이었어요. 다시 말해서 내 마음과 내 손이 여성과 리더십을 남성과 리더십만큼 쉽게 연관 짓지 못한다는 사실을 직면한 날이었죠."

바나지 교수는 유명한 수수께끼와 그 수수께끼를 듣고 자신이 내놓은 해답에 대해서도 이야기했다.

"아버지와 아들이 교통사고를 당했어요. 아버지는 죽었고 아들은 병원에 실려 갔죠. 그때 담당 외과 의사가 '저는 이 아이의 수술을 집도할 수 없어요. 제 아들이거든요.'라고 말했어요. 이야기를 들려준 다음에 사람들에게 물어봐요. 이게 가능한 일일까요? 그러면 사람들은 제가 그랬듯 죽은 아버지는 양부고 외과 의사는 생부라는 식의 굉장히 엉뚱하고 부정확한 해답을 제시해요. 외과 의사는 남자아이의 어머니라는 아주 단순한 해답이 눈앞에 빤히 있는데도요."

사람들은 남자아이에게 동성애자 아버지가 두 명 있다는 대답도 내놓았는데, 어머니가 외과 의사일 가능성보다 훨씬 낮았다. 그리고 희한하게 개인적 경험도 그다지 도움이 되지 않았다. 바나지 교수에 따르면 놀랍게도 어머니가 외과 의사인데도 정답을 떠올리지 못하는 사람이 여럿 있었다.

"이런 사례를 보면 문화의 힘은 개인의 오랜 경험을 밀어낼 만큼 강력하다는 걸 알 수 있어요. 어머니가 외과 의사인 사람도 성별 편향에서 벗어날 수 없었거든요. 지금껏 세상에서 봐

온 광경이 바로 성별 편향을 이끌어 가는 힘이니까요."

나는 암묵적 편향을 다루는 BBC 라디오 프로그램에서 청취자들에게 납치범이 비행기 조종실에 난입해서 기장을 공격하는 장면을 떠올려 보라고 요청했다. 그러고는 상상 속 기장이 남성이었는지 여성이었는지 물었다. 아마 백인 남성이었을 거라고 나는 짐작했다. 방송 후 마거릿 오크스는 이런 글을 트위터에 올렸다.

"유니폼을 입은 채 차를 운전해서 집으로 돌아가는데 한 라디오 프로그램에서 기장을 떠올려 보라고 했다. 맞다, 여성 기장인 나도 백인 남성을 떠올렸다!"

크리스틴 프레스너는 의료기술 기업 로슈 다이고노스틱스의 글로벌 인사 책임자이다.

"저도 여성 지도자에 대한 편향이 있더라고요. 그 사실에 저보다 더 놀란 사람은 없을 거예요. 저는 여성이자 인사 책임자이니만큼 편향되지 않은 자세로 일해야 하거든요. 실제로 여성들이 지도자 자리에 오르도록 열심히 독려하고 있고요."

프레스너는 자신의 편향을 굉장히 솔직하게 인정했다.

"얼마 전 팀원 중 두 사람이 연봉 인상을 요청했어요. 남성 직원의 요청에 제 첫 반응은 '알았어요, 살펴볼게요.'였어요. 그런데 여성 직원의 요청에 대한 첫 반응은 '지금도 나쁘지 않을 텐데요.'였죠. 그러니까 그 정도면 받을 만큼 받는 거 아니냐는 뜻이었어요. 저는 기본적으로 똑같은 요청에 매우 다른 반응을 보인 거예요. 게다가 남성은 가족을 부양하는 사람이지만 여성은 그렇지 않다고 생각했죠. 정말 신기한 건 저 자신이 가족의 유일한 경제적 부양자라는 거예요. 저는 가족을 부양하고 남편은 집에 머물면서 아이 넷을 돌보고 있어요. 그러니까 제가 여성 지도자에게 편견이 있다는 건 곧 제 자신에게 편견이 있다는 뜻이에요."[4]

이 책에서 지금껏 인용한 여러 연구에서 여성은 남성만큼이나 무의식적 편향을 보였다. 이과대 소속 여성 교수는 연구실 관리직에 지원한 남녀 지원자의 이력서가 동일한 수준일 때 남성 교수만큼이나 남성 지원자를 선호했다. 또 여성은 말을 많이 하는 여성 최고 경영자는 낮게 평가하면서 남성 최고 경영자는 좋게 평가했다.

또 다른 연구에서 일부 관리자는(남성이든 여성이든) 남성 지원자가 능력이 더 출중하다고 보고 그들에게 더 높은 연봉을 제시했다.[5] 그리고 이처럼 편향되게 행동하는 관리자들이 오히려 자기 직종에는 성 편향이 더이상 존재하지 않는다고 믿었다. 편향이 여전히 존재한다고 믿는 사람들은 남녀 지원자에게 대략 동등한 연봉을 제시했다. 그리고 성 편향이 더이상 존재하지 않는다고 생각한 관리자들은 대개 남성이었다. 하지만 여성도 그러한 믿음을 가지고 있을 때면 남성 관리자만큼이나 여성 직원을 과소평가했다.

또 다른 실험에서는 남녀 직원에게 단순 계산 업무를 담당할 직원으로 누구를 고용하겠냐고 물었다. 그리고 지원자에 대한 정보로 사진만 보여 주자 남녀 모두 남성을 고용할 가능성이 두 배 더 높았다.[6] 남녀 지원자가 직접 자기 홍보를 해도 편향은 사라지지 않았다. 남성은 자기 실력을 부풀리는 경향이 있는 반면 여성은 과소평가하는 경향이 있었기 때문이다. (사실 남성과 여성의 능력은 동등했다.) 직원들에게 지원자들의 실제 계산 능력을 정확히 알려 주었을 때도 편향은 완전히 사라지지 않았다. 그리고 암묵적 편향이 심할수록 정확한 정보를 활용해 자신의 편향을 바로잡을 가능성이 낮았다.

여성 직장인조차도 남성과 직장을 연관 짓고 여성과 가정을 연관 짓는 편향이 남성보다 강하게 나타났다. 그리고 놀랍게도 여성과 직업을 쉽사리 연관 짓지 못하는 편향은 젊은 세대(20세 이하)와 나이 든 세대(40세 이상) 사이에 거의 차이가 없었다. 게다가 편향성이 조금 더 높은 쪽은 오히려 어린 세대였다.[7] 나는 바나지 교수와 공동 저자인 테사 찰스워스에게 그 결과가 뜻밖이었는지 물었다.

"물론이에요! 솔직히 성별, 인종, 나이, 대학, 종교, 정치 성향에 이르기까지 모든 집단 사이에 차이가 없다는 게 굉장히 놀라웠죠. 사회 심리학에서는 나이 같은 사회 정체성이 다른 사회 집단을 대하는 태도나 고정관념의 형성에 깊이 관여한다고 오랫동안 여겨왔어요. 그러니까 사회 집단 간에 차이가 없다는 결과는 성별 고정관념을 변화시키기 위해서 좀 더 폭

넓은 사회 운동이 일어나야 한다는 걸 암시하죠."[8]

바나지 교수가 말하듯이 강력한 가부장제 문화는 나이, 성별, 세계관과 상관없이 모두의 뇌 속에 깊이 각인되어 있다.

무의식은 의식보다 훨씬 더 큰 영향력을 행사한다. 무의식은 세상을 패턴으로 인식해서 자동적이고 반사적으로 매우 빠르게 반응하게 만들어서 우리를 안전하게 지켜준다. 범주화는 진화학적 관점에서 친구와 적을 구별하게 해줘서 우리에게 도움을 준다. 영국 '평등 챌린지 유닛(Equality Challenge Unit)' 소속 심리학자인 티누 코니시는 이 현상을 다음과 같이 설명한다.

"무의식은 사람을 순식간에 '나와 같은 부류이거나 사회적 지위가 높은 집단 혹은 나와 다르거나 사회적 지위가 낮은 집단'으로 분류해요. 그리고 나와 같은 부류이거나 사회적 지위가 높은 사람에게는 긍정적 특징을, 나와 다르거나 사회적 지위가 낮은 사람에게는 부정적인 특징을 연관 지어요. 그러고 나면 감정이 결부되죠. 우리와 같은 부류인 '내집단' 사람들에게는 온화한 감정을, 우리와 다른 '외집단' 사람들에게는 차가운 감정을 결합시켜요. 이런 범주화 과정이 바로 우리 행동에 영향을 미치죠."[9]

바로 이런 이유로 여성은 내집단의 일원인 다른 여성에게 암묵적 편향을 보이게 된다고 코니시는 말한다.

"내집단에는 자신과 유사한 사람뿐만 아니라 사회적 지위가 높다고 여겨지는 사람도 포함되어 있어요. 평소 신념과 다르게 직장에서, 혹은 매일 접하는 방송에서 남성이 높은 사회적 지위를 가지고 리더십을 발휘하는 유능한 모습으로 그려진다면 우리는 무의식적으로 그 모습을 학습하게 되죠."

또 여성이 얼빠진 쇼핑 중독자나 못된 계집으로 그려진다면, 그 모습이 그대로 무의식 속으로 들어오게 된다.

"뇌에서 무의식을 담당하는 부분을 포유류나 파충류의 뇌라고 생각해 보면 쉽게 이해할 수 있어요. 동물들은 사물이나 상황을 언어로 추론하지 않아요. 무엇과 무엇이 서로 연관되어 있는지 학습할 뿐이죠. 두 사건이 연합되면 인간의 뇌는 실제로 둘 사이를 연결하는 뉴런을 만들어요. 그래서 사회가 '지도자를 남성과 연관 지으면' 무의식에서는 그 연합이 강화되죠. 신념과는 상관없이요."

뇌가 사용하는 이런 지름길, 즉 휴리스틱은 뇌에 과부하가 걸리지 않게 도와준다. 그렇지만 휴리스틱을 사용하면 사람을 잘못 판단할 수 있다. 물론 여성이 일반적으로 자녀 양육을 도맡을 가능성이 크지만 지금 눈앞에 있는 여성이 꼭 그렇다는 보장은 없다. 또 과학자 중에는 여성보다 남성이 더 많지만 그렇다고 해서 남성이 여성보다 과학자로서 더 뛰어나리라는 보장도 없다.

그나마 좋은 소식은 이런 암묵적 고정관념이 시간이 흐르면서 점차 약해지고 있다는 것이다. 예를 들어 1960년대와 70년대에 아이들에게 과학자를 그려 보라고 하면 99퍼센트 넘는 아이들이 남성으로 그렸다. 오늘날에는 이 수치가 72퍼센트까지 떨어졌다.[10]

바나지 교수와 테사 찰스워스는 두 가지 암묵적 성별 고정관념을 분석했다. 하나는 여성보다 남성을 과학과 더 잘 연결 짓는 편향이었다. 그리고 다른 하나는 남성을 직장, 여성을 가정과 연결 짓는 편향이었다. 그들은 2007년부터 2018년까지 거의 140만 건에 이르는 검사 결과를 추적했는데, 이는 지금껏 시간의 흐름에 따른 성별 고정관념의 변화를 조사한 연구 중 가장 큰 표본이었다.[11] 그리고 이들이 발견한 결과는 성평등이 확대되기를 기대하는 우리 모두에게 희망을 주었다.

연구 결과를 보면 거의 모든 국가에서 성별, 연령, 정치 성향에 상관없이 무의식적 편향이 서서히 줄어들기 시작했다. 해당 기간 동안 성별/직업, 성별/과학에 대한 고정관념은 전반적으로 7퍼센트 감소했다. 연구에 참여한 국가 중 82퍼센트에서 성별/과학 고정관념이 줄었고, 91퍼센트에서 성별/직업 고정관념이 줄었다. 하지만 수치는 여전히 높았다. 참가자 중 70퍼센트가 여전히 성별/직업 편향을, 67퍼센트가 성별/과학 편향을 보였다.

하지만 조금이라도 편향이 줄었다는 점은 좋은 소식이다. 여기에는 구체적인 결과가 뒤따랐다. 예를 들어 바나지 교수는 수학과 과학 분야에서 일하는 여성에 대한 각 국가의 암묵적 편향 수준과 해당 국가 여학생의 수학 성적 사이에 강력한 상관관계가 있음을 발견했다. 편향이 적을수록 여학생의 수학 성적은 높아졌고, 그 반대도 마찬가지였다. 또 과학 시험지에 남성 과학자가 아니라 여성 과학자의 삽화가 들어 있을 때 여학생이 과학 시험에서 더 좋은 성적을 거뒀다.[12] 무의식적으로 받은 영향과 다른 사람의 기대치가 변화를 끌어냈다.

따라서 여성 과학자와 고위직 여성의 숫자가 늘어나면 우리의 무의식적 고정관념과 암묵적 편향은 줄어들 것이다. 그리고 이런 현상이 선순환 구조를 이루면서 권위 격차도 줄어들 것이다. 여성의 능력과 견해는 이미 과거에 비해서 훨씬 더 존중받고 있다. 이것은 매우 환영할 만한 일이다. 하지만 권위 격차를 완전히 해소하려면 아직 갈 길이 멀다.

그러는 동안 우리는 여성도 다른 여성에게 고정관념을 가질 수 있으며, 이로 인해 직장에서 권위 격차가 지속적으로 나타날 수 있다는 고통스러운 진실을 받아들여야만 한다.

"직업 세계에서 여성이 늘 다른 여성에게 좋은 친구가 되어주는 건 아니에요."

브렌다 헤일은 충분한 자격을 갖추고도 자기 밥그릇을 지키려는 선배 여교수의 반대 때문에 교수 임용에 탈락한 경험이 있었다.[13]

헤일이 대법원장으로 재직하던 시절에는 '여왕벌' 증후군이 지금보다 만연했을 것이다. 여왕벌은 자기 직급에서 유일한 여성이라는 지위를 누리면서 다른 여성을 돕지 않는 여성을 말하는데, 다른 여성을 경쟁상대로 보기 때문에 더 적대적으로 행동한다. 20세기 후반에는 많은 여성이 직장에서 홍일점으로 일했기 때문에 남성 동료의 가치관을 공유하는 척하는 수밖에 없었다. 페미니스트를 자처하거나 다른 여성을 위해 나서면 자신까지 외면당할 위험이 있었기 때문이다.

내가 기자로 일하기 시작한 1980년대에는 이런 성향이 너무나 뚜렷하게 나타났다. 마거릿 대처는 총리직을 수행한 11년 동안 여성 장관을 단 한 명밖에 임명하지 않았고, 그나마도 몇 개월 안 되어 해임했다. 나의 남성 동료들은 설립 당시 내가 도움을 준 '우먼 인 저널리즘(Women in Journalism)'을 대놓고 무시했고, 여성 동료 중에도 그 조직과 엮이지 않기를 바라는 부류가 있었다. 여성 상사는 내가 임신 중에도 근무를 계속하려고 하자 분통을 터트렸다. 나이 든 여성들은 성공하기 위해서 출산 및 육아를 포기하거나 보수와 승진을 포기하고 일을 잠시 쉬어야만 했다. 그래서 젊은 여성들이 출산과 승진이라는 두 마리 토끼를 모두 잡는 모습을 보고 싶어 하지 않았다.

에이번의 최고 경영자였던 앤드리아 정도 비슷한 경험을 했다.

"여성의 멘토는 여성이어야 하고 여성이 더 낫다는 인식이 잘못되었다고 봐요. 실제로 저도 사회생활 초기에 여성 상사보다 남성 상사가 저를 더 많이 지지해 준 경험을 여러 번 했거든요. 물론 다 그런 건 아니었어요. 제게 훌륭한 멘토가 되어 주신 분 중에는 여성도 있었지만, 중요한 건 그게 당연한 게 아니라는 거예요. 최고위직에 오르기 위해서 아이를 포기한 여성 중에는 자신과 같은 선택을 하지 않았다면 같은 기회를 누리면 안 된다고 생각하는 여성들도 있어요."[14]

여왕벌 증후군이 실제로 존재한다면, 남녀가 어린 시절 사회화하는 방식이 서로 다른 것과 관련되었을 수 있다. 남자아이와 남성은 조금 더 집단적으로 어울리는 경향이 있고, 그 집단에는 가장 성공하고 인기 있는 사람부터 그렇지 않은 사람까지 꽤 다양한 구성원이 포함되어 있다. 반면 여자아이와 여성은 서로 서열이 비슷한 두 명이 단짝이 되어 어울리는 경향이 있다. 하버드대학교 진화 생물학자들은 이런 성향이 남녀가 직장에서 부하 직원을 다루는 방식에 영향을 미치는지 살펴보려고 연구를 실시했다.[15]

그들은 미국 내 50개 대학교 심리학과에서 나온 논문을 조사했다. 연구 결과 동성인 정교수 두 사람이 논문을 함께 쓸 가능성은 남녀가 똑같았다. 하지만 정교수가 동성의 부교수와 논문을 함께 쓸 가능성은 남성이 여성보다 더 높았다. 그들의 주장에 따르면 서열이 다른 동성과 협력하는 경향은 남성에게서 더 높게 나타났다. 다시 말해 여성보다는 남성이 동성의 후배를 더 많이 이끌어 주었다.

네덜란드 심리학자들은 네덜란드와 이탈리아 교수들이 자기 연구실 소속 박사 과정생들을 어떻게 평가하는지 조사했다.[16] 남녀 교수 모두 학생들의 논문 실적이나 직무 몰입도가 동일해도 여성 박사 과정생이 남성 박사 과정생에 비해서 직무 몰입도가 낮다고 평가했다. 이 편향은 남성보다 여성이 더 강했고, 특히 나이 든 여성에게서 가장 강하게 나타났다.

이들 세대에서는 여성이 계속 학계에 남아서 정교수가 되는 일이 굉장히 드물었다. 따라서 이들의 행동은 나이 든 여성이 출세의 사다리를 오르던 시절의 맥락 안에서 봐야 한다. 그들은 굉장히 남성적인 환경에 적응해야 했다. 그리고 젊은 세대보다 더 많은 어려움과 성 편향, 노골적인 성차별을 겪어야 했다. 그런 환경에 적응하고 수용되고 존중받을 기회를 얻기 위해서 그들은 남성보다 더 남성다운 모습을 보여야 했다.

"성차별적인 조직 문화가 여왕벌을 만들까?"

앞서 소개한 연구 논문의 저자 중 한 명인 나오미 엘레머스 교수는 논문에서 이렇게 질문했다.[17] 이 연구에서 연구자들은 관리직에 종사하는 네덜란드 여성 94명을 대상으로 설문을 실시했다. 그들은 경력 초반에 다른 여성들과 동질감을 덜 느끼고 진급 과정에서 성차별을 더 많이 경험한 여성일수록 나중에 여왕벌처럼 행동할 가능성이 높아진다는 점을 발견했다. 그리고 다른 여성들과 동질감을 강하게 느낄수록 힘을 합쳐 성차별에 대항하는 경향이 있었다. 이들은 남성으로부터 더 나은 대우를 받을 심산으로 다른 여성과 거리를 두는 일 같은 행동은 하지 않았다. 그렇지만 애초에 성차별이 없었더라면 여왕벌처럼 행동할 필요가 없었을 것이다.

엘레머스 교수와 동료들은 네덜란드 여성 경찰들에게 차별당한 경험을 떠올려 보라고 요청했다.[18] 그러자 여성 경찰관들은 자신이 경험한 성차별을 별것 아닌 일로 취급했다.

"이런 여성들은 조직에서 성공하려면 남성의 특징을 받아들여야 한다고 배운 거예요. 그래서 이들은 자신과 다른 여성을 차별화함으로써 성 편향에 대처하죠."[19]

이런 여성들은 이렇게 말하곤 한다.

"나는 다른 여성들과 달라요. 훨씬 포부가 크죠."

엘레머스는 이를 '자기-집단 거리 두기'라고 부르는데, 이는 여성 외에 동성애자 남성처럼 차별받는 집단에서도 나타나는 전략이다.

오늘날에도 특히 남성 지배적인 직업에 종사하는 여성들은 남성 무리의 일원이 되어야 한다는 압박감을 느낀다. 그리고 굉장히 완고한 남성 문화 속에서는 여성이 성차별에 눈을 딱 감고 남성들과 다른 대우를 받는다는 점을 부정하다가, 조금 더 나이가 들고 인정을 받게 된 후에야 이제껏 성차별을 당해 왔다는 사실을 깨닫게 되는 패턴이 존재한다. 샤론 네스미스 참모차장은 이렇게 말했다.

"만약 10년 전에 같은 질문을 받았으면 아마 남성들과 별반 다르지 않게 대우받았다고 답했을 거예요. 저에게는 일종의 면역 체계가 있었거든요. 앞에 있는 장애물은 쳐다보지도 않고 그저 앞으로 나아가는 데만 집중하는 전략이었죠. 차별이 일상이다 보니 제가 약간 다른 대우나 평가를 받아도 반응하지 않았어요. 개인적으로나 직업적으로 어느 정도 원숙해진 지금에서야 성차별이 눈에 들어와요. 조금 더 일찍 알아차렸으면 좋았을 텐데 하는 아쉬움이 있어요."[20]

재닛 옐런은 하버드대학교에서 조교수로 일하던 시절에 남성 동료들로부터 성차별을 심하게 당했다.

"혹독한 환경 속에서 굉장히 외로웠어요. 평등과는 거리가 먼 곳이었죠. 경제학부에선 협력해서 함께 논문을 쓰는 게 정말 중요했는데, 저는 남성 동료들과 어울리지 못했어요."[21]

더 중요한 것은 남성 동료 중에 그녀와 어울리고자 한 사람이 없었다는 사실이었다. 3년 뒤 경제학부에 다른 여성이 합류하고 나서야 옐런은 그녀와 함께 학술 논문을 쓰기 시작했다.

"저에게는 그 친구와의 관계가 정말로 중요했어요. 그녀와 협업하지 않았더라면 아마도 명문 대학교의 종신 교수가 될 수 없었을 거예요. 그렇게 20년 정도 시간이 흐르는 동안 누군가 '경제학부에 여성이 두 명밖에 없어서 서로 협력한 거냐?'라고 물으면 '아니오.'라고 대답했던 것 같아요. 그런데 돌이켜보면 그 말이 100퍼센트 맞았어요. 그런데 제가 40년 후에 '레이첼, 우리가 함께 일한 건 여성은 우리 둘밖에 없었기 때문일까?'라고 묻자 그녀는 '아니, 그런 것 같지 않은데.'라고 답하더라고요. 우리는 오랜 세월 동안 경제학 분야에서 여성의 지위가 어떤지 경험했고, 고생을 참 많이 했어요. 그런데 그 친구가 지금도 그렇게 생각한다니 참 신기했죠."

직장에서 성공하려는 여성은 남성이 다른 남성을 채용하거나 승진시키기를 더 선호하는, 함께 논문 쓰기를 더 선호하는 친밀성 편향과 성 편향 모두를 극복해야 한다. 『문제는 당신이 아니라 직장이다(It's Not You, It's the Workplace)』를 공저한 앤드리아 크레이머와 올튼 해리스는 친밀성 편향과 성 편향이 합쳐져서 같은 직장에 다니는 여성들의 관계를 어렵게 만든다고 말한다. 직장 내에서 여성이 차지할 수 있는 고위직의 수는 제한되어 있고, 이 직위를 두고 경쟁하는 여성들은 서로 직접적인 경쟁자가 되기 때문이다.

이 두 가지 편향은 여성이 남성 내집단과 자신을 동일시하고 여성 동료들과는 거리를 두게 만들거나 여성 동료들과 차별화하기 위해서 남성 특유의 리더십을 선택하도록 상당한 압력을 가한다. 이러한 역학 관계는 직장 여성들 사이에 적대감을 조성할 수 있지만, 사람들은 그 이유를 직장 환경이 아니라 여성들의 타고난 본성 탓으로 돌리곤 한다.[22] 고위직 여성은 평범한 여성 직원을 승진시켰다가 여성은 남성만큼 일 처리를 잘하지 못한다는 고정관념을 강화할까 봐 굉장히 특출난 여성 직원만 승진시키기도 한다. 그리고 여성 후배 직원을 도와주다가 남성 동료들 눈에 자기 사람만 챙긴다는 인상을 줄까 봐 걱정한다. 고위직 남성은 끊임없이 남성 후배를 이끌어주고 있는데도 말이다.

크레이머와 해리스는 직장에서 여성이 여성을 대하는 방식을 남성이 남성을 대하는 방식과 비교해 보면 특별히 더 비열하거나 적대적인 모습은 나타나지 않는다는 사실을 발견했다. 고위직들은 결단력 있고 자기주장이 강하며 단호한 모습을 보여야 하는데, 여성이 이런 모습을 보이면 차갑고 무자비하다는 인상을 준다. 하지만 남성이 이런 모습을 보이면 뭐라고 할까? 우리는 그들을 '알파 메일(우두머리 수컷)'이라고 부르는데, 여기에는 '여왕벌'처럼 비하하는 뉘앙스가 없다.

다른 여성들이 여왕벌이 될 것이라는 가정은 굉장히 해롭다. 그러면 여성들은 직장에서 서로를 신뢰할 수 없게 된다. 그리고 여성은 고양이처럼 서로 신경전을 벌이고 싸우기를 좋아한다는 성차별적 고정관념만 부풀리게 된다.

한편 우리는 고위직 여성이 조직 내 각종 다양성 프로그램과 여성 네트워크를 이끄는 역할을 맡아 주기를 기대한다. 많은 여성이 자기보다 어린 여성을 돕기 위해 나서지만, 그 일은 부담이 될 뿐만 아니라 가치를 제대로 인정받지 못한다. 남성은 이런 일에 나서면 보상을 받지만 여성은 보상을 받지 못한다. 그리고 그 일을 마다하면 여왕벌이라는 꼬리표

가 붙는다.[23]

어쩌면 여왕벌은 이성적으로 행동하고 있는지도 모른다. 임원 350명을 대상으로 실시한 최근 연구에 따르면, 남성은 다양성을 증진하는 활동에 나서면 여성에 비해 조금 더 좋은 실적 평가를 받았고, 좋은 사람으로 여겨졌다. 반면 다양성을 증진한 여성은 훨씬 낮은 평가를 받았고, 자기 사람을 챙기는 파벌주의자로 여겨졌다. 이런 현상은 유색 인종에게도 나타났다.[24]

어쩌면 최고위직에 여성을 위한 자리는 하나밖에 없다는 여성의 믿음이 옳은 것일지도 모른다. 컬럼비아대학교 경영대학원의 크리스티안 데죄와 동료들은 지난 10년간 1500개가 넘는 기업의 최고위직 다섯 개를 샅샅이 조사했는데, 기업이 일단 최고위직 중 하나에 여성을 임명한 뒤 동일 지위의 직위에 또 여성을 임명할 가능성은 50퍼센트 떨어졌다.[25]

저자들은 원래 여성이 한 사람 임명되고 나면 눈덩이 효과로 연달아 여성이 더 많이 임명될 것으로 기대했다. 데죄는 이렇게 말했다.

"사실 우리가 발견한 결과는 정반대였어요. 여성을 한 사람 고용한 기업의 남성들은 자기네는 할 만큼 했다고 생각하는 것 같았죠."

그러나 최고위직에 오른 여성이 자기 잇속만 차린다는 증거는 없었다. 만약 그녀가 다른 여성의 고용을 막았다면, 여성이 이끄는 몇 안 되는 기업에서 그로 인한 효과가 가장 명확히 드러났을 것이다. 하지만 여성이 이끄는 기업에서는 다섯 개의 최고위직에 또 다른 여성이 임명될 가능성이 더 높았다.

현실에서 여성들은 여왕벌 증후군을 제안한 사람들의 주장보다 서로를 훨씬 더 든든하게 지지하는 것으로 나타났다. 크레디트 스위스 리서치 인스티튜트에서 세계 3400대 기업을 조사한 연구에 따르면, 여성이 경영하는 기업은 남성이 경영하는 기업에 비해 최고 재무책임자로 여성을 기용할 가능성이 50퍼센트 더 높았고, 사업부서 책임자로 여성을 기용할 가능성이 55퍼센트 더 높았다. 연구자들은 이렇게 썼다.

"여성 최고 경영자는 남성 최고 경영자보다 여성 임원을 출세의 사다리로 끌어올릴 의향이 훨씬 더 높고, 실제로도 그렇게 행동한다."

영국 상위 기업 중에 여성이 이끄는 350대 기업은 평균적으로 임원진의 3분의 1이 여성인 반면, 남성이 이끄는 기업은 5분의 1이었다.[26]

감사하게도 대다수 여성은 다른 여성이 직장에서 적극적으로 자신을 지원해 준 경험을 갖고 있다. 여성들은 공동의 위협에 대응하기 위해 서로 힘을 합쳐야 한다는 연대감을 느낀다. 크로아티아의 총리를 지낸 야드란카 코소르는 크로아티아가 유럽연합에 가입하고자 애쓸 때 앙겔라 메르켈이 정말 친절하게 도와줬다며 훈훈한 기억을 털어놓았다.[27]

"메르켈은 정말 큰 힘이 되어 줬어요. 제게 툭 터놓고 '일단 유럽연합에 가입할 준비를 마치세요. 그럼 제가 도와드릴게요.'라고 말해 주더라고요. 또 첫 회담에서는 좋은 친구가 되기를 바란다는 말도 해 줬는데, 우리는 정말로 그런 사이가 되었다고 생각해요. 2011년 12월 9일 크로아티아와 유럽연합 간에 가입 협약 서명식이 있던 날, 여러 연사가 크로아티아는 야드란카 코소르라는 여성의 열의가 없었더라면 협상 과정을 제대로 끝마치지 못했을 거라고 언급했어요. 누군가 저를 언급할 때마다 제 뒤에 앉아 있던 메르켈 총리는 '브라보, 야드란카!'라고 말해 줬죠. 하지만 당시 저는 선거에서 패배했기 때문에 만감이 교차했어요. 크로아티아가 유럽연합에 가입하게 돼서 자랑스러우면서도 선거에서 패배했기 때문에 실망스러웠죠."

코소르는 말을 이었다.

"서명이 끝나고 메르켈 총리가 제게 오더니 두 팔을 내밀어 저를 꼭 안아 주고는 이렇게 말했어요. '잊지 말아요, 당신 없이는 불가능했을 거예요.' 그 순간 제가 느낀 감정은 그날 북받쳤던 여러 감정 중에서도 가장 강렬했죠."

런던 경제대학교 총장인 미노슈 샤피크는 영국 중앙은행 부총재와 국제개발부 사무차관, 크리스틴 라가르드 총재 아래에서 IMF 부총재로 일하는 등 다수의 고위직을 역임했다.

"제가 일하는 곳마다 정기적으로 만나서 서로를 지지해 주는 여성 네트워크가 있었어요. 거대한 조직에서 극소수에 속하는 사람은 이따금 자신이 다수에 속하는 모임에 참석하는 것만으로도 큰 위안을 받게 되죠. IMF에서 일할 당시였어요. 큰 회의가 열렸고, 휴식 시간에 여성들은 떼를 지어 화장실로 몰려갔어요. 화장실에는 저랑 크리스틴이랑 다른 여성 임원 세 명이 있었는데, 갑자기 그곳이 근사한 장소가 된 것 같았죠. 보통은 남성들이 화장실로 가서 속내를 터놓곤 하잖아요. 그럼 여성들은 이런 생각을 하죠. '나 빼고 남성들만 아는 게 있나?' 여느 때와 달리 여성 화장실이 권력이 모인 자리가 됐다고 생각하니 정말 기분이 좋았어요."[28]

　모든 여성이 직장에서 다른 여성에게 힘이 되어 주지는 않는다. 여전히 여왕벌처럼 구는 사람도 있다. 하지만 여왕벌은 점차 사라지고 있고, 오늘날에는 훨씬 많은 여성이 서로를 자매처럼 도우려고 애쓴다. 여성은 누구나 무의식적 편향의 피해를 입고 있고, 남성뿐 아니라 여성도 무의식적 편향을 보인다. 하지만 편향을 바로잡으려는 동기는 여성이 더 강할 것이다. 그래서 다른 여성에게 부당하게 반응하는 자신을 발견할 때, 여성은 스스로 고정관념에 사로잡혀 있는지 의심하고 바로잡으려고 할 공산이 크다.

　그리고 무의식적 편향이 여성에게도 존재한다고 해서 남성이 면죄부를 얻는 것은 아니다. 누군가를 하나의 인격체로 대우하지 않고 고정관념에 따라 판단하려 할 때는 그런 낌새를 알아차려야 한다. 편향을 적극적으로 알아차려야만 변화를 꾀할 수 있기 때문이다.

또 무의식 속 고정관념을 지속시키는 외부 영향에도 대처해야 한다. 암묵적 편향은 여전히 사회에 만연하지만 꾸준하게 줄고 있고, 사회가 암묵적 편향을 강화하지 않는다면 훨씬 빠르게 줄어들 것이다.

10

남성이 만든
프레임이
지배하는 세상

The
Authority
Gap

문화가 사람을 만드는 게 아니다. 사람이 문화를 만든다. 문화가 여성이라는 존재를 온전하게 반영하지 못하고 있다면, 우리는 문화가 여성을 온전하게 반영하도록 만들어야 한다.

— 치마만다 응고지 아디치에, 작가

신문사 편집자 시절, 나는 일요일마다 조간 편집장과 언쟁을 벌이곤 했다. 편집장은 여성을 집중 조명하는 보도 기사가 나올 때마다 늘 사진 부서에 이렇게 소리쳤다.

"사진 잘 받아?"

그러면 나는 이렇게 되받아쳤다.

"남성이라면 절대 그런 질문 안 하시잖아요."

내 말에 편집장은 어깨를 으쓱거렸다. 그에게 남성이란 뉴스거리지만 여성이란 눈요깃거리이기 때문에 사진이 함께 실리는 게 당연했다. 오늘날 주요 신문의 1면에 등장하는 여성을 떠올려 보자. 그녀는 배우이거나 케임브리지 공작부인(왕세손비)일 것이다.

사람들이 남성의 권위가 여성보다 높다고 생각하는 이유는 무엇일까? 가부장제가 오랜 세월 동안 그런 믿음을 심어준 탓

남성이 만든 프레임이 지배하는 세상

도 있지만, 이 세상이 날마다 우리에게 똑같은 이야기를 들려주고 있기 때문이기도 하다.

일단 뉴스부터 살펴보자. 뉴스나 시사 프로그램을 보려고 TV를 켜면 최근까지도 연륜과 권위를 갖추고 사건을 설명하는 사람은 모두 남성이었다. 여성은 주름이 생기는 순간 뉴스나 시사 프로그램에서 밀려난다. 반면 남성은 얼굴에 주름이 자글자글해도 밀려나지 않는다. 우리 머릿속에서 나이는 권위와 연결되기 때문에 TV에서 나이 든 여성을 몰아내는 일은 '남성'과 '권위'를 동일시하는 무의식적 편향을 강화한다.

세계 도처에서 우리는 젊고 매력적인 여성 진행자가 삼촌뻘의 권위 있는 남성과 짝을 이뤄 뉴스를 진행하는 진부한 광경을 끊임없이 마주한다. 그리고 남성은 진지한 뉴스를 보도하고 여성은 말랑말랑하고 인간미 넘치는 기사들을 다룬다.

TV 리포터 중 50대 이상의 비율은 남성의 경우 33퍼센트에 이르지만 여성은 4퍼센트가 채 안 된다.[1] 흰 머리카락이 나기 시작하는 순간 프로그램에서 하차해야 했던 BBC 〈컨트리파일〉의 진행자 미리암 오라일리는 연령 차별 소송에서 승리를 거뒀다. 물론 이것은 그녀보다 나이 많은 남성들이 쉰 살을 넘겼다는 이유로 해고되지 않는다는 면에서 성차별이기도 했다. 오라일리는 52세에 해고당한 반면 그녀와 함께 진행하던 68세의 존 크레이븐은 방송에 남았다.

나이 든 여성에게는 통찰력과 지혜, 경험 그리고 거기서 비롯되는 권위가 있다는 점에서 이는 중요한 문제다. 대다수 문화에서는 나이 든 여성을 가족을 이끄는 지혜로운 인물로 존중하고 우러른다. 또 완경 이후 여성은 조금 더 강인하고 대담해지는 경향이 있다. 60대인 일레인 차오는 이렇게 말했다.

"이제 맞서는 게 두렵지 않아요. 아마 나이 때문일 거라고 생각해요. 최근 상황실 회의에서 혼자 회의실 전체와 대치한 적도 있었죠. 누가 그러더라고요. 내가 바주카포로 깡그리 끝장을 내놨다고요. 지금보다 젊었더라면 아마 조금 더 망설였을 거예요. 하지만 지금은 개의치 않아요."[2]

방송사들이 나이 든 남성은 화면에 나와도 괜찮지만 나이 든 여성은 시청자들이 봐 주지 않을 거라고 지레짐작한다면, 그들은 사회로부터 여성의 지혜를 빼앗은 셈이다. 그리고 이를 통해 전문가나 권위자가 남성이라는 고정관념을 강화한다.

남성이 여성보다 권위 있다는 인상을 주는 건 진행자뿐만이 아니다. 방송에서 초빙하는 전문가가 누구인지도 중요하다. '여성과 남성 그리고 뉴스'라는 제목의 연구에 따르면 정치 관련 뉴스 중 여성의 말을 인용한 뉴스는 16퍼센트밖에 안 되었다.[3] 글로벌 여성 리더십 연구소(Global Institute for Women's Leadership)가 영국과 호주, 미국의 15대 뉴스 매체를 분석한 결과에 따르면 코로나바이러스 관련 뉴스에 저명한 여성 전문가가 1회 언급될 때마다 남성 전문가는 19회 언급됐다.[4]

언론인의 안이한 업무 태도도 이런 현상을 부추긴다. 《애틀랜틱》의 과학 기자 에드 용은 한 해 동안 자신이 쓴 기사를 살펴봤다. 그리고 자신이 인용한 출처 중 여성의 비율이 24 퍼센트밖에 안 되고 여성을 전혀 인용하지 않은 기사가 전체의 3분의 1이 넘는다는 사실을 발견했다.[5]

"놀랐다. 여성의 비율이 50퍼센트에는 미치지 못할 거라고 봤지만 그 정도로 낮으리라고는 예상하지 못했다. 평소 성평등에 관심을 갖고 있었기에 나에게는 문제가 없다고 스스로를 속인 거였다. 나는 소극적인 관심만으로 충분하다고 생각했다. 하지만 그것만으로는 절대 충분하지 않았다."

에드 용은 격차를 바로잡는 작업에 곧바로 착수했다. 먼저 기사를 쓰면서 인용을 요청한 사람의 수를 세어 보았다. 혹시 여성이 남성에 비해 자기 견해를 잘 밝히지 않기 때문에 인용 횟수가 적은지 확인하려는 목적이었다. 하지만 그것 때문이 아니었다. 그는 기사에 의견을 실어 줄 여성 과학자를 찾기 시작했다. 그건 그리 힘들지 않았다. 흔히 인용되는 과학자 말고 다른 과학자를 찾기까지는 약 15분쯤 더 걸릴 뿐이었다.

무엇보다 에드 용은 이 과정을 스프레드시트로 단순하게 만들어서 관리했다.

"이게 진짜 중요해요. 자신을 속이지 못하게 막아 주는 백신 같은 거죠. 이 스프레드시트는 내가 잘하고 있다고 오해하지 않게 도와줘요. 시작한 지 4개월 만에 제 기사에서 목소리를 내는 여성의 비율이 50퍼센트까지 늘었고, 그 이후로는 대략 같은 수준을 유지하고 있어요."

그리고 그는 여성 전문가가 검증된 남성 전문가보다 자격이 부족한 것도 아니라고 말했다.

"흔히 전문가라고 알려진 사람에게 연락하는 것은 객관적으로 그들의 가치를 높게 평가해서가 아니라 그저 연락하기가장 쉬워서예요. 우리는 그들의 이름을 알아요. 그들은 구글 검색 상단에 올라 있죠. 게다가 다른 기자들이 연락하기도 했고요. 그들에게는 명성이 있어요. 하지만 그 명성은 여성이 구조적으로 불이익을 당하는 세상에서 쌓은 명성이에요."

비단 과학 기사에서만 이런 현상이 나타나는 것은 아니었다. '우먼 인 저널리즘'이 2020년에 일주일 치 기사를 분석한 결과에 따르면, 신문 1면에 인용된 인물 중 여성은 16퍼센트밖에 안 됐다.[6] 그중 흑인 여성은 단 한 명이었다.

적어도 일부 언론기관은 이를 문제로 인식하고 있다. 《파이낸셜 타임스》는 기사에 인용된 사람 중 여성의 비율이 21퍼센트밖에 되지 않는 것을 발견하고는 출처가 여성인지 남성인지 알아보기 위해 대명사와 이름을 분석하는 프로그램을 개발했다.[7] 각 부서의 편집장은 기사에서 여성을 충분히 조명하지 않은 경우 경고를 받는다. 이 조치는 《파이낸셜 타임스》의 편집장이 여성이라는 사실과 결코 무관하지 않을 것이다.

BBC는 최근 자사 프로그램에 초청하는 여성의 비율을 높이기 위해서 굉장히 멋진 프로젝트를 시작했다. '50 대 50 평등 프로젝트(50:50 The Equality Project)'는 남성 저널리스트 로스 앳킨스가 차를 운전하던 중 여성이 한 명도 등장하지 않는 라디오 프로그램을 들은 후 시작되었다. 그리고 이제는 BBC를 넘어 20개국 60여 개 언론기관으로 퍼져 나갔다. 이 프로젝트는 언론사가 제작하는 모든 콘텐츠에 등장하는 남녀의 수를 센다. 드라마에서부터 스포츠와 뉴스에 이르기까지, 모든 장르에서 여성의 방송 분량과 역할이 50퍼센트에 도달하는 것을 목표로 한다. 이때 총리라든가 사건의 목격자 등은 수에 포함되지 않으며, 언론사가 선택 가능한 출연자만 계산한다. 따라서 리포터, 해설자, 전문가, 사례 연구 대상을 비롯한 초청 인사는 누구든 포함된다. 여기서 중요한 것은 이들이 방송의 수준을 떨어트리지 않고 성평등을 이루려고 한다는 점이다. 그들이 방송에 초청하는 여성은 남성과 동등한 수준의 자격을 갖춰야 한다.

2020년 수치를 살펴보면, BBC에서 지난 2년간 이 프로젝트에 참여한 부서 중 3분의 2가 50 대 50 비율을 달성했고, 방송에 출연한 여성의 비율을 45퍼센트 이상으로 높인 부서도 93퍼센트에 달했다. 여기서는 에드 용의 말처럼 데이터를 추적하는 것이 핵심인데, 그러지 않으면 남성을 기준 잣대로 삼는 과거의 방식으로 돌아가기 때문이었다. 50 대 50 프로젝트를 연구한 저자는 이렇게 썼다.

"인터뷰에 응한 모두는 자기만의 데이터를 수집하고 관찰하는 것이 중요하다고 입을 모았다. 그들 중에는 평소 자신이 여성의 출연 비중을 균형 있게 잘 맞추고 있다고 생각했지만 자료를 만들어 보니 30퍼센트에 불과했던 사람도 있었고, 50퍼센트는 금세 달성했지만 그 비율이 점점 떨어지는 사람도 있었으며, 아직 50퍼센트에 도달하지 못한 사람도 있었다. 데이터는 자신의 직감을 검증하고 과도한 자신감을 경계하면서 목표를 달성하게끔 도와주는 중요한 도구다."[8]

이러한 결과는 성평등이 방송의 질을 떨어뜨리거나 엄청난 노력을 기울이지 않고서도 이뤄질 수 있다는 점을 보여 준다. 50 대 50 프로젝트는 결코 허울뿐인 걸치레가 아니며, 시청자와 청취자의 무의식에 영향을 미칠 것이다. 성 편향은 시간이 흐르면서 감소할 수 있다.

우리 사회는 이런 운동이 절실하게 필요하다. 글로벌 미디어 모니터링 프로젝트(The Global Media Monitoring Project)가 실시한 설문 조사에 따르면, 전 세계 뉴스에서 인용되는 여성 전문가의 비율은 19퍼센트에 지나지 않았으며, 이것은 10년 전과 비교했을 때 별반 달라지지 않은 수치였다.[9]

여성에게 커다란 영향을 미치는 주제를 다룰 때도 여성은 남성보다 전문가로 인용될 가능성이 훨씬 낮았다. 2012년 미국 대선 캠페인 기간에 낙태 관련 뉴스에 인용된 전문가 중 81퍼센트, 산아 제한 관련 뉴스에 인용된 전문가 중 75퍼센트는

남성이었다.[10]

또 여성은 가정 내 역할로 묘사될 가능성이 남성보다 네 배 높았다.[11] 나도 그런 일을 많이 겪었다. 쓰레기를 화요일에 내놓았다는 이유로 법정에 출석해야 했는데, 쓰레기 수거일은 다름 아닌 화요일이었다. 《더 선》은 파렴치하게도 이 기사의 요지를 추려 짧은 기사를 냈다. 내가 남성이었다면 리포터는 틀림없이 나를 기자라거나 《더 타임스》의 부편집자라고 소개했을 것이다. 하지만 나는 '메리 앤, 두 아이의 어머니'로 소개됐다.

우리에게 전달되는 기사를 고르고 결정하는 언론인은 여전히 대다수가 남성이다. 영국과 아일랜드의 언론인 중 여성의 비율은 39퍼센트로, 전 세계 평균인 37퍼센트보다 약간 높다. 남성 언론인은 여성을 출처로 인용할 가능성이 훨씬 낮기 때문에, 여성을 더 부각시키고 여성에게 더 많은 권위를 부여하고 싶다면 이 점을 중요하게 다뤄야 한다.

그리고 이런 불균형은 고위직으로 갈수록 더욱 커진다. 전 세계 편집장 중 여성은 4분의 1이 채 안 된다.[12] 남성이 언론사를 운영하는 한, 독자와 시청자는 남성의 눈에 비친 세상을 보게 될 것이다. 이를 두고 우먼 인 저널리즘의 의장인 엘리너 밀스는 이렇게 말했다.

"우리는 사회를 있는 그대로 보지 않고 대체로 특권을 가진 나이 든 백인 남성의 시선으로 본다."[13]

밀스는 군방부 장관이었던 마이클 팰런이 사퇴한 사건을 예로 들었다. 이 사건 이후 마침내 영국 정치계에서도 미투 운동을 통해 정치인의 부도덕한 성추행 혐의가 만천하에 알려졌다.

"정치인들은 의회에서 누가 더듬고 다니는지 다들 알고 있다. 하지만 이전에는 왜 이런 공공연한 비밀이 뉴스로 보도되지 않았을까? 와인스타인의 성추행 전력이 변화의 물꼬를 트기 전까지 권력을 쥔 남성들이 아무런 처벌도 받지 않을 수 있었던 이유는 무엇일까? 언론사를 이끄는 일부 남성들이 권력자에게 용인되는 행위에 대해 시대에 뒤떨어진 견해를 갖고 있기 때문은 아닐까? 팰런은 사직서에서 다수의 혐의를 부인했지만 여성에 대한 자신의 행동에 '부족한 점이 있었다.'고 시인했다."

당시 영국 주요 신문의 정치부 편집장은 한 명을 제외하고 모두 남성이었다. 언론계 고위직에 여성보다 남성이 더 많은 이유 중 하나는 여성 기자가 다른 전문직 여성과 마찬가지로 출산 이후 열외 취급을 받을 때가 많았기 때문이다. 내가 임신했을 당시, 상사는 내게 논설 편집을 그만두고 프리랜서 논설위원이 되는 게 어떠냐고 제안했다. 《더 타임스》의 부편집장인 피오나 피어슨도 유사한 경험을 했다.

"편집장을 비롯한 남성 동료들에게서 '사랑하는 남편과 멋진 아이들'에게 집중하는 편이 낫지 않겠냐는 말을 많이 들었어요. 어머니가 직장에 매여 있어서 되겠냐는 투였죠. 그래서 한번은 남성 동료에게 집에 머물면서 '사랑하는 아내와 멋진 아이들'에게 집중하면 어떨지 생각해 본 적 있느냐고 물었어요. 그러자 그는 꿀 먹은 벙어리가 되더군요."[14]

여성이 어머니가 되면 가정으로 돌아가기를 권하면서 남성이 아버지가 될 때는 그러지 않는다면, 고위직은 늘 남성의 차지일 것이다. 그리고 권위 격차는 계속해서 벌어질 것이다.

성평등을 추구한다고 말하는 오늘날에도 여성 언론인에 대한 성차별은 여성이 어머니가 되기 훨씬 전부터 시작된다. 28세의 비키는 프로듀서이자 리포터로 여러 라디오 방송국에서 일해 온 경험을 이렇게 요약했다.

"원하는 목표는 절대 이루지 못할 테지만 그래도 나름 사랑스러우니까 뭔가 이루기는 할 거라는 말을 들었어요. 또 '가벼운 콘텐츠'는 잘 전달하지만 그 외에는 소질이 없단 얘기도 들었고요. 제가 도움을 요청할 때면 남성 동료들은 히죽거렸고, 자기 일을 저한테 모조리 떠넘기고는 그에 대한 성과는 가로채기 일쑤였어요. 심지어 성과급까지도요. 저는 외모 덕에 취업에 성공했다는 말을 들었고, 외모로 팀에 공헌한다는 소리까지 들었어요. 단지 여성이라는 이유로 기회를 얻지 못하고 밀려났고, 맡은 일을 다 하고도 여성이기 때문에 인정을 받지 못했어요. 그런데 같은 일을 남성이 하면 인정을 받았죠. 한번은 프로듀서의 부탁을 들어드렸다고 말했더니 '성 상납 같은 건 아니었길 빈다.'는 소리도 들었어요."[15]

비키의 경험은 특이한 게 아니다. 여성 언론인은 건강, 교육, 연예, 라이프 스타일, 예술같이 언론계에서 '솜털처럼 가볍다'고 표현하는 분야로 밀려나곤 한다. 그리고 이런 압박에 맞선 여성들은 남성 동료들보다 훨씬 어려운 환경에서 일하게 될지 모른다.

30년 전, 갓 기자가 된 나는 영국 정치를 다루는 보도 기사를 썼는데, 보수당 각료들은 대체로 남성만 가입 가능한 사교 클럽인 개릭 클럽의 회원이었다. 그리고 나와 함께 일하는 정치부 편집자와 기자 들도 전부 그 클럽의 회원이었다. 동료와 경쟁자 들은 클럽에 가서 소식통을 만나 좋은 이야깃거리와 가십거리를 듣고 왔지만, 불행히도 나는 그들과 다른 몸을 타고 난 관계로 클럽에 가입할 수 없었다. 또 남성 정치 리포터와 정치인 들 사이에는 함께 골프를 치거나 축구를 보면서 친분을 쌓는 전통이 있었는데, 나는 거기에도 낄 수 없었다.

정치계에 더 많은 여성 정치인들이 유입되면서 나는 그들과 끈끈한 유대 관계를 맺으려고 노력했다. 하지만 여성 정치인은 남성만큼 고위직을 맡는 경우가 드물었다. 그리고 마거릿 대처 이후 총리가 된 테리사 메이는 우리가 경험해 본 정치인 중에서 가장 사교적이지 않기로 유명했다.

프랑스에서는 여성과 소수 인종 언론인들이 미국의 여성

언론인처럼 교류 활동에서 배제되었을 뿐 아니라 자칭 '리그 뒤 엘오엘(Ligue du LOL)'이라는 남성 언론인 패거리로부터 직접적으로 괴롭힘을 당했다. 리그 뒤 엘오엘의 회원 30여 명은 여성 동료들의 포르노 합성 이미지를 온라인상에 유포하여 피해자들에게 모욕감을 줬다.[16]

전통적으로 '남성의 영역'으로 여겨지는 정치, 경제, 스포츠 분야로 뛰어든 여성 언론인은 남성만큼 존중받지 못할 때가 많다. 이들 분야에서는 권위 격차가 지금도 아주 크게 벌어져 있다. 줄리아는 과거에 진보 잡지에서 일하면서 경험했던 이야기를 들려줬다.

"저희 부서에는 여성 정치부 기자가 한 명 있었어요. 그분이 쓴 기사는 반응이 제일 좋았죠. 그런데도 편집장은 저를 불러서 1면에 잡혀 있는 여성 기자의 기사가 '진지하지 못하다'면서 다른 기사로 바꾸라고 지시했어요. 다른 사람의 기사에 대해서는 그런 요청을 한 적이 단 한 번도 없었죠. 우리는 그녀가 여성이기 때문에 편집장이 그런 요청을 했다고 생각했어요."

그녀의 경험담은 여기서 끝나지 않았다.

"한번은 그 여성 기자가 지방 의회 선거 소식을 종일 실시간으로 전하고 있었어요. 그런데 편집장이 들어오더니 그녀를 무시하고 남성 인턴에게 지방 의회 선거와 관련된 최신 소식을 요약해서 알려달라고 하더라고요. 편집장에게 왜 보도 담당자에게 묻지 않냐고 물었더니 제 말을 무시하더군요."[17]

이런 대우는 여성의 자신감에 큰 상처를 준다.

정치부 기자로 활동하는 흑인 여성은 더욱 드물고 고되다. 앤 알렉산더는 웨스트민스터 출입 기자단 '로비(Lobby)'에 합류한 첫 흑인 여성이다. 하루는 국회에서 열린 행사에 참석해 사람들과 대화를 나누고 있을 때였다. 근처에 서 있던 한 하원 의원이 갑자기 몸을 돌려 앤을 힐끗 쳐다보더니 그녀에게 빈 잔을 건네고는 대화를 이어갔다.[18] 하원 의원은 알렉산더를 종업원으로 착각했던 것이다.

정치 언론계에 앤 알렉산더 같은 여성이 더 많이 유입돼야 언론이 중년의 중산층 백인 남성의 시선으로 세상을 바라보는 현실을 바꿀 수 있다. 언론인이 그토록 좁은 범위 내에서만 선발된다면 결코 이 나라의 너비와 깊이를 온전히 이해할 수 없다. 브렉시트 국민 투표나 그렌펠 타워 안전 부실에 허를 찔린 사람들이 그리 많았던 것도 이와 무관하지 않다.

앨리슨 커빈은 《메일 온 선데이》의 스포츠 편집자로, 여성으로서는 처음으로 중앙지 스포츠부 편집을 맡았다. 그리고 끊임없이 그녀가 스포츠에 해박하다는 걸 믿지 못하는 사람들, 특히 남성들과 마주해야 했다. 스포츠 편집자로 일한 지 얼마 안 된 어느 날, 커빈은 시스템 부서에서 일하는 남성 동료와 구내식당에서 커피를 마시면서 지출 시스템 작동법에 대해 설명을 듣고 있었다.

"누군가가 '스포츠 편집자가 저쪽에 있다.'는 얘기를 듣고 우리 쪽으로 다가왔어요. 그러더니 곧장 시스템 부서 직원에게 토요일에 누가 경기를 하는지 아느냐고 묻더군요. 저는 그에게 '제가 스포츠 편집자예요.'라고 말했죠. 그러자 '아, 그래요.'하더니 곧바로 남성 직원에게 다시 질문을 던지더라고요. 그러니까 여성이 스포츠 편집자라는 사실이 머리에 입력이 안 되는 거죠. '스포츠의 세계'에는 성별에 따라 지식 수준이 다르다는 가정이 깔려 있어요. 여성은 오프사이드를 이해하지 못한다는 근거 없는 믿음이 만연해요. 지금껏 일했던 모든 직장에 '오프사이드가 뭔지 알아요? 그럼 이 컵으로 설명해 봐요.'라고 말하는 사람이 꼭 있더라고요."[19]

제스 브래머는 BBC 〈뉴스나이트〉의 편집을 맡았고, 지금은 BBC 뉴스와 BBC 월드 뉴스의 편집을 맡고 있다. 제스는 남성이 언론을 장악하고 여성을 배제하는 현실에 넌더리가 난다고 말한다.

"언론계 행사나 연회를 피하는 편이에요. 남성들이 모여 있는 곳에서 혼자 무시당한 채 서 있어야 하니까요. 여성이라서 무시당하는 일에 정말 신물이 나요. 그런 행사는 별로 즐겁지 않아요."[20]

수십 년간 편집 회의에 참석한 경험에 따르면 고위직의 다양성은 정말 중요하다. 남성이 이끄는 언론사의 뉴스와 특집 기사는 남성의 관심사와 우선순위를 반영한다. 여성 관련 이

슈는 하찮게 취급되어 배제될 공산이 크다. 나는 육아나 워라 밸을 다루는 특집 기사를 제안했다가 남성 동료들이 눈알을 부라리는 모습을 봤다.

언론은 세상을 비추는 거울이다. 그런 면에서 이것은 여성 언론인만의 문제가 아니라 우리 모두의 문제이다. 언론에 비친 세상이 남성 쪽으로 편향돼 있다면 우리는 계속해서 남성의 시선으로 세상을 바라보게 될 것이다. 편향된 시선은 무의식적인 태도와 편견에 영향을 미쳐서 결국 권위 격차를 지속시킨다.

여성의 견해가 남성의 견해만큼 권위를 가지려면 여론을 이끄는 오피니언 면에 남녀가 동등하게 의견을 개진할 수 있도록 힘써야 한다. 내가 1988년 《더 타임스》에서 오피니언 면을 편집하기 시작했을 때 한 주에 6일씩, 매일 세 명의 정규 칼럼니스트를 배정받았다. 그리고 칼럼니스트들은 모두 남성이었다. 나는 그 신성불가침의 영역에 여성을 들여놓기 위해 싸워야만 했다. 내가 항의하자 편집자는 이렇게 대꾸했다.

"윌리엄 리스모그(리스모그는 《더 타임스》의 전 편집자로, 그 당시 매주 칼럼을 쓴 성공한 칼럼니스트이다)만큼 글을 잘 쓰는 여성을 찾을 수 있다면 한 꼭지 할애해도 좋겠지."

"좋아요, 리비 퍼브스는 어때요?"

퍼브스는 이미 훌륭하고 진지한 사설을 쓰고 있었지만 '가볍고', '여성적인' 특집 기사 면의 구석에 기사가 실렸다. 편집자가 동의해 준 덕분에 퍼브스는 30년이 지난 오늘날까지 그세대로서는 유일하게 살아남아 매주 칼럼을 쓰고 있다.

뛰어난 여성 필자를 찾기란 그리 어렵지 않다. 여성이 편집장을 맡고 있는 《가디언》은 많은 여성 칼럼니스트를 보유하고 있다. 그중에는 마리나 하이드와 네스린 말릭 같은 수상 작가와 폴리 토인비 같은 무게감 있는 정치계 권위자도 있다.

언론계뿐 아니라 다른 기관들도 마찬가지이다. 성평등을 실현하려면 우리는 조직이 여성에게 동등한 기회를 부여하는지, 남성이 여성을 주변부로 밀쳐내는지 점검해야 한다. 고삐를 늦추는 순간 팽팽하게 당긴 고무줄을 놓았을 때처럼 사회는 남성이 기준 잣대인 곳으로 재빨리 회귀할 것이다. 이것은 남성이 여성보다 더 나은 존재이기 때문이 아니라 성 편향이 남성과 여성을 대하는 행동과 태도를 결정하기 때문이다.

언론은 권위 있는 여성을 다룰 때 그들의 권위를 떨어뜨릴 때가 많다. 데버라 캐머런과 실비아 쇼는 『성별, 권력 그리고 정치 연설(Gender, Power and Political Speech)』에서 2015년 총선 캠페인 기간 동안 여성 정치인과 앵커를 다룬 언론 보도를 분석했다.[21] 카메론은 이렇게 썼다.

"수백만 명이 시청하는 토론 프로그램에서 여성들을 집중 조명했다. 그들 중 한 명은 작은 지역구를 책임지고 있었다. 그런데 토론에 나온 전문가들이 여성들을 누구에 비유했는지 아는가? 여학생회장, 초등학교 여교사, 여교장, 간호사, 수간호사였다. 그들은 이런 방식으로 여성의 권위를 이해했다. 다시 말해서 여성이 전통적으로 권력을 행사해 온 역할, 즉 노약자 등을 돌보는 일에 비유해서 이해했다. 남성 정치인을 다룰 때는 이런 식의 비유를 쓰지 않았다. 남성 정치인의 권위는 당연하기 때문에 굳이 언급하거나 설명할 필요가 없었다."

그리고 여기에 숨겨진 메시지가 있다. 바로 여성의 권위를 인정하는 남성은 누구나 어린애나 다름없다는 것이다.[22]

"이런 사례 속에서 여성의 권위는 농담거리이자 위협이며, 위협을 해소하기 위해서 만든 농담거리라고도 말할 수 있다. 이런 여성은 오만한 잔소리꾼에 옹졸한 독재자로 그려진다. 대중문화에서는 나이 많고 매력 없는 무성욕자나 병적으로 성욕이 넘쳐서 '남자 잡아먹는 여자'로 종종 묘사된다."

광고 역시 우리가 사는 세상을 반영하는 거울이자 삶을 바라보는 또 하나의 렌즈다. 그런데 이런 광고가 들려주는 이야기는 상황이 더 심각하다. 채널 4에서 가장 많이 시청된 광고 1000편을 조사한 결과, 여성이 주부로 등장한 광고는 41퍼센트에 이르렀고, 사무직 근로자로 등장한 광고는 28퍼센트에 불과했다.[23]

영국에서만 이런 문제가 나타나는 것은 아니다. 2018년 28개국 남녀를 대상으로 실시한 설문 조사에 따르면, 광고주들이 그들의 광고에서 전통적인 혹은 시대에 뒤떨어진 남녀의 역할을 없애기 위해 더 많이 노력해야 한다고 대답한 사람이 64퍼센트에 이르렀다.[24] 기분 나쁜 성차별 광고가 여전히 나온다고 답한 사람도 거의 50퍼센트에 이르렀다. 응답자의 4분의 3은 광고에서 남녀를 동등한 능력과 역할로 그리는 기업에 더 호감을 느낀다고 답했다.

이처럼 소비자는 광고계의 변화를 진심으로 바라고 있고 광고주도 조금씩 바뀌고 있지만, 소비자들의 기대에 부응하기에는 역부족하다.

영국에서는 광고표준위원회(Advertising Standards Authority)가 광고에서 유해한 성 고정관념의 사용을 금지하고 있다. 하지만 '유해한'이라는 단어에 강조점이 있어서 생각보다 규제 범위가 좁다. 오늘날 광고주는 자동차 엔진에 대해 아무것도 모르는 여성이나 똥 기저귀 앞에서 어찌할 바 모르는 남성을 방송에 내보낼 수 없다. 하지만 여전히 광고에 등장하는 여성은 주방청소용 스프레이의 효과에 이상하리만큼 흥분한 주부로 묘사되고 남성은 서류가방을 들고 사무실로 돌진하는 임원으로 묘사될 수 있다.

성별 역할 고정관념에 가장 악영향을 미치는 건 영화나 드라마일지 모른다. 다행스럽게도 이 영역에서는, 특히 드라마에서는 최근 들어 큰 발전이 있었다. 드라마 〈플리백〉, 〈킬링 이브〉, 〈젠틀맨 잭〉, 〈아이 메이 디스트로이 유〉, 〈빅 리틀 라이즈〉는 여성이 각본과 감독을 맡은 작품으로 전 연령대의 여성을 굉장히 흥미롭고 복잡한 인물로 묘사해, 폭염에 마시는 차가운 맥주만큼이나 가슴을 시원하게 만든다. 이 드라마들은 흥행에 성공하기도 해서 경영진이 왜 이제야 이런 드라마를 의뢰했는지 의문이 들 정도다. 〈킬링 이브 시즌 2〉는 BBC 아이플레이어(지난 방송 다시 보기 서비스—옮긴이)에 오른 지 36시간 만에 260만 건의 다운로드를 기록했다.

이들은 여성을 영향력 있고, 복잡하며, 윤리적으로 모호하고, 재밌고, 위엄 있는 모습으로 그려서 나이 든 세대에게는 자라면서 습득한 고정관념을 재고하게 만들고, 어린 세대에게는 다양한 역할 모델을 제공한다.

이런 현상은 굉장히 최근에 나타났다. 2006년부터 2016년까지 영국에서 상영된 영화의 11퍼센트, TV 방송분의 28퍼센트만이 여성 작가가 쓴 작품이었다.[25] 그리고 여성 작가는 연속극이나 아동용 프로그램에 한정되었고, 황금 시간대의 드라마나 코미디, 예능 프로그램으로 이동하기가 어려웠다.

또 여성 배역이 평면적이라는 문제도 있었다. 로라 베이츠는 과거에 배우로 활동하다가 2014년 '일상 속 성차별 프로젝트'를 설립했다. 배우들은 오디션을 보러 가기 전에 오디션에서 연기해 볼 인물을 설명하는 '배역 기술서'를 받는데, 베이츠는 이런 일을 겪었다.

"당시 제 남자친구도 배우였어요. 남자친구는 인물의 성격을 알 수 있는, 길고 자세한 배역 기술서를 받았어요. 수줍고 내향적인 성격에 성장기에 안 좋은 경험을 해서 이런저런 사람이 됐다는 식으로 적혀 있었죠. 저는 딱 네 글자로 이뤄진 배역 기술서를 받은 적도 있어요. '32DD(브래지어 사이즈—옮긴이)'가 다였죠. '그녀는 섹시하지만 처녀다.' 혹은 '순진하지만 성적 매력이 넘친다.'는 식으로 놀랄만큼 고정관념에 사로잡힌 기술서도 받아 봤어요."[26]

극작가이자 감독, 시나리오 작가인 모이라 버피니는 TV가 바뀌고 있다는 점은 동의하면서도 아직 해야 할 일이 남았다고 말했다.

"TV 속 세상에는 아직도 성숙하고 흥미로운 남성과 젊고 아름다운 여성이 넘쳐나요. 하지만 이제는 멈춰야 해요. 사람들에게 악영향을 미치거든요. 현실 속 여성이 애인이나 아내만 있는 게 아닌 것처럼 TV 속 여성도 삶을 주도적으로 살아가는 모습으로 그려져야 해요."[27]

버피니의 말처럼 TV 속 역할 모델의 영향력은 정말 엄청나다. 지나 데이비스 미디어 젠더 연구소는 〈X파일〉에서 질리언 앤더슨이 연기한 다나 스컬리 박사 역이 STEM 과목에 대한 여자아이와 여성의 태도를 얼마만큼 변화시켰는지 살펴보기로 했다.[28] 스컬리는 의사였다가 초자연적 현상에 열린 태도를 가진 형사로 변모하는데, 대중적인 TV 프로그램에서 여성 주인공이 STEM 분야에서 일하는 굉장히 흥미로운 인물로 등장한 첫 사례였다. 스컬리는 명석하고 강인하며 논리적이고 회의적인 인물로 그려졌다.

연구는 〈X파일〉을 봤을 만한 연령대인 25세 이상 여성 2000여 명을 대상으로 했다. 그리고 연구 결과는 놀라웠다. STEM 분야에서 일하는 여성 중 63퍼센트가 스컬리를 자신의 역할 모델로 언급했다. 스컬리를 잘 아는 여성 중 절반이 스컬리 덕분에 STEM 분야에 대한 관심이 커졌다고 답했으며, 63퍼센트가 남성이 지배하는 분야에서 여성도 뛰어난 실력을 발휘할 수 있다는 자신감을 키웠다고 답했다. 〈X파일〉을 정기적으로 시청한 여성은 가끔 본 여성에 비해 STEM 분야에서 일할 가능성이 50퍼센트나 높았다.

유명 TV 프로그램에 등장하는 영향력 있는 여성 한 명이 한 세대의 여성들에게 이토록 큰 영향을 미칠 수 있다니, 그런 여성이 훨씬 더 많이 등장할 경우 세상이 얼마나 달라질지 상상해 보자. 이런 변화는 사람의 인생을 바꿔 놓는다.

영화계도 발전하고 있지만 TV보다는 변화가 더디다. 2019년 최고 수익을 거둔 영화 100편 중 여성이 주연이거나 공동 주연인 영화는 43퍼센트였다. 이는 2007년의 20퍼센트, 2017년의 32퍼센트에 비하면 많이 개선된 수치다.[29]

영화 속 성평등 지수를 나타내는 벡델 테스트는 이름을 가진 두 명 이상의 여성 배역이 남성과 관련 없는 주제로 서로 대화를 나누면 통과하는 테스트로, 통과 기준이 그다지 높지 않다. 하지만 2019년에도 벡델 테스트를 통과하지 못한 영화가 42퍼센트나 됐다.[30] 그리고 영화에 등장하는 인물의 남녀 성비는 여전히 2 대 1에 육박했다.[31]

최고 수익을 거둔 영화 100편 중에 주연이나 공동 주연으로 45세 이상의 여성이 나온 영화는 3편뿐이었고, 유색 인종 여성은 11명뿐이었다. 그리고 2020년 수익을 기준으로 선정한 100대 영화 중에서 여성이 감독을 맡은 영화는 16편이었는데, 그나마 2018년도에 4편이었던 것에 비하면 많이 증가한 셈이었다.[32]

한국계 미국인 감독 제니퍼 여 넬슨(여인영—옮긴이)은 성비 불균형이 심각한 애니메이션 영화계에서 몇 안 되는 여성 감독 중 한 명으로, 〈쿵푸팬더 2〉와 〈쿵푸팬더 3〉, 〈다키스트 마인드〉의 감독을 맡았다. 하지만 그녀는 여전히 낡은 고정관념에 맞닥뜨릴 때가 많다고 했다. 2007년부터 2019년 사이에 가장 수익을 많이 거둔 영화 1300편 중에 유색인 여성이 감독을 맡은 영화는 13편에 불과했다. 그중에서도 여 넬슨 감독은 한 편 이상을 연출한 감독 두 명 중 한 명이었다(다른 사람은 에바 두버네이다).[33] 이와 관련해서 여 넬슨 감독은 이렇게 말했다.

"저는 걸어 다니는 특이 사례예요. 사람들은 '여성이 이런 일을 하네요, 정말 드문 일인데. 아시아인이 이런 일을 하네요, 정말 드문 일인데.'라고 말하곤 해요. 무척 보기 드문 사례라지만, 그건 제가 어찌할 도리가 없는 일이죠. 갑자기 아시아인이길 그만둘 수도 없고 여성이길 그만둘 수도 없으니까요."

그래서 사람들이 그녀를 처음 만날 때 놀라는 경우가 많다고 했다. 한번은 그녀가 면접을 보려고 호텔 로비에서 프로듀서를 기다리고 있었다. 프로듀서는 로비가 거의 비어 있었고 그녀가 커다란 애니메이션 포트폴리오를 들고 서 있었는데도 불구하고 그녀를 몇 번이나 지나쳤다. 그리고 감독이 된 지금도 그녀에게는 똑같은 일이 벌어지고 있다.

"저 혼자 앉아 있는 방에 배우가 들어와요. 감독을 만나기로 되어 있던 배우는 저를 발견하고는 위아래로 훑어보며 혼란에 빠져요. 머릿속으로 '이 사람이 만나기로 한 감독인가?' 하고 생각하는 게 빤히 보이죠. 대체로 시간이 좀 지나서야 배우들은 제가 감독이라는 걸 알아차려요. 제 옆에 다른 남성이라도 서 있으면 반응이 더 늦어져요. 제 옆에 있는 남성을 먼저 바라보다가 다시 저를 바라보고는 굉장히 혼란스러운 표정을 짓죠. 일부러 그러는 건 아니겠지만, 제가 감독인 걸 알아차리기까지 시간이 좀 걸려요."

그렇다면 아직도 여성 감독이 그토록 적은 이유는 무엇일까? 여성 감독이 만든 영화는 남성 감독이 만든 영화만큼이나 훌륭하다.[34] 상업적으로 생각해 봐도 이해가 되지 않는다. 여성이 만든 영화에는 여성이 주요 인물로 등장할 가능성이 훨씬 높고, 여성 주연이 있는 영화는 여성 주연이 없는 영화에 비해 박스오피스에서 더 좋은 실적을 거둔다. 2014년부터 2017년 사이에 높은 수익을 낸 영화 중 여성이 주연을 맡은 영화는 모든 예산 범위에서 남성이 주연을 맡은 영화보다 수익성이 더 좋았다.[35] 벡델 테스트를 통과한 영화도 테스트를 통과하지 못한 영화에 비해 실적이 더 좋았다. 실제로 이 기간 동안 전 세계적으로 10억 달러 이상의 수익을 거둔 모든 영화가 벡델 테스트를 통과했다.

미투 운동 이래로 스크린에 강인한 여성을 더 많이 등장시키고 카메라 뒤 요직에도 여성을 더 많이 앉혀야 한다는 압력이 생겨난 것은 분명하다. 그 결과 〈쓰리 빌보드〉, 〈히든 피겨스〉, 〈레이트 나이트〉 같은 훌륭한 영화들이 탄생했다. 영화 제작사들은 마침내 여성에게 더 좋은 기회를 부여하고 있다. 이러한 변화는 여성이 스크린에서 성적 대상이나 내조하는 아내, 살인 사건의 피해자로 그려지기보다 조금 더 미묘하고 입체적인 인물로 주도성과 권위를 드러내기를 바라는 우리 모두에게 좋은 소식일 것이다.

하지만 스크린 밖 여성들은 여전히 남성들의 저항에 부딪힌다. 30대 초반의 프로듀서 키티는 결국 할리우드를 떠났는데, 남성 상사가 겉으로는 진보적인 자유주의자인 척하면서 그녀가 여성 배역에 너무 신경을 써서 짜증난다는 말을 일삼았기 때문이다.[36] 그는 그녀가 제안한 훌륭한 영화 프로젝트의 진행을 거부했다.

"그가 차버린 각본은 〈킬링 이브〉로 유명세를 탄 에머랄드 펜넬의 〈프라미싱 영 우먼〉으로, 마고 로비가 프로듀서로 나서고 캐리 멀리건이 주연을 맡았죠. 이 영화는 아카데미 시상식 5개 부문에 후보로 올랐어요."

키티는 오늘날 영화계에서 이뤄진 진전에 흥분을 감추지 못하면서도 여전히 할리우드에서 여성이 남성보다 살아남기 더 힘들다고 보았다.

"여성이 영화 제작자로 성공하려면 완벽하게 최고가 되어야 해요. 반면 남성은 중간만 가도 다시 기회가 주어지고 영화 제작자로서 성공을 거둘 수 있죠. 남성 프로듀서와 영화 제작자, 배급사가 여전히 할리우드를 주름잡고 있으니까요."

너무나 많은 삶의 영역에서 여성은 이런 현실과 마주하고 있다. 헬레 토르닝슈미트가 말했듯 평범한 남성이 권위 있는 자리에 오르는 만큼 평범한 여성도 그런 자리에 오를 수 있을 때에야 진정한 성평등이 이뤄졌다고 말할 수 있을 것이다.

그렇다면 종교는 어떨까? 종교를 믿는 사람에게 종교의 가르침은 세상을 바라보는 틀이자 삶을 이끌어가는 길잡이가 된다. 따라서 종교가 남성이 여성보다 우월하다고 가르친다면 신자들은 무의식적 편향뿐 아니라 의식적 편향도 갖게 될 것이다.

세계의 주요 종교는 어느 형태로든 황금률을 가르친다. 기독교의 황금률은 '내가 대접을 받고 싶은 대로 남을 대접하라.'이다. 불교에서는 '내게 상처가 될 만한 것으로 남에게 상처를 주지 말라.'고 가르치고, 힌두교는 '내게 해롭다고 생각되는 행동을 남에게 하지 말라.'고 가르친다. 이슬람교는 '내가 대접받고 싶은 대로 남을 대접하고 내가 싫어하는 행위를 남에게 하지 말라.'고 가르친다.

하지만 대다수 종교는 여성을 억압하고 차별하거나 여성에게 열등한 지위를 부여한다. 어느 남성도 그런 대접은 받고 싶지 않을 텐데 어쩌다 이렇게 됐을까? 이런 위선적 태도에 대한 유일한 설명은 이들 종교가 번성했던 시기가 지극히 가부장적인 문화여서 여성을 억압하는 게 자연스럽게 여겨졌다는 것이다.

문제는 세상이 변했는데 경전이 안 변했다는 데 있다. 예컨대 코란은 지금도 딸에게는 아들에게 물려주는 유산의 절반을 물려주라고 정하고 있다. 성경은 여성이 교회에서 지도자가 될 수 없다고 말한다.

"여성과 여자아이는 하느님의 말씀을 잘못 해석한 결과로 오랜 세월 차별을 당했다."[37]

미국 대통령이었던 지미 카터가 한 말이다. 그는 신실한 남침례교 교인으로 알려졌지만, 교회가 아내는 남편에게 복종해야 하며 여성은 부목사나 목사, 사제가 될 수 없다고 선언하자 60년 만에 마지못해 교회를 떠나야 했다.

카터에 따르면 초기 기독교 교회에서는 여성이 지도자 역할을 맡았다.

"하지만 4세기 이후 남성들이 성서를 왜곡하여 종교 체계 내에서 남성의 우월한 지위를 영속화했다. ……사실 남성 지도자에게는 선택권이 있었다. 그들은 성서를 해석하면서 여성의 지위를 높일 수도 있었고, 남성 아래 예속시킬 수도 있었다. 이것은 지금도 마찬가지다. 그리고 그들은 자신의 이기적인 목적을 위해서 압도적으로 후자를 선택했다."

이렇게 남성은 신의 권위를 빌어서 무려 1000년이 넘도록 여성을 통제해 왔다. 그들은 종교를 핑계 삼아 여자아이와 여성의 기회를 박탈하고 나이 든 남성과 결혼하도록 강요했고, 여성이 권위와 권력을 두고 남성과 경쟁하지 못하게 막았다. 그리고 성적 충동을 제어하지 못하는 남성의 결함을 여성의 탓으로 돌렸다.

아일랜드 대통령을 역임한 메리 매컬리스는 자신이 소속된 가톨릭교회가 여성에게 권위를 부여하지 않기로 결정하자 너무 분개한 나머지 퇴임한 후 교회법으로 박사 학위를 받았다. 왜 그런 선택을 했는지 묻자 매컬리스는 이렇게 대답했다.

"제가 다니는 교회에서 여성을 배척하는 현실이 영 못마땅하더라고요. 가톨릭 교인은 12억 명이고, 전 세계적으로 여섯명 중 한 명은 가톨릭 신자예요. 그래서 가톨릭교회를 그냥 떠나버릴 수 없었어요. 가톨릭교회는 여성 혐오의 제국이죠. 교회가 2000년간 전수해 온 여성 혐오는 여전히 세계 곳곳의 수많은 사회에 스며들어 있어요.[38]……[북아일랜드에서] 가톨릭 신자의 인권과 시민권을 위해 투쟁한다는 사람들이 정작 교회 안에서 여성의 인권과 시민권이 고의적으로 무시되는 현실은 알아차리지 못하고 있어요."

영국 교회 내부에서도 여성에게 남성과 동등한 권위를 부여하기 위한 투쟁이 있었다. 여성이 사제가 되는 것을 허락하는 여성 사제 서품 운동은 19년간의 집요한 투쟁 끝에 마침내 1992년 총회에서 두 표 차이로 통과됐다. 어찌나 논란이 되었던지 이 개혁 이후 430명의 사제가 사직하고 배상을 청구하는 소동까지 벌어졌다. 여성 사제가 허락된 이후 총회(교회 통치 기관)가 여성 주교를 인정하기까지는 22년의 세월이 더 필요했다.

세라 멀러리는 영국 정부의 간호 최고 책임자라는 요직에서 가톨릭교회로 자리를 옮겼다. 런던 교구는 여성 사제를 반대하기로 유명했는데, 런던 교구 소속 성직자 중 13퍼센트가 여성을 사제나 주교로 인정하지 않아서 '대리 주교'라는 특별 규정을 적용해야 했다. 그래서 멀러리가 런던의 주교로 임명되자 다들 놀랐다. 멀러리는 이를 두고 이렇게 평가했다.

"교회는 놀랐지만 세계는 기뻐했어요.[39] 그리고 저는 주교가 되고 나서 제가 여성이라는 사실을 전보다 훨씬 더 많이 자각하게 되었어요. 예배를 마치고 교회 뒤편에 서 있으면 신도들이 교회를 나서면서 '여주교님이 어떨지 상상이 안 됐는데 좋았다.'거나 '실제로 보니 꽤 미인이다.'라는 얘기를 해 주셔요. 좋은 뜻인 건 알지만 그런 말을 들으면 기분이 좀 이상하더라고요. 그냥 할일을 할 뿐인데 제가 여성이라는 사실이 자꾸만 부각되니까요."

교회에 다니는 많은 사람은 여전히 '권위'와 '여성'을 연관 짓기 어려워한다. 세인트 폴 대성당의 첫 여성 사제인 루시 윈켓 주교가 미사를 집전할 때 한 방문객이 당황해 하면서 교회 관리인에게 이렇게 물었다고 한다.

"왜 사제님 목소리가 여자 목소리 같죠?"[40]

이런 반응은 새로운 것을 받아들이는 데 따르는 어려움으로 이해할 수 있다. 하지만 여성이 교회에서 권위를 행사할 수 있다는 생각에 노골적으로 적개심을 드러내는 사람도 있다. 멀러리 역시 그런 사람들과 마주해야 했다.

"정말 심한 말을 들을 때가 있어요. 특히 소셜 미디어에서요. 직접 만나는 사람보다는 익명의 사람에게 불쾌한 일을 당할 때가 많아요. 그런데 그 일이 신학적인 이유 때문인지 아니면 저를 차별하는 건지 분간하기가 쉽지 않아요. 그래도 가끔 차별적인 태도가 노골적으로 드러날 때가 있는데, 그런 일이 있으면 맞서요. 그러면 상대가 흠칫 놀라죠. 그리고 이렇게 맞서지 않으면 더욱 고달파져요. 아무것도 바꿀 수 없죠. 사람들

남성이 만든 프레임이 지배하는 세상

은 제가 직접 그런 이야기를 꺼내면 놀라요. 그리고 여성 주교가 그런 얘기를 꺼내리라고 예상하지 못해서 그런지 오히려 마음을 누그러뜨리는 효과가 있어요."

유대교 진보파는 여성 랍비를 허용하지만 영국의 정통파는 허용하지 않는다(미국에서는 정통파도 일부 허용하고 있다). 유대교 초정통파 여성은 머리를 가리기 위해 가발을 써야 하고 아이를 최대한 많이 낳아야 한다. 초정통파 공동체에서는 성별 분리가 만연하다.

하지만 히브리 성서에는 적어도 엔돌의 무녀, 사라, 리브가, 라헬, 드보라, 레아 같은 지혜롭고 권위 있는 여성들이 등장한다. 물론 성경 속 여성의 권위는 남성에 비할 바가 못 된다. 웨스트런던 회당의 선임 랍비였던 줄리아 누버거는 이렇게 말했다.

"그들은 여성이면서도 자신의 역할을 하고, 이후 종교 문헌에 등장하는 여성들처럼 순종적이지 않아요. 그렇다면 이들에게 권위가 있을까요? 어느 정도는 있지만 그리 많지는 않아요."[41]

유대교 전통 율법에 따르면 남성은 이혼할 수 있지만, 여성은 이혼할 수 없다. 하지만 유대 역사에서 여성은 늘 재산을 소유할 권리가 있었고, 글을 읽고 쓸 줄 알았으며, 남편이 공부하는 동안에는 사업에 힘을 쏟기도 했다는 면에서 대다수 기독교 여성에 비해 더 많은 자유를 누렸다고 볼 수 있다.

이슬람교에서는 성 편향이 더욱 노골적으로 드러난다. 여성은 모스크에서 남성과 따로 앉아야 하며, 대부분 이맘이 될 수 없다. 모스크는 전적으로 남성에 의해 운영되고, 샤리아 의회 역시 마찬가지다. 무슬림 공동체에서 목소리를 내는 쪽은 거의 남성이고, 10대 여자아이가 자신보다 훨씬 나이가 많은 남성과 강제로 결혼하는 일도 이따금 벌어진다. 많은 무슬림 공동체는 아버지, 남편, 남자 형제가 여성의 삶을 결정해야 한다고 여긴다.

버밍햄에 거주하는 용감한 무슬림 여성 지나 칸은 이에 반대하는 공개 발언을 했다가 창문으로 벽돌이 날아 들어오는 일을 겪었다.

"여성은 자동으로 이류 시민이 돼요. 시골 하층민 출신이든 교양 있는 아시아 출신이든 다르지 않아요. 전반적으로 이런 사고방식은 똑같아요. 평생 성차별적 사고방식과 싸우다 보면 나답게 살기가 어려워요. 이제껏 살아왔던 것처럼 불행하게 살든가 아니면 힘껏 목소리를 내야 해요. '나도 사람이에요. 신이 저에게도 남성인 당신과 동일한 뇌를 주셨다고요. 그러니 단지 여성이라는 이유로 당신 뒤에 서서 절하고 기도하지 않을 거예요.'라고요. 무슬림 여성은 고분고분하게 살라고 배워요. 하지만 이제는 한 발자국 뒤로 물러서서 제 종교를 이해하고 기존 관습에 도전해 보려고요."

불굴의 다큐멘터리 제작자인 샤르민 오바이드치노이는 이

슬람 교리를 자의적으로 해석한 남성들 때문에 파키스탄 여성의 권리가 퇴보했다고 말했다.

"여성의 권리가 퇴보한 것은 파키스탄이 이슬람화한 것과 직접적으로 관련 있어요. 사실 이슬람교는 기본적으로 여성의 종교적 접근과 권리를 허용하죠. 하지만 파키스탄에서는 항상 남성들이 이슬람 교리를 해석해요. 그리고 여성에게 이슬람교가 허락했다고 주장하는 권리를 허락하지 않았다고 해석하죠. 결국 남성들은 종교를 남용하고 왜곡해서 여성들을 억압해요. 파키스탄 남성들은 자신의 좌절감을 여성에게 풀어요. 그건 종교와 아무런 관련이 없어요. 종교의 가르침을 조작하고선 그걸 종교적 권리라고 믿는 것에 불과해요."[42]

종교와 관련된 흥미로운 실험이 이집트에서 진행됐다. 연구진이 코란의 구절을 여성의 리더십을 인정하는 쪽으로 해석해서 종교적 논거로 제시하자 무슬림이 여성 총리나 대통령을 받아들일 가능성이 24퍼센트나 증가했다.[43] 종교적 논거는 종교와 관련 없는 과학적 논거보다 효과가 더 좋았다. 따라서 코란을 다소 진보적으로 해석하는 것이 무슬림 공동체의 변화를 끌어내는 데 도움을 줄 수 있을지도 모른다. 하지만 그러려면 남성 무슬림 지도자와 이맘 들이 남녀가 평등하다는 믿음을 가지고 성평등의 가치를 설파해야 한다.

지미 카터는 옳았다. 거의 모든 종교에서 끊임없이 여성을 차별하는 것은 여성이 희생되더라도 우월한 지위를 고수하기로 결심한 남성들의 이기심 때문이다. 그리고 정말 기이하게도 이기심은 바로 황금률이 금기시하는 죄이다. 모든 종교는 이기심이 나쁘다고 가르치는데, 종교 기관은 권위 있는 자리에 여성이 오르지 못하게 막으면서 권력을 유지하려는 남성들의 이기적인 소망을 지켜준다. 이런 현실을 바꾸지 않는 한 계속해서 낡은 고정관념이 신자들의 마음속을 파고들 것이다.

그러면 남성은 여성이 열등하고 남성에게 종속된 존재라는 믿음을 정당화할 것이다. 게다가 그런 믿음은 남성에게 득이 된다. 그리고 여성은 종교의 가르침과 세상이 불합리하다는 자각 사이에서 갈피를 잡지 못할 것이다.

우리는 여전히 남성들이 짜놓은 세상에 살고 있다. 이 세상에서 남성은 우월하고 권위 있는 지위를, 여성은 종속적인 지위를 부여 받는다. 남성은 여성보다 전문가로서 훨씬 자주 인용되고, 최고위직은 대부분 남성이 차지한다. 세상이 우리에게 지속적으로 보내는 메시지는 뇌에 흡수되어 고정관념으로 자리 잡는다. 우리는 이 고정관념을 통해 남성과 여성을 바라보고, 그 결과 권위 격차는 지속된다.

그래도 몇몇 영역에서는 진전이 있었다. TV와 영화는 예전보다 여성을 다양하고 입체적인 인물로, 권위 있고 주도적이며 강인한 모습으로 많이 그리고 있다. 50 대 50 프로젝트는 권위 있는 여성 전문가를 세상에 드러내는 데 극적인 효과를 발휘하고 있다. 광고계도 더디게나마 바뀌고 있다. 할리우드는 예전보다 여성 감독을 더 많이 기용하는 추세다. 여성 배우들은 더이상 성적 대상으로만 나오지 않고, 나이 든 여성도 스크린에 점차 더 많이 등장하고 있다.

영국 내 주요 일간지 업계에서는 여성 편집장을 기용하는 새로운 물결이 일고 있다. 이들이 언론 기관의 전통적인(때로는 유해한) 남성 문화를 바꿔 놓을 수 있다면 권위 격차 해소에 도움이 될 것이다.

종교는 늘 그렇듯 느릿느릿 나아간다. 많은 종교인이 시대와 발을 맞추는 것은 종교가 해야 할 역할이 아니라고 생각한다. 그리고 무엇보다 경전이 우선시 되어야 한다고 믿는다. 이런 믿음이 변하지 않는 한 여성은 지난 수천 년간 이어져 온 억압적인 가부장적 관습에 사로잡힌 채 계속해서 억압당할 것이다.

11

레이디 맥베스,
메두사를 만나다

**The
Authority
Gap**

정치계에서 여성으로 살아가기란 녹록지 않다. 녹록지 않다는 건 절제된 표현이다. 실제로는 굉장히 고통스럽고 굴욕적이다. 여성이 출마 선언을 하는 순간 시작되는 얼굴, 몸매, 목소리, 태도, 위상, 아이디어, 성취, 인격 폄하는 믿을 수 없을 만큼 가혹하다.

— 힐러리 클린턴

2009년에 총리가 된 야드란카 코소르는 크로아티아가 민주화된 이래 선출된 최초의 여성 총리였다. 내가 그녀를 만나기 위해 자그레브에 갔을 때, 코소르는 그 당시에 겪은 일들을 두고 씁쓸해 하고 있었다.

"총리가 된 순간부터 조롱과 불신이 쏟아졌어요. 당시 크로아티아는 심각한 재정 위기를 맞고 있었어요. GDP가 10퍼센트 가까이 떨어졌고, 사람들은 저를 믿지 못했어요. '그녀는 이 위기에서 우리를 구해낼 수 없어. 크로아티아를 완전히 망쳐 놓을 거야.' 제가 의회에서 선출된 날에 모욕적인 언사가 쏟아졌어요. 그중 대다수는 저를 정치인이 아니라 여성으로 보는 말들이었죠."[1]

조롱은 크로아티아를 넘어 유럽연합으로 뻗어갔다. 당시 유럽연합에서는 크로아티아의 유럽연합 가입 협상이 교착 상태에 빠져 있었다.

레이디 맥베스, 메두사를 만나다

"당시 유럽연합 집행위원회 위원장이던 조제 마누엘 바호주도 저를 믿지 않았어요. 슬로베니아를 비롯한 몇몇 국가가 크로아티아의 유럽연합 가입을 저지하고 있었죠. 바호주 위원장은 말 그대로 저를 위아래로 훑어보더니 남성이던 전임 총리가 해내지 못한 일을 제가 어떻게 해내겠냐고 말했어요."

그로부터 석 달이 채 지나지 않아 코소르는 협상을 재개시켰고, 결국 크로아티아의 유럽연합 가입을 성사시켰다. 코소르는 강인하고 기술 좋은 협상가였고, 과거 크로아티아의 유럽연합 가입을 반대했던 슬로베니아 총리와 예상치 못한 우호 관계를 형성했다.

사회는 여성 전문가에게 남성과 동등한 권위를 부여하길 꺼리지만, 이는 권력을 잡은 여성에 대한 저항심에 비할 바가 아니다. 이번 장에서는 주로 여성 정치 지도자에 초점을 맞출 예정이다. 하지만 분야를 막론하고 권력을 잡은 여성을 대하는 사회의 태도에는 큰 차이가 없다.

2016년 미 대선에서 도널드 트럼프와 경쟁했던 힐러리 클린턴의 사례를 살펴보면, 여성 대통령이 당선 가능한 시대에도 사회의 여성 혐오가 얼마나 심각한 수준인지 알 수 있다. 당시 힐러리 클린턴은 온갖 이유로 공공연한 비난을 받았다. 객관적 자질만 보면 역대 대통령 후보 중 가장 뛰어난데도 힐러리는 목소리, 머리 모양, 복장, 태도에 대해 지적을 받았다.

그리고 비호감인데다 차갑고, 비열하고, 미덥지 않고, 속이 배배 꼬였다는 비난도 들었다. 단순히 표현하자면 클린턴이 너무 여성적이라며 온갖 비난이 쏟아졌다.

힐러리가 집회에 모인 군중에게 활기를 불어넣으려고 환호성을 지르면 '귀 아프게 꺅꺅거린다.'고 헐뜯었고, 토론을 장악하면 '공격적이고 비열하고 화가 많다.'며 비난했다.

공화당에서 사용한 비유도 역겹기 이를 데 없었다. 그중에는 트럼프가 클린턴의 잘린 머리를 메두사의 머리처럼 들고 있는 그림이 새겨진 머그잔도 있었고, 'KFC 힐러리 특별 메뉴: 두툼한 다리 2개, 작은 가슴 2개, 왼쪽 날개(left-wing, 좌익이라는 뜻―옮긴이)'라고 적힌 배지도 있었다. 그리고 '저 못된 계집을 이겨라!(Trump that bitch!)'나 '힐러리는 형편없다. 모니카처럼은 아니지만(Hilary sucks―but not like Monica, '형편없다'와 '빨다'는 의미를 가진 중의어 'suck'을 써서 남편 빌 클린턴과 구강성교를 했던 모니카 르윈스키와 엮었다―옮긴이).' 같은 슬로건이 적힌 티셔츠도 있었다.

이는 지위 부조화의 전형적인 사례다. 6장에서 살펴봤듯이 사람들은 지도자에게 요구되는 '남성적' 특성을 여성이 보일 때 불편하게 느낀다. 그로 인해 남성 지도자보다는 여성 지도자가 비호감을 사기 쉽고, 남성이라면 칭송받을 지도자의 특성을 여성 지도자가 드러낼 때 불이익을 당한다. 미국의 페미니스트 글로리아 스타이넘은 이를 다음과 같이 표현했다.

"남성은 3차 세계대전을 일으킬 정도의 일을 벌여야 자기

주장이 강하다는 말을 듣는다. 하지만 여성은 누군가를 기다리게 만들기만 해도 자기주장이 강하다는 말을 듣는다."[2]

로스앤젤레스 옥시덴탈대학교의 교수 캐롤라인 헬드먼은 권력을 잡은 여성을 대하는 사람들의 태도를 연구한다.

"우리의 문화적 DNA 속에는 남성이 책임자가 되어야 한다는 생각이 각인되어 있어요. 그래서 여성이 권력을 추구할 때 남녀 가릴 것 없이 반감을 보이죠. 우리는 권력을 추구하는 여성을 혐오하는 경향이 있어요. 여성보다 남성이 더 혐오하긴 하지만, 여성의 권력 추구는 문화 규범을 위반하는 행위이기 때문에 남녀 모두에게 혐오의 대상이 되죠."[3]

헬드먼은 권력을 추구하는 여성에게 여성의 3분의 1(대부분 백인이었다), 남성의 3분의 2가 편향을 보인다는 점을 발견했다. 2018년에 실시한 한 연구에 따르면, 공화당을 열렬하게 지지하는 사람들은 남녀 가릴 것 없이 남성이 여성보다 정치에 더 적합하다는 문항에 세 배 더 많이 동의했다.[4]

이것은 또 다른 종류의 권위 격차를 만든다. 우리는 권력이라는 형태로 나타나는 권위를 여성보다 남성에게 더 많이 부여한다. 특히 남성들은 여성 후보에게 투표하기를 꺼린다. 여성이 국가를 경영한다는 생각에 거부감을 보이는 것이다.

세골렌 루아얄은 2007년 프랑스의 첫 여성 대통령이 될 수 있었지만 적은 표차로 패했다. 이 같은 결과가 나온 이유로 루아얄은 프랑스 사회에 만연한 여성 혐오를 지목했다. 남성 정치인들은 '국가 최고위직에 대한 소유권'이 자신에게 있다고 믿으며 여성이 대통령으로 선출되는 상황을 용인하지 않았다.[5] 루아얄이 소속된 사회당의 남성 정치인들마저 그녀를 깎아내렸다. 루아얄이 대통령 선거 출마를 선언하자 전 총리 로랑 파비우스는 '그럼 아이는 누가 돌보지?'라고 물었다. 다른 사회당 의원들도 루아얄이 무게감이 없고 기복이 심하며 명석하지 않다는 기색을 내비쳤다. 루아얄은 '누드 댄서', '세탁 세제 광고', '육아의 달인'에 비유되었는데, 하나같이 남성 정치인에게라면 절대 쓰지 않을 표현이었다.

호주 최초의 여성 총리 줄리아 길러드는 2012년 '여성 혐오'에 관한 연설로 전 세계를 울렸다.

"야당 대표인 토니 애벗이 국회 앞에서 '마녀를 몰아내자.'라는 푯말 옆에 섰을 때 저는 분노했습니다. 야당 대표가 저를 '남성을 못살게 구는 여성'으로 묘사한 푯말 옆에 섰을 때 분노했습니다. 야당 대표의 일상적인 여성 혐오와 성차별에 분노했습니다."

길러드의 동료 정치인들은 그녀가 총리 시절에 받은 대우에 놀라움을 감추지 못했다. 나는 길러드가 속한 노동당 대표인 마이크 랜이 런던을 방문했을 때 그를 만났다. 길러드가 정치계에서 경험한 일을 주제로 이야기를 나누기 위해서였다. 이 중년의 남성은 여성 동료에게 놀라우리만큼 깊은 연대감을 드러냈다. 랜의 이야기를 들어 보자.

"정말 부끄러운 일이에요. 저는 대단한 능력을 가진 사람이 단지 여성이라는 이유로 폄하당하는 모습을 보게 될 줄 몰랐어요. 길러드는 옷차림 때문에, 외모 때문에, 결혼을 안 했기 때문에, 자녀가 없기 때문에 폄하당했어요. 대다수 언론과 반대 세력은 길러드가 그저 여성이라는 이유로 총리직에서 몰아내려고 했죠. 길러드의 엉덩이 치수, 옷차림, 화장, 머리 모양을 두고 끊임없이 수군거렸어요. 남성 정치인들은 결코 겪지 않을 일이죠. 저는 과체중이에요. 하지만 과체중이라고 지적하는 사람은 아무도 없었어요! 각료 회의에 가 보면 남성들은 죄다 과체중이에요."

랜은 이런 말도 덧붙였다.

"현실이 이렇다 보니 여성 정치인이 선거에서 승리하기란 사실상 불가능해요. 여성 정치인은 자녀가 없으면 뭔가 모자란 사람이 되고, 자녀가 있으면 집에서 자녀를 돌봐야 한다는 식이에요. 외모가 매력적이면 예쁘장한 인형 취급을 당하고, 매력이 없으면 볼품이 없다고 폄하당하죠. 이건 호주에만 국한된 이야기가 아니에요. 이런 허튼소리를 참고 견디려면 전 세계 여성 정치인은 마음을 단단히 먹어야 해요."[6]

그뿐만 아니라 여성 정치인은 소셜 미디어에서 끔찍한 비방과 협박을 당하기도 한다. 길러드는 자신이 경험한 성차별을 공개적으로 지적한 것으로 유명하다. 하지만 그녀는 조금 더 일찍 지적했어야 했다고 말했다.

"막 총리가 되었을 때는 성차별을 그냥 참고 넘기기로 했어요. 총리가 된 지 얼마 안 됐으니 시간이 좀 지나면 괜찮아지리라 생각했거든요. 총리가 여성이라는 사실에 사람들이 익숙해지면 성차별적 발언도 줄어들 거라고 기대했죠. 하지만 그렇지 않았어요. 도리어 점점 더 심해졌죠. 게다가 처음부터 성차별에 적극적으로 문제 제기를 하지 않았기 때문에 나중에는 지적하기가 더 힘들었어요. 제가 겪어 보니까 성차별은 초장부터 지적해야 해요."[7]

난투를 벌이기로 악명 높은 호주 정치계지만 소속 당에서 당대표가 되기 위해 각각 경선을 치룬 두 사람, 줄리아 길러드와 또 다른 총리 맬컴 턴불을 다룬 언론의 내용을 분석해 보면 극명한 차이를 발견하게 된다.[8] 길러드가 케빈 러드를 누르고 총리로 선임된 내용을 다룬 기사의 50퍼센트는 '살인자', '뒤통수치다', '칼로 베다', '목을 치다', '잔인한', '무자비한 암살', '처형하다'라는 단어를 사용했다. 길러드는 레이디 맥베스로도 비유되었다. 한편 토니 애벗을 누른 턴불에 대한 기사는 12퍼센트만이 부정적이었다. 턴불은 '명석하고', '영리하고', '교묘하고', '야심 찼으며', '정치적 수완'과 '무게감'을 통해 '성공적으로', '지배권을 되찾았다'.

2019년에서 2020년에 걸친 미국 민주당 대선 후보 경선에는 여섯 명의 여성이 후보로 이름을 올렸다. 여성들은 여성 후보가 여섯 명이나 되는 만큼 언론이 후보를 묘사할 때 고정관념에 기대지 않고 각 후보 사이의 차이를 부각시키기를 기대했다. 2019년에 힐러리 클린턴은 내게 이렇게 말했다.

"2016년의 저처럼 홀로 경선에 나선 게 아니에요. 그들은 생김새도 다르고, 옷차림도 다르고, 말하는 방식도 다르죠."[9]

하지만 힐러리는 유권자들이 여전히 여성에 대한 반감을 품고 있을까 봐 걱정된다고도 했다.

"2016년에 '여성에게 투표할 의사가 있습니까?'라고 유권자들에게 물으면 '물론이죠. 하지만 저 여성은 안 돼요.'라고 응답했어요. 그리고 2019년 대선에는 농구팀을 결성할 수 있을 만큼 많은 여성이 출마했지만 유권자들의 응답은 달라지지 않았어요. 그 생각을 하면 헛웃음이 나와요. 같은 질문을 받은 유권자들이 이번에는 '물론이죠. 저 여성들만 아니라면요.'라고 말하고 있어요."

아니나 다를까 이번에도 나이 많은 백인 남성이 대선 후보가 됐다. 민주당 대선 후보 경선 기간에 실시한 설문 조사에 따르면, 조 바이든을 지지하는 유권자의 41퍼센트가 '대선 후보 경선에 나선 대다수 여성에게 호감이 가지 않는다.'고 답했다.[10]

7장에서 살펴봤듯이, 굉장히 유능하다고 알려진 여성은 그와 유사하게 유능한 남성이나 능력이 다소 떨어지는 여성보다 호감이 덜 간다는 평가를 받는다. 대통령 후보로 나선 여성은 굉장히 유능한 사람일 테니 유권자 다수에게 저절로 비호감을 사게 된다. 여기에 '야심'이나 '권력 추구' 성향이 덧씌워지면 비호감도는 더더욱 높아진다. 데버라 캐머런은 이를 두고 다음처럼 말했다.

"고위직 선거에 출마하는 여성에게 유독 인간적인 매력이 없는 게 아니다. 그보다는 사회가 고위직 선거에 출마하는 여성을 좋아하지 않는다는 게 문제다."[11]

우리가 여성 후보를 좋아하지 않는다면 이들의 득표율은 낮을 것이다. 그리고 편견을 극복하지 못하는 한 늘 그래왔듯이 성별 권위 격차가 존재할 수밖에 없게 된다.

권력을 추구하는 여성에 대한 성차별적 혐오는 눈에 띄게 두드러진다. 여성 정치인에 대한 반감을 조사한 한 연구에 따르면, 권력을 추구한다고 묘사된 여성 정치인에게 참가자들은 '경멸, 분노, 혐오 같은 격렬한 도덕적 감정'을 느꼈다.[12] 반면 권력을 추구한다고 묘사된 남성 정치인은 '주도성(단호함, 강인함, 단단함)과 뛰어난 능력'을 겸비했다고 평가했다.

구글에서 '바이든'과 '야심 찬'을 검색해 보면 바이든의 '야심 찬 이민 법안'이나 '야심 찬 기후 변화 대응 계획' 같은 글이 등장한다. 반면 '힐러리 클린턴'과 '야심 찬'을 검색해 보면 '병적으로 야심 찬', '불타는 야망', '힐러리 클린턴의 야심이 부른 저주' 같은 자료가 나온다.

남성만 권력을 추구하는 여성을 혐오하는 것이 아니다. 여성 중에도 적지만 그런 사람들이 있다. 2016년, 다수의 백인 여성과 그보다 훨씬 많은 백인 남성은 자격이 출중한 여성을 제쳐두고 성추행 사실을 인정한 트럼프에게 투표했다. 이 현상을 두고 캐롤라인 헬드먼은 이렇게 답했다.

"백인 여성은 흑인 인권 운동이 일어났던 시기부터 백인 남성과 함께 공화당에 투표해 왔어요. 이건 어찌 보면 인종과 관련된 문제예요. 하지만 가부장적 거래와도 관련 있어요. '가부장적 거래'란 여성이 가부장제 내에서 개인적으로 얻는 이득을 위해서 자기가 속한 여성 집단의 정체성이나 이익을 희생시키는 것을 말해요. 공화당을 지지하는 여성에게 가부장적 거래란 남성에게 경제적으로 의존하는 현실과 관련 깊어요."

헬드먼은 이런 말도 덧붙였다.

"특히 교육 수준이 낮은 여성 중에는 권력을 추구하는 여성을 위협으로 느끼는 경우가 많아요. 여성이 가부장제 사회에서 남성의 것으로 규정된 권력자의 자리를 추구한다는 건 전통적인 성 역할에 기소장을 제출하는 행위나 다름없거든요. 흔히들 가부장제를 지탱하는 건 남성이라고 생각하지만, 사회의 성별 규범을 후대에 전달하는 건 결국 주부의 90퍼센트 이상을 차지하는 여성이에요."

그래서 보수적인 가정에서 자라난 아이들은 남성이 여성을 책임져야 하고 어머니는 집에 머물러야 한다는 사고를 흡수한다. 태어나면서부터 권위 격차는 굳어진다.

2016년 미국 대선 이후에 실시된 두 연구를 살펴보면, 아래

문항에 하나라도 동의하는 사람들은 트럼프에게 투표할 가능성이 훨씬 높았다.

'대다수 여성이 무고한 발언이나 행동을 성차별적인 것으로 해석한다.'

'다수의 여성들이 평등을 추구한다는 명목으로 그들에게 유리한 고용 정책 같은 특혜를 추구한다.'

이것은 지지 정당에 이어 두 번째로 강한 예측 변수였다.[13][14] 오바마와 롬니가 출마한 2012년 대선에서는 이런 현상이 나타나지 않았던 것으로 미뤄볼 때, 여성이 대통령이 될 수 있다는 두려움이 2016년 대선에서 굉장히 중요한 변수로 작용했다는 점을 알 수 있다.

대통령제에서는 여성이 국가의 대표가 되기 훨씬 더 어렵다. 반면 총리는 정부 수반이지 국가 원수가 아니기 때문에 대통령만큼 호감이 중요한 요소로 작용하지 않는다. 이를 두고 힐러리 클린턴은 이렇게 말했다.

"의원 내각제에서는 지역구에 출마하고 그 지위를 유지하는 과정에서 사람들에게 알려질 기회가 있고, 또 당내에서 동료 의원들과 접촉하면서 한 인간이자 정치인으로서 리더십을 평가받을 수 있어요. 하지만 대통령제에서는 남성 후보든 여성 후보든 바닥에서부터 시작해야 하죠. 그런데 여성은 그 과정에서 요구되는 일을 해내기가 좀 더 힘들어요. 선거 자금 조달은 누구에게나 버거운 일이지만 여성이 조금 더 힘들죠. 언론으로부터 성차별을 당하지 않기도 훨씬 어렵고요."[15]

영국의 의원 내각제는 대통령제에 비하면 여성 정치인에게 조금 더 우호적인 것이 사실이다. 총리는 직접 선출되지 않는 다. 하원에서 가장 많은 하원 의원을 확보한 당의 대표가 총리 가 된다. 보수당은 마거릿 대처와 테리사 메이를 당 대표로 선 출했고, 대처는 세 번이나 연달아 선출됐다.

대처는 1970년대와 1980년대에 수많은 성차별적 편견을 마 주했지만 정면 돌파했다. 애초에 사람들은 지도자가 되기에 여성은 너무 유약하다고 생각했다. 하지만 전혀 그렇지 않았 다! 대처는 자신에 대한 반감을 누그러뜨리기 위해 유연한 태 도를 취하거나 따뜻한 권위를 내세우지 않았다. 대신 자신의 별명처럼 '철의 여인'이 됐다(하지만 사적인 자리에서는 자신이 좋아 하는 남성 동료들에게 알랑거릴 줄도 알았다).[16] 대처는 적이 많았지만 유권자들은 여전히 대처를 동경했다. 그녀는 야당이 혼란한 틈을 타서 선거에서 크게 성공을 거뒀다. 2008년 BBC 〈뉴스나 이트〉 여론 조사에서 대처는 처칠과 애틀리에 이어서 전후 최 고의 총리 3위에 올랐다.[17]

테리사 메이는 대처 이후 40년 만에 보수당 대표가 되었고, 엄청난 성차별과 맞닥뜨렸다. 《데일리 메일》의 1면에는 '브렉 시트는 상관없다. 흥미진진 각선미 대결!'이라는 제목의 악질 적인 기사가 실렸다. 그와 함께 나란히 앉은 테리사 메이와 스코틀랜드 자치정부 수반 니콜라 스터전의 다리에 초점을 맞춘 사진이 실렸다. 안쪽 면에는 '이들이 장악한 최고의 무기는? 바로 다리!'라는 제목의 기사가 있었다. 이 기사를 쓴 세라 바인은 스터전의 다리를 두고 이렇게 썼다.

"감질나게 꼰 것이 전체적으로 더 관능적이며…… 유혹하려는 의도가 엿보인다."

정말 그랬을까? 사진 속 메이와 스터전은 레즈비언 나이트클럽의 장점이 아니라 영국과 유럽의 관계를 논의하고 있었다.

데버라 캐머런은 실비아 쇼와 함께 쓴 책 『성별, 권력 그리고 정치 연설』에서 2015년 영국 총선 기간에 여성 정치인을 다룬 언론 보도를 분석한 후 이렇게 썼다.

"가장 심하게 대놓고 적대감을 드러낸 기사는 주로 우파 성향의 여성 기자가 썼다는 사실에 주목할 만하다. 이 여성들은 '보수 언론의 앞잡이'로서 보수 언론을 장악하고 있는 남성들의 편견을 대변하고 보상을 얻는다. 보수 신문과 잡지 편집자들은 남성 칼럼니스트가 니콜라 스터전을 권력에 미친 레이디 맥베스로 묘사하면(나는 이 유치한 모욕을 2015년에 앨리슨 피어슨이 쓴 칼럼에서 직접 인용했다) 상스러운 불한당에 남성우월주의자라는 비판을 받게 된다는 점을 알고 있다. 그래서 여성 정치인을 짓밟는 과제는 다른 여성에게 위임한다. 그렇게 해서 여성 기자가 쓴 '나는 왜 누구누구[여성 정치인 이름]를 참을 수 없는가.' 같은 기사가 끊임없이 나온다."[18]

독자들은 대처가 권좌에 오른 40년 전 이래로 언론이 여성 지도자를 대하는 태도가 개선되었으리라고 예상할지 모르겠다. 하지만 우울하게도 현실은 오히려 그 반대다. 블레어 윌리엄스는 대처와 메이의 취임 후 첫 3주간의 신문 보도를 연구했다. 그 결과 메이를 다루는 보도는 대처를 다루는 보도보다 성 편향이 더 많이 드러났고, 그런 경향은 보수 신문이 더 강했다.[19] 메이의 외모와 여성성을 언급한 기사는 대처보다 두 배 더 많았다. 해당 인물에 대한 관심사가 머리 모양, 신발, 핸드백 따위에 집중된다면 권위 있는 권력자로 보이기 어렵다. 여성 정치인에 대한 끊임없는 외모 평가는 여성 정치인의 권위를 떨어뜨린다.

물론 이것은 메이가 총리로서 잘나가던 시절의 이야기였다. 이후 그녀는 브렉시트와 관련된 책임을 떠안았고 권위는 거센 도전에 직면했다. 소속당인 보수당의 하원 의원 다수가 대놓고 그녀를 괄시했고, 내각조차 그녀에게 충성을 다하지 않았으며, 언론은 끔찍할 정도로 그녀를 폄하했다. 문제는 일련의 일들에 어느 정도는 그녀가 책임을 져야 한다는 데 있다. 메이가 과반수 의석 없이 브렉시트를 성사시켜야 하는 거의 불가능에 가까운 과제를 떠안은 것은 사실이지만, 2017년에 굳이 선거를 실시해서 과반수 의석을 잃게 만든 것은 다름 아닌 메이 본인이었다. 게다가 대인 관계 기술이 형편없었고, 정서 지능도 낮았다. 따라서 그녀에 대한 언론의 비판이 어느 정도가 성차별이고 어느 정도가 정당한 것인지 따로 떼어서 보기가 쉽지 않다.

그런데 남성 지도자가 실패했을 때, 그 실패가 남성이라는 성별 전체의 문제를 반영한다는 의견은 단 한 번도 제기된 적 없다. 이언 덩컨 스미스가 처참한 실패 끝에 보수당 대표직에서 물러났을 때, 아무도 보수당이 또 다른 남성을 대표로 삼는 위험을 감수해서는 안 된다고 말하지 않았다. 하지만 메이가 당 대표 경선을 치러야 할 상황에 몰리자 메이 내각에서 당시 고용연금부 장관을 맡고 있던 앰버 러드와 동료 하원 의원은 이런 말을 주고받았다.

"앰버, 당신도 알다시피 내가 대표 경선이 열리면 당신을 밀어주고 싶긴 한데, 우리 당은 이제 여성 총리라면 겪을 만큼 겪은 것 같네요."[20]

여성은 일단 정계 최고위직에 올라 능력을 입증하기만 하면 굉장한 인기를 누릴 수 있다. 스터전은 스코틀랜드 선거에서 커다란 성공을 거뒀다. 앙겔라 메르켈은 부침이 있긴 했지만 '무티(mutti, 엄마)'로 칭송받으며 16년간 집권했다. 뉴질랜드의 저신다 아던도 전 세계 다수의 여성 지도자들과 더불어 코로나 위기에 훌륭히 대응하면서 선거에서 압승을 거뒀다.

그리고 여성 정치 지도자들이 팬데믹 상황 대처에만 뛰어났던 것은 아니다. 글로벌 여성 리더십 연구소에서 전 세계를 대상으로 진행한 연구에 따르면 여성은 정치인으로서 모든 면에서 상당히 좋은 모습을 보였다.[21] 평균적으로 여성 정치인은 남성 정치인보다 선거구 업무에 더 힘을 쏟았다. 또 더 청렴하기도 했다. 뿐만 아니라 협력적이고 포용적인 리더십을 펼쳤다. 가정 폭력이나 여성 할례 같은 사회 문제를 정치 이슈화하고 가정, 육아, 모자 보건, 평등권과 같은 영역에 더 신경을 썼다. 여성 정치인은 교육, 건강, 복지에 중점을 두는 한편 국방 예산은 줄이고 원조 예산은 늘렸다. 무엇보다 이 연구 보고서에 따르면 여성 지도자가 많을수록 사회는 더 평등해지고 약자를 배려하려는 경향을 보였다.

여성 지도자는 인종 갈등이 심한 나라에서 경제 성장을 이끄는 데 탁월한 능력을 보인다. 지난 50년간 188개국을 통치한 지도자를 조사한 결과, 인종 다양성이 가장 큰 축에 속하는 국가에서 여성 지도자는 평균적으로 연평균 5.4퍼센트의 GDP 성장률을 기록한 반면, 남성 지도자는 연평균 1.1퍼센트 성장에 그쳤다.[22] 물론 상관관계만 보고 인과 관계를 확정할 수는 없지만, 이 연구의 저자는 이렇게 썼다.

"여성 국가수반들이 실제로 남성 국가수반들과는 다른 방식으로 국가를 운영했다는 근거가 있다."

여성이 지도자로서 더 많은 성공을 거두는 이유는 어쩌면 애초에 지도자로 선출되려면 남성보다 더 나은 자질을 갖춰야 하기 때문일지도 모른다. 공직에 출마하는 여성은 남성만큼 선거를 잘 치른다. 능력과 인품 같은 특성을 통제하면 여성은 선거에서 3퍼센트 정도 불이익을 당하는 것으로 보인다.[23] 다시 말해서 이미 공직자로 선출된 여성은 평균적으로 같은 직에 선출된 남성에 비해 유능하고 정직하다. 여성이 더 나은 기량을 보여 주지 않는 한 남성 유권자는 남성 후보를 선호하고 여성에게 투표하기를 꺼리기 때문이다.

2016년 힐러리 클린턴이 미국 대선에서 패배한 이유는 남성들이 여성 대통령을 받아들이지 않았기 때문이다. 백인 여성을 비롯한 여성들은 2012년에 오바마에게 투표한 만큼 클린턴에게 투표했다. 하지만 오바마를 지지했던 많은 남성이 트럼프로 돌아섰다. 아주 적은 표차로 승패가 갈린 치열한 선거에서 클린턴이 대통령이 되는 것을 저지하기에는 충분한 숫자였다.

이 남성들에게는 어쩌면 여성이 공직을 성공적으로 수행한 사례를 접하는 게 필요할지도 모른다. 멕시코에서 시행한 한 연구에 따르면, 여성 시장이 있는 도시의 남성들은 '남성이 여성보다 정치 지도자로 더 낫다.'고 답한 비율이 훨씬 낮았다.[24]

모든 조직에서 여성이 일상적으로 권력자의 자리에 오를 수 있게 되면 마침내 권위 격차가 사라질 것이다. 그리고 여성이 책임자가 되는 게 더이상 특별한 사례로 여겨지지 않을 때 지위 부조화로 인해 생기는 불편한 감정이 크게 줄어들 것이다. 1920년대에 돌아가신 우리 할머니라면 여성 운전자를 보고 깜짝 놀라시겠지만, 요즘은 그럴 일이 없는 것처럼 말이다.

물론 이것은 닭이 먼저냐 달걀이 먼저냐의 문제이다. 여성은 권위 격차 때문에 최고위직에 오르기 어렵다. 하지만 일단 더 많은 여성이 권력을 잡으면 이들이 거둔 성공이 고정관념을 무너뜨리기 시작할 테고, 무의식적 편향이 줄면서 많은 여성이 그 뒤를 따를 것이다. 이 과정은 느리게 진행되겠지만 선택 여하에 따라 속도를 높일 수도 있다.

12

편견이 얽히고설킨
교차로

The
Authority
Gap

"당신은 분명 막 밀어붙이는 성격이겠죠."

우리는 고꾸라질 정도로 열심히 '적극적으로 앞장선다.' 나는 계속해서 앞에 나서겠지만 날 위해 문을 열어 줄 사람이 필요하다.

— 캐서린 필립스, 컬럼비아대학교 경영대학원 교수

지식인 집단 중에서 미국 흑인 여성만큼 사회적 기대치가 낮고 모욕에 취약한 집단은 없다.

— 넬리 Y. 맥케이, 교수 겸 작가

　　"저는 늘 학년 수석에 반 대표였어요. 그런데도 열다섯 살 때 적성 평가를 위해 상담 선생님을 만나러 갔더니 학교는 그만두고 바느질을 배우라더군요. 나중에 가서야 그런 특이한 경험을 저만 한 게 아니란 걸 알게 되었어요. 저와 비슷한 사연이 있는 흑인 여성이 참 많았거든요. 그건 인종 때문이었을까요, 아니면 성별 때문이었을까요? 아마 둘 다였을 거예요."[1]

　올리베트 오렐레는 다행히 학교 상담 선생님의 말을 무시하고 소르본대학교에 진학했고, 영국에서 흑인 여성 최초로 역사학 교수가 됐다. 하지만 그녀는 여전히 이렇게 말한다.

　"백인 남성보다 두 배는 유능해야 성공을 거둘 수 있어요."[2]

　마거릿 케슬리-헤이포드도 이 말에 동의한다. 그녀는 굉장히 뛰어난 변호사이자 지도자이며 경영인이기도 하다. 그녀는 코번트리대학교 총장이고, 셰익스피어 글로브 극장의 대표 이사이며, 예전에는 존 루이스의 총무부서 및 법무부서장이었다. 2014년에 그녀는 올해의 영국 흑인 경영인으로 뽑혔다. 하지만 그녀는 평생 권위 격차에 시달렸다.

"제가 법무부서에서 일할 당시 수습 변호사가 업무를 배우러 왔을 때였어요. 저는 그에게 부동산 양도 관련 업무를 지도해달라는 요청을 받았었죠. 그래서 내가 일을 마칠 때까지 옆에 앉아서 지켜보는 게 좋겠다고 말했어요. 그렇게 그는 제가 일하는 모습을 지켜보며 앉아 있었죠. 그때 다른 변호사가 저희 부서로 들어오더니 '그녀가 일을 꽤 잘하네요, 그렇죠?'라고 수습 변호사에게 말하더라고요. 제가 젊은 흑인 여성이니까 당연히 배우는 입장으로 봤던 거예요. 사람들은 늘 흑인을 얕잡아 봐요. 권위 격차는 남성과 여성 사이에서보다 백인과 흑인 사이에서 훨씬 크게 나타나죠. 그걸 극복하기가 제일 힘들어요."[3]

마모헤티 파켕도 이에 동의한다.

"고위직으로 올라갈수록 제가 여성이라는 사실보다 흑인이라는 사실이 더 이슈가 됐어요. 처음으로 경험하고 의식한 불이익은 바로 흑인이기 때문에 당한 불이익이에요. 사람들은 제가 할 수 있는 일과 제 능력에 대해 지레짐작으로 판단해요. 그럴 때 성별이나 다른 조건보다 흑인이라는 사실이 먼저 들어오는 거죠."[4]

인종 간 권위 격차가 성별 간 권위 격차를 능가한다는 사실은 버나딘 에바리스토의 일화가 잘 보여 준다.

"제가 가르치던 학생과 학교 밖에 있는 식당에 갔을 때였죠. 학생은 스물한 살의 백인 여성이었고, 저는 그녀에게 뭔가를 가르쳐 주는 중이었어요. 그런데 종업원이 다가와서 무엇을 주문할지 학생에게 묻더군요. 그리고 식사를 마치고는 학생에게 계산서를 주더라고요. 제가 나이가 더 많았는데도 흑인이기 때문에 투명 인간 취급을 당한 거죠."[5]

백인 중산층 이성애자이자 비장애인 여성인 내가 이번 장을 쓰기에는 한계가 많다는 점을 잘 알고 있다. 그래서 나와 인터뷰했던 여성들의 경험을 주로 다루려고 한다. 나보다 훨씬 치열하게 성차별에 대항해서 싸워 온 그들의 이야기를 듣다 보면 성 편향과 다른 편향이 얼마나 복잡하게 얽혀 있는지 이해할 수 있게 될 것이다.

인종 편향과 성 편향이 교차하는 사례는 앞서 여러 번 언급했지만 조금 더 깊이 파고들 필요가 있다. 특히 사회 계층 같은 다른 요인이 더해질 때 권위 격차가 얼마나 은밀하게 모습을 드러내는지 유심히 살펴봐야 한다. 에바리스토는 여성이 흑인인 데다 노동자 계급 출신이면 정중하게 대접받기가 훨씬 어렵다고 말한다.

"성별이 문제가 될 수 있다는 건 누구나 알아요. 그런데 인종도 문제가 될 수 있어요. 그리고 성별과 인종이 얽히고설키기도 해요. 거기에 내가 노동자 계급 출신이라는 점도 한몫하죠. 내가 살아온 기간뿐 아니라 기나긴 영국 역사의 대부분 동안 영향력 있는 자리를 차지한 사람은 상류층 백인 남성이었어요. 오늘날 정부는 인력 구조가 과거보다 훨씬 다양해졌지만 지금도 기본적으로는 백인이 이끌어 가고 있죠. 그래서 사람들은 '권력자'라고 하면 상류층 백인 남성을 떠올려요. 그러니까 흑인이거나 아시아인이거나 여성이거나 노동자 계급 출신이라면 권위를 인정받기 위해 싸워야 해요. 사람들이 저절로 우리를 권위자로 봐 주지 않으니까요."[6]

반대로 일부 여성에게 상류층 출신이라는 신분은 방패막이가 되어 준다. 예컨대 소설가 카밀라 샴지는 파키스탄에서 상류층이었기 때문에 성차별을 많이 피할 수 있었다. 파키스탄은 여전히 계급 사회이기 때문이다.

"파키스탄에서 제 계급이 가져다주는 특권은 어마어마해요. 그러니까 계급이 저보다 열 걸음은 앞서 가죠. 계급에 따른 특권이 있다고 해서 가부장제가 사라지는 건 아니에요. 하지만 굉장한 특권을 누리며 살 수 있게 되죠."[7]

그렇다면 학계에서는 유색인 여성, 노동자 계급 출신 여성, 그 외의 다른 소수 집단 여성이 경험하는 권위 격차를 어떻게 바라볼까? 여성, 소수 인종, 노동자 계급 출신이라는 요소들이 서로 교차할 때 나타나는 현상을 다룬 두툼한 책의 제목이 모든 것을 말해 준다. 그들에게는 다름 아닌『무능하다는 가정 (Presumed Incompetent)』이 뒤따른다. 중산층 백인 남성이라는 기준 잣대에서 벗어난 요소는 모두 권위 격차를 넓히지만, 그 양상은 인종에 따라 달라진다. 하지만 양상이 어떻든지 사람들은 기본적으로 이런 여성들이 백인 남성에 비해 능력이 떨어진다고 지레짐작하고 과소평가하는 것도 모자라 무례하게 대하고 노골적으로 반감을 표시하는 등 갖은 수모를 퍼붓는다.

쉰 살의 오렐레는 이렇게 말했다.

"저는 제 나이대로 보이는데도 사람들이 늦깎이 학생으로 착각해요. 학생들과 함께 있는 모습을 보고 저도 학생일 거라고 지레짐작한 거죠. 저는 옆에 있는 학생들을 가르치는 교수라고 일일이 알려 줘야 해요. 정말 말도 안 되게 저를 낮춰 보더라고요."[8]

로라 베이츠도 이런 경험담을 자주 듣는다.

"흑인 여성이 강연을 앞두고 잠시 대기하는 중에 백인 남성이 직원으로 착각하고는 화장실이 어디 있냐고 물어봤다는 식의 이야기를 자주 들어요. 여기저기서 정말 많이 듣죠."[9]

『무능하다는 가정』은 유색인 여성 학자들이 성차별적 고정관념에 인종 차별적 고정관념이 더해진 현실 속에서 남성이나 백인 여성처럼 진지하게 받아들여지기 위해 벌여온 투쟁을 다루고 있다. 워싱턴의과대학교 부학장 셔리 윌슨은 이를 두고 한마디했다.

"흑인 여성을 종업원이나 관리인으로만 생각하는 일부 백인 학생들은 흑인 여성 밑에서 공부하는 현실을 받아들이거나 적응하지 못해요. 그들은 권위자로서 자신에게 영향을 미치는 흑인 여성에게 분개하죠. 그러다 보니 흑인 여성 교수의 평가 점수는 평균을 밑돌고, 수업 과제나 수업 능력 전반과 관련해서 불평이 쏟아져요."[10]

미국의 흑인 여성 교수들은 학생이 그들의 자격에 의문을 품거나 맞서려 들 때가 많다고 얘기하곤 한다. 셰리 윌슨이 '안드라 교수님'이라고 부르는 연륜 있는 흑인 여성 학자도 이에 공감한다.

"학생들이 '교수님이 그걸 어떻게 아시죠?'라고 말하며 이의 제기할 때가 많아요. 또 자신에게 A보다 낮은 성적을 줄 권리가 과연 제게 있는지 의문을 품곤 하죠."

안드라는 동료 학자들이 경청하게 만들기도 쉽지 않다고 말한다.

"교직원 회의에서 제 발언은 무시당할 때가 많아요. 그런데 백인 남성이 똑같은 얘기를 하면 모두가 귀를 기울이고 타당한 지적이라고 추켜세우죠. 이런 일은 비일비재해요. 회의에서 제일 시끄럽게 구는 사람은 저와 다른 흑인 여성인데, 우리 이야기는 흘려듣고 백인 교수가 같은 의견을 제시하면 예수님이 부활이라도 한 듯한 반응을 보인다니까요."

이런 일이 일어나는 이유는 인종 때문일까, 아니면 성별 때문일까?

"제 생각에 사람들은 우리를 '여성–흑인'이 아니라 '흑인–여성'으로 봐요. 그러니까 인종이 더 우선인 거죠. 흑인 여성의 실수는 눈에 잘 띄어요. 부족한 점이 무엇이든 눈에 확 띄는 거죠. 그런데 우리가 이룬 성취는 어째선지 눈에 띄지 않아요. 결점은 엄청나게 부풀려지지만요."

흑인 여성은 백인 여성에 비해 고위직에 오르기 어려울 뿐 아니라 설령 고위직에 오르더라도 무시당할 때가 많다. 예일 대학교의 존 도비디오 교수는 이렇게 말했다.

"유색인 남성과 유색인 여성조차 유색인 여성의 능력을 의심하는 태도를 보이는 현상은 새로울 게 없어요. 과거에는 공개적으로 의문이 제기됐다면 오늘날에는 뒤에서 속닥거리거나 말없이 의심한다는 게 다를 뿐이에요. 심리학, 사회학, 정치학 연구에 따르면 평등주의 원칙이 널리 받아들여지면서 인종이나 성별로 사람을 눈에 띄게 차별하는 일은 많이 줄었어요. 하지만 무의식적 편향까지 사라진 것은 아니에요. 의식적 편견과 의도적 차별이 무의식적 편견과 미묘한 차별로 대체된 것뿐이죠."[11]

이런 식의 편향은 심지어 유색인 여성에게서도 나타난다. 인도계 여성인 바나지 교수는 암묵적 연합 검사를 직접 해 본 경험담을 들려줬다.

"저에게 긍정적인 단어를 피부색이 짙은 사람보다 옅은 사람에게 더 빠르게 연관 짓는 성향이 있다는 걸 깨닫고 깜짝 놀랐어요. 누군가 제 목에 칼을 대고 검사 결과를 똑똑히 보라고 윽박지르는 느낌이 들 정도였죠."

무의식적 편향은 성별 편향이든 인종 편향이든 승진에 영향을 미친다고 도비디오는 말한다.

"그동안 실시된 연구 결과를 살펴보면 흠잡을 데 없는 자격을 갖춘 여성은 흑인이든 아시아인이든 백인이든 자격 조건이 비슷한 백인 남성과 비슷한 속도로 고용되고 승진할 수 있어요. 하지만 경력에 조금이라도 흠이 있으면 차별을 당하죠. 인사 담당자는 백인 남성에게는 장점이 되고, 유색인 여성에게는 단점이 되는 자격 조건에 가중치를 둬요. 스스로 인종 차별주의자나 성차별주의자가 아니라고 생각하는 사람들도 무의식적으로 그런 경향을 보이죠. 그러고는 자신이 인종이나 성별이 아닌 다른 요인에 기초해서 결정을 내렸다고 정당화해요. 예컨대 특정 자격 조건이 미달됐다는 식으로 말이죠. 인사 담당자들은 인종 차별이나 성차별이 간접적으로 자신이 중시하거나 경시하는 자질에 영향을 미치고 결국에는 인사 결정에도 영향을 미친다는 과정을 이해하지 못하는 거죠."

그뿐만이 아니다.

"유색인 여성은 여성을 향한 편향과 유색인을 향한 편향 외에도 또 다른 어려움을 겪고 있어요. 바로 유색인 여성이 사람들의 관심사에서 벗어나 있다는 점이죠. 소수 인종 집단은 대체로 집단 내 남성을 기준으로 인식되고, 유색인 여성은 일반적으로 백인 여성을 기준으로 평가받아요. 그렇게 유색인 여성은 이도 저도 아닌 신세가 되며 말과 행동이 무시당하기 일쑤예요."

이런 세태는 도비디오의 말처럼 단순히 인종 차별에 성차별을 더한다고 해서 이해할 수 있는 문제가 아니다. 아이오와대학교 법학과 교수 에이드리언 캐서린 윙은 이렇게 썼다.

"나에게 차별은 덧셈이 아니라 곱셈이었다. 다시 말해서 나는 하루하루를 흑인 곱하기 여성으로 살았지 흑인 더하기 여성으로 살지 않았다. 더하기라면 하나의 정체성을 빼는 것이 가능하다고 생각할 수도 있다. 하지만 내가 당한 차별은 둘로 나눠 생각할 수 없는 흑인 여성에 대한 차별이었다."[12]

인종 차별과 성차별의 교차로에 선 당사자는 굉장히 큰 고통을 겪는다. 린다 찐 보는 베트남계 미국인으로, 캘리포니아대학교 어바인캠퍼스에서 아시아계 미국인을 연구하는 교수다.

"강의실에 들어설 때마다 적대적인 강의 환경을 마주할 마음의 준비를 해요. 저에게 적대적인 학생들은 자세부터 달라요. 그들은 교실에서 노골적으로 인종 차별주의적 발언을 하고, 다른 학생들은 동의의 뜻으로 박수와 환호를 보내죠. 저는 학생들이 처음으로 마주하는 아시아계 미국 여성이에요. 게다가 권위 있는 자리에 있는 여성이기도 하고요."[13]

이런 식의 편향은 굉장히 널리 퍼져 있다. 소수 인종 출신 교수가 강의실로 들어서면 사람들은 그 교수가 충분한 자격을 갖추지 못했을 거라고 짐작한다.[14] 백인 학생들은 흑인 여교수를 대할 때면 백인 여교수를 대할 때보다 교수의 능력과 자질에 의문을 표할 때가 더 많다. 조앤 밀러와 메릴린 체임벌린은 「여성은 교사, 남성은 교수」라는 제목의 논문에서 학생들이 여성이자 소수 인종 출신인 교수의 학력과 직위를 일관되게 과소평가한다는 사실을 언급했다.[15]

유색인 여교수에 대한 편향은 대체로 백인 남학생들에게서 비롯되며, 이들은 무례하고 위협적인 행동을 일삼는다. 흑인 여교수인 앨리스의 이야기를 들어 보자.

"백인 남학생들은 노크도 없이 제 사무실 문을 벌컥 열고 들어와요. 그냥 문을 열고 들어오는 건 그들뿐이죠. 백인 남학생들은 비열해요. 맨 앞줄에 팔짱을 끼고 앉아서 딴청을 피우는 건 수동적 공격 행위죠. 녀석들이 보내는 이메일 속 어조는 도무지 표현할 방법이 없어요. 제가 백인 남성이었다면 감히 그런 어조로 메일을 쓰지 못했을 거예요."[16]

유색인 여성 교수에게 적대적으로 행동하는 건 학생들뿐만이 아니다. 동료들도 마찬가지이다. 유색인 여성 교수는 백인 남성에게는 인종과 성별로 인해, 백인 여성에게는 인종으로 인해, 흑인 남성에게는 성별로 인해 배제된다.

그래서 유색인 여성은 때때로 백인 여성과 연대한다. 그러나 백인 여성은 유색인 여성과 달리 인종에 따른 특혜를 누리기 때문에 이들의 연대가 유색인 여성에게 늘 도움이 되지는 못한다. 마모헤티 파켓의 설명을 들어 보자.

"저는 백인 여성들과 같은 편에 설 때가 제법 많아요. 학계에 처음으로 몸담게 된 비트바테르스란트대학교에는 전부 백인이긴 했지만 강인한 여성들이 있었고, 저는 그들과 친구가 됐죠. 하지만 그녀들과 제가 연대했다고 해도 서로 다른 대우를 받는 일이 생겼어요. 그들은 백인이라서 가능한 일이 제게는 불가능할 때면 서로 대립각을 세우게 되었죠. 그러다가 남성은 가능하지만 우리에게는 불가능한 일이 생기면 그때는 또 같은 편에 서게 되었어요. 지금껏 저는 삶 속에서 인종 차별과 성차별에 맞서 싸워왔어요. 때로는 백인 여성과 연대했고 때로는 혼자 외롭게 싸웠죠. 학계에는 저 같은 유색인 여성이 거의 없으니까요."[17]

올리베트 오텔레가 교수로 승진했을 때 동료들은 노골적으로 적대감을 내비쳤다.

"교수로 임명됐을 때 젊은 남성 동료들에게선 축하의 말을 전혀 듣지 못했어요. 오히려 그들은 놀라움을 표하고 화를 냈죠. 저와 나이가 비슷하거나 많은 남성 동료들은 제가 교수로 승진할 자격이 없다고 생각했죠. 몇몇은 제가 승진하기엔 시기가 조금 이르다고 생각한다는 메시지를 보내기도 했어요. 그들은 제 승진을 정치적 올바름이 극단으로 치달은 사례라고 치부했죠."

편견이 얽히고설킨 교차로

'정치적 올바름이 극단으로 치달았다(미국식으로 표현하자면 '소수 집단 우대 정책에 따른 고용').'는 비판은 유색인 여성이 채용되거나 승진될 때 단골 메뉴처럼 따라다닌다. 실제로 조직의 다양성을 개선하려는 기관의 입장에서 유색인 여성을 채용하는 행보는 확실히 좋은 선택이지만, 그렇다고 해서 채용된 유색인 여성의 능력이나 자질이 부족한 것은 아니다. 그런데도 이런 의심은 경력 내내 유색인 여성을 따라다니며 이들의 자신감을 크게 훼손시키고, 동료들에게 무시당할 구실이 된다. 이와 관련해서 욜란다 플로레스 니만은 이렇게 썼다.

"소수 집단 우대 정책이라는 꼬리표를 단 신입에게는 무능하다는 오명이 붙는다. 그리고 일단 꼬리표가 붙으면 동료들은 그녀가 자질이 부족한데 소수자라서 선발되었다고 지레짐작한다. 그 결과 무능하다는 가정과 오명이 따라다닌다."[18]

하지만 이것도 유색인 여성이 채용이나 승진에 성공했을 때의 이야기다. 흑인 여성은 백인 여성보다 직장에서 승진이 더 많이 유보되고(44퍼센트 대 33퍼센트) 상사가 재능을 알아봐주지 않는다고 느끼는 경우가 많았다(26퍼센트 대 17퍼센트).[19]

매년 컨설팅 기업 맥킨지와 린인은 '직장 내 여성'을 주제로 대규모 연구를 진행한다.[20] 2020년에는 4만 명이 넘는 임직원을 대상으로 설문 조사를 실시했다. 조직의 최고위층 경영진 중 유색인 여성의 비율은 3퍼센트에 불과했고, 백인 여성 비율도 19퍼센트로 여전히 낮은 수준에 머물렀다.

흑인 여성이라고 포부가 작은 것은 아니다. 최근 닐슨에서 이뤄진 조사에 따르면, 미국 흑인 여성의 64퍼센트가 직업에서 최고가 되는 것을 목표로 삼고 있다는 문항에 동의했다. 이 비율은 같은 문항에 동의한 백인 여성 비율의 거의 두 배에 달했다.[21] 고위직에 올라서 자신이 성공적으로 업무를 수행할 수 있다고 믿는 비율도 흑인 여성이 백인 여성보다 더 높았다(43퍼센트 대 30퍼센트).

하지만 최고위직에 오르는 흑인 여성은 그다지 많지 않은데, 그 이유는 '직장 내 여성' 연구자의 질문에 흑인 여성들이 내놓은 응답을 보면 알 수 있다. 승진 기회가 자신에게도 공평하게 주어진다고 답한 흑인 여성의 비율은 불과 42퍼센트밖에 안 됐다. 이것은 전체 여성의 긍정 응답 비율인 57퍼센트에 한참 못 미치는 수치다. 그리고 35퍼센트(전체 여성은 48퍼센트)만이 승진 심사가 공정하고 객관적으로 이뤄진다고 답했다. 관리자가 자신에게 새로운 기회를 준다고 답한 비율도 29퍼센트(전체 37퍼센트)에 불과했다. 모든 항목에서 아시아 및 라틴계 여성은 흑인 여성보다는 상황이 더 낫다고 답했고, 백인 여성보다는 더 나쁘다고 답했다. 고위 관리자가 된 한 흑인 여성은 연구자들에게 이런 지적을 했다.

"대다수 흑인 여성은 성평등 정책이 대체로 백인 여성에게 맞춰져 있다고 느껴요."[22]

이런 현상이 나타나는 이유는 부분적으로 유색인 여성이

인적 네트워크를 형성하거나 멘토링을 받을 기회가 백인 남성이나 백인 여성에 비해 훨씬 적기 때문일 것이다. 예를 들어 조직 내 고위 관리자를 만날 기회가 있다고 답한 백인 남성의 비율은 흑인 여성의 3배에 달했고, 백인 여성의 비율은 흑인 여성의 2배에 달했다. 직업상 멘토나 후원자가 있다고 답한 백인 여성은 30퍼센트인 반면 흑인 여성은 19퍼센트였다.[23]

한편 권위 격차가 존재한다는 증거는 굉장히 많다. 흑인 여성의 40퍼센트가 능력을 증명할 근거를 다른 사람보다 더 많이 보여줘야 한다고 대답했는데, 이는 백인 여성(28퍼센트)과 남성(14퍼센트)에 비하면 꽤 높은 비율이다. 다른 사람들에게 생각보다 능력이 출중해서 놀랐다는 말을 들은 경험이 있는 흑인 여성의 비율은 26퍼센트였는데, 그런 피드백을 받은 경험이 있는 백인 여성은 11퍼센트, 남성은 8퍼센트뿐이었다.

STEM 분야를 떠나는 여성들도 같은 문제를 호소했다. 연구자들이 인터뷰한 여성의 3분의 2는 자신을 끊임없이 증명해야 했다고 말했다. 그들이 거둔 성공은 평가절하됐고 전문성은 의심을 받았다.

2016년에는 흑인 여성 의사 타미카 크로스가 페이스북에 올린 글이 온라인상에서 빠르게 확산됐다. 그 글에는 비행기에서 아픈 승객을 도우려고 했지만 승무원이 크로스가 의사라는 사실을 믿어주지 않아서 도울 수 없었던 경험담이 담겨 있었다. 그때 승무원은 크로스에게 이렇게 말했다.

"도와주려는 마음은 고맙지만 손을 치워 주세요. 우리는 진짜 의사나 간호사를 찾고 있어요. 지금은 당신과 이야기할 시간이 없어요."

크로스 박사는 미국 내 수많은 유색인 여성이 자신이 느낀 좌절감에 절절히 공감할 것이라고 확신했다. 크로스 박사의 이야기가 널리 퍼지면서 다른 유색인 여성 의사들도 연이어 자신이 무시당했던 경험을 서로서로 나누었다.

흑인 여의사 애슐리 덴마크는 위와 유사한 상황에서 병원 배지를 보여 주었지만 도움을 거절당했고, 승무원들은 두 명의 백인 간호사의 도움을 받았다.

"그 상황이 무엇을 의미하는지 깨닫고 나니 마음이 무거웠어요. 그 간호사와 승무원 들은 제가 진짜 의사가 아니라고 생각한 거예요. 그게 아니고서야 의료 상황에서 현장에 있는 의사를 두고 간호사에게 환자를 맡길 이유가 뭐가 있겠어요? 그건 정말이지 제 피부가 검기 때문 아니었을까요? 그러니까 11년간 훈련받은 의사인 제가 도움이 필요한 승객을 돌보는 일에 참견하지 말고 자리로 돌아가 앉으라는 말을 들은 거죠."

덴마크는 한숨을 내쉬며 말했다.

"저는 아프리카계 미국인 여성 의사로서 이런 상황에 굉장히 익숙해요. 학업 성적이 뛰어났고, '박사' 직위를 획득했음에도 제가 덴마크 박사라고 소개하면 사람들이 흘겨봐요. 제가 흰 가운을 입고 있을 때조차 사람들은 저를 조교나 관리인, 비서, 간호사, 학생으로 착각하죠."[24]

미국에서 진행된 '흰 가운의 혜택을 보는 사람은 누구인가?'라는 제목의 연구에 따르면, 인도계 여성 의사는 남성 의사보다 많은 어려움을 겪었다.[25] 의사라는 직업이 미국에서 워낙 존경을 받는 직업이다 보니 인도계 남성 의사는 자기 직업을 밝히는 즉시 사람들의 존중과 인정을 받았다. 하지만 같은 의사라도 인도계 여성은 전혀 다른 대우를 받는다고 논문의 저자인 라타 무르티는 썼다.

"여성 의사는 흰 가운을 입고 신분증을 목에 걸고 있어도 의사가 맞느냐는 질문을 받곤 한다. 의사는 남성이라는 고정관념에 더해서 유색인 이민 여성은 순종적이고 경제적으로 남성에게 의지하며 전통적인 여성 역할에 매여 있다는 고정관념 때문에 미국인들의 상상 속에 흰 가운을 입은 유색인 여성은 들어설 자리가 없다."

여기서 인도계 여성 의사인 딥티의 이야기를 들어 보자.

"레지던트나 수련의 과정을 거치며 새로운 직장으로 자리를 옮길 때마다 저는 의사가 남성의 일로 여겨진다는 걸 확실히 깨달았어요. 그런 이유로 여성이 의료계에서 자리를 잡으려면 남들보다 훨씬 더 많이 노력해야 해요. 거기에 더해서 외모나 억양이 저와 비슷한 사람이라면 눈에 띄기 마련이라…… 팀에 새로 합류할 때 저를 그냥 인정해 주는 사람은 아무도 없어요. ……제 실력을 증명해야만 하죠. 그러니까 여성 의사라면, 특히나 유색인 여성 의사라면 의료진의 일원으로 인정받기 위해서 남들보다 적어도 두 배는 더 자기 능력을 입증해야 해요."[26]

인종 고정관념은 성별 고정관념만큼이나 강력하다. 앞서 우리는 아시아계 여성은 얌전하고 순종적이라는 고정관념을 살펴봤다. 그러나 흑인 여성에 대한 고정관념은 이와 전혀 다르다. 한 연구에서는 참가자에게 다양한 인종의 남녀 집단의 특징을 열 개씩 떠올려 보라고 요청했다. '자신감이 있다', '자기주장이 강하다' 그리고 '공격적이다'라는 수식어는 흑인 여성 집단의 특징으로 가장 많이 언급된 15개 특성 중 하나였다. 이 특성들 중에 백인이나 라틴계, 중동, 아시아계 여성 집단의 특징 15위 안에 든 것은 하나도 없었다.[27]

하지만 그로 인해 흑인 여성은 화를 잘 낸다는 유해한 고정관념이 생겨났다. 버나딘 에바리스토는 이런 고정관념이 흑인 여성을 현재의 자리에 머물도록 만들기 위한 고의적인 술책이라고 생각한다.

"우리를 말 잘 듣는 수동적인 인간으로 만들려는 거에요. 우리에게서 힘을 빼앗아가려는 악랄한 술책이죠."[28]

STEM 직군에서 여성을 주변화하는 편향을 연구하고 논문으로 쓴 조앤 C. 윌리엄스는 '흑인 여성과 라틴계 여성은 특히

성난 것처럼 보일 위험이 크다.'고 썼다.[29]

"남성 동료들처럼 자기 생각을 단도직입적으로 밝혔던 한 여성 생물학자는 학과장에게 '나한테 그런 식으로 얘기하지 말라.'는 지적을 받은 후로는 '학과장님이 도와주시지 않으면 이 일을 감당할 수 없다.'는 식으로 부탁하게 되었다고 말했다. 학과장에게는 '책임을 지는' 남성적인 역할을 주고 자신은 '도움을 구하는' 여성적인 역할을 맡은 것이다."

하지만 흑인 여성은 주도성을 발휘해도 반발을 사지 않는다는 과거 연구 결과와 일맥상통하는 흥미로운 발견도 있었다. 직장에서 고정관념상 여성적인 역할을 맡으라는 압박을 받는다는 문항에 동의한 흑인 여성의 비율(8퍼센트)은 아시아계 여성(41퍼센트)이나 백인 여성(36퍼센트)에 비해서 훨씬 낮았다. 그리고 아이가 생긴 이후 직장 동료에게 근무 시간을 줄이는 게 좋겠다는 제안을 받았다고 답한 비율도 아시아계 여성(37퍼센트)보다 훨씬 낮은 8퍼센트에 불과했다.

고정관념을 다룬 또 다른 연구에서, 아시아계 여성은 똑똑하다는 고정관념이 흑인 여성이나 백인 여성이 똑똑하다는 고정관념보다 두 배 더 높게 나타났다.[30] 또 아시아계 여성은 온순하다는 생각은 열 배, 순종적이라는 생각은 세 배 더 높았다. 흑인 여성이 아시아계 여성이나 백인 여성보다 더 높은 점수를 보인 특성은 분노, 힘, 재미, 주도성, 성취 지향이었다. 흑인 여성은 강인하고 결단력 있는 특성을 드러내는 것이 다른 인종 여성보다 더 많이 허용되었지만, 실패하면 백인 남성, 백인 여성, 흑인 남성보다 더 가혹한 평가를 받았다.[31]

"제가 화내면 안 될 이유가 있나요?"

마모헤티 파켕이 물었다. 그녀는 식민지화된 나라의 인종 차별 정책 아래서 성장했다. 교육만이 가난에서 벗어날 유일한 희망이라 믿는 아버지 덕분에 겨우 교육을 받을 수 있었다. 파켕은 학업의 사다리를 한 칸 한 칸 끝까지 올랐다.

"갖출 수 있는 건 전부 다 갖추고 싶었어요. 그러면 인종 차별에서 벗어날 수 있을 거라고 생각했어요. 하지만 목표했던 곳에 도달했는데도 여전히 바라던 것을 얻을 수 없어요. 그런데 왜 화를 내면 안 되죠? 세상은 제가 여전히 백인들과 둘러앉아서 대화를 나누고, 백인 친구들을 사귀고, 그들을 끌어안고 협력하는 모습을 보고 흑인들이 정말 관대하다고 감탄해야 해요. 우리가 이만한 분노를 품고 있다고 놀랄 게 아니라 이만큼 용서한다는 데 놀라야 한다고요. 흑인 여성이 분노를 품지 말아야 할 이유가 있을까요? 우리는 여전히 '식민지 행렬'의 끝자리로 밀려나 있는데요. 도대체 무엇 때문에요? 사실 우리는 더 분노해야 해요. 지금은 굉장히 온건한 자세를 취하고 있는 거예요."[32]

버나딘 에바리스토가 지적했듯 계급과 인종의 교집합이 미치는 영향은 굉장히 강력한 데도 간과되는 경우가 많다. 시애틀

대학교의 흑인 정치학자 콘스턴스 G. 앤서니는 이렇게 썼다.

"노동 계급 출신의 동성애자 여성인 나는 중산층이나 상류층 이성애자 남성이 대다수인 정치학계에서 온갖 어려움에 직면했다. 각각의 정체성은 겹겹이 겹쳐 있다. 그중에서도 출신 계급은 사회적으로 가장 적게 인식되는데, 바로 그 때문에 쉽게 간과된다."[33]

앤서니의 지적은 일리가 있다. 적어도 영국에서는 억양으로 그 사람의 출신 계급을 유추하곤 한다. '사회 이동 및 아동 빈곤 위원회'의 연구에 따르면 채용 담당자들은 학업 성취도와 관계없이 특정 억양을 가진 사람을 선호한다.[34] 특히 선호하는 억양은 '세련된' 억양으로, 이는 '중산층'을 에둘러 표현하는 말이다.

랜스 워크먼과 헤일리-제인 스미스는 이 편향을 시험해 보기로 했다. 그들은 젊은 여성이 요크셔 억양, 버밍엄 억양, 표준 억양으로 글 읽는 소리를 들려주고 이 목소리의 주인공이 얼마나 지능이 높을지 평가하게 했다. 여기에 여성의 얼굴 사진만 보여 주고 목소리는 들려주지 않는 음소거 조건을 추가했다. 이 연구에서 지능이 가장 높다고 평가된 억양은 요크셔 억양이었고, 그 다음은 표준 억양이었다. 버밍엄 억양은 음소거 조건보다도 평가 점수가 낮았다.

미국에서도 이와 유사한 연구가 진행되었다. 그 결과 특히 남성들은 스페인 억양으로 말하는 여성이 북미 억양으로 말하는 여성에 비해서 지식 수준이 낮다고 평가했다.[35] 대다수 문화에서 상류층과 중산층에 속하는 사람은 유능하지만 냉정하다는 인식이 있는 반면, 노동 계급에 속한 사람은 능력은 부족하지만 온화하다는 인식이 있다.[36] 가난한 사람은 무능하다는 인식은 불평등이 심각한 사회일수록 더 강하게 나타난다.

이것은 부분적으로 자신감과 관련 있다. 멕시코와 미국에서 실시된 한 연구에 따르면 상류층은 과도한 자신감을 보이는 경향이 있었다.[37] 그리고 이 과도한 자신감은 채용 담당자들이 상류층 출신이 조금 더 유능하다고 생각하게 만드는 요소로 작용한다. 불이익을 두 배로 경험하는 노동 계급 출신 여성은 과도한 자신감을 갖게 될 가능성이 거의 없다.

노동 계급 출신 작가 벨 무니는 자신의 출신 때문에 어디에서도 소속감을 느끼지 못했다.

"성인이 된 이후로 늘 제 출신을 의식하면서 살았어요. 학생 세미나에서도, 첫 번째 결혼 생활에서도 그리고 언론 방송계에서 직장생활을 할 때에도 줄곧 말이죠. 저는 출신 계급과 성별 모두에 발목을 잡힌 신세였어요. 애초에 노동 계급 출신을 의식했던 건 제 문제지만, 이제껏 저를 가르치려들던 남성들의 거만함은 그들의 문제예요."[38]

노동 계급 출신 여성은 남들과 동등하게 인정받기 위해서 얼마나 고군분투해야 하는지 잘 알고 있다. 유능한 인권 변호사이자 토니 블레어의 아내인 셰리 부스는 리버풀에서 노동 계급인 홀어머니와 할머니 손에 자랐다.

"대학교 법학과에 진학해 보니 여성 비율은 10퍼센트가 채 안 되더라고요. 법학은 여성이 좀처럼 선택하지 않는 학문이니까요.[39] 하지만 저는 학년 말 시험에서 늘 1등을 차지했어요. 특출나지 않으면 취직에 성공할 가능성이 전혀 없다는 걸 알았으니까요. 법학과에서 제 존재를 정당화할 방법은 제가 다른 학생들보다 똑똑하다는 걸 입증하는 것뿐이었죠. 그건 출신 계급 때문이었지 여성이기 때문은 아니었어요."

하지만 오래지 않아 성별도 부스의 발목을 잡았다.

"사법 시험에서 수석을 차지하고 법조계에 들어왔는데, 법정에는 자기가 최고라고 생각하는 사람들로 넘쳐나더라고요! 그리고 남성이 최고라고 생각하는 사람들도 많았어요. 법정에 간 이후로는 난데없이 제가 여성이라서 권위가 서지 않는다는 얘기를 듣기 시작했어요. 법정 변호사 사무실은 옥스퍼드대학교를 2등급 성적(100점 만점에 60~69점 사이—옮긴이)으로 졸업하고 사법 시험을 3위로 통과한 토니와 리버풀대학교를 1등급(100점 만점에 70점 이상—옮긴이)으로 졸업하고 사법 시험에서 수석을 차지한 저 중에서 토니를 선택하더라고요. 그 시점에 이르러서야 '맙소사, 법정에선 내가 여성인 게 문제가 되는구나.'라는 생각이 퍼뜩 들었죠."

지금까지 인종과 출신 계급이 성별과 교차하는 지점을 살펴봤다. 그렇다면 성 정체성은 어떨까? 동성애자나 양성애자 여성은 이성애자 여성보다 권위를 인정받기 어려울까?

흥미롭게도 현실은 그보다 더 복잡하다. 맥킨지와 린인에서 3만 8500명이 넘는 임직원을 대상으로 설문 조사를 실시한 후 발행한 '직장 내 여성 2019' 보고서에 의하면, 동성애자 여성은 굉장히 엇갈리는 경험을 하는 것으로 나타났다. '성장과 자기계발을 위한 기회가 공평하게 주어진다.', '직장에서 나를 지지해 줄 상급자를 만날 기회가 공평하게 주어진다.', '상사는 내게 인력이나 프로젝트를 관리할 기회를 준다.' 같은 직업 관련 문항에서 동성애자 여성은 이성애자 여성에 비해 점수가 높았고, 거의 남성만큼 긍정적으로 답변했다.

하지만 일상적인 권위 격차 경험과 관련해서는 오히려 더 나쁜 대우를 받는다고 답했다. 동성애자 여성은 이성애자 여성보다 자기 능력을 더 많이 입증해야 했고, 전문가로서 자신의 판단에 의문이 제기되는 경험을 더 많이 했으며, 말허리가 잘리거나 아이디어를 가로채이는 경험도 더 많이 했다. 그리고 자신을 비하하는 말을 들었다고 응답하는 비율이 훨씬 높았고, 직장 밖에서의 삶이나 자기 정체성을 드러내서는 안 된다고 느끼는 비율도 훨씬 높았다.

동성애자 여성의 직장생활은 몇몇 측면에서 이성애자 여성보다 나았다. 평균적으로 동성애자 여성은 자녀가 있건 없건 이성애자 여성보다 수입이 많았다.[40] 그리고 전통적으로 남성의 분야로 간주되는 직업을 가질 확률도 더 높았다. 한 연구에 따르면 사무직, 비서직에 종사하는 동성애자 여성은 이성애자 여성만큼 다른 동료에게 성적 관심을 받거나 성희롱을 당하지 않는다고 느꼈다. 또 대체로 남성 동료를 편하게 친구처럼 대할 수 있다고도 했다.[41]

그리고 동성애자 여성은 이성애자 여성에 비해 '가사·돌봄 노동'을 덜 했다. 연인이나 배우자가 가정에서 무급 노동을 공평하게 분담하는 경우가 많았기 때문이다. 또한 이들은 이성애자 여성의 발목을 잡는 고정관념에서 자유로웠다. 동성애자 여성 집단은 이성애자 여성 집단보다 독립성, 자기주장, 경쟁심, 자신감처럼 일터에서 유용한 자질에서 더 높은 평가를 받는 경향이 있었다.[42]

이렇듯 동성애자 여성은 고정관념의 사다리에서 이성애자 여성보다는 위쪽에, 이성애자 남성보다는 아래쪽에 자리하고 있는 것으로 보인다. 특히 이들은 가족을 이루었을 때 이성애자 여성보다 훨씬 더 나은 모습을 보인다. 한 연구진은 '동성애자 여성 근로자의 역설'이라는 제목의 실험을 통해 참가자들에게 영향력 있는 직업(여기서는 맥킨지 컨설턴트)을 가진 가상의 남성, 이성애자 여성, 동성애자 여성의 능력과 출세 지향도가 자녀의 출생 여부에 따라 어떻게 달라질지 예상하도록 했다.[43] 이성애자 여성의 능력과 출세 지향도는 자녀가 생긴 직후 급격히 떨어졌다. 반면 남성은 두 요소 모두 점수가 올랐다.

동성애자 여성은 능력은 오르고 출세 지향도는 같은 수준에 머물렀다. 사람들은 동성애자 여성이 부모가 되었다고 해서 직무 수행 능력이 떨어질 거라고 보지 않았다.

한편 동성애자 여성과 양성애자 여성은 괴롭힘이나 성추행을 당할 가능성이 더 높았다. '직장 내 여성' 연구에서 전체 여성의 41퍼센트가 성희롱 경험이 있다고 답변한 반면 양성애자 여성은 62퍼센트, 동성애자 여성은 53퍼센트가 성희롱을 경험했다고 답했다.

동성애자 여성이 자신의 성 정체성을 직장에 공개하는 비율이 떨어지는 이유가 바로 이 때문이다. 또한 그들은 동성애 문제를 다루는 공론장에서 배제되는 경우도 많았다. 『게이 지수: 게이 임원이 지도자로서 뛰어난 역량을 발휘하는 이유와 모든 관리자가 알아야 할 것(The G Quotient: Why Gay Executives are Excelling as Leaders and What Every Manager Needs to Know)』이라는 책은 포용성과 협력을 포함한 일곱 가지 리더십 원칙을 제시하고 있지만, 동성애자 여성은 언급조차 하지 않았다.[44] 여기서도 여성은 주목할 만한 가치가 없는, 대단치 않은 존재로 비쳐지고 있다. 동성애자 여성과 리더십의 관계를 살펴본 한 연구자는 이렇게 말했다.

"이 책은 본문에서 제시한 리더십 원칙을 동성애자 남성에 국한된 특성으로 제시함으로써 가부장제를 강화한다."[45]

베스 왓슨은 무대 위 인물의 다양성을 높이기 위한 캠페인

　　　　　　　　　　　　　편견이 얽히고설킨 교차로

을 벌이는 조직인 '벡델 극장(Bechdel Theatre)'의 공동 설립자다. 양성애자인 왓슨은 이렇게 말한다.

"양성애자만 겪는 문제가 있어요. 바로 우리의 성 정체성이 진지하게 받아들여지지 않는다는 거예요. 우리는 과도기를 거치는 중이라거나 10대들이 겪는 경험을 하고 있다는 얘기를 듣곤 하죠. 양성애는 성 정체성이 온전히 형성된 게 아니라 아직 긴가민가하면서 확신이 없는 상태로 보거든요. 이런 경험을 여러 번 하다 보니 제가 양성애자라는 걸 공개적으로 밝히기가 어려워요."[46]

확신이 없고 어딘가 미성숙해 보이는 여성은 권위가 떨어지기 마련이고, 그 결과 권위 격차는 더욱 벌어진다.

여러 소수자 여성 집단 중에 불이익을 가장 크게 받는 집단은 바로 장애인 여성 집단일 것이다. 유엔 여성 기구에 실린 한 논문에 따르면, 장애인 여성은 여성의 권리를 옹호하는 사람들과 장애인의 권리를 옹호하는 사람들 모두에게 눈에 띄지 않는 존재이다.[47] '직장 내 여성'을 주제로 이뤄진 연구에 따르면 장애인 여성은 직장에서 동등한 기회를 누릴 가능성이 가장 낮았다. 그들은 관리자의 지원을 받을 가능성이 가장 낮았고, 전문성을 의심받거나 아이디어나 공로를 다른 사람에게 빼앗기는 등 일상적으로 짜증을 유발하는 권위 격차를 가장 많이 경험하는 집단 중 하나였다. 더욱이 안타깝게도 이들은 자신이나 자신이 속한 집단을 비하하는 말을 들을 가능성이 가장 높았다.

코로나 팬데믹 기간 동안 이들의 삶은 그 누구보다 팍팍해졌다. 61퍼센트가 스트레스를 받고 있다고, 46퍼센트는 지쳤다, 41퍼센트는 번아웃에 빠졌다고 답했다. 모두 전체 여성 집단보다 10퍼센트 정도 높은 수치였다.[48]

일하는 장애인 여성의 평균 임금은 장애인 남성의 83퍼센트, 비장애인 남성의 67퍼센트 수준밖에 안 되었다. 또 비장애인 여성 임금과 비교하면 80퍼센트 수준이었다. 장애가 있는 여성은 나약하고 의존적이며 무능하다는 부정적인 고정관념이 임금 수준에 영향을 미쳤다.[49] 이 때문에 장애인 여성 중에는 자기 능력을 입증하기 위해 동료들보다 더 열심히 일하는 사람들이 있다. 그리고 장애인 여성의 수는 생각보다 많다. 영국에서는 생산 연령 여성 중 19퍼센트가 장애인이다.[50]

노동당 하원 의원 엠마 르웰-벅은 다섯 명밖에 없는 장애인 국회 의원 중 한 명이다. 그녀는 주말이나 밤늦은 시간까지 일하고 아침 일찍 업무를 시작한다. '자기 능력을 입증하기 위해 한층 더 노력해야 한다.'고 느끼기 때문이다.[51]

배우들에게 즉흥 연기를 가르치는 클로이(27세)는 성소수자이자 장애인이다.

"장애는 제 인생의 짐이에요. 성소수자인 것보다 장애인인 게 더 힘들어요. 장애가 제 권위를 떨어뜨리면 어떤 기분이 드는지는 저만 알아요. 저는 저보다 나이가 많은 사람들을 가르치는데요. 그러다 보니 나이가 어리고, 여성인데다 장애인이기도 해서 일하기 정말 힘들어요. 사람들이 저를 신뢰하지 않을 때가 많거든요."[52]

자유민주당 대표인 살 브린턴은 지난 10년간 류머티즘 관절염으로 휠체어 생활을 하면서 여성이 장애를 갖게 되면 권위 격차가 얼마나 크게 벌어지는지 몸소 체험했다.

"어떤 사람들 눈에는 제가 투명 인간이라도 된 것처럼 안 보이나 봐요.[53] 그래서 저는 얼굴에 철판을 깔고 끼어드는 법, 사람들이 제 머리 위에서 대화를 나눌 때 눈길 받는 법, 휠체어를 탄 사람은 아무것도 모른다는 편견을 바로잡아 저와 의논하게 만드는 법을 배워야만 해요. 그건 몹시 고달픈 일이죠. 저는 성격이 단호한 편이라서 제가 일을 잘 해낼 수 있고 업무를 잘 이해하고 있다는 걸 빠르고 명확하게 밝히는 편이에요. 하지만 사람들은 항상 제 보호자라고 생각되는 사람에게 먼저 의견을 구해요."

언젠가 공항에 갔을 때에는 이런 일이 발생했다.

"제 머리 위에서 어느 직원이 다른 직원에게 '이분이 혼자서 게이트까지 가실 수 있을까요?'하고 물었어요. 그러자 검색대에서부터 날 데려다 준 직원이 '잘 모르겠어요, 손님께 여쭤 볼래요? 말은 할 줄 아실 거예요.'라고 대답하더라고요."

자폐인 여성이나 ADHD(주의력 결핍 과다 행동 장애) 여성도 간과될 때가 많다. 남자아이는 자폐와 ADHD 진단을 여자아이보다 네 배쯤 많이 받는데, 실제 발병률은 이만큼 차이나지 않을지도 모른다. 여자아이는 어려서부터 상대를 배려하고 사회성을 길러야 한다는 압력을 훨씬 많이 받기 때문에 타인을 불편하게 만드는 성향을 숨길 수 있다. ADHD가 있는 스물아홉 살의 릴리는 이렇게 말한다.

"학창 시절에 시간에 맞춰서 수업에 들어가거나 과제 제출을 하는 게 정말 어렵더라고요. 그것 때문에 가끔 방과 후에 교실에 남아서 벌을 받았는데, 한번은 선생님이 절 부르더니 '덜 떨어진 여자애처럼 굴지 말라.'고 하시더라고요. 그 말을 잊을 수가 없어요. 저는 덜떨어진 것과 거리가 멀어요. 제가 그런 행동을 하는 이유는 뇌의 집행 기능에 문제가 있기 때문이에요. 제 성향을 성 차별적이지 않은 말로 달리 표현하자면 굉장히 배짱이 좋은 편이에요. 그런데 저랑 같이 방과 후에 남았던 (대다수는 신경 기능에 문제가 없는) 남자아이들이 덜떨어졌다는 말을 들은 적 있을까요? 아마 없을 거예요."[54]

다시 말해서 ADHD가 있는 남자아이는 똑똑하지만 의학적 장애가 있다는 인정을 받지만, ADHD가 있는 여자아이는 덜떨어졌거나 맹하다고 여긴다. 한 가지 말해두자면, 릴리는 케임브리지대학교 철학과에 진학했다.

비장애인 중산층 백인 여성이 오래된 성 고정관념과 맞서 싸우면서 진이 빠진다고 느낄 정도면, 성별은 물론이고 또 다른 편향과 맞서 싸워야 하는 여성들은 몇 배로 더 힘들 것이다. 이들은 자기 능력을 훨씬 더 많이 입증해야 하고 채용 및 승진에 성공하고 나서도 소수자 우대 정책 덕분이라는 곱지 않은 시선을 받는다.

따라서 자신이 백인이거나 중상류층이어서 특권을 누리는 여성은 자신과 같은 특권을 누리지 못하는 여성을 지지해 줘야 한다. 이때 가장 좋은 방법은 그들에게 어떤 도움이 필요하냐고 묻는 것이다. 그밖에도 우리는 인종이나 출신 계층이 다른 후배 여성에게 멘토나 후원자가 되어 줄 수 있고 유색인 여성, 동성애자 여성, 노동 계급 출신 여성, 장애인 여성을 여성 모임에 포함시키려고 노력할 수 있다. 또 고위직 동료에게 그들을 추천하거나 경영진에게 다양한 배경을 가진 여성 중에 더 뒤로 밀려나는 부류가 없도록 각 세부 집단의 상황을 따로 확인하도록 요청할 수 있다.

우리가 스스로를 굉장히 진보적인 사람으로 여기더라도 무의식적으로 성차별을 할 수 있듯이, 나도 모르게 인종 차별, 동성애 혐오, 계급 차별, 장애인 차별을 할 수 있다는 사실을 기억해야 한다. 그리고 사람들을 대하는 동안 무의식적 편향이 뇌를 속이려고 할 때마다 편향을 바로잡도록 노력해야 한다.

13

지성과 미모의
오묘한 관계

The
Authority
Gap

"성가시게 할 필요 뭐 있어. 내가 알아서 하지 뭐."

수학은 어려워.

난 꾸미는 게 좋아.

내 머리 좀 빗겨 줄래?

— 말하는 10대 바비 인형

코브라 군단을 공격하라!

잡히기 싫으면 내 명령에 귀 기울여.

— 지.아이.조

런던에서 열린 투자 기업 콘퍼런스에 참석했을 때의 일이다. 콘퍼런스 무대에 오른 한 남성은 《파이낸셜 타임스》가 왜 전 세계적 재정 위기를 예견하지 못했는지 물었다. 누군가 《파이낸셜 타임스》의 부편집장인 질리안 테트가 그런 예견을 내놓았다고 지적하자 그는 이렇게 답했다.

"아, 너무 아름다우셔서 그분 말을 진지하게 못 들었네요."

나는 '우'하고 야유했고, 야유는 흡족하게도 홀 전체로 퍼져 나갔다.

어릴 때부터 우리는 여성은 아름다워야 하고 남성은 유능해야 한다는 생각을 흡수한다. 어른은 아이와 상호 작용하면서 자기도 모르게 그런 고정관념을 공고하게 만든다. 여자아이에게는 드레스가 예쁘다고 말하고, 남자아이에게는 축구를 잘 한다고 추켜세운다. 사람들의 인정을 받으려면 여자아이와 여성은 보기 좋아야 하고 남자아이와 남성은 할 줄 아는 게 많아야 한다. 옥시덴탈대학교의 캐롤라인 헬드먼의 말이다.[1]

"남자아이는 자신을 환경을 능숙하게 다루는 대상으로 보도록 길러지고, 여자아이는 공들여 가꿔야 할 대상으로 보도록 길러져요. 성인 여성인 우리가 여자아이에게 '우아, 정말 예쁘다.'라고 말할 때마다 여성의 가치를 평가하는 기준이 외모라고 가르쳐 주는 셈이 되죠. 지난 20년간 실시해 온 연구 결과에 따르면 여성은 자신을 성적 대상으로 인식할수록 섭식 장애와 우울증에 취약해졌어요. 그리고 인지 기능과 행복도, 정치적 효능감[자기 견해가 정치에 반영될 수 있다는 믿음]이 낮아졌으며, 자기 몸매를 습관적으로 검열할 가능성이 높아졌어요. 그러니까 자신을 남성의 성적 대상으로 인식할수록 부정적인 영향을 받는 거죠. 하지만 몸이 가치를 평가하는 잣대라는 것을 의식하기 훨씬 전부터 우리는 그런 생각을 무의식적으로 배워요."

이것이 바로 여성이 공적 영역에서 마주하는 현실이다. 여성의 외모는 끊임없이 평가되고 때로는 무자비한 비판을 받는다. 영국 언론의 정치인 보도를 조사한 연구자들은 여성의 외모를 판단하는 기준이 남성에게는 적용되지 않는다고 썼다.

"남성 정치인은 기름진 머리가 납작하게 눌리거나, 어깨 위에 하얗게 비듬이 내려앉거나, 지저분한 넥타이를 매거나, 벨트를 툭 튀어나온 배 위로 어중간하게 차거나, 쭈글쭈글한 양복을 입고 나타나기도 한다. 만약 여성 정치인이 그렇게 단정치 못한 모습을 보이면 당장 뉴스 머리기사에 실려 국회 의원으로서의 자질을 의심받을 것이다."[2]

정말 그렇다. 언젠가 나는 기사에서 공인 남성과 공인 여성에게 적용되는 외모의 이중 잣대를 다룬 적 있었다. 영국에서 두 번째로 높은 자리에 있는 마이클 헤슬타인 부총리의 어깨 위 비듬은 아무도 눈여겨보지 않지만 다이애나 왕세자비의 다리에 있는 조그마한 셀룰라이트는 신문에 대서특필되는 현실을 꼬집었던 것이다. 그 기사를 두고 헤슬타인 부총리는 격분했고 그 후로는 나와 말 한마디 섞으려 들지 않았지만, 다음 번 만났을 때 보니 어깨 위는 깔끔해졌다.

여성의 외모를 시시각각 소상하게 점검하는 행태도 우려되지만, 성공한 여성은 섹시해야 한다는 요상한 통념도 우려되기는 매한가지다. 크리스틴 라가르드가 국제통화기금 IMF 총재로 새로이 취임하자, 다른 신문도 아닌 『옵저버』가 다음과 같은 제목의 머리기사를 실었다.

"라가르드는 세상에서 가장 섹시하고 영향력 있는 여성인가?"[3]

수식어가 나열된 순서에 주목해 보자. 그녀가 IMF 총재에 선임되기까지 거친 화려한 경력(프랑스 재무부 장관, 글로벌 로펌 회장)을 소개하기에 앞서 이 기사의 두 번째 단락은 다음과 같이 그녀를 소개했다.

"라가르드의 치아는 눈부시게 아름다웠다. 가지런하고 뽀얀 이는 멋지게 그을린 얼굴 속에서 환하게 빛났다. 올해 55세인 라가르드는 키가 크고(178센티미터) 늘씬하며 파리지앵답게 무심한 듯 기품 있는 복장을 선보였다. 프랑스 자국 브랜드 샤넬 정장을 입고 에르메스 스카프에 화려한 팔찌, 안쪽에 모피를 댄 외투를 입었다. 라가르드는 흰색과 검정색이 어우러진 차분한 복장에 실크 스카프, 진주 목걸이 그리고 브로치를 곁들여 부드러운 느낌을 더했다. 단정한 은빛 단발에 녹색 눈동자가 빛났다."

『옵저버』는 진보적인 신문이지만 이 기사는 지성과 리더십 역량, 재무 감각을 바탕으로 여러 국가 지도자들의 선택을 받은 여성을 두고 얼마나 섹시한지 평가해 보라고 말하고 있었다. 우리는 유엔 사무총장 안토니우 구테흐스나 세계은행 총재 데이비드 맬패스가 세상에서 가장 섹시한 남성이기를 기대하기는커녕 섹시한지 안 섹시한지 관심조차 없다. 게다가 라가르드는 자기 외모를 선전하거나 이용한 적도 없다.

내가 헤스타인과 라가르드의 사례를 언급한 까닭은 여성이 외모를 두고 얼마나 아슬아슬한 줄타기를 해야 하는지, 외모가 존중받는 일에 어떤 영향을 미치는지 보여 주기 위해서였다. 나는 미국을 다스리고 싶은 마음이 눈곱만큼도 없기 때문에 버락 오바마가 전혀 부럽지 않았다. 하지만 오바마가 자신이 가진 옷들은 하나같이 다 똑같아서 아침에 뭘 입고 나갈지 고민할 필요가 없다고 말했을 때는 정말 부러웠다. 여성이 외모를 단장하는 데 들이는 온갖 노력과 스트레스가 사라진다면 삶이 얼마나 단순해질까!

여성은 입을 옷을 선택할 때 굉장히 많은 것을 고려해야 한다. 페미니스트 작가 케이틀린 모런의 말을 들어 보자.

"매일 아침 옷을 고를 때마다 여성들은 수많은 요소를 고려한다. 이 옷을 입으면 전문가처럼 보일까? 그리고 날씬해 보일까? 그리고 잘 어울릴까? 그리고 개성 있어 보일까? 그리고 유행에 잘 맞을까? 그리고 이 옷이 날 안전하게 지켜줄 수 있을까? 옷장에 옷이 가득 차 있는데도 여성들이 왜 '입을 옷이 하나도 없다.'고 하는지 이해가 안 되는가? 여기서 '입을 옷이 없다.'는 말은 '오늘 내가 맡은 역할과 오늘 참석할 자리에 맞는 옷이 없다.'는 뜻이다."[4]

공인인 여성에게는 여기에 한 가지 문제가 더해진다. 바로 똑같은 옷을 몇 번만 입어도, 때로는 두 번만 입어도 사람들 입에 오르내릴 수 있다는 점이다. 앙겔라 메르켈은 이렇게 언급했다.

"남성은 감색 양복을 100일 동안 내리 입어도 상관없지만 나는 같은 재킷을 2주 동안 네 번만 입어도 말이 나온다."[5]

여성이 옷을 사서 한 번만 입어야 한다면, 이 얼마나 끔찍한 낭비인가? 게다가 매일 새로운 옷을 찾아서 사 입으려면 도대체 얼마나 많은 시간과 돈이 필요하겠는가? 남성들은 그냥 샤

지성과 미모의 오묘한 관계

워하고 면도하고 머리만 빗으면 된다(보리스 존슨을 보면 머리를 빗을 필요도 없다). 반면 여성들은 단정하고 우아하게 보이기 위해 엄청나게 많은 시간과 돈을 쏟아야 한다. 그러다 보니 외모를 두고 끊임없이 평가하는 현실에 신물이 날 수밖에 없다. 여성이 외모를 꾸미는 데 들이는 시간과 에너지와 돈으로 대신할 수 있는 일이 얼마나 많을지 생각해 보라!

힐러리 클린턴은 2016년 대선을 회고한 책『무슨 일이 있었나(What Happened)』에 이렇게 썼다.

"대중의 시선을 받는 여성으로서 내가 외모를 꾸미는 데 들여야 하는 노력에는 익숙해지지 않았다.[6] 언젠가 대선 캠페인 기간 동안 머리 손질과 화장에 들인 시간을 계산해 봤다. 무려 600시간, 일수로 환산하면 25일이었다. 너무 충격적인 수치라 계산을 두 번이나 다시 확인했다."

사회도 여성의 외모에 남성보다 훨씬 엄격한 잣대를 들이 댄다. 나는 그 사실을 BBC 방송 〈더 브레인즈 트러스트〉라는 프로그램을 진행하면서 깨달았다. 당시 우리는 이 시대의 지성인 A. S. 바이어트를 초청했다. 그녀는 지혜롭고 박식하며 사려 깊어서 프로그램의 패널로 큰 활약을 했다. 하지만 매력 없고 나이 든 여성이 TV에 나오는 건 무척 어색하게 느껴졌다.

거기다 여성은 실제보다 더 어려 보여야 한다는 기대를 받는다. 수전 손택은 '나이에 대한 이중 잣대'라는 글에서 이렇게 언급했다.

"여성미의 기준으로 인정받는 잣대는 단 한 가지뿐이다. 바로 소녀의 아름다움이다. 남성이 누리는 커다란 이점 중 하나는 우리 문화가 남성미와 관련해서 두 가지 기준을 허용한다는 것이다. 바로 소년의 아름다움과 원숙한 남성의 아름다움이다. 소년의 아름다움은 소녀의 아름다움과 닮았다. 이 아름다움은 생애의 이른 시기에만 자연스럽게 피어나는, 깨지기 쉬운 아름다움이다. 다행스럽게도 남성은 또 다른 아름다움의 기준, 더 굵직하고 거칠고 무게감 있는 남성으로 자기 자신을 받아들일 수 있다. 남성은 털이 돋고 주름이 생겨서 소년 시절의 매끈한 피부를 잃어도 애석해 하지 않는다. 그저 한 가지 매력이 다른 매력으로 바뀔 뿐이기 때문이다. 매일 면도하면서 거칠어지고 까무잡잡해진 얼굴, 나이가 들면서 자연스럽게 생긴 주름과 감정의 흔적도 남성미로 인식된다."

그렇다면 여성은 어떨까?

"여성에게는 두 번째 미의 기준이 없다. 그래서 깨끗한 피부를 계속 유지해야만 한다. 주름 하나하나, 흰 머리 한 올 한 올이 실패로 인식된다. 남성이 되는 과정에서 애석한 감정을 느끼는 소년은 별로 없지만, 소녀에서 여성이 되는 시기에 이제 내리막이라고 느끼는 여성이 많다는 건 그다지 놀랍지 않다. 여성은 누구나 계속 소녀처럼 보이고 싶은 마음을 갖도록

지성과 미모의 오묘한 관계

길들여지기 때문이다."[7]

　이것은 여성의 권위에도 영향을 미친다. 젊은 여성보다는 중년 여성의 말에 권위가 실리기 마련인데, 사회는 중년 여성이 젊어 보이기를 기대한다. 일레인 차오의 말을 들어 보자.

　"나이 든 여성은 나이보다 젊어 보여야 한다는 압박을 남성보다 훨씬 많이 받아요. 정말 끔찍한 모순이죠. 여성은 나이가 들수록 지혜가 깊어지고 자기주장이 강해지면서 남성과 동등한 대우를 받을 수 있게 돼요. 그런데 외모가 예전만 못해서 손해를 보게 되죠."[8]

　메리 비어드는 『여성, 전적으로 권력에 관한』에서 같은 생각을 드러냈다.

　"주름진 얼굴은 남성에게는 성숙한 지혜를 의미할지 몰라도 여성에게는 '유효 기간이 지났음'을 의미한다."[9]

　그러니 보톡스 시술자의 90퍼센트, 성형 수술 환자의 92퍼센트가 여성이라고 해도 전혀 놀랍지 않다.[10]

　여성은 어려 보이려고 노력하는 동시에 매일 아침 옷을 골라 입고 화장을 하면서 오늘 차림새가 권위에 어떤 영향을 미칠지 고려해야 한다. 손톱에 매니큐어를 바르면, 립스틱을 바르면, 머리를 올리거나 풀어 내리거나, 바지 혹은 치마를 입으면 자기 말에 권위가 더 실릴까 덜 실릴까 고민해야 한다.

　헬레 토르닝슈미트는 이런 복잡한 계산 과정을 털어놓았다.

"30대 후반에 당 대표가 되었을 당시 저는 제가 너무 젊다고 느꼈어요. 그래서 진중해 보이도록 외모에 변화를 줬죠. 올림머리에 긴 치마 정장을 차려입었어요. 딱히 제 취향은 아니라서 나중에는 조금 편하게 바꿨지만, 당시에는 그럴 필요가 있다고 느꼈어요."[11]

하지만 그녀는 차림새가 너무 화려하다는 불쾌한 비판을 받곤 했다.

"저는 '구찌 헬레'라고 불렸어요. 사람들은 제가 바람직한 정치인 상에 맞지 않다고 생각했어요. 구찌 옷은 입은 적 없지만 구찌 가방이 있어서 가끔 들었는데 거기서 그런 말이 나왔더라고요. 하지만 후회하지 않아요. 저는 가방을 좋아하고, 여성은 정치를 해도 여성이어야 한다고 생각하니까요. 그래도 '구찌 헬레'라고 불리는 건 제 이미지에는 그다지 도움이 되지 않았어요. 그 별명은 제가 중도좌파 정당의 대표이기엔 부적합한 상류층 출신에(물론 상류층 출신이 아니에요) 진정한 사회 민주주의자가 아니고, 속물적인 것들에 관심 있는 인물이라는 인상을 주거든요. 그러니까 당 내외부에서 제 흠을 잡으려는 사람들에겐 굉장히 좋은 별명인 거죠. 그래서 그 별명이 계속 저에게 따라붙는 거고요."

칠레 대통령이었던 미첼 바첼레트는 여성 정치인의 외모를 불공평하게 비판하는 행태에 관해서 다른 여성 정치 지도자들과 이야기를 나눴다고 했다. 바첼레트는 외모에 대한 지나

지성과 미모의 오묘한 관계

친 관심은 여성 정치인의 영향력을 줄이기 위한 다분히 고의적인 시도라고 말했다.

"그들은 여성 정치인이 드는 가방의 크기나 입은 옷처럼 사소한 것들을 비판하면서 영향력을 약화시키려고 해요."[12]

이런 행태는 여성 정치인에게도 곤욕이지만 남성 정치인의 아내에게도 곤욕일 수 있다. 셰리 부스는 성공한 변호사인 동시에 토니 블레어의 아내다. 영국 총리 관저인 다우닝가 10번지에 들어가기 전까지 패션, 머리 모양, 화장에 전혀 관심이 없었던 그녀에게 총리 아내의 역할은 녹록지 않았다. 법정 변호사인 부스는 매일 검은색 정장을 입고 가발을 썼다. 화장은 전혀 하지 않았다. 그런데 총리 부인으로 대중 앞에 나설 때마다 기자들의 날 선 비판을 받았다. 부스는 너무 큰 좌절감을 느꼈다고 고백했다.

"평소에도 말을 많이 하기 때문에 총리 부인으로서 발언하는 건 별반 어렵지 않았어요. 특히 여성의 역할이라든가 워라밸, 아동 문제처럼 정부 정책과 딱히 부딪힐 게 없는 주제로 이야기하는 건 어려울 게 없었죠. 하지만 제가 어디 가서 무슨 얘기를 하든 사람들은 제가 입은 옷을 가지고 이러쿵저러쿵 떠들어댔어요. 모욕적이었죠. 유능한 여성이라면 옷차림으로 평가받을 거라고 기대하지 않으니까요."[13]

공인인 여성이 이런 불편한 관심에서 벗어날 방법은 없을까? 줄리아 길러드와 응고지 오콘조이웨알라는 국가 지도자를 역임한 여성 여덟 명(유럽중앙은행 총재 크리스틴 라가르드도 포함해서)을 인터뷰했다.[14] 인터뷰에 참가한 모든 여성이 외모에 대한 불필요한 관심에 불만을 터트렸다. 그중 몇 사람은 유니폼처럼 매일 정해 두고 입어서 옷차림에 더이상 관심을 기울이지 못하게 차단했다. 힐러리 클린턴이나 앙겔라 메르켈의 바지 정장을 떠올려 보자.

하지만 이 문제를 뿌리 뽑을 더 간편한 방법이 있다. 정치 기자들이 여성 정치인의 외모를 언급하고 싶을 때마다 '내가 남성 정치인에 관한 기사를 쓸 때도 외모에 관해서 언급하겠는가?' 자문하는 것이다. 그렇게 하면 5분 안에 해결될 수 있다. 우리가 남성과 여성을 같은 잣대로 판단하기만 해도 여성 정치인을 모욕하고 대중의 관심을 사소한 문제로 돌리는 현상은 저절로 사라질 것이다. 언론은 대중의 인식에 커다란 영향을 미치기 때문에 권력을 가진 여성을 대하는 우리의 태도도 크게 달라질 것이다.

정치권 밖의 여성들도 외모로 평가받는 일을 두고 염려한다.

"머리를 기르면 진지해 보일까 봐 짧게 잘라요. 한동안 〈뉴스나이트〉에 출연할 때는 경박해 보일까 봐 화려한 색상의 매니큐어는 칠하지도 않았어요. 저는 색상이 화려한 옷을 입는데 가끔 사람들이 저를 어떻게 생각할지 궁금해질 때가 있어요."

제스 브래머는 이렇게 말을 이었다.

"남성 편집자는 크리켓이나 축구에 관심 있다고 비난 받지 않잖아요. 저도 제가 패션에 관심 있다는 사실을 숨기기보다는 패션에 관심 있는 사람도 똑똑할 수 있고, 좋은 기자가 될 수 있고, 담당 부서를 잘 이끌 수 있다는 걸 보여 주고 싶어요."[15]

젊은 여성이라면 상황은 더욱 녹록지 않다. 밀레니얼 작가이자 팟캐스터인 판도라 사이크스는 이렇게 말했다.

"흔히 금발에 화려한 옷을 입는 여성은 경박하고 지식이 얄팍할 거라고 생각해요. 사람들은 겉모습만 보고 제가 진지한 문제에는 관심 없고 아는 것도 없으리라고 짐작하죠. 꾸미기 좋아하는 여성의 말은 진지하게 듣지 않아요. 꾸밀 시간에 지식을 더 많이 쌓을 수 있었다는 거죠."[16]

그런데 아이러니하게도 자신을 꾸미지 않는 여성은 촌스럽다고 무시당한다.

여성은, 특히 젊고 아름다운 여성은 외모로 향하는 시선 대신 자신의 말에 귀 기울이게 만들기가 여간 어려운 게 아니다. 로라 베이츠는 자신이 하는 일을 소개하는 기사에 곁들일 사진을 두고 사진 편집자와 나눈 대화를 똑똑히 기억하고 있었다.

"그는 저를 최대한 섹시하게 보이도록 만드는 게 가장 중요하다고 했어요. 그러더니 '선택지가 여러 개 있어요. 초미니스커트를 입고 건축 현장을 지나갈 때 인부들이 휘파람을 부는 사진도 괜찮고, 사무실에서 섹시한 정장을 입고 남성의 목에 스틸레토 힐을 올린 사진도 괜찮을 것 같아요.'라고 말하더라고요. 정말 신기한 건 그 사진이 제 일을 소개하는 기사와 함께 실린다는 거였어요. 그러니까 그의 말인즉 성차별을 이야기하는 여성은 피해자이거나 남성 혐오자일 뿐, 그 중간일 수 없다는 생각을 드러낸 거예요."[17]

오랫동안 남성이 독점해 온 자리에 여성이 오르면 처음에는 어울리지 않는 것처럼 보일 수 있다. 세라 멀러리는 수 세기 동안 132명의 남성이 거쳐간 런던 주교 자리에 올랐다. 그녀의 전임자인 리처드 샤르트르는 키가 크고 턱수염을 길게 기른 데다 목소리가 깊게 울려서 마치 헨리 8세 궁전에서 튀어나온 대주교 같았다. 멀러리는 그를 본보기로 삼을 수 없었다.

"그를 따라갈 수 없다는 걸 잘 알고 있었어요. 그렇게 하면 제 본모습을 잃게 될 것도요. 저는 정체성과 진정성을 유지하기 위해 목소리에 그다지 변화를 주지 않았어요. 하지만 성당은 거대한 공간이고, 그 나름의 물리적 특성이 있잖아요. 그렇다면 큰 공간을 채우려면 어떻게 해야 할까 고민했어요. 일단 저는 키가 커 보이도록 꼿꼿이 서거나 어깨를 뒤로 젖혀요. 입는 옷도 신경을 많이 쓰죠. 존재감이 있으려면 체구가 커야 하는데, 체구를 키울 수 없으니까요."[18]

키가 152센티미터에 불과한 재닛 옐런도 멀러리와 같은 문제를 경험했다. 《워싱턴포스트》는 재닛 옐런이 '역대 연방준비제도이사회 의장 중 가장 자질이 훌륭하고, 연준을 가장 성공적으로 이끌었다.'면서도 '도널드 트럼프 대통령이 재신임하지 않은 것은 옐런의 작은 체구 때문이었다.'라고 썼다. 그로부터 몇 달 후 재닛 옐런은 나와 인터뷰를 나눴다. 그녀는 그 기사가 여전히 놀랍다고 말했다.

"《워싱턴포스트》는 트럼프가 재임명하지 않은 가장 중요한 이유가 제가 키가 작아서 중앙은행의 일원으로 보이지 않기 때문이라고 썼는데, 정말이지 할말이 없어요. 트럼프는 어쨌든 저를 재임명하지 않았을 거예요. 하지만 그 기사 내용은 정말 충격적이었죠."[19]

그렇다면 외모가 타인의 평가에 미치는 영향을 살펴본 연구 결과는 우리에게 무엇을 알려 줄까? 우선 '단정한' 외모는 여성에게 확실히 도움이 된다. 일례로 곱슬머리 여성은 생머리 여성보다 전문가답게 보이지 않는다고 한다.[20] 그리고 타고난 곱슬머리를 유지한 여성보다 머리를 곧게 편 여성이 더 유능하고 전문가다워 보인다는 것이다. 실제로 타고난 곱슬머리를 유지한 백인 여성은 면접 제안을 가장 적게 받았다. 흑인 여성은 이 말도 안 되는 편향의 피해자가 되지 않으려고 채용 면접에 가거나 입사 후 한동안 자기 능력을 입증하기까지

는 종종 머리카락을 곧게 펴야 한다고 느낀다.[21]

여성은 외모를 잘 가꾸는 게 굉장히 중요하다. 남녀의 매력적인 외모가 승진과 연봉 인상에 유리하게 작용하는 이유를 밝힌 연구에서 시카고대학교의 재클린 웡 교수는 '매력적인 외모'에 두 가지 요소가 있음을 발견했다. 하나는 타고난 매력(얼굴, 몸매, 키)이고, 다른 하나는 가꿔서 얻은 매력(머리 모양, 화장, 옷, 보톡스)이다.[22] 연구 결과에 따르면, 가꿔서 얻은 매력은 여성에 대한 인식에 큰 영향을 미쳤다. 잘 가꾼 외모는 여성의 성공에 도움이 되었다. 단, 늘 그렇듯 적절한 균형이 중요하다. 화장을 진하게 하는 여성은 능력과 경험이 부족하고 온화하지 못하다는 인식이 있기 때문이다.[23]

특히 고위직에 오른 여성은 옷을 야하게 입지 않도록 주의해야 한다. 블라우스 단추 하나만 더 풀어도 짧은 치마를 입는 것만큼이나 나쁜 평가를 받을 수 있다.[24] 이런 옷차림을 한 고위 관리자는 지능, 신뢰감, 책임감, 권위가 떨어진다는 평가를 받았다. 하지만 안내 직원 같은 하위직에서는 별반 차이가 나지 않았다.

웡은 고위직으로 올라갈수록 타고난 매력이 오히려 방해가 된다고 말했다.

"여성이 관리자가 되거나 권위 있는 자리에 오르고 나면 타고난 아름다움은 오히려 약점이 되기도 해요. 아름다움과 능력을 겸비할 수 없다는 고정관념 때문이죠. 사람들은 굉장히

지성과 미모의 오묘한 관계

아름다운 여성은 유능할 수 없다고 생각해요. 그저 '멍청한 금발 미인'으로 여기는 거죠. 아름다움과 능력을 겸비할 수 없다는 고정관념은 남성보다는 여성에게 훨씬 더 많이 적용돼요."

사람들은 아름다운 여성도 똑똑할 수 있다는 사실을 대체로 믿지 못한다. 그리고 막상 눈앞에 그런 사례가 나타나면 불편하게 느낀다. 배우 엘리자베스 힐리는 영화 캐스팅 오디션에서 있었던 경험담을 들려주었다.

"감독이 제 연기 이력서를 살펴보다 목록의 제일 하단에 적혀 있는 박사 학위를 보고 헛웃음을 터트렸어요. 그러고는 그 부분을 가리키면서 '이거 농담이죠?' 하더라고요. 제가 진짜라고 했더니 순식간에 안색이 달라졌어요. 그 순간 제가 오디션에 합격할 가능성이 없다는 걸 깨달았죠."[25]

아름다운 여성은 신뢰할 수 없다는 편견도 있다. 워싱턴주립대학교의 리아 D. 셰퍼드와 콜로라도대학교 볼더캠퍼스의 스테파니 K. 존슨은 실험 참가자에게 정리 해고를 다룬 가상의 글과 함께 감원 조치를 발표한 관리자의 사진을 보여 주었다.[26] 그리고 참가자들에게 사진에 나온 관리자가 얼마나 정직한지 평가하고 관리자의 해고 여부도 판단하게 했다. 참가자들은 관리자가 여성이고, 외모가 굉장히 매력적일 경우 믿을 만하지 못하며 해고하는 게 좋겠다고 판단했다. 하지만 관리자가 남성일 경우에는 이런 효과가 나타나지 않았다.

이처럼 아름다움에는 불이익이 따르기도 하지만, 때로는

편향이 반대로 작용하기도 한다. 몇몇 남성들은 아름답지 않은 여성은 무능하다고 믿는다. 혹은 아름답지 않은 여성과는 같이 일하기 싫어한다. 나는 대기업 이사회에서 의장을 맡고 있는 한 남성이 (남성) 최고 경영자에게 능력은 뛰어나지만 외모가 매력적이지 않은 여성을 비상임이사로 추천한 이야기를 들은 적 있었다. 최고 경영자는 외모가 매력적이지 않은 사람은 신뢰도가 떨어진다면서 거부 의사를 비쳤다. 다행히 의장은 자기 의사를 굽히지 않았고, 해당 여성은 이사회에서 활약을 펼쳤다.[27]

여성의 외모를 둘러싼 메시지는 서로 엇갈린다. 아름다운 여성은 권위를 인정받기 유리한가, 불리한가? 혼란스럽게도 편향은 양쪽으로 작용한다. 제인 앤 가디아는 버진 머니의 최고 경영자를 역임했고 핀테크 기업 스눕을 창립했다. 그녀는 189센티미터의 큰 키 덕분에 성적 매력을 없앨 수 있었고, 그것이 경력에 도움이 되었다고 믿는다.

"매력이라는 요소는 어떻게든 여성들에게 영향을 미쳐요. 하지만 저는 큰 키 덕분에 그 영향에서 벗어날 수 있었죠. 남성이 여성에게 성적 매력을 느끼지 않으면 평등한 관계를 맺기 수월해지거든요. 하지만 매력적인 여성은 남성과 비슷한 무게감을 갖기 어려워요. 스코틀랜드왕립은행에서 일하던 때에 상사는 제게 '자네는 무게감이 있어서 좋아.'라고 하더라고

지성과 미모의 오묘한 관계

요. 그래서 '제가요?'라고 말했죠. 생각해 보니 맞아요. 저처럼 체구가 큰 사람이 회의실에 들어가면 사람들이 금방 알아차리거든요. 그런 영향이 없지 않아요."[28]

그녀만큼 키가 크면 남성과 대화를 나눌 때 눈높이가 같거나 오히려 내려다볼 수 있지만 나처럼 키가 고만고만한 여성은 남성을 올려다봐야 할 때가 많아서 그 자체로 한 수 접고 들어간다는 느낌이라고 지적하자 그녀가 수긍하며 말을 이었다.

"맞아요, 확실히 그래요. 저도 가끔 키가 굉장히 큰 남성과 대화할 때 그런 느낌을 받거든요. 그리고 속으로 생각하죠. '맙소사, 내 친구들은 만날 이렇게 사람을 올려다보겠네.' 저는 그렇게 하지 않아도 되죠. 그러니까 확실히 차이가 있다고 말할 수 있어요."

크리스틴 라가르드도 자신이 성차별을 당하기에는 키가 너무 크고 나이도 너무 많다고 말했다.

"자기보다 나이가 많고 키가 큰 사람을 성차별하기란 쉽지 않죠."[29]

남성에게 성적 관심을 받을 나이를 넘기는 것이 여성의 권위 측면에서는 확실히 이득이 될 수 있다. 나이가 많아져서 투명 인간 취급을 당하지 않는다면 말이다.

레슬리 스탈은 CBS 뉴스 〈60분〉을 진행하는 베테랑 정치부 기자이다. 그녀는 2020년 대선 캠페인 기간에 도널드 트럼프와의 인터뷰 도중 까다로운 질문을 던져 트럼프가 자리를 박

차고 나가게 만든 인물이기도 하다. 나는 그녀에게 남성 동료만큼 진지한 대우를 받기까지 얼마나 오래 걸렸는지 물었다.

"최근까지도 완전히 동등한 대우를 받았다고 확신할 수 없어요. 그리고 저는 지금 70대예요!"[30]

스탈은 나이가 열쇠라고 봤다. 일부 남성이 여성의 권위에 저항하는 것은 성적 매력과 밀접한 관계가 있는데, 성적 매력은 나이가 들면서 점차 사라진다는 것이다.

"한 여학교의 여교장은 학생 아버지들과의 관계에서 늘 문제를 겪었대요. 학생 문제로 그녀를 만나러 온 아버지들은 꼭 면전에 대고 삿대질을 하면서 '그렇게는 안 되지. 당신이 그럴 수 없어.'라는 식으로 거칠게 나왔대요. 그러다 얼마 전에 문득 요즘은 학생 아버지들과 아무 문제 없다는 생각이 들더래요. 그래서 이제 교장 경험도 쌓이고 능숙해져서 아버지들이 더이상 덤비지 않는다고 생각했다가 그게 아니라는 걸 깨달았다더군요. 자신은 65세가 넘었고, 더이상 아이를 가질 수 없으니 남녀 사이의 생물학적 이슈가 사라져서 남성들이 군림하려 들지 않는다는 것을요. 자신은 더이상 쟁취해야 할 대상이 아니라서 쓸데없는 갈등이 사라졌다는 거죠."

맞다, 나이는 확실히 도움이 된다. 미국 연방 하원 의원 의장을 지낸 80대의 낸시 펠로시도 스탈과 이런 이야기를 나눴다고 했다.

"펠로시는 굉장히 냉철하고 강하고 엄격한 여성도 하이힐에 멋진 옷을 차려입고 항상 아름답게 보일 수 있으며, 거기에 아무런 모순도 없다는 걸 의식적으로 보여 주려고 노력한다고 했어요. 그게 가능하다는 걸 보여 주려고 작정한 거죠."

여성이라면 사람들 눈에 자신이 어떻게 보일지 이토록 신경써야 한다는 사실에 화가 날 만도 하다. 하지만 현실이 이러하니 진지하게 대우받기를 바라는 여성은 외모를 단정하게 유지하는 게 합리적일 것이다. 일하는 여성에게 아름다운 외모가 도움이 될지 방해가 될지는 확실하지 않기 때문에 타고난 외모에 딱히 집착할 필요는 없다. 그리고 위안으로 삼자면, 나이가 들수록 외모와 관련된 문제는 점차 줄어든다.

그리고 언론이 여성을 묘사하는 방식은 개선 의지만 있다면 쉽고 빠르게 바뀔 수 있다. 기자라면 누구나 남성보다 여성의 외모에 훨씬 더 많은 글줄을 할애하려는 유혹에 저항해야 한다. 편집자는 기사에 쓰인 표현을 항상 '뒤집어 보고' 같은 표현을 남성에게도 쓸지 자문해야 한다. 남성에게 쓰지 않을 표현이라면 잘라내야 한다.

14

그 더러운 입을
다물지 못할까!

The
Authority
Gap

남성은 여성에게 비웃음을 살까 봐 두려워하고, 여성은 남성에게 죽임을 당할까 봐 두려워한다.

— 마거릿 애트우드

진짜 문제는 남성이 여성의 권위를 부정하는 게 아니라 분하게 여긴다는 점이다. 분하게 여기는 마음을 칭찬으로 간주하면 안 되는데, 궁극적으로 그 이면에는 여성 혐오가 깃들어 있기 때문이다.

— 데버라 캐머런

　　　　　최근 세계 여성의 날에 열린 금융 콘퍼런스에 갔다가 패널로 참석한 네 명의 경제학자가 모두 남성인 걸 보고 깜짝 놀랐다. 그리고 한편으로 화도 났다. 두 해 연속 남성들만으로 콘퍼런스 패널이 구성된 터라 나는 다음과 같은 트윗을 올렸다.

　"세계 여성의 날에 열린 콘퍼런스에 왔는데 패널 경제학자로 여성은 없고 남성만 네 명. 실화냐? 훌륭한 여성 경제학자들이 얼마나 많은데."

　그리고 내 글에 이런 댓글이 달렸다.

　"솔직히 아내가 시그하트 같았음 나한테 한 대 맞았다."

　이 부적절한 댓글을 보고 나는 순간 숨이 멎었다. 내가 '남성들 불알을 다 잘라버려야지.' 같은 트윗을 올렸다면 저런 댓글이 달려도 할말이 없었을 것이다. 하지만 요즘에는 성평등을 부드럽게 옹호하는 글에도 어김없이 끔찍한 위협이 뒤따르고, 때로는 그 위협이 현실이 된다.

　폭력적인 위협을 다루기 전에 먼저 소셜 미디어에서 여성의 권위가 어떤 식으로 악성 댓글을 불러오는지 살펴보자. 호주 저널리스트 줄리아 베어드는 언론에서 남녀 정치인의 사생활을 다루는 방식이 차별적이라는 내용의 트윗을 올렸다. 그리고 그 글에 이런 댓글이 달렸다.

　"근거가 있나요? 아니면 그냥 늙고 냉소적인 성차별주의자인 건가요?"[1]

　베어드는 이렇게 답글을 달았다.

　"근거 있어요. 내가 그 주제로 박사 논문을 썼거든요. 그러니까 늙고 냉소적인 성차별주의자 박사예요, 친구."

　그로부터 터무니없는 트위터 논쟁이 시작됐다. 베어드는 다른 트위터 사용자에게서 엘리트 의식에 찌든 속물이며, 그녀가 5년간 진행한 연구는 개인의 '견해'일 뿐이고, 박사 학위가 있다고 해서 지성인이라고 볼 수 없으며, 부끄러운 줄 알아야 한다는 말을 들었다.

　베어드는 즉시 트위터의 프로필명을 줄리아 베어드 박사로 바꿨다. 그러자 악성 댓글이 줄줄이 달리기 시작했다. 하지만 당황한 남성 학자들의 반응도 이어졌다. 웨스턴시드니대학교에서 종교 사회학을 연구하는 앨런 닉슨 박사는 이렇게 썼다.

　"2015년부터 지금까지 쭉 프로필명에 박사를 붙여 왔는데 그걸 문제 삼은 사람은 아무도 없었다."

영국의 역사학자 펀 리델 박사도 유사한 경험을 했다. 한 신문사가 '박사(Dr)'라는 칭호를 의사에 한정해서 사용하기로 결정하자 그녀는 다음과 같은 트윗을 올렸다.

"나를 부르는 칭호는 펀 리델 박사이지, 리델 부인이나 리델 양이 아니다. 박사 칭호는 내가 전문가이기 때문에, 내 인생과 일터에서 전문가가 되려고 다방면으로 노력해 왔기 때문에 얻은 것이다. 권위자가 되기 위해 지금껏 애써 왔기에 이 칭호를 누구에게도 넘겨주지 않을 것이다."

그러자 한 남성이 트윗에 이렇게 썼다.

"자기 입으로 자기가 권위자나 전문가라고 말하는 사람은 제대로 된 권위자나 전문가가 아니다."

데이비드 그린이라는 트위터 사용자는 펀 리델 박사의 글 밑에 '누구라도 겸손하지 못한 처사라고 생각할 것'이라고 댓글을 달았다. 리델 박사는 '#겸손하지못한여성'라는 해시태그를 달기로 했고, 이 해시태그는 전 세계로 퍼져 나갔다. 리델 박사는 이렇게 말했다.

"여성은 스스로 권위자라고 밝히기 전에 고심해야 한다고 배워요. 제가 스스로 박사라고 부른다는 이유로 이렇게 미쳐 날뛰며 반발하는 누리꾼들을 보세요. 이걸 보면 여성이 왜 자기 분수를 알아야 한다고 배워 왔는지 알 수 있죠."[2]

여성은 아주 부드럽게 문제를 제기해도 심한 반발을 살 수 있다. 일례로 캐럴라인 크리아도 페레스는 지금껏 남성이 독점해 온 화폐 속 인물에 여성을 추천했다는 이유로 강간 및 살해 협박을 받았다.

페레스를 향한 강간 및 살해 협박이 어찌나 많았던지, 주말 동안 경찰이 수집한 협박만 A4용지로 300매 분량이나 되었다. 대다수 협박은 내용이 너무 외설적이라 언론에 보도되지 않았고, 그로 인해 심각성을 제대로 가늠하기 어려웠다. 그래서 나는 협박문의 일부를 생략 없이 그대로 보여줄 필요가 있다고 생각했다. 그러지 않고는 페레스를 향한 협박이 얼마나 끔찍했는지 제대로 알릴 수 없기 때문이다.

아래에 페레스가 받은 수천 개의 협박 중에 몇 개를 추렸다. 비위가 상해서 볼 수 없을 것 같다면 지금 눈을 돌리자.

먼저 가위로 네 생식기를 잘라 내고 네가 오늘 죽고 싶다고 비는 동안 집에 불을 질러 주마.

지금 총으로 네 머리를 겨누고 있어. 마지막으로 할말 없냐, 이 못생긴 쓰레기야? 조심하는 게 좋을 거야. 못된 년 같으니라고.

말이 너무 많은 여성은 강간을 당해야 돼.

두 손으로 내 자지를 잡고 위아래로 쳐 봐. 내가 눈알에 사정해 줄 때까지. 제기랄, 내 말대로 안 하면 모가지를 따 줄 거야.

애들이 보는 앞에서 네년이 정신을 잃을 때까지 권총으로 패고 살을 태워버릴 테다.

집 밖에 폭탄 설치해 놨어. 정확히 밤 10시 47분에 터져서 모든 걸 파괴할 거야.

그 더러운 입 다물어. ……안 그러면 내 좆으로 막아서 숨통을 끊어 주지. 알았냐?

페레스를 협박했던 악성 댓글러 중 두 명은 결국 감옥에 갔다. 그런데도 페레스는 경찰에 신고했다는 이유로 '온실 속 화초'라는 비난을 받았다. 목숨이 위험에 처했으니 페레스가 신경 쇠약에 걸린 것도 무리는 아니었다. 댓글 공격이 가장 심했던 날, 페레스는 이런 공격이 끝없이 계속될까 봐 두려워서 '완전히 무너져 내렸다.'고 했다.

"그때는 공격이 일주일쯤 계속되던 시점이었어요. ……먹고, 자고, 일하기가 너무 힘들었어요. 며칠 만에 몸무게가 확 줄었죠. 어디를 가든지 저를 둘러싸고 파도처럼 밀려드는 증오에 짓눌렸어요. 심리적 충격은 가시지 않았죠. 저는 걸어 다니는 시한폭탄 같았어요. 터지기 일보 직전의 상태에서 겨우

버티고 있는 거죠. 누가 조금만 건드려도 눈물이 쏟아지거나 소리를 질렀어요."[3]

지난 수십 년간 여성은 먼길을 왔다. 사회는 예전보다 훨씬 평등해졌다. 많은 남성이 예전보다 평등해진 사회를 받아들였지만, 악의를 품은 소수의 남성은 변화에 강하게 반발하며 공격을 퍼붓고 있다. 그리고 자기 목소리를 내는 여성을 침묵시키고 예전의 자리로 돌려놓으려고 한다. 오늘날 여성이 자기 견해를 가지고 권위를 주장하는 일은 위험하다. 여성의 권위가 높아지면 높아질수록 그에 대한 반발은 더욱 거세다.

이런 현상은 성희롱으로도 나타난다. 자기주장이 강한 여성은 성희롱을 당할 가능성이 가장 높다.[4] 남성들은 이런 여성이 '건방지다'며 성희롱을 한다.

인터넷도 문제다. 온라인에서 여성이 괴롭힘을 당할 가능성은 남성의 27배에 달한다.[5] 2015년에 작가 알렉스 블랭크 밀러드는 성차별, 인종 차별, 비만인 비하를 비판하는 게시물은 그대로 유지한 채 트위터 프로필 사진을 백인 남성으로 바꾸었다. 그녀가 트위터에서 '여성 알렉스'로 활동하던 시기에는 강간 및 살해 협박을 엄청 많이 받았다. 그런데 '남성 알렉스'로 똑같은 지적을 하자 그녀의 글은 '리트윗'과 '좋아요'를 받았고, '버즈피드'에 인용되기까지 했다.

"일주일에 7일을 존중받으며 사는 삶이 어떤 건지 경험했죠. 남성인 저는 똑같은 말을 하고도 아무런 모욕을 당하지 않았어요. 그저 저와 함께 토론을 벌이거나 반대 의견을 내거나 아무 반응을 보이지 않는 사람들만 있었죠. 저는 의견을 들어볼 만한 동등한 인간이 된 거예요."[6]

피트니스 칼럼니스트인 제임스 펠은 강경 페미니스트이면서도 온라인 공간에서 협박을 당한 적이 없다.

"남성 특권의 예시를 하나 더 들어 볼까요? 바로 견해를 밝히고도 강간이나 살해 협박을 당하지 않는다는 거예요."[7]

온라인에서 여성 혐오자들이 공격할 여성을 선택할 때, 이들을 특히 더 자극하는 요소가 있다. 칼럼니스트 로리 페니는 그것을 이렇게 표현했다.

"여성의 견해는…… 인터넷상의 미니스커트다. 여성이 견해를 드러내는 일은 익명의 남성 키보드 워리어들에게 '강간하고 살해하고 오줌을 갈기고 싶다.'고 말해달라고 부탁하는 셈이 된다."[8]

2016년 《가디언》이 최근 10년간 달린 7000만 개의 댓글을 분석한 결과, 악성 댓글을 가장 많이 받은 정규 칼럼니스트 열 명 중에 여덟 명이 여성이고(네 명은 백인, 네 명은 유색인), 나머지 두 명은 유색인 남성이었다.[9] 그중 두 명의 여성과 한 명의 남성은 동성애자였다. 전통적으로 남성의 영역으로 간주되는 분야, 예컨대 스포츠나 기술 분야의 여성은 괴롭힘을 더 많이 당하는 경향이 있었다. 그렇다면 악성 댓글을 가장 적게 받은 열 명은 누구였을까? 전부 남성이었다.

국제앰네스티의 악성 댓글 순찰대 프로젝트(Troll Patrol project)는 AI를 활용해 2017년에 영국과 미국의 저널리스트와 정치인이 받은 트윗 수백만 개를 조사했다.[10] 유색인 여성은 악의적이거나 문제의 소지가 있는 트윗에 언급될 가능성이 백인 여성보다 34퍼센트 높았고, 흑인 여성은 84퍼센트 높았다.

공직에 오른 여성은 악성 댓글의 피해를 입을 가능성이 특히 높았다. 미국의 시장들을 대상으로 이뤄진 연구에 따르면, 성희롱이나 협박을 비롯한 정신적 괴롭힘을 당한 여성 시장은 79퍼센트에 이르렀다.[11] 13퍼센트는 물리적 폭력을 경험했다. 괴롭힘의 대상으로 지목되는 것과 가장 연관이 깊은 요인은 성별이었다. 연구자들이 성별 이외의 요인이 미치는 영향력을 통제했을 때, 여성 시장이 정신적 괴롭힘과 물리적 폭력을 당할 가능성은 각각 남성의 2배와 3배라고 추산되었다.

영국에서는 브렉시트를 두고 갈등이 지속되면서 일부 여성 하원 의원이 집을 옮기거나 경호원을 고용해야 했다. 경찰은 이들에게 혼자 운전하거나 어두워진 후에 돌아다니거나 공원에서 달리기를 하지 말라고 권고했다.[12]

때로는 나이가 지긋하고 성공한 남성이 가해자가 되기도 한다. 2020년 65세의 공화당 의원 테드 요호가 젊은 민주당 의원 알렉산드리아 오카시오코르테스에게 퍼부은 폭언을 어떻게 잊을 수 있겠는가? 그로부터 며칠 후 오카시오코르테스가 하원에서 발표한 신랄한 연설문을 여기에 공유하고자 한다.

"제가 국회 의사당 계단을 올라가고 있을 때 요호 의원이 갑자기 모퉁이를 돌아 나왔습니다. 그는 공화당 의원 로저 윌리엄스와 함께 있었는데, 국회 의사당 바로 앞에 있는 계단에서 저에게 위협적으로 다가왔습니다. 저는 제 일에 집중한 채 계단을 올라가고 있었죠. 그때 요호 의원이 저에게 삿대질을 하면서 '역겹고, 미쳤고, 정신이 나갔고, 위험하다.'고 말했습니다. ……그리고 공화당 요호 의원은 기자들 앞에서 저를 '망할 년'이라고 불렀습니다."

이런 문제는 공직에 오른 유명 여성들만 겪는 일이 아니다. 유튜브에서 중역으로 근무했던 카렌 코언은 평범한 여자아이나 여성이 찍은 지극히 일상적인 동영상도 악질적인 괴롭힘의 표적이 될 수 있다고 말한다.

"혼자서 머리 땋는 법을 알려 주는 영상에 '널 강간하고 싶다.'는 댓글들이 달렸어요."[13]

여성은 인터넷에 접속한 것만으로도 괴롭힘을 당할 수 있다. 2006년 메릴랜드대학교의 연구자들은 가짜 계정을 여러 개 만들어서 채팅방에 들어갔다. 사용자 이름이 여성인 계정은 노골적인 성희롱이나 위협적인 메시지를 하루 평균 100개나 받았는데, 이름이 남성인 계정은 평균 3.7개를 받았다.[14]

논란이 될 만한 견해를 드러내지 않아도 괴롭힘을 당한다.

여성은 자전거 타기, 만화책 표지, 부드러운 프레첼 만드는 법을 언급하는 것만으로도 괴롭힘과 성폭력 위협을 당할 수 있다고 『온라인 여성 혐오: 짧고도 난폭한 역사(Misogyny Online: A Short (and Brutish) History)』의 저자 엠마 A. 제인은 말했다.[15]

온라인 여성 혐오의 역사가 짧은 것은 비교적 근래에 일어난 현상이기 때문이다. 저널리스트인 제인은 독자들의 의견을 일반 우편으로 받아 왔다. 하지만 어느 날 실수로 칼럼 끝에 이메일 주소를 적었고, 그때부터 폭력적인 메일들이 쏟아져 들어왔다.

"신문을 쭉 훑어보고 나서 '이 사람이 쓴 기사가 영 마음에 안 들어. 하드코어 포르노처럼 아주 처참하게 강간해 주겠다는 메일을 보내야겠어. 그거야말로 이런 기사에 딱 맞는 처방이지.'라고 생각하는 사람은 도대체 어떤 부류일까요? 그런데 이건 제가 기자이기 때문에 일어나는 일이 아니에요. '여성' 기자이기 때문에 일어나는 일이죠. 저는 남성 동료들에게 기사에 불만을 품은 여성 독자가 윤간하겠다거나 불알을 떼버리겠다거나 성폭행으로 끝장내 주겠다고 위협하는 이메일을 받은 적 있는지 물어봤어요. 그들은 당연히 그런 적 없다고 대답했죠."

감히 자기 견해를 드러낸 여성에게 폭력적이고 성적인 위협을 보내는 남성은 여성이 공적 영역에 들어오면 터무니없는 대가를 치르게 만들려고 든다. 그들은 여성을 공격할 뿐,

여성과 논쟁하지 않는다. 그들은 여성이 공론장에 들어오면 혹독한 대가를 치른다는 걸 본보기로 보여줘서 현재 공론장에 들어와 있는 여성과 앞으로 들어올지도 모를 여성을 저지하고 싶어 한다. 여성을 침묵으로 몰아넣고 이 세상에 남성들의 목소리만 울려 퍼지기를 바란다.

이들의 바람은 사용하는 음험한 위협에서도 잘 드러난다. 그들의 위협에는 입과 말에 대한 집착이 묻어난다. 혀 자르기에서부터 구강성교, 목 조르기, 키스로 입 틀어막기, 목 베기에 이르기까지 피해자의 입을 채우거나 닫게 만들기 위해 할 수 있는 온갖 행위들이 망라된다. 그들이 꿈꾸는 세계는 여성이 입을 다물고 있는 세계이고, 필요하다면 강제로라도 다물게 만들어야 하는 세계이다.

그리고 무서운 진실은 바로 그런 위협이 효과를 발휘한다는 점이다. 여성은 자기가 당한 괴롭힘을 공개적으로 밝히면 오히려 '더 많은 악성 댓글을 불러오게 되니' 밝히지 말라는 조언을 듣는다. 여성은 사이버 폭력에 시달리거나 신상이 털리거나 혹은 하원 의원이었던 조 콕스처럼 살해당할까 봐 두려워서 자기 견해를 언론, 방송 매체나 인터넷에서 드러내기를 꺼린다.

피해자의 주소나 전화번호 같은 개인 정보를 무차별 공개하는 신상 털기는 여성의 안전을 심각하게 위협하고 일상을 무너뜨린다. 소프트웨어 설계자이자 게임 개발자인 캐시 시에라는 과학기술계에서 가장 잘 나가는 여성 중 한 명으로, 블로그를 통해 수백 개의 강간 및 살해 협박을 받았다. 이들은 그녀의 입을 속옷으로 막고 머리에 올가미를 씌운 가짜 사진을 만들어 올렸다. 그리고 그녀의 주소와 사회 보장 번호를 공개했고, 그녀가 성매매 노동자였으며 매 맞는 아내였다는 거짓 정보를 유포했다. 결국 시에라는 이 글을 마지막으로 블로그를 폐쇄했다.

"모든 강연을 취소했다. 집을 나서기가 두렵다. 나는 결코 예전과 같은 감정을 느낄 수 없을 것이다. 예전의 나로 되돌아갈 방법은 없다."

그녀는 직장을 그만두고 온라인 세계뿐 아니라 오프라인에서도 수년간 모습을 드러내지 않았다. 훗날 시에라는 당시의 심정을 이렇게 토로했다.

"신상이 털린 뒤로는 다음에 무슨 일을 당할지, 가족들이 해를 입지 않을지 걱정돼서 위험을 감수하고 싶지 않았다."

많은 여성이 강간이나 살해 협박 편지를 집 주소로 받는데, 여기에는 명시적으로나 암묵적으로 이런 메시지가 담겨 있다.

"나는 네가 어디 사는지 알고 있다."

그러고 나면 평범한 일상생활을 유지하기가 불가능하다. 『가디언』의 칼럼니스트 반 바담의 경험담을 들어 보자.

"한번은 제가 참석한 시위 현장까지 따라와서 목을 베겠다고 협박한 사람도 있었어요. 누가 그런 위험을 감수하겠어요?

모르는 사람들 몇몇이 퇴근길에 따라오고, 길 건너편에서 아파트를 염탐하고 그걸 트위터에 올리더군요. ……그리고 집 앞에 종이 꾸러미가 놓여 있었어요. 집 앞에요! 거기에는 윤간, 여성 할례와 관련된 자료가 담겨 있었어요. 그런데 더 섬뜩한 게 뭔지 아세요? 바로 '나는 네가 어디 사는지 알고 있다.'는 무시무시한 협박이에요. 그 후로 거기서 하룻밤도 머물지 않았어요. 곧 이사할 예정이고요."[16]

그렇다면 이러한 증오심은 어디서 비롯된 것일까? 이처럼 유해한 여성 혐오의 근원은 무엇인가? 우선 이런 현상이 대체로 자신의 '남성성이 위태롭다.'고 느끼는 남성들이나 자신감이 굉장히 부족한 소수의 남성에 국한된 현상이라는 점을 짚고 넘어가야겠다. 그들은 여성이 자신에게 위협이 된다고 느낀다. 특히 자신에게 권력을 행사하는 여성이나 남성의 영역을 침범하는 여성 때문에 자신의 남성성이 위태롭다고 느낀다. 그들 중 일부는 섹스 상대를 찾는 데 어려움을 겪는 소위 '인셀(비자발적 독신주의자)'로, 이들은 자신을 거절한 여성을 탓한다.

『감성적인 남성(Men: An investigation into the emotional male)』의 저자 필립 호드슨은 다음과 같은 이야기를 들려줬다.

"여성 혐오와 가장 관련 높은 부류는 자신감이 부족하고 걱정이 많은 마초들이에요. 거세는 말 그대로는 남성 성기를 잃는다는 뜻이지만, 더 광범위하게는 남성성의 상실을 의미하죠. 그러니까 여성이 남성보다 더 큰 권력을 갖는 것, 자기 생각에 여성에게 허용돼야 하는 것보다 더 많은 권력이 허용되는 것, 여성이 권력을 가져서는 안 된다고 생각하는 영역에서 권력을 갖는 것이 문제라고 보는 거예요. 이런 부류의 남성은 힘 있는 여성을 대할 때 역할 모델로서 동경하거나, 명령을 내리는 상사로서 순응하거나, 독단적으로 군다며 짜증을 내는 게 아니에요. 여성들에게 위협감을 느끼는 거예요. 그들이 느끼는 위협감에는 분명 성적인 요소가 깃들어 있어요. 그들은 내심 이런 상태에서 자신이 성적으로 제 기능을 발휘하지 못할까 봐 두려워해요. 중요한 점은 자기보다 더 많은 권위와 힘을 지닌 여성에게 성적 모멸감을 느낀다는 거예요. 현실적으로 이 여성이 자신의 연인이 될 가능성이 없을뿐더러, 설사 연인이 된다고 해도 그 관계에서 '성기능'을 제대로 발휘할 수 없을 거라고 느끼는 거죠."[17]

남성은 자신의 남성성이 위협당할 때 공격적으로 변하기 쉽다. 사우스플로리다대학교의 심리학자 제니퍼 K. 보손과 조지프 A. 반델로는 실험에 참가한 남성들에게 머리를 땋거나 밧줄을 꼬아달라고 요청했다.[18] 그러고는 샌드백을 치거나 퍼즐 맞추는 활동을 선택하게 했다. 실험에서 머리를 땋은 남성 참가자들은 압도적으로 샌드백 치는 쪽을 선택했다. 그리고 머리를 땋은 집단과 땋지 않은 집단 모두 샌드백을 쳤을 때, 머리를 땋은 집단이 더 세게 쳤다. 그리고 참가자들 모두에게 머리를 땋게 한 다음 일부에게만 샌드백을 칠 기회를 주자, 샌드백을 치지 않은 집단은 검사에서 더 강한 불안감을 드러냈다. 연구자들은 공격성이 '남성성을 회복하려는 방편'이라고 설명했다.

남성성은 성장 과정에서 저절로 주어지는 것이 아니라 획득해야 하는 것으로 여겨진다. 여자아이는 자라면서 저절로 여성이 되지만 남자아이는 저절로 남성이 되지 않는다. 일부 문화권에서는 남자아이가 남성의 지위를 획득하려면 실제로 혹독한 통과 의례를 거쳐야 한다. 지금도 은유적으로는 여전히 그렇다. 러디어드 키플링의 시 〈만약에〉를 떠올려 보자. 키플링은 침착함, 용기, 인내, 자신감, 회복력, 투지에 이르기까지 엄격한 요구 사항을 줄줄이 늘어놓은 다음, 이 시험을 모두 통과해야 '진정한 어른이 될 것이다, 아들아!'라고 선언한다.

남성성은 획득해야 할 뿐 아니라 계집애처럼 (열등하게) 행동하면 쉽게 잃어버릴 수 있다. 이처럼 남성성은 불안정하다. 게다가 정해진 성 역할을 어겼을 때 이를 처벌하는 쪽은 주로 남성이다. 따라서 남성은 다른 남성들이 자신을 어떻게 생각할지 늘 걱정한다. 나를 동성애자로 보지 않을까? 나약하다거나 계집애 같다고 생각하지 않을까?

일부 남성들이 이처럼 불안정한 남성성을 갖게 되는 이유는 뭘까? 심리 치료사들은 불안정한 남성성이 영유아기 경험에서 비롯된다고 본다. 아기는 남자아기든 여자아기든 양육자에게 전적으로 의존한다. 대개 어머니인 양육자는 음식과 위안을 주는 존재이자 아기의 생명을 좌우하는 존재다. 그리고 이를 두고 심리 치료사 애덤 필립스는 이렇게 언급한다.

"누구나 자기가 가장 의지하는 사람을 사랑하는 동시에 미워한다. 요즘에는 안 그런 경우도 있지만, 전통적으로 우리가 가장 의지하는 사람은 여성이었다. 정신분석학에서는 남성이 진정으로 혐오하는 것은 여성이 아니라 자기 안의 의존성이라고 말한다. 그리고 의존적인 자아를 보호하기 위해서 자신이 의존하고 있는 대상을 공격한다고 지적한다. 남성은 여성을 증오하는 것이 아니라 자신이 여성을 필요로 한다는 사실을 증오하는 것이다."[19]

하지만 여자아이도 어머니에게 의존한다는 점에서 남자아이와 다를 게 없지 않은가? 맞다. 그러나 여자아이는 남자아이처럼 자라면서 어머니와 분리되거나 스스로를 어머니와 다른 존재로 확립할 필요가 없다.『남성이 여성을 증오하는 이유(Why Men Hate Women)』와『남성성을 치료하는 치료제가 있을까?(Is There a Cure for Masculinity)』등 여성 혐오와 남성성을 주제로 많은 책을 쓴 애덤 주크스는 남자아이와 여자아이가 겪는 경험의 차이를 이렇게 설명했다.

"여자아이는 여성이 되는 과정에서 그저 어머니를 모방하기만 하면 돼요. 남자아이는 어머니와 가까이 있고 싶고 어머니를 떠나보내고 싶지 않죠. 하지만 소년이 되고 이후 남성이 되려면 아버지와 자신을 동일시해야 하는데, 예전에 어머니와 자신을 동일시해 온 아이에게 이 과정은 자연스럽게 일어나지 않아요. 남자아이는 '아버지와의 동일시'를 시작해야 할 뿐 아니라 '어머니와의 동일시'에서 벗어나야 하죠."

그리고 이런 말을 덧붙였다.

"남성의 인격에 분열이 생기는 것은 남자아이가 어머니와의 동일시에서 벗어나기로 결심할 때 어머니와 동일시하던 정체성을 제거할 수 없기 때문이에요. 이 정체성을 억압하고 부정하고 억눌러도 어머니를 향한 갈망과 의존성과 짝사랑은 늘 내면에 살아 있죠. 남성성 스펙트럼의 극단으로 갈수록 남성은 여성을 두려워해요. 그래서 여성을 통제하는 일이 중요해지죠. 그들이 가장 두려워하는 일이 바로 자신의 남성성과 억눌린 갈망, 채워지지 않은 의존성, 취약성을 여성 때문에 알아차리게 되는 것이기 때문이에요."[20]

남성들은 여성 상사를 보면서 '우리 어머니 같다.'는 불평을 자주 한다. 이 말은 결코 칭찬이 아니다. 하지만 상사를 보고 아버지가 떠오른다고 말하는 여성은 거의 없다. 설사 있다고 해도 그 말은 상사를 폄하하려는 의도가 아닐 것이다.

아버지가 곁에 없거나 아버지와의 관계가 소원한 남자아이들은 더 큰 어려움을 겪는다. '젠더 심리학 센터'의 설립자 닉 더펠은 이렇게 설명한다.

"아버지는 자녀와 약간의 거리를 두는데, 이 거리감은 어린 시절부터 남성의 심리에 아로새겨져요."[21]

이런 남자아이는 아버지를 역할 모델로 삼을 만큼 가까이 다가가지 못하고, 결과적으로 자신의 남성성을 편안하게 받아들이지도 못한다. 그리고 자기감정을 제대로 느끼지 못할뿐더러 그들과 관계를 맺는 (때로 그들이 괴롭히는) 여성의 감정도 공감하지 못한다.

필립 호드슨은 일부 남자아이와 남성이 소위 '자궁 선망'에 시달린다고도 말했다. 호드슨의 이야기를 들어 보자.

"남자아이는 누나나 여동생과 비교할 때 자신에게는 생물학적으로 부족한 점이 있다는 걸 깨닫게 돼요. 여자아이는 자라서 과학자나 왕립학회 총장이 될 수도 있고, 자신의 뒤를 이을 아기를 낳고 어머니가 될 수도 있어요. 아기를 낳는 건 물리적 창조 행위고, 성취감이 따르는 일이죠. 반면 남자아이는 아기를 낳을 능력이 없기 때문에 창조의 신비에서 배제되죠. 진화 심리학의 표현을 빌자면, 남성의 정자는 여성의 난자보다 가치가 떨어지는 거예요. 그래서 남자아이들은 테스토스테론의 이끌림에 따라 세상에서 자아를 실현하고 자기 가치를 입증하기 위해서 어떤 형태로든 권력을 추구해요. 후세에 이름을 남기고 자기가 존재했음을 입증할 방법은 그것뿐이니까요."

그리고 호드슨은 이런 말도 했다.

"제가 보기에 남성 성기를 선망하는 건 여자아이가 아니라 남자아이예요. 남성들은 침대 안팎에서 끊임없이 실력을 겨뤄요. 서열에 집착하고 임원용 주차 구역을 차지하려고 전전긍긍하죠. 점수를 매기고 기록해 두고요. 남성은 여성의 생물학적 창조성을 의식하든 못 하든 부러워하고 분하게 여겨요. 바깥세상에서 경쟁으로 내몰리고 여성에게 거절당할까 봐 겁에 질려 있어요. 제임스 본드나 슈퍼맨이나 사이먼 코웰의 자질을 갖추지 못한 젊은 남성에게는 임신할 능력도 주어지지 않죠. 그래서 남성은 지구라는 행성, 그들의 형제들 그리고 자신을 다스리기 위한 힘겨운 여정을 떠나는 거예요. 그 과정에서 자신과 같은 영역에서 발언권을 주장하는 여성의 노력을 폄하하는 경향이 있어요."[22]

이처럼 불안한 남성들은 대개 자신에게 응당 권리가 있다고 믿는다. 다시 말해서 남성에게는 어쨌든 여성보다 우월한 지위를 차지할 권리가 있고, 여성은 남성을 섬기고 복종하며 그의 자존심을 세워 줘야 한다고 믿는다. 그래서 순종적인 역할을 거부하고 여성이 남성보다 열등하다는 생각에 반기를 드는 여성을 맹렬히 비난한다. 호드슨에 이렇게 현상을 설명하고 있다.

"그런 남성은 어린 시절부터 어머니와 여자 형제에게 자신을 떠받들도록 강요해 왔거나 아니면 그들이 애지중지 떠받들어 줘서 그런 생활을 당연하게 여겼던 경우예요. 제가 보기에는 두 경우 모두 이상적인 양육 환경 속에서 자신감을 안정적으로 형성하는 과정이 없었던 거예요. 이들은 자기만의 정체성을 확립하고 타인과의 경계를 설정해서 비판을 견뎌내는 대신, 전형적인 남성이라는 넓은 범주로 자신을 규정하고 어떤 희생을 치르더라도 그 정체성을 지켜내려고 애써요."

사회학자 마이클 키멀은 이런 현상을 '권리 침해(aggrieved entitlement)'[23]라는 개념으로 설명한다. 오늘날 여성은 과거에 남성들끼리 경쟁하던 영역에 들어섰고, 일부 남성은 이런 현실에 분개한다. 여러 백인 남성들과 인터뷰를 한 키멀은 백인 남성이 자기가 찾던 일자리에 자신과 비슷한 자격 조건을 갖춘 흑인 여성이 채용되면 그녀에게 자기 일자리를 빼앗겼다고 불평한다는 점을 발견했다. 그런데 왜 그들은 일자리를 빼앗겼다고 말하지 않고 '자기' 일자리를 빼앗겼다고 말할까? 그것은 그들이 불공평하고 시대에 뒤떨어진 가부장적인(이 경우에는 인종 차별적이기도 한) 권리 의식을 가졌기 때문이다.

하지만 여성은 세상을 뒤집어엎어서 남성보다 우월한 지위를 차지하려는 게 아니다. 많은 남성이 그럴까 봐 두려워하지만, 대다수 여성은 그저 남성과 동등한 기회가 주어지기만을 바란다. 전세를 역전시켜 남성을 지배하거나 고통으로 몰아넣으려는 여성은 거의 없다.

그러나 극보수 진영에서는 여성이 세상을 뒤엎으려 한다고 주장하고, 남성이 겪는 모든 문제는 페미니스트 탓이라며 불안한 남성과 남자아이들을 선동한다. 그들이 취직에 실패한 이유? 여성이 나대기 때문이다. 그들에게 여자 친구가 없는 이유? 남성을 혐오하는 여성들 탓이다.

로라 베이츠는 악질적인 여성 혐오 메시지를 증식시키는 남초 커뮤니티 '매노스피어(manosphre)'를 깊이 조사한 후『여성을 혐오하는 남성(Men Who Hate Women)』이라는 책을 펴냈다. 그녀는 남초 커뮤니티에서 공유되는 메시지가 10대 남자아이들에게 엄청나게 큰 영향을 미친다는 사실에 경악했다.

"가장 충격적이었던 건 이 커뮤니티가 11세 정도밖에 안 된 어린 남자아이들을 굉장히 영리하고 효과적인 방식으로 모집하고 교육한다는 점이었어요. 이들은 바이럴 유튜브 영상에서부터 인스타그램 밈, 커뮤니티 구성원에게 보내는 슬라이드쇼, 보디빌딩 웹사이트, 게이밍 생방송 스트리밍, 개인 채팅방에 이르기까지 다양한 채널을 통해 10대 남자아이들에게 메시지를 보내요. 이들은 페미니스트들이 정부의 핵심에 파고들어 백인 남성을 적극적으로 차별하는 음모를 꾸미고 있다고 주장해요. 또 백인 남성이 사라질 위험에 처했으며, 여성이 남성의 일자리와 생계를 빼앗고 있다고 주장하죠. 강간 혐의의 90퍼센트가 무고이고, 이 때문에 남성들이 엄청난 위험에 처했다고, 수많은 남성이 아내의 외도로 생긴 남의 아이를 재정적으로 지원하며 키우고 있다고, 성별 임금 격차는 신화일 뿐이라고 주장해요. 이런 식의 주장이 끝도 없이 이어지죠.

그 영향력이 어마어마한데 사람들은 잘 몰라요."

베이츠는 걱정 섞인 목소리로 말을 이었다.

"대다수 교사와 부모는 극단적인 반페미니즘이 있는지조차 잘 몰라요. 남초 커뮤니티에서 10대 남자아이들이 당하는 게 바로 과격화와 그루밍이에요. 하지만 우리는 극단적인 여성 혐오를 두고 과격화나 그루밍 같은 표현을 쓰지 않아요."[24]

2010년 후반부터 시작된 10대 남자아이들의 과격한 여성 혐오는 또래 여자아이들에게도 끔찍한 영향을 미친다. 베이츠는 일주일에 두 번씩 영국의 학교를 방문해서 강연하고 있는데, 최근 들어 그 변화를 확실히 느낀다고 말한다.

"반페미니즘 정서가 심한 학교에서 가장 눈에 띄는 차이점은 여학생들이 침묵한다는 거예요. 여학생들은 손을 들지 않고, 질문하지 않고, 대화에 참여하지 않아요. 앞에 나섰다가는 페미나치나 남성 혐오자로 낙인찍히리라는 걸 알거든요. 일례로 저와 대화를 나눴던 한 여학생은 성평등에 관해서 굉장히 합리적이고 온화한 주장을 펼쳤다는 이유로 남학생들로부터 받았던 문자 메시지들을 복사해서 제게 보내줬어요. 그 여학생을 페미나치라고 비난하는 문자뿐 아니라 '그건 남성들 탓이 아니야. 우리는 그냥 너보다 생물학적으로 우월할 뿐이라고. 세상이 그렇다는 걸 배워야 해.' 같은 내용의 문자도 받았어요. 이렇게 시대에 뒤떨어진 생각이 요즘 남학생의 입에서 나왔다니 정말 충격이었죠. 그리고 이게 바로 우리가 다뤄야 할 문제예요. 이런 과격화와 그루밍은 여성을 비인간화할 뿐 아니라 10대 남자아이들이 다른 의견에 아예 귀를 닫게 만들어요. 그래서 한 번 빠져버리면 문제를 바로잡기 굉장히 어려워지죠."

반페미니즘 정서는 포퓰리즘에 이용되기도 한다. 2016년 힐러리 클린턴과 경쟁했던 트럼프 홍보물에 새겨진 슬로건을 살펴보자. '저 못된 계집을 이겨라.'나 '희대의 악녀에게 투표하지 마세요.'가 새겨진 배지, 소년이 '힐리러'라는 단어 위에 오줌을 누고 있는 이미지가 그려진 배지, 권투 선수 복장을 한 트럼프가 탱크톱 차림의 클린턴을 링 위에 때려눕힌 그림이 그려진 티셔츠 등이 있었다. 이런 슬로건들이 조 바이든에게 사용되는 모습을 상상할 수 있는가? 바이든이 들은 최악의 욕은 '졸려 보인다.'나 '멍청해 보인다.' 정도였다.

섬뜩하게도 2016년에 트럼프를 지지한 유권자 중에 남성이 차별을 '굉장히 많이' 혹은 '꽤 많이' 당하고 있다고 답한 비율은 49퍼센트인 반면, 여성도 그만큼 차별을 당하고 있다고 답한 비율은 30퍼센트였다.[25] (또한 그들은 남성이 동성애자나 이민자, 아프리카계 미국인보다 더 힘든 삶을 살고 있다고 주장했다.) 이 정도 수준의 인지 부조화는 이해하기 쉽지 않다. 그저 주위를 둘러보기만 해도 이성애자 백인 남성이 세상을 움직인다는 걸 알 수 있기 때문이다. 역대 미국 대통령이 전부 남성이었다거나 《포춘》 선정 500대 기업 최고 경영자의 93퍼센트가 남성이라는 사실을 '가짜 뉴스'로 취급할 수는 없다.

보수 포퓰리스트 지도자들은 악의적으로 성차별을 부추긴 다. 브라질 대통령이었던 자이르 보우소나루는 자국 여성 의 원에게 이런 막말을 했다.

"나는 당신을 강간하지 않을 거야. 그럴 가치가 없거든."

그는 여성 정책 비서관을 '뚱뚱한 레즈비언'이라고 불렀고, 여성에게 남성과 동등한 임금을 주면 안 된다고 말했다. 그리 고 보우소나루 지지자 집회에서는 페미니스트들에게 개밥을 먹이겠다는 구호가 나왔다.

필리핀 대통령이었던 로드리고 두테르테도 여성을 향한 악 랄한 공격을 일삼았다. 그는 민다나오 섬에 계엄령을 시행하 는 군인에게 여성 세 명을 강간한 것까지 사면해 주겠다는 '농 담'을 했다. 호주 선교사가 윤간 후 살해당했을 때는 그녀가 '아름답다'며 자신이 첫 번째로 줄 섰으면 좋았을 것이라고 말 했다. 또 군인들에게 여성 반역자는 음부를 쏘라면서 이렇게 말했다.

"그들은 음부가 없으면 아무것도 아니야."

이탈리아 북부 동맹 대표이자 전 부총리인 마테오 살비니 는 여성 하원 의장을 섹스돌과 비교했다.

포퓰리스트 지도자들은 산아 제한과 낙태를 규제하고 결혼 과 출산을 장려하면서 여성을 아내와 어머니라는 역할 속에 다시 가두려고 한다. 헝가리 총리 빅토르 오르반은 여성을 무시하고 모욕하기로 유명한데, 내각에 여성을 기용하지 않느냐는 질문에 정치인으로서 받는 스트레스를 감당할 만한 여성이 거의 없다고 답했다. 그러면서 아이를 네 명 이상 낳은 여성에게는 평생 소득세를 면제해 주겠다고 약속했다. 한편 폴란드 국민 정부는 '토끼처럼 자식을 많이 낳자.'는 광고 캠페인을 벌였고, 처방전 없이 구입 가능한 사후 피임약의 판매를 중지시켰으며 낙태를 거의 전면 금지시켰다.

이런 조치는 많은 남성과 일부 보수적인(가톨릭) 여성들에게 인기가 많다. 이들은 여성의 생식권에 중대한 위협을 가하고 있으며, 여성이 수십 년간 이뤄낸 진보를 되돌리려고 한다. 그러니 여성은 결코 현실에 안주해서는 안 된다. 진보는 지속적인 노력 없이 유지되지 않으며, 때론 현 상태를 유지하기 위해서 끊임없이 싸워야 한다.

여성의 목소리와 권위에 반발하는 사람들을 보면 암울하고, 때로는 두렵다. 하지만 인류 역사에서 진보가 간헐적인 폭력을 동반하지 않은 사례는 없다. 남성 중 일부는 여성이 목소리를 내는 것을 자연의 질서를 뒤엎는 행위로 치부한다. 이런 남성이 생각하는 자연의 질서를 바꾸려면 더 많은 여성이 고위직에 올라야 한다. 그래서 여성이 고위직에 오르는 것이 평범한 일이 되어야 한다. 그리고 부모가 동등하게 권위를 행사하여 아이들이 여성에게 명령을 내릴 권리가 남성에게 있다는 믿음을 갖지 않도록 해야 한다.

또 소셜 미디어 기업에는 사이버 폭력의 심각성을 인지하고 적절히 대처하도록 요구해야 한다. 학교와 부모, 정부는 10대 남자아이들에게 극단적인 여성 혐오를 심어주는 그루밍과 과격화를 방지하기 위한 조치를 지금 바로 취해야 한다.

이 과정은 분명 느리고 고통스럽겠지만 유해한 여성 혐오자들에게 굴복하는 것보다 분명 더 나은 선택이다.

그래도
희망은 있다

The
Authority
Gap

무의식적 편향
교정 중

K. J. 램

"교정되고 있는지도 모를 거야."

성평등을 가로막는 가장 큰 장벽은 우리가 남성이 지배하는 세상에 살고 있다는 사실이다. 그리고 많은 남성은 이 사실을 눈치 채지 못하고 있다. 그들은 세상을 있는 그대로 받아들이기 때문에 성평등을 정상에서 벗어난 것으로 간주한다.

— 안토니우 구테흐스, UN 사무총장

이번 장에서는 개인, 배우자, 부모, 직장 동료, 고용주, 교사, 언론, 정부, 사회가 권위 격차를 줄이거나 없애기 위해서 실천할 수 있는 방법을 소개하려 한다.

나는 권위 격차 해소에 도움이 되는 방법들을 가능한 많이 제시할 작정이다. 그러니 일단 몇 가지를 선택해서 실천해 보고, 앞으로 몇 달 혹은 몇 년간 이번 장을 한 번씩 다시 들춰 보면서 스스로를 점검하고, 실천 항목을 점차 늘려 가는 방법도 좋을 것이다.

개인이 할 수 있는 일

일상에서 여성과 함께 지내다 보면 권위 격차가 드러나는 사례를 끊임없이 마주하게 된다. 여성보다 남성이 흥미롭고,

여성의 견해보다 남성의 견해가 중요하다는 무의식적 편향은 우리가 여성의 말을 무시하거나, 여성의 어깨 너머로 흥미로운 대화 상대를 찾아 두리번거리거나, 여성의 배우자와는 활기차게 대화를 나누면서도 정작 해당 여성에게는 관심을 보이지 않을 때마다 모습을 드러낸다. 이런 행동이 본능적이고 반사적이라 할지라도 손톱을 물어뜯거나 책상에 엎드리는 버릇을 고치듯 고칠 수 있다. 일단 문제를 인식하고 약간의 노력과 연습을 하면 된다.

그게 말처럼 쉽지 않다는 것을 나도 잘 안다. 다행히 권위 격차를 줄이기 위해서 우리가 할 수 있는 일이 굉장히 많다.

그렇다면 개인은 무엇을 할 수 있을까?

- 진보적이고 똑똑한 사람도 여성, 유색인, 다른 계층, 다른 나라, 다른 성 정체성을 가진 사람에게 무의식적 편향을 보일 수 있다는 사실을 받아들인다.
- 무의식적 편향은 멈추거나 억제할 수 없다. 따라서 자신이 편향되어 있다고 수치심을 느낄 필요 없다. 그러나 편향이 잘못된 가정에 바탕을 둔다는 점을 알아차리면 고칠 수 있다.
- 처음 만나는 여성의 능력, 매력, 지식 수준이 남성보다 못할 거라고 지레짐작하지 않는다. 여성의 능력을 평가할 때는 남성에게도 같은 잣대를 들이댈지 자문한다.

- 여성이 남성만큼 유능하고 권위 있을 수 있다고 생각하려고 노력한다.
- 여성의 말을 남성의 말처럼 적극 경청한다.
- 여성이 발언할 때 말허리를 끊지 않도록 노력한다.
- 남성보다 여성에게 이의 제기를 더 자주 한다면 그 이유를 찾아 본다.
- 남성이 주로 관심을 갖는 주제라고 해서 여성이 잘 모를 거라고 지레짐작하지 않는다. 일반적으로 스포츠에 관심을 갖는 여성의 수는 남성보다 적지만, 스포츠에 해박한 여성도 존재한다.
- 남성은 여성의 전문성이나 권위를 인정하고 여성의 견해에 영향받는 일을 부끄러워하지 않으려고 노력한다.
- 권위를 인정받고 싶은 여성이라면 유머와 온화한 면모를 적극 활용한다.
- 자신이 대화의 지분을 얼마나 차지하고 있는지 의식한다.
- 유색인 여성이나 장애인 여성, 출신 계층이나 성적 지향이 나와 다른 여성과 대화할 때는 정신을 바짝 차리고 편향을 경계한다.
- 유능한 여성에게 호감이 가지 않는다면 그 이유를 곰곰이 생각해 본다. 그것은 상대 여성의 문제인가 아니면 자신의 문제인가? 그 여성이 남성이었어도 비호감이라고 느꼈을까?

- 억양이 판단에 영향을 미친다고 느낄 때는 먼저 상대가 하는 말의 내용에 집중하고 이를 바탕으로 상대를 평가하려고 노력한다.
- 여성을 묘사할 때 수식어에 주의를 기울인다. 남성을 묘사할 때도 같은 수식어를 사용하겠는가?
- 남성이라면 여성 작가의 책이나 여성 감독의 영화, TV 프로그램을 적극적으로 찾아 본다. 예상했던 것보다 재미있어서 깜짝 놀라게 될지 모른다.
- 언론 기관과 광고주, 영화 산업이 여성을 조금 더 평등하게 대우하도록 압력을 넣는다.
- 자신이 소셜 미디어에서 팔로우하고 관계 맺는 사람이 누군지 살피고, 성비 균형을 맞추려고 노력한다.
- 자신감과 능력을 혼동하지 않도록 노력한다. 회의실에서 가장 크게 떠드는 사람을 가장 해박한 사람이라고 여기지 않는다.
- 자신감이 부족한 여성이라면 자기 목소리를 내고 어려운 업무에 도전하려고 노력한다.
- 남성은 다른 남성이 성차별적 발언이나 행위를 할 때 이를 지적하고, 용납할 수 없다는 입장을 밝힌다. 사실 성차별은 인종 차별만큼이나 불쾌하며, 성차별에 반대하는 남성의 수는 생각보다 많다.
- 여성을 외모나 목소리로 평가하지 않는다.

◦ 우리가 만나는 모든 사람을 뒤틀리고 해묵은 고정관념에 비춰 보지 말고 나름의 개성을 지닌 인격체로 대한다.

배우자로서 할 수 있는 일

여성은 남성보다 무급 노동을 훨씬 많이 하는 까닭에(영국의 경우 60퍼센트 더 많이 한다) 남성과 같은 속도로 승진하기 어렵다. 돌봄이 필요한 가족이 있을 경우에는 남성처럼 장시간 근무하기도 어렵다. 그리고 파트타임으로 일하는 여성은 승진에서 배제되곤 한다. 여성은 직장 업무뿐만 아니라 가족과 관련된 일이나 가사 목록도 기억해야 한다.

배우자가 집안일을 동등하게 분담하지 않을 때 여성이 짊어져야 할 짐은 버티기 힘들 정도로 무거워진다. 하지만 이성애자 부부 관계에서 남편은 아내가 직장에서 중책을 맡고 있더라도 집안일을 감당해 주기를 기대하곤 한다. 가정에서 성평등이 이뤄지지 않는다면 직장에서도 성평등을 이루기 어렵다.

말랄라 유사프자이의 아버지 지아우딘은 가정에서 성평등을 실천했다.

"가정에서 저와 아내는 세 아이를 동등하게 대하고 동등한 부부 관계를 몸소 보여 주려고 노력했어요. 저희 아이들은 제가 요리하고 청소하고 하교를 돕는 모습을 보며 자라죠. 우리 부부에게도 부족한 점이 있겠지만 저는 언젠가 우리 아이들이 저희의 장점을 배워서 저희보다 더 나은 삶을 살기를 바라요. ……저희 가족은 한 세대 만에 가부장적인 가정에서 평등한 가정으로 바뀌었어요."

그의 딸 말랄라 유사프자이가 그토록 용감하고 특별한 여성으로 자란 데는 그만한 이유가 있다.

그렇다면 우리는 배우자로서 무엇을 할 수 있을까?

○ 먼저 부부가 동등한 관계라는 것을 인정한다.
○ 아내의 경력을 남편의 경력만큼 중시한다.
○ 아내의 말을 존중한다.
○ 가정에서의 무급 노동을 동등하게 분담한다. 남편의 집안일 분담을 아내를 '돕는' 일로 여기지 않는다. 부부가 함께 부담해야 할 일에는 가정의 대소사를 챙기고 계획을 세우는 일도 포함된다.
○ 아이가 태어난 이후에는 필요하다면 유연 근무제로 전환한다. 유연 근무제로 일하는 남성은 그렇지 않은 남성보다 워라밸에 더 만족한다.[1]
○ 남성도 얼마든지 육아휴직을 할 수 있다. 아버지의 육아휴직은 어머니가 경력을 유지하도록 도울 뿐 아니라 아버지와 아이에게도 굉장히 유익하다.

- 남편이 가사와 육아를 동등하게 분담하기 바라는 아내는 남편이 집안일을 하거나 아이를 돌보는 방식이 마음에 들지 않더라도 비판하지 않도록 노력한다.
- 여성이라면 '나의 배우자가 진정한 배우자가 되게 하자.'라는 셰릴 샌드버그의 조언을 기억하자. 배우자를 신중하게 선택하고, 결혼 서약을 맺기 전에 집안일을 어떻게 분담할지 미리 대화를 나눈다.

부모가 할 수 있는 일

우리 세대는 성장기에 습득했던 편향과 싸워야 하는 까닭에 권위 격차를 해소하기가 쉽지 않다. 하지만 새로운 세대가 우리 세대만큼 편견에 시달리지 않도록 이끌어갈 수는 있다. 학교, 또래 집단 같은 곳에서 발생하는 사회적 편향은 부모의 통제 밖에 있지만, 아이가 바깥세상의 고정관념에 이의를 제기하는 능력을 갖추도록 도와줄 수 있다. 부모가 자녀를 어떻게 기르느냐에 따라서, 특히 아들을 어떻게 기르느냐에 따라서 여성을 대하는 방식은 굉장히 달라진다. 나와 인터뷰했던 영향력 있는 여성들은 대체로 남자 형제와 동등하게 대접받았고, 부모가 딸들에게 큰 기대를 품었으며, 특히 아버지가 그들을 진심으로 믿어 줬다고 했다.

그렇다면 부모로서 우리는 무엇을 할 수 있을까?

- 부모가 가정에서 동등하게 권위를 갖는 모습을 보여 준다.
- 부부는 가사와 육아를 동등하게 분담한다. 연구에 따르면 가사와 육아를 동등하게 분담하는 아버지 밑에서 야심 찬 딸이 나온다.[2]
- 아들과 딸을 완전히 동등하게 대한다.
- 아들을 여성을 존중할 줄 아는 사람으로 기른다.
- 아들이 남자아이가 여자아이보다 우월하다는 신념을 가지고 있다면 이를 바로잡아 준다.
- 딸에게 스스로에 대한 믿음과 자신감을 심어 준다.
- 딸에게는 예쁘다고 말하고 아들에게는 똑똑하다고 말하는 것 같은 고정관념을 심어주지 않도록 조심한다.
- 아들이 딸보다 더 똑똑하다는 생각이 든다면 정말 그런지 객관적으로 검증해 본다.
- 자녀에게 장난감, 게임, 취미를 소개할 때 다양한 것을 경험하도록 해 준다. 예를 들어 아들에게도 요리하는 법을 가르치고 딸에게도 자동차 고치는 법을 가르친다.
- 남자아이도 여자아이가 주인공으로 나오는 책을 읽도록 독려한다. 혹시 흥미로운 여성 주인공이 등장하는 책을 찾기 어렵다면, 등장인물의 성별을 바꿔서 읽어 준다.
- 아이들에게 집안일을 시킬 때 남녀 구분 없이 시킨다.

- 아이들과 함께 TV나 영화를 볼 때 성차별적 표현이나 고정관념을 찾아보고 같이 이야기해 본다.
- 성차별은 인종 차별을 비롯한 모든 종류의 차별과 마찬가지로 용납할 수 없다는 신념을 심어 주고, 아들이 친구들 사이에서 성차별에 도전할 수 있도록 용기를 북돋운다.
- 아들이 누나나 여동생의 말허리를 자를 때 이를 지적하고 여성의 견해를 존중하도록 가르친다.
- 아이들이 학교와 대학교에서 다양한 과목과 전공을 고려하도록 독려하고, 이후 성별 고정관념과 상관없이 직업을 선택하도록 권한다.

직장 동료가 할 수 있는 일

여성이 사회생활에서 일상적으로 경험하는 권위 격차는 상당히 짜증스럽다. 특히 직장에서 경험하는 권위 격차는 경력에 해로운 영향을 미친다는 점을 알기 때문에 더욱 신경에 거슬린다. 권위 격차가 가장 치명적인 영향을 미치는 곳이 바로 직장이다.

그렇다면 직장 동료로서 우리는 무엇을 할 수 있을까?

- 여성 동료의 발언을 지지한다. 여성이 전체 집단의 20~

40퍼센트 밖에 안 될 경우, 여성은 집단 구성원의 동의를 얻을 가능성이 남성의 절반밖에 안 된다. 반면 말허리가 끊길 가능성은 훨씬 높다.[3] 그러다 보니 여성이 적극적으로 자기 의견을 밝히지 않는 것도 무리는 아니다.

◦ 회의를 이끌 때는 남녀 모두에게 발언 시간을 동등하게 부여하고, 여성이 좋은 의견을 제시할 때는 인정한다. 또 남성이 너무 오래 발언하거나 여성의 말허리를 끊을 경우에는 이를 지적한다.

◦ 회의의 의장을 여성이 맡으면 여성들은 더 적극적으로 자기 목소리를 낸다.[4] 또 만장일치로 결정을 내릴 때는 모든 구성원의 의견이 중요해지기 때문에 여성이 목소리를 더 많이 내는 경향이 있다.[5]

◦ 질문과 답변 시간에 첫 번째 질문 기회를 여성에게 준다. 그러면 더 많은 여성이 질문한다는 연구 결과가 있다.

◦ 남성은 남성 동료와 교류하듯 여성 동료와도 교류한다.

◦ 실적 평가를 할 때 여성에 대한 평가는 대체로 짧고 모호하며, 성취보다는 성격에 초점을 맞추는 경향이 있음을 염두에 둔다. 실적 평가나 채용 면접 시 '구조화된 자유회상' 기법을 활용하는 것을 추천한다. 먼저 5분 동안 후보자의 긍정적 특성을 적고 다음 5분간 부정적인 특성을 적는다.[6] 그런 뒤 채용이나 승진 후보자에게 기대하는 특징과 비교한다.

○ 여성 동료를 평가할 때 떠오르는 수식어에 주의를 기울인다. '까칠한', '거슬리는', '간섭이 심한', '날카로운', '공격적인', '비호감' 같은 수식어가 떠오르는가? 그렇다면 이런 수식어가 여성 자체보다 지위 부조화로 인한 불편한 감정 때문에 떠오를 수 있음을 기억한다.

○ 채용 면접에서 여성 지원자를 만나기 전에 잠시 여성 지도자의 모습을 시각화하여 떠올린다. 그러면 편향 해소에 도움이 된다. 또 면접에서 지원자에게 던지는 질문도 신중하게 고른다.

○ 여러 후보자가 경쟁하는 상황에서는 구체적인 평가 항목을 마련한다. 그러면 편향의 영향을 줄일 수 있다.[7]

○ 무의식적 편향을 교정하는 교육을 받는다.

○ 여성 직원에게도 남성 직원만큼 도전적인 업무를 할당하고 있는지 확인한다.

○ 여성이 말을 '너무 많이 한다' 싶을 때는 말하는 시간을 슬쩍 재보고 정말 많이 하는지 아니면 많이 한다고 느끼는 것인지 확인한다.

○ 20~30대 여성이 임신 후 휴직이나 이직을 할 것이라고 예상하고 그에 따라 여성에게 불리한 결정을 내리지 않도록 주의한다. 20~30대 남성도 20~30대 여성만큼 이직이 잦다.

○ 자신감이 지나치거나 부족하다는 이유로 여성 직원을

처벌하지 않는다. 자신감에 관한 한 여성은 남성과 달리 아슬아슬한 줄타기를 하고 있다는 점을 이해해야 한다.

○ 커피를 타거나 크리스마스 장식을 하는 등 소위 '여성적인' 사무실 업무를 여성에게 떠넘기지 말고, 그런 업무를 거부한다고 해서 비난하지 않는다. 남성은 동료를 도울 때 평판이 좋아지는 반면, 여성은 동료를 돕지 않을 때 평판이 나빠진다는 점을 기억하자.[8]

○ 여성 직원에게도 남성 직원처럼 도움이 될 만한 구체적인 피드백을 한다. 기업의 실적 평가 사례 200건을 연구해본 결과, 여성은 남성에 비해서 '훌륭한 한 해를 보냈다.'는 식의 별반 도움이 되지 않는 모호한 칭찬을 받는 경우가 훨씬 많았다.[9]

○ 남성은 직장에서 다른 남성을 더 높게 평가하는 경향이 있다는 점을 인지하고 이를 교정하려고 노력한다. 알고리즘 평가법과 인간의 평가법을 비교해 보면, 남성의 70퍼센트는 남녀의 성과가 똑같아도 남성을 여성보다 높게 평가했고, 고위직 남성의 경우에는 그 비율이 75퍼센트까지 올라갔다.[10] 반면 알고리즘과 여성은 비슷한 성과를 낸 남녀 직원을 동등하게 평가했다.

○ 남성이 절대 다수이거나 여성이 없는 부서에는 가급적 여성을 배치하지 않는다. 이런 부서에서 근무하는 여성은 성과가 부진하고, 기여도가 낮아지며, 발언을 적게 하

고, 불안감을 호소한다. 또 이런 환경에서는 여성을 대하는 남성의 태도가 악화되는 경향이 있다.[11]

○ 실수를 저지른 여성을 남성보다 더 가혹하게 비판하지 않도록 노력한다. 연구에 따르면 특히 전통적으로 남성 직종으로 여겨지는 직장에서 여성을 더 가혹하게 비판하는 경향이 나타났다.[12]

○ 여성 직원이 승진에 도전하도록 독려한다.

○ 채용이나 승진 시 남녀 후보자에게 기대하는 특징이 무엇인지 신중하게 고려한다. 남성 후보는 능력만 보면서 여성 후보는 능력뿐 아니라 성격, 외모 등을 함께 볼 때가 많다.[13] 따라서 후보자가 갖춰야 할 자질의 기준을 미리 정하고 그 기준에 따라 평가하는 것이 좋다.

○ 추천서를 쓸 때는 남성과 여성 모두에게 사용할 만한 수식어를 사용해서 같은 부류의 자질을 평가하려고 노력한다. 여성의 추천서에는 '근면한', '성실한', '꼼꼼한', '부지런한' 같은 수식어를 더 많이 사용하는 반면 남성의 추천서에는 '성공', '성과', '성취'와 더불어 '뛰어난', '최고의', '출중한', '특출한' 같은 수식어가 더 많이 사용됐다.[14]

○ 남성이라면 스스로 불공평하다고 느끼는 상황을 다시 돌이켜 생각해 본다. 권리 의식은 편향만큼 무의식적으로 작용할 수 있다.

○ 남성이라면 여성 직원에게 '리버스 멘토'가 되어 주기를

요청한다. 리버스 멘토는 무의식적 언행이 권위 격차에 미치는 영향을 이해하도록 돕는다.

- 자신과 비슷한 사람을 선호하는 친밀감 편향을 주의한다. 승진 결정 시 남성이 남성을 선호하는 현상(남성 관리자가 남성 부하를 승진시키는 현상)으로 성별 임금 격차의 3분의 1이 설명된다.[15]

- 직장 내 성차별 행위를 지적한다. 그러면 성차별주의자가 성차별 발언이나 행위를 주저하게 될 뿐 아니라 성차별을 당한 피해자의 마음도 조금 더 편안해질 수 있다.[16]

- 남성으로서 여성 상사에게 본능적으로 반감이 든다면 누그러뜨리도록 노력한다. 여성이 남성에게 권위를 행사한다고 해서 남성이 모멸감을 느껴야 할 이유는 없다.

고용주가 할 수 있는 일

과거에는 조직에 여성이 뚫고 올라갈 수 없는 '유리 천장'이 있다고 생각했다. 하지만 유리 천장은 정확한 비유가 아니다. 여성은 단 하나의 장애물이 아니라 경력 내내 자잘한 불이익이 쌓이면서 출셋길이 막힌다. 그리고 이런 불이익은 대체로 무의식적 편향에서 비롯된다.[17] 그래서 한 가지 굵직한 해결책만으로는 직장에서의 권위 격차를 줄이지 못한다. 그 대신 자잘한 해결책들의 조합이 필요하다. 하나하나는 사소할지라도 효과가 합쳐지면 큰 차이를 만들어낼 수 있다.

그렇다면 고용주로서 우리는 무엇을 할 수 있을까?

- 여성 직원이 남성 직원에 비해 어느 정도의 성과를 올리는지 추적 관찰한다. 인종, 계층, 성 정체성, 장애 여부에 따라 데이터를 세분화하여 기록한다. 먼저 현실을 제대로 파악해야 필요한 조치를 취할 수 있다.
- 여성이 직장에서 경험하는 불이익에 관리자가 관심을 갖도록 독려하고, 관련 문제를 해결한 모범 사례가 있으면 그 성과를 인정해 준다.
- 고위직에도 유연 근무를 적극 권장하고, 유연 근무를 선택한 직원(남녀 구분 없이)에게 불이익을 주지 않는다.
- 직원이 부모가 되면서 인생의 전환기를 맞았을 때 특별한 관심을 기울인다. 이들이 업무량을 줄여 주기를 바랄 거라고 지레짐작하지 않는다. 그리고 아이가 생겨도 일에 집중할 수 있다고 믿어 준다.
- 채용 공고 시 한쪽 성에 편향된 단어를 사용하지 않는다.
- 채용 공고에 임금 협상이 가능하다고 밝힌다. 그러면 여성이 임금 협상에 나설 가능성이 높다.[18] (이때 임금 협상에 나서는 여성은 비호감이라는 편향에 휘둘리지 않도록 주의한다.)
- 입사 지원서 및 이력서에 성별이 드러나지 않도록 블라

인드 채용 방식을 선택한다. 연구 결과에 따르면 남녀 지원자가 동등한 자격 조건을 갖췄을 때 여성이 면접 제안을 받을 가능성은 남성에 비해 30퍼센트 낮았다.[19]

- 면접 및 승진 최종 후보자 명단에 여성을 두 명 이상 올린다. 여성 후보 한 명과 남성 후보 세 명이 후보자 명단에 오를 경우 여성이 채용될 확률은 0퍼센트라는 연구 결과가 있다.[20] 남성 쪽으로 기운 성비가 남성이 해당 직무에 더 적합하다고 암시하기 때문이다.

- 채용 위원으로 여성을 적어도 두 명 이상 포함시킨다. 채용 위원회에 여성이 한 명만 포함된 경우에는 오히려 여성이 채용될 확률이 줄어든다. 남성 위원들은 다양성에 대한 고려를 여성 위원에게 미루는 경향이 있고, 여성 위원은 여성 후보자를 옹호하다가 여성 편을 든다는 비난을 받을까 봐 염려하기 때문이다.

- 구조화된 채용 면접을 통해 모든 후보자에게 같은 질문을 같은 순서로 하고, 정해둔 평가 기준에 따라 엄격하게 채점한다.[21] 그러면 무의식적 편향을 줄일 수 있다.

- 임금 및 승진 관련 정보를 투명하게 관리하면 직원은 해당 사항을 명확히 알 수 있고, 관리자는 이를 바탕으로 필요한 결정을 객관적으로 내리도록 장려할 수 있다.[22]

- 조직의 규모가 크다면 조직 내 채용과 승진 절차에 관여하는 관리자를 임명하고 조직 내 다양성을 확보하는 책

임을 맡긴다. 이들은 고위 관리자여야 하고, 필요한 모든 데이터에 접근할 권한이 있어야 한다.[23]

◦ 남성 관리자에게 여성 '리버스 멘토'를 두어서 그의 행동이 어떻게 권위 격차를 만들어 내는지 이해를 돕는다.

◦ 아버지가 된 직원의 육아 휴직을 독려하고, 육아 휴직이 경력에 악영향을 미치지 않는다는 확신을 준다.

◦ 재취업자를 채용할 때 경력이 단절된 여성을 적극적으로 활용한다. 그들은 기업이 활용할 수 있는 양질의 인적 자원이다.

◦ 여성 직원에게 멘토링과 후견인 프로그램을 제공하되, 여성 멘토나 후견인이 안성맞춤이라고 지레짐작하지 않는다. 오히려 고위직 남성이 여성 직원에게 더 큰 도움을 줄 수도 있다.

◦ 조직 내 성평등과 관련하여 구체적인 목표를 정하고 목표 달성 여부를 꾸준히 확인한다.

교사가 할 수 있는 일

교사는 부모 다음으로 아이의 성장에 큰 영향을 미친다. 그렇기에 아이들이 살아갈 세상에서 권위 격차를 줄이려면 교육 기관이 큰 역할을 해 줘야 한다.

그렇다면 교육 현장에서 무엇을 할 수 있을까?

○ 교사는 교사 연수의 일환으로 성별 편향을 교정하는 훈련 과정을 요청할 수 있다. 연구에 따르면 성별 편향 교정 훈련을 받은 교사의 학급에서는 여학생들이 자유롭게 발언했고, 남학생과 여학생 사이의 발언 횟수 차이도 거의 없어지는 효과가 있었다.[24]

○ 학생들이 질문에 자발적으로 대답하게 하면 남학생들이 교실을 장악한다. 정답을 아는 여학생들은 지목을 받기까지 기다리는 반면 남학생들은 큰 소리로 대답하는 경향이 있기 때문이다. 반면 교사가 질문하고 기다리는 시간을 몇 초만 더 늘려도 여학생과 유색인 학생, 수줍음이 많은 학생이 질의응답 과정에 더 많이 참여한다.[25]

○ 교실에 여성 과학자를 초대하는 것은 여학생이 과학에 열정을 품도록 하는 아주 좋은 계기가 될 수 있다. 또 과학을 학생들의 생활과 연관시켜서 소개하면 남녀 학생 모두 과학을 더 좋아하게 된다.[26]

○ 교사 스스로 자신이 편향된 건 아닌지 점검한다. 한 연구에 따르면 남성 교사 열 명 중 일곱 명이 과학 기술 분야에서 남학생이 두각을 나타내는 이유로 재능을 꼽은 반면, 여학생이 두각을 나타내는 이유는 운이 좋았거나 성실하기 때문이라고 봤다.[27] 남학생을 편애하는 교사는

여학생의 성인기 진로에 악영향을 미친다.[28]

∘ 교사는 자신이 학생의 지능을 정확히 파악하지 못할 수 있다는 점을 기억하자. 수많은 연구에서 교사와 부모가 여자아이의 지능을 과소평가한다는 결과가 나왔다. 또한 교사는 재능 있는 남학생보다 재능 있는 여학생을 알아보기 더 힘들다는 점을 기억해야 한다.

∘ 학교는 교과서와 교재가 편향되어 있는 건 아닌지 검토한다. 과학 교과서에 실험복을 입은 남성들이 넘쳐나는가? 그렇다면 여학생은 과학이 자신에게 적합하지 않다고 느낄 수 있다.

∘ 교사는 학교 현장에 만연한 성차별 행위를 지적할 수 있다. 영국 걸스카우트의 설문 조사에 따르면 11~21세 여성 응답자의 81퍼센트가 또래 남자아이가 저지른 성차별을 목격하거나 경험했다고 답했다.[29] 다섯 명 중 세 명은 여성을 비하하거나 모욕하는 발언이나 농담을 들었다. 또교사의 64퍼센트가 적어도 일주일에 한 번은 성차별적 발언을 들었다.[30]

∘ 성희롱은 엄중하게 대응한다. 남녀공학에 다니는 여학생의 37퍼센트가 성희롱을 경험했다.[31]

∘ 교사는 학급을 남학생과 여학생으로 구분해서 나누지 않는다. 교사가 그럴 때마다 남성과 여성이 다른 대우를 받아야 한다는 생각을 심어 주게 된다.

　　　　　　　　　　　　　　　　그래도 희망은 있다

○ 교사는 아이들을 훈육하는 방식과 이유를 명확히 밝힌
다. 혹시 시끄러운 여학생은 수업을 방해한다는 이유로
벌을 주면서 남학생들은 그냥 놔두지 않는가?

○ 학교는 선임 교사를 '성평등 지킴이' 교사로 임명하고 학
교 전체를 대상으로 성별 고정관념에 도전하는 캠페인
을 진두지휘하게 한다. 학교 이사회도 캠페인에 동참해서
학교가 성평등을 진지하게 추구하는 모습을 보여 준다.

○ 모든 학생에게 모든 과목을 동등하게 소개하고 물리학
과 수학 같은 특정 과목이 여학생에게는 어려울 수 있다
고 암시하지 않는다.

○ 교과 과정에 '성과 다양성(gender and diversity)'을 다루는 시
간을 마련하고 남학생이 여학생의 관점을 이해하도록
독려한다.

○ 학교와 교사는 남학생이 극단적 여성 혐오 세력에 길들
여지지 않도록 주의한다.

○ 교사는 성별 고정관념과 치열하게 싸워야 한다. BBC에
서 6주간 7세 학령기 아동의 생활에서 성별 고정관념을
제거하는 실험을 했는데, 그 결과는 정말 놀라웠다. 실험
전에 여자아이들은 자신의 지능을 심각하게 과소평가했
고 자존감과 자신감이 남자아이들보다 낮았다. 남자아
이들은 자기 능력을 과대평가했고 감정 표현에 서툴렀
다. 6주 후 여자아이들과 남자아이들의 자존감 차이는 8

퍼센트에서 0.2퍼센트로 줄었고, 여자아이들의 자발성은 12퍼센트 상승했다. 한편 남자아이들은 다른 사람을 더 친절하게 대했고, 문제 행동이 57퍼센트 감소했다.[32]

○ 대학교수는 학생의 독서 목록에 있는 책과 논문의 저자가 지나치게 남성 위주로 치우치지 않았는지 확인한다.

○ 대학교수는 앞서 교사에게 권장한 여러 방법을 동원해서 여학생이 강의실과 토론 수업에서 남학생과 동등한 발언권을 누리도록 한다.

언론이 할 수 있는 일

언론은 권위 격차를 좁히는 과정에서 특별한 역할을 담당한다. 우리 눈에 들어오는 모든 것이 남성과 여성에 대한 생각을 형성하기 때문이다. TV 드라마나 영화에 남성은 권위 있는 인물로, 여성은 성적 대상으로 등장하면 뇌는 이러한 패턴을 각인하게 된다. 신문 논설위원과 방송 해설위원이 대부분 남성이라면, 남성이 전문가이자 권위자라는 사회의 가정이 강화된다. 그리고 여성의 목소리와 견해가 진지하게 다뤄지지 않는 것 역시 강력한 메시지를 전달한다.

그렇다면 언론은 무엇을 할 수 있을까?

- 방송사는 중장년의 권위 있는 여성을 출연시킬 수 있다. 영국 방송 통신 규제기관 오프콤은 이를 다양성 정책의 일환으로 요구해야 한다.
- 신문사는 여성 칼럼니스트를 더 많이 확보하고 고위급 편집위원으로 여성을 더 많이 채용한다.
- 언론은 여성 정치인을 묘사할 때 낡고 진부한 성차별적 비유를 더이상 사용하지 않는다. 그리고 '이 비유를 남성 정치인에게도 쓸까?' 자문해 보고 그렇지 않다면 쓰지 않는다.
- 언론은 남성 전문가만큼 여성 전문가를 인터뷰하고, 전문가의 성비를 실시간으로 기록하면서 성비를 맞춘다.
- 정치부 기자는 자신이 여성 지도자에게 이중 잣대를 들이대면서 더 가혹하게 평가하는 건 않는지 점검한다.
- 언론은 남성보다 여성의 외모를 더 자주, 더 자세히 언급하는 관행을 버린다. 의지만 있다면 변화는 금세 일어난다. 또한 편집자는 기사에서 사용한 표현을 '뒤집어 보고' 남성에게도 사용할지 자문한다. 남성에게 사용하지 않을 표현이라면 쓰지 않는다.
- 광고주는 광고에 그려지는 여성과 남성의 모습에 현실이 반영되도록 한다.
- 영화업계는 여성 감독을 더 많이 배출하고, 여성 인물에게 주도적이고 다각적인 모습을 부여하며 발언 시간을

늘린다.

정부가 할 수 있는 일

가정과 직장에서 여성을 대하는 방식은 여성이 남성만큼 존중과 권위를 갖는 데 있어 걸림돌이 된다. 또한 출산 및 육아와 관련된 구조적인 차이도 한몫한다. 출산과 육아와 관련된 문제는 법률과 정책으로 개선할 수 있다.

그렇다면 정부는 무엇을 할 수 있을까?

○ 유급 출산 휴가를 의무화한다.
○ 부모가 공유할 수 있는 급여 조건이 좋은 육아 휴직 제도를 마련한다. 아이가 태어난 후 어머니만큼 아버지도 육아 휴직을 한다면 고용주가 가임기 여성을 차별할 가능성도 낮아질 것이다. 또 아버지가 육아 휴직을 사용할 경우 어머니는 직장에 더 빨리 복귀할 수 있다.
○ 부모가 적당한 가격에 질 높은 서비스를 제공하는 보육 기관을 이용할 수 있게 한다. 보육비는 일하기 위해서 필요한 비용이므로 세금을 감면해 준다.
○ 유연 근무가 가능한 직무라면 근로자가 유연 근무를 선택할 수 있는 권리를 보장해 준다.

- 다른 정책을 써도 소용이 없을 때는 여성 할당제를 실시한다. 여성 할당제를 실시한 후 여성 이사의 수는 크게 늘어났고, 노동당 하원 의원의 성비가 동등해졌다. 여성 할당제는 이상적인 정책은 아니지만 차악으로 선택해야 할 때가 있다.
- 직장 밖 무급 노동을 남녀가 어떻게 분담하고 있는지 관련 데이터를 수집하여 정책 입안 및 예산 확정 시 활용한다.
- 고용주가 성별 임금 격차를 다룬 자료를 발표하도록 의무화한다. 그러면 성별 임금 격차를 좁히는 데 도움이 된다.[33]
- 극단적인 여성 혐오를 엄중하게 단속한다.
- 내각 인선에서 남녀의 수를 맞춘다. 그러면 대표 민주주의 국가에서 여성의 목소리와 여성 문제가 동등한 관심을 받을 수 있게 될 뿐 아니라 남성과 여성이 동등한 권위를 갖는다는 생각을 일반화할 수 있다.

사회가 할 수 있는 일

무의식적 편향을 줄여서 여성에게 기꺼이 권위를 부여하게 만들려면, 여성이 권위 있는 자리에 앉은 모습이 일상적인 풍경으로 자리 잡아야 한다. 한때는 바지 입은 여성이 너무 이상해 보였지만 지금은 의식하지 못할 정도로 흔해졌듯이, 여성 지도자를 흔하게 볼 수 있어야 무의식적 편향이 완전히 사라지게 될 것이다.

지금껏 제시한 해결책은 대부분 지금보다 더 많은 여성이 지도자의 자리에 오르도록 돕는 것이 목적이다. 그렇게 되면 결국 권위 있는 여성을 대하는 태도가 바뀔 것이다. 연구자들은 인도에서 이뤄진 법 개정 과정을 관찰하며 여성이 지도자 자리에 오를 때 일어나는 변화를 살펴봤다. 1993년, 인도 정부는 헌법을 개정하면서 지자체 지도자 중에 여성 지도자가 부족한 문제를 해결하려 했다. 5년마다 돌아오는 지방 선거에서 마을 세 곳 중 한 곳을 무작위로 선정해 무조건 여성 촌장을 뽑게 한 것이다.

결과는 어땠을까? 여성 촌장을 두 차례 거치고 나자 지도자 자리에 오른 여성에 대한 남녀 주민의 인식이 개선되었다. 그뿐만 아니라 딸을 향한 부모의 기대 수준이 높아지면서, 딸에게 고등 교육 기회를 주는 부모의 비율이 여성 촌장을 경험해 보지 못한 마을보다 45퍼센트 높아졌다. 그리고 여성 촌장이 다스리는 마을의 여자아이들은 포부가 커졌고, 학교 성적이 향상되었으며, 형제들과 집안일을 상대적으로 동등하게 분담했다.[34]

일단 지도자 자리에 여성이 한 번 오르고 나면 같은 자리에 다른 여성이 오르기가 수월해지고, 사람들은 여성이 그 자리

를 차지하는 일에 익숙해진다. 저신다 아던 총리의 이야기를
들어 보자.

"뉴질랜드 국민이 제가 여성이기 때문에 신뢰하지 않을 거
라고 생각한 적은 단 한 번도 없어요. 그건 바로 헬렌 클라크
전 총리와 제니 시플리 전 총리가 앞서 길을 닦아주신 덕분이
죠. 저는 여성도 총리에 당선될 수 있고 총리로서 성공할 수
있다는 걸 알고 있었어요."[35]

여성이 지도자 자리에 오르는 게 일상화되면 그 뒤를 따르
는 여성들의 삶은 훨씬 수월해진다. 후임 여성들은 조금 더 자
기 본모습을 드러낼 수 있다. 조직 내부에서 성공을 거두기 위
해 남성처럼 행세할 필요가 없어진다.

영국군 참모총장을 역임한 닉 카터는 남성이 대다수인 직
장에서 소수인 여성이 얼마나 힘든지 잘 알고 있다.

"정말 안타깝게도 군에서 성공한 여성들은 계속 성공을 거
두기 위해서 남성처럼 행동해야 한다고 느껴요. 정말 슬픈 현
실이죠. 지도자 자리에 오른 여성이 더이상 남성처럼 행동하
지 않아도 될 때 우리는 진정한 성평등을 이뤘다고 말할 수 있
을 거예요."[36]

칠레 역사상 최초의 여성 국방장관이었던 미첼 바첼레트는
피노체트 정권에서 자신을 고문하고 아버지를 죽였던 군대를
관할하게 되었을 때, 남성처럼 행동하지 않겠다고 다짐했다.

"제가 국방부에 합류한 지 얼마 안 되었을 때였어요. 집무

실에서 어머니와 전화 통화를 하고 있는데, 참모총장이 들어와서 제게 무언가를 물어봤어요. 그래서 [부드러운 목소리로] '대령님, 이러저러하게 좀 해 주실 수 있을까요?'라고 말했더니 어머니가 나중에 '말을 그렇게 조곤조곤하게 해도 사람들이 너를 우러러볼까?'하고 물으시더라고요. 저는 '어머니, 그게 제 방식이에요. 저는 있는 그대로의 제 모습이 좋아요. 존중받으려고 남성처럼 굴지 않을 거예요. 그럴 필요도 없고 그러고 싶지도 않아요.'라고 답했죠."[37]

그녀의 전략은 성공했고, 그녀는 이후 칠레 대통령이 됐다.

진정한 성평등을 이룬다면 남성은 어느 정도 여성처럼 행동해도 괜찮다고 느끼게 될 것이다.

"저는 사회가 여성 지도자에게 요구하는 좋은 자질을 남성 지도자에게도 요구해야 한다고 생각해요."

미국의 경영인 앤 멀케이가 말했다.[38]

"공감하고, 세심하게 배려하고, 친밀한 관계를 맺고, 스스로를 낮추고, 잘못을 인정하는 여성 지도자의 강점이 좋은 지도자의 요건으로 자리 잡아야 해요."

그렇게 하면 좋은 지도자가 배출될 뿐 아니라 남성의 행복도도 높아진다고 심리 치료사 닉 두펠은 말했다.

"일반적으로 남성은 자신의 취약점을 편안하게 받아들이는 법을 배울 필요가 있어요. 스스로가 상처받기 쉬운 존재라는 사실을 편안하게 받아들일 때 오히려 더 단단해진다는 역설을 깨달아야 하죠."[39]

두펠은 열정적으로 말을 이어갔다.

"우리는 힘을 합쳐야 해요. 이전과는 전혀 다른 세상을 만들어야 한다고요. 그러니까 어떤 면에서 우리는 융이 말하는 '내면의 결합'을 우리의 내면과 사회에서 이뤄내야 해요. 남성은 자기 내면의 여성성과 접촉하고 여성은 내면의 남성성을 받아들여서 서로를 비난하지 말고 협력해야 해요."

협력이 핵심이다. 실제로 남성과 여성은 힘을 합칠 때 굉장히 좋은 성과를 낸다. 남녀는 서로를 보완한다. 남녀의 서로 다른 관점이 합쳐지면 훨씬 흥미로운 아이디어와 혁신적인 방법이 나온다. 함께 힘을 합칠 때 효과적이고 창의적이며 모두를 아우르는 리더십을 발휘할 수 있을 뿐 아니라 그 과정에서 성평등을 이루게 될 것이다. 남녀 혼성 지도부를 보편화할 수만 있다면 권위 격차는 한 세대 안에 사라질 것이다.

나는 전 아일랜드 대통령 메리 매컬리스의 말을 인용하며 이 책의 첫머리를 열었고, 또 다시 그녀의 말을 인용하면서 책을 끝맺으려 한다.

"남성이 여성을 동등한 존재로 존중하지 않는다면 이 세상은 한쪽 날개로 나는 새와 같은 상태에 머물 거예요. 혹시 한쪽 날개로 날아 보려고 기를 쓰는 새를 본 적 있나요? 날지도 못하면서 날개만 퍼덕거리는 모습은 참으로 딱하죠. 지금 우리가 사는 세상이 딱 그런 모습이에요. 두 날개를 함께 쓰면 훨훨 날아올라 앞으로 나아갈 수 있는데 그걸 거부하고 한쪽 날개로만 퍼덕이는 게 현실이에요."

매컬리스는 말을 이었다.

"그리고 슬프게도 남성이라는 한쪽 날개가 여성이라는 다른 쪽 날개를 굴복시키려고 엄청 애를 쓰는 것처럼 보일 때가 많아요. 그로 인해 가정, 공동체, 직장, 정치, 국제 정치가 제대로 돌아가지 않고 전쟁이 벌어져요. 이제 우리는 깨달아야 해요. 여성이 재능과 창의성을 꽃피우며 흥할 때 이 세상도, 남성도 함께 흥한다는 것을요. 우리 모두가 더불어 흥한다는 것을요."[40]

Abele, Andree E., and Woiciszke, Bogdan, *Agency and Communion in Social Psychology* (Routledge, 2019).

Abelson, Miriam J., *Men in Place: trans masculinity, race, and sexuality in America* (University of Minnesota Press, 2019).

Adams, Julia; Brückner, Hannah; and Naslund, Cambria, 'Who counts as a notable sociologist on Wikipedia? Gender, race, and the "professor test"', *Socius: Sociological Research for a Dynamic World*, 5 (2019), https://doi.org/10.1177/2378023118823946.

Adams, Renée B.; Kraeussl, Roman; Navone, Marco A.; and Verwijmeren, Patrick, 'Is gender in the eye of the beholder? Identifying cultural attitudes with art auction prices', 6 Dec. 2017, https://ssrn.com/abstract=3083500.

Adegoke, Yomi, and Uviebinené, Elizabeth, *Slay in Your Lane: the black girl bible* (Fourth Estate, 2018).

Aitkenhead, Decca, 'The interview: Everyday Sexism founder Laura Bateson how teenage boys are being raised on a diet of misogyny', *Sunday Times*, 17 Feb. 2019.

Alexander, Anne, 'Why our democracy needs more black political journalists', *Each Other*, 25 Aug. 2020.

Alter, Charlotte, 'Cultural sexism in the world is very real when you've lived on both sides of the coin', *Time*, 2018, https://time.com/transgender-men-sexism/.

Amnesty International, *Troll Patrol Findings*, 2018, https://decoders.amnesty.org/projects/troll-patrol/findings.

Annenberg Inclusion Initiative, *Inequality across 1,300 Popular Films: examining gender and race/ethnicity of leads/co leads from 2007 to 2019*, research brief, 2020, http://assets.uscannenberg.org/docs/aii-inequalityleads-co-leads-20200103.pdf.

Anzia, Sarah F., and Berry, Christopher R., 'The Jackie (and Jill) Robinson effect: why do congresswomen outperform congressmen?', *American Journal of Political Science*, 55: 3 (2011), pp. 478–93.

Artz, Benjamin; Goodall, Amanda H.; and Oswald, Andrew J., 'Do women ask?', *Industrial Relations*, 57: 4 (2018), pp. 611–36.

Ashley, Louise; Duberley, Jo; Sommerlad, Hilary; and Scholarios, Dora, A *Qualitative Evaluation of Non-Educational Barriers to the Elite Professions* (Social Mobility and Child Poverty Commission, 2015).

Audette, Andre P.; Lam, Sean; O'Connor, Haley; and Radcliff, Benjamin, '(E)quality of life: a cross-national analysis of the effect of gender equality on life satisfaction', *Journal of Happiness Studies*, 20 (2019), pp.2173–88.

Badham, Van, 'A man lost his job for harassing a woman online? Good', *Guardian*, 2 Dec. 2015.

Baird, Julia, 'Women, own your "Dr" titles', *New York Times*, 28 June 2018.

Ballew, Matthew; Marlon, Jennifer; Leiserowitz, Anthony; and Maibach, Edward, *Gender Differences in Public Understanding of Climate Change* (Yale Program on Climate Change Communication, 20 Nov. 2018).

Bamman, David, 'Attention in "By the book"', 27 Aug. 2018, http://people.ischool.berkeley.edu/~dbamman/btb.html.

Barres, Ben A., 'Does gender matter?', *Nature*, 442: 7099 (2006), pp. 133–6.

Barthelemy, Ramon S.; McCormick, Melinda; and Henderson, Charles, 'Gender discrimination in physics and astronomy: graduate student experiences of sexism and gender microaggressions', *Physical Review Physics Education Research*, 12: 2 (2016), pp. 020119-1–14.

Bates, Laura, 'We must act to stop sexism that starts in the classroom', *Independent*, 24 Sept. 2015.

Bauer, Cara C., and Baltes, Boris B., 'Reducing the effect of stereotypes on performance evaluations', Sex Roles, 47: 9–10 (2002), pp. 465–76.

Bauer, Nichole M., 'The gendered qualifications gap', *Behavioral Public*

Policy blog, 30 July 2020, https://bppblog.com/2020/07/30/thegendered-qualifications-gap/.

Bauer, Nichole M., *The Gendered Qualifications Gap: why women must be better than men to win political office* (Cambridge University Press, 2020).

Bazelon, Emily, 'A seat at the head of the table', *New York Times*, 21 Feb.2020.

BBC, 'Churchill tops PM choice', *Newsnight*, 1 Oct. 2008, http://news.bbc.co.uk/1/hi/programmes/newsnight/7647383.stm.

BBC Media Centre, 'No more boys and girls: can our kids go gender free?', 16 Aug. 2017, https://www.bbc.co.uk/mediacentre/proginfo/2017/33/no-more-boys-and-girls.

BBC News, 'Black MP Dawn Butler "mistaken for cleaner" in Westminster', 29 Feb. 2016, https://www.bbc.co.uk/news/uk-england-london-35685169.

BBC Reality Check team, 'Queen bees: do women hinder the progress of other women?', 4 Jan. 2018, https://www.bbc.co.uk/news/uk-41165076.

Beaman, Lori; Duflo, Esther; Pande, Rohini; and Topalova, Petia, 'Female leadership raises aspirations and educational attainment for girls: a policy experiment in India', *Science*, 335: 6068 (2012), pp. 582-6.

Beard, Mary, *Women and Power: a manifesto* (Profile, 2017). 메리 비어드, 『여성, 전적으로 권력에 관한』, 오수원 옮김, 글항아리, 2018

Beattie, Geoffrey W., 'Turn-taking and interruption in political interviews: Margaret Thatcher and Jim Callaghan compared and contrasted', *Semiotica*, 39: 1-2 (1982), pp. 93-114.

Begeny, Christopher T.; Ryan, Michelle K.; Moss-Racusin, Corinne A.; and Ravetz, Gudrun, 'In some professions, women have become well represented, yet gender bias persists—perpetuated by those who think it is not happening', *Science Advances*, 6: 26 (24 June 2020), pp. 1-10.

Beinart, Peter, 'Fear of a female president', *The Atlantic*, Oct. 2016.

Belmi, Peter; Neale, Margaret A.; Reiff, David; and Ulfe, Rosemary, 'The social advantage of miscalibrated individuals: the relationship between social class and overconfidence and its implications for class-based inequality', *Journal of Personality and Social Psychology*, 118: 2 (2019), pp. 254 – 82.

Benenson, Joyce F.; Markovits, Henry; and Wrangham, Richard, 'Rank influences human sex differences in dyadic cooperation', *Current Biology*, 24: 5 (2014), pp. R190 – 1.

Bennedsen, Morten; Simintzi, Elena; Tsoutsoura, Margarita; and Wolfenzon, Daniel, *Do Firms Respond to Gender Pay Gap Transparency?*, working paper (National Bureau of Economic Research, 2019).

Bennett, Arnold, *Our Women: chapters on the sex-discord* (Cassell, 1920).

Berkers, P.; Verboord, M.; and Weij, F., '"These critics (still) don't write enough about women artists": gender inequality in the newspaper coverage of arts and culture in France, Germany, the Netherlands, and the United States, 1955 – 2005', *Gender and Society*, 30: 3 (2016), pp. 515 – 39.

Bernard, Philippe; Content, Joanne; Servais, Lara; Wollast, Robin; and Gervais, Sarah, 'An initial test of the cosmetics dehumanization hypothesis: heavy makeup diminishes attributions of humanness-related traits to women', *Sex Roles*, 83: 1 (2020), pp. 315 – 27.

Berne, Eric, *Games People Play: the psychology of human relationships* (Grove, 1964). 에릭 번, 『심리 게임: 교류 분석으로 읽는 인간 관계의 뒷면』, 조혜정 옮김, 교양인, 2009.

Bhatt, Wasudha, 'The little brown woman: gender discrimination in American medicine', *Gender and Society*, 27: 5 (2013), pp. 659 – 80.

Bialik, Carl, 'How unconscious sexism could help explain Trump's win', *Five Thirty-Eight*, 21 Jan. 2017.

Bian, Lin; Leslie, Sarah-Jane; and Cimpian, Andrei, 'Evidence of bias against girls and women in contexts that emphasize intellectual ability', *American Psychologist*, 73: 9 (2018), pp. 1139 – 53.

Bian, Lin; Leslie, Sarah-Jane; and Cimpian, Andrei, 'Gender stereotypes about intellectual ability emerge early and influence children's interests', *Science*,

355: 6323 (2017), pp. 389–91.

Bilton, Isabelle, 'Women are outnumbering men at a record high in universities worldwide', *Study International*, 7 March 2018.

Birger, Jon, 'Xerox turns a new page', CNN *Money Magazine*, 16 March 2004.

Bohnet, Iris; van Geen, Alexandra; and Bazerman, Max, 'When performance trumps gender bias: joint versus separate evaluation', *Management Science*, 62: 5 (2016), pp. 1225–34.

Bosson, Jennifer K., and Vandello, Joseph A., 'Precarious manhood and its links to action and aggression', *Current Directions in Psychological Science*, 20: 2 (2011), pp. 82–6.

Bowles, Hannah Riley; Babcock, Linda; and Lai, Lei, 'Social incentives for gender differences in the propensity to initiate negotiations: sometimes it does hurt to ask', *Organizational Behavior and Human Decision Processes*, 103: 1 (2007), pp. 84–103.

Boyne, John, '"Women are better writers than men": novelist John Boyne sets the record straight', *Guardian*, 12 Dec. 2017.

Brackett, Marc A.; Rivers, Susan E.; Shiffman, Sara; Lerner, Nicole; and Salovey, Peter, 'Relating emotional abilities to social functioning: a comparison of self-report and performance measures of emotional intelligence', *Journal of Personality and Social Psychology*, 91: 4 (2006), pp. 780–95.

Brazelton, T. Berry, *The Earliest Relationship: parents, infants, and the drama of early attachment* (Da Capo Lifelong, 1991).

Breda, Thomas, and Napp, Clotilde, 'Girls' comparative advantage in reading can largely explain the gender gap in math-related fields', *Proceedings of the National Academy of Sciences of the United States of America*, 116: 31 (2019), pp. 15435–40.

Brescoll, Victoria L., 'Who takes the floor and why: gender, power, and volubility in organizations', *Administrative Science Quarterly*, 56: 4 (2012), pp. 622–41.

Brescoll, Victoria L.; Dawson, Erica; and Uhlmann, Eric Luis, 'Hard won and easily lost: the fragile status of leaders in gender-stereotype incongruent occupations', *Psychological Science*, 21: 11 (2010), pp. 1640 – 2.

Breznican, Anthony, 'Little Women has a little man problem', *Vanity Fair*, 17 Dec. 2019.

Burgess, Adrienne, and Davies, Jeremy, *Cash or Carry? Fathers combining work and care in the UK* (Fatherhood Institute, Dec. 2017).

Burris, Ethan R., 'The risks and rewards of speaking up: managerial responses to employee voice', *Academy of Management Journal*, 55: 4 (2011), pp. 851 – 75.

Byrnes, James P.; Miller, David C.; and Schafer, William D., 'Gender differences in risk taking: a meta-analysis', *Psychological Bulletin* 125: 3 (1999), pp. 367 – 83.

Cabrera, M. A., 'Situational judgment tests: A review of practice and constructs assessed', *International Journal of Selection and Assessment*, 9: 1 – 2 (2001), pp. 103 – 13.

Cameron, Deborah, 'Imperfect pitch', in *Language: a feminist guide*, 7 June 2019, https://debuk.wordpress.com/2019/06/07/imperfect-pitch/.

Cameron, Deborah, *Language: a feminist guide*, n.d., https://debuk.wordpress.com/.

Cameron, Deborah, 'Tedious tropes: the sexist stereotyping of female politicians', in *Language: a feminist guide*, 18 Dec. 2019, https://debuk.wordpress.com/2019/12/18/tedious-tropes-the-sexist-stereotyping-offemale-politicians/.

Cameron, Deborah, 'Mind the respect gap', 26 Nov. 2017, https://debuk.wordpress.com/2017/11/26/mind-the-respect-gap/.

Cameron, Deborah, and Shaw, Sylvia, *Gender, Power and Political Speech* (Palgrave Macmillan, 2016).

Carli, Linda L., 'Gender differences in interaction style and influence', *Journal of*

Personality and Social Psychology, 56: 4 (1989), pp. 565-76.

Carli, Linda L., 'Gender, interpersonal power and social influence', Journal of Social Issues, 55: 1 (1999), pp. 81-99.

Carli, Linda L., 'Gender, language and influence', *Journal of Personality and Social Psychology*, 59: 5 (1990), pp. 941-51.

Carli, Linda L.; Lafleur, Suzanne J.; and Loeber, Christopher C., 'Nonverbal behavior, gender, and influence', *Journal of Personality and Social Psychology*, 68: 6 (1995), pp. 1030-41.

Carlson, Daniel L.; Hanson, Sarah; and Fitzroy, Andrea, *The Division of Childcare, Sexual Intimacy, and Relationship Quality in Couples, working paper* (Georgia State University, Sociology Faculty Publications, 2015).

Carmichael, Sarah Green, 'Women at work: make yourself heard', *HBR IdeaCast*, 30 Jan. 2018, https://hbr.org/podcast/2018/01/women-atwork-make-yourself-heard.html.

Carnevale, Anthony P.; Smith, Nicole; and Campbell, Kathryn Peltier, *May the best woman win?* (Georgetown University, 2019).

Carter, Alecia; Croft, Alyssa; Lukas, Dieter; and Sandstrom, Gillian, 'Women's visibility in academic seminars: women ask fewer questions than men', *PLoS One*, 13: 9 (2018), e0202743.

Carter, Jimmy, 'Losing my religion for equality', *The Age*, 15 July 2009.

Carter, Nancy M., and Silva, Christine, *Pipeline's Broken Promise* (Catalyst, 2010).

Casselman, Ben, and Tankersley, Jim, 'Women in economics report rampant sexual assault and bias', *New York Times*, 18 March 2019.

Castilla, Emilio J., 'Accounting for the gap: a firm study manipulating organizational accountability and transparency in pay decisions', *Organization Science*, 26: 2 (2015), pp. 311-33.

Catalyst, *Women and Men in US Corporate Leadership: same workplace, different realities?* (Catalyst, 2004).

Cecco, Leyland, 'Female Nobel Prize winner deemed not important enough for Wikipedia entry', *Guardian*, 3 Oct. 2018.

Chamorro-Premuzic, Tomas, 'Why do so many incompetent men become leaders?', *Harvard Business Review*, Aug. 2013.

Channel 4, 'Winning ad from Channel 4's £1 million Diversity in Advertising award airs tonight', 15 Feb. 2019, https://www.channel4.com/press/news/winning-ad-channel-4s-ps1-million-diversityadvertising-award-airs-tonight.

Charlesworth, T. E. S., and Banaji, M. R., 'Patterns of implicit and explicit attitudes II: long-term change and stability, regardless of group membership', unpublished manuscript (2020).

Charlesworth, T. E. S., and Banaji, M.R., 'Patterns of implicit and explicit stereotypes III: gender-science and gender-career stereotypes reveal long-term change', unpublished manuscript (2020).

Chaudhary, Mayuri, 'New survey reports black women continue to face major barriers to career advancement', *HR Technologist*, 23 Aug. 2019.

Cheng, Joey T.; Tracy, Jessica L.; Ho, Simon; and Henrich, Joseph, 'Listen, follow me: dynamic vocal signals of dominance predict emergent social rank in humans', *Journal of Experimental Psychology General*, 145: 5 (2016), pp. 536 – 47.

Cheryan, S.; Plaut, V. C.; Davies, P. G.; and Steele, C. M., 'Ambient belonging: how stereotypical cues impact gender participation in computer science', *Journal of Personality and Social Psychology*, 97: 6(2009), pp. 1045 – 60.

Cihangir, Sezgin; Barreto, Manuela; and Ellemers, Naomi, 'Men as allies against sexism: the positive effects of a suggestion of sexism by male (vs. female) sources', *SAGE Open*, April – June 2014, https://journals.sagepub.com/doi/pdf/10.1177/2158244014539168.

Cislak, Aleksandra; Formanowicz, Magdalena; and Saguy, Tamar, 'Bias against research on gender bias', *Scientometrics*, 115 (2018), pp. 189 – 200.

Clift, E., and Brazaitis, T., *Madam President: shattering the last glass ceiling*

(Scribner, 2000). 엘레노어 클리프트, 톰 브라지티스, 『마담 프레지던트』, 이길태 옮김, 흥부네박, 2001

Clinton, Hillary Rodham, *What Happened* (Simon & Schuster, 2016).

Cohan, Peter, 'When it comes to tech start-ups, do women win?', *Forbes*, 25 Feb. 2013.

Cohn, Nate, 'One year from election, Trump trails Biden but leads Warren in battlegrounds', *New York Times*, 4 Nov. 2019.

Colom, Roberto; Juan-Espinosa, Manuel; Abad, Francisco; and García, Luis F., 'Negligible sex differences in general intelligence', *Intelligence*, 28: 1 (2000), pp. 57 – 68.

Colyard, K. W., 'A breakdown of "By the book" columns shows that male authors are four times more likely to recommend books by men than by women', *Bustle*, 27 Aug. 2018, https://www.bustle.com/p/a-breakdownof-by-the-book-columns-shows-that-male-authors-are-four-times-more-likely-to-recommend-books-by-men-than-by-women10244493?campaign_id=10&instance_id=10791&segment_id=15163&user_id=7510d1034d465a7dab3a390f bd8dc692&regi.

Cook, Nathan J.; Grillos, Tara; and Andersson, Krister P., 'Gender quotas increase the equality and effectiveness of climate policy interventions', *Nature Climate Change*, 9: 4 (2019), pp. 330 – 4.

Cooke, Rachel, 'Beth Rigby: "I'm going to have to get off telly soon, because I'll be too old"', *Guardian*, 31 May 2020.

Correll, S., and Simard, C., 'Vague feedback is holding women back', Harvard *Business Review*, April 2016.

Costa, Paul T.; Terracciano, Antonio; and McCrae, Robert R., 'Gender differences in personality traits across cultures: robust and surprising findings', *Journal of Personality and Social Psychology*, 81: 2 (2001), pp. 322 – 31.

Cowen, Tyler, 'Rebecca Kukla on moving through and responding to the world', 2 Jan. 2019, https://medium.com/conversations-with-tyler/tyler-cowen-rebecca-kukla-feminism-philosophy-efaac99ac2af.

Cowper-Coles, Minna, *Women Political Leaders: the impact of gender on democracy* (Global Institute for Women's Leadership, 2020).

Cox, Daniel, and Jones, Robert P., 'Hillary Clinton opens up a commanding 11-point lead over Donald Trump', 11 Oct. 2016, https://www.prri.org/research/prri-atlantic-oct-11-poll-politics-election-clintonleads-trump/.

Crespo-Sancho, Catalina, *Can Gender Equality Prevent Violent Conflict?* (World Bank, 28 March 2018).

Criado Perez, Caroline, 'She called the police. They said that there wasnothing they could do', *Mamamia*, 13 Nov. 2013, https://www.mamamia.com.au/caroline-criado-perez-cyber-harassment-speech/.

Crockett, Emily, and Frostenson, Sarah, 'Trump interrupted Clinton 51 times at the debate. She interrupted him just 17 times', Vox, 27 Sept. 2016, https://www.vox.com/policy-and-politics/2016/9/27/13017666/presidential-debate-trump-clinton-sexism-interruptions.

Croft, Alyssa; Schmader, Toni; Block, Katharina; and Baron, Andrew Scott, 'The second shift reflected in the second generation: do parents' gender roles at home predict children's aspirations?', *Psychological Science*, 25: 7 (2014), pp. 1418–28.

Cross, Emily J., and Overall, Nickola C., 'Women experience more serious relationship problems when male partners endorse hostile sexism', *European Journal of Social Psychology*, 49: 5 (2019), pp. 1022–41.

Crystal, David, and Crystal, Hilary, Words on Words: *quotations about language and languages* (Penguin, 2001).

Cullen, Zoe, and Perez-Truglia, Ricardo, The Old Boys' Club: schmoozing and the gender gap, working paper 26530 (National Bureau of Economic Research, 2019).

Cutler, Anne, and Scott, Donia R., 'Speaker sex and perceived apportionment of talk', *Applied Psycholinguistics*, 11: 3 (1990), pp. 253 – 72.

Damour, Lisa, 'Why girls beat boys at school and lose to them at the office', *New York Times*, 7 Feb. 2019.

Dariel, A.; Kephart, C.; Nikiforakis, N.; and Zenker, C., 'Emirati women do not shy away from competition: evidence from a patriarchal society in transition', *Economic Science Association*, 3: 2 (2017), pp. 121 – 36.

Darrah, Kim, *A Week in British News: how diverse are the UK's newsrooms?* (Women in Journalism, 2020).

Dean, Steven, 'Understanding gender, disability and the protection gap', *FT Adviser*, 22 July 2019, https://www.ftadviser.com/protection/2019/07/22/understanding-gender-disability-and-the-protection-gap/.

Deedes, W. F., 'Blair's Babes are still on the warpath', *Daily Telegraph*, 14 Aug. 2000.

de Looze, M. E.; Huijts, T.; Stevens, G. W. J. M.; Torsheim, T.; and Vollebergh, W. A. M., 'The happiest kids on Earth: gender equality and adolescent life satisfaction in Europe and North America', *Journal of Youth and Adolescence*, 47 (2018), pp. 1073 – 85.

del Río, M. F., and Strasser, K., 'Preschool children's beliefs about gender differences in academic skills', *Sex Roles*, 68: 3 – 4 (2013), pp. 231 – 8.

Derks, Belle; Ellemers, Naomi; van Laar, Colette; and de Groot, Kim, 'Do sexist organizational cultures create the queen bee?', *British Journal of Social Psychology*, 50: 3 (2011), pp. 519 – 35.

Derks, Belle; van Laar, Colette; Ellemers, Naomi; and de Groot, Kim, 'Gender-bias primes elicit queen bee responses among senior policewomen', *Psychological Science*, 22: 10 (2011), pp. 1243 – 9.

Dex, S., and Ward, K., *Parental Care and Employment in Early Childhood* (Equal Opportunities Commission, 2007).

Dezső, Cristian L.; Ross, David Gaddis; and Uribe, Jose, 'Is there an implicit quota on women in top management? A large-sample statistical analysis',

Strategic Management Journal, 37: 1 (2016), pp. 98 – 115.

Dixon-Fyle, Sundiatu; Dolan, Kevin; Hunt, Vivian; and Prince, Sara, *Diversity Wins: how inclusion matters* (McKinsey, 19 May 2020), https://www.mckinsey.com/featured-insights/diversity-and-inclusion/diversitywins-how-inclusion-matters.

Dobbin, F., and Kalev, A., 'Why diversity programs fail', *Harvard Business Review*, July – Aug. 2016, pp. 52 – 60.

Doran, George H., and Berdahl, J. L., 'The sexual harassment of uppity women', *Journal of Applied Psychology*, 92: 2 (2007), pp. 425 – 37.

Dunne, G. A., *Lesbian Lifestyles: women's work and the politics of sexuality* (Macmillan, 1997).

Durante, F.; Tablante, C. Bearns; and Fiske, S. T., 'Poor but warm, rich but cold (and competent): social classes in the stereotype content model', *Journal of Social Issues*, 73: 1 (2017), pp. 138 – 57.

Eagly, Alice H., and Carli, Linda L., 'The female leadership advantage: an evaluation of the evidence', *Leadership Quarterly* 14: 6 (2003), pp. 807 – 34.

Eagly, Alice, and Carli, Linda L., 'Women and the labyrinth of leadership', *Harvard Business Review*, Sept. 2007.

Eagly, Alice H.; Nater, Christa; Miller, David I.; Kaufmann, Mich☒le; andSczesny, Sabine, 'Gender stereotypes have changed: a cross-temporalmeta-analysis of US public opinion polls from 1946 to 2018', *American Psychologist*, 18 July 2019.

Eakins, B., and Eakins, G., 'Verbal turn-taking and exchanges in faculty dialogue', in Betty L. Dubois and Isabel Crouch, eds, *Proceedings of the Conference on the Sociology of the Languages of American Women* (Trinity University, 1976).

Eaton, Asia A.; Saunders, Jessica F.; Jacobson, Ryan K.; and West, Keon, 'How gender and race stereotypes impact the advancement of scholars in STEM: professors' biased evaluations of physics and biology postdoctoral candidates', *Sex Roles*, 82: 3-4 (2020), pp. 127-41.

Economist/YouGov, The Economist/YouGov Poll, October 14-16 2018, https://d25d2506sfb94s.cloudfront.net/cumulus_uploads/document/7dh1943i0z/econTabReport.pdf.

Eilperin, Juliet, 'White House women want to be in the room where it happens', *Washington Post*, 13 Sept. 2016.

Elborough, Travis, 'Two letters of one's own', *Boundless*, n.d., https://unbound.com/boundless/2019/03/28/virginia-woolf/.

Elizabeth, 'Sex and reading: a look at who's reading whom', *goodreads*, 19 Nov. 2014, https://www.goodreads.com/blog/show/475-sex-andreading-a-look-at-who-s-reading-whom.

Ellemers, Naomi; Van den Heuvel, Henriette; de Gilder, Dick; Maass, Anne; and Bonvini, Alessandra, 'The underrepresentation of women in science: differential commitment or the queen bee syndrome?', *British Journal of Social Psychology*, 43: 3 (2004), pp. 315-38.

Elliott, Francis, 'Brexit abuse forces MPs to move house', *The Times*, 16 Feb. 2019.

Elliott, James R., and Smith, Ryan A., 'Race, gender and workplace power', *American Sociological Review*, 69: 3 (2004), pp. 365-86.

Ely, Robin J.; Stone, Pamela; and Ammerman, Colleen, 'Rethink what you"know" about high-achieving women', *Harvard Business Review*, Dec. 2014.Enright, Anne, 'Diary', London Review of Books, 21 Sept. 2017.

Eriksson, Mårten; Marschik, Peter B.; Tulviste, Tiia; Almgren, Margareta; Pereira, Miguel Pérez; Wehberg, Sonja; Marjanovič-Umek, Ljubica; Gayraud, Frederique; Kovacevic, Melita; and Gallego, Carlos, 'Differences between girls and boys in emerging language skills: evidence from 10 language communities', *British Journal of Developmental Psychology*, 30: 2 (2012), pp. 326-43.

Esposito, Anita, 'Sex differences in children's conversation', *Language and*

Speech, 22: 3 (1979), pp. 213–20.

Esquire, 'The 80 best books every man should read', 1 Apr. 2015.

Evans, Patrick, '"It's Dr, not Ms," insists historian', BBC News, 15 June 2018, https://www.bbc.co.uk/news/uk-44496876.

Fallon, Amy, 'VS Naipaul finds no woman writer his literary match – not even Jane Austen', *Guardian*, 2 June 2011.

Files, Julia A.; Mayer, Anita P.; Ko, Marcia G.; Friedrich, Patricia; Jenkins, Marjorie; Bryan, Michael J.; Vegunta, Suneela; Wittich, Christopher M.; Lyle, Melissa A.; Melikian, Ryan; Duston, Trevor; Chang, Yu-Hui H.; and Hayes, Sharonne N., 'Speaker introductions at internal medicine grand rounds: forms of address reveal gender bias', *Journal of Women's Health*, 26: 5 (2017), pp. 413–19.

Flood, Alison, 'Readers prefer authors of their own sex, survey finds', *Guardian*, 25 Nov. 2014.

Foran, Clare, 'The curse of Hillary Clinton's ambition', *The Atlantic*, 17 Sept. 2016.

Friskopp, A., and Silverstein, S., *Straight Jobs, Gay Lives* (Touchstone, 1995).

Frith, Bek, 'Women progress when childcare duties are shared more equally', *HR Magazine*, 5 Dec. 2016, https://www.hrmagazine.co.uk/hrmost-influential/profile/women-progress-when-childcare-duties-areshared-more-equally.

Fulton, Sarah A., 'When gender matters: macro-dynamics and micromechanisms', *Political Behaviour*, 36: 3 (2014), pp. 605–30.

Furnham, Adrian; Reeves, Emma; and Budhani, Salima, 'Parents think their sons are brighter than their daughters: sex differences in parental self-estimations and estimations of their children's multiple intelligences', *Journal of Genetic Psychology*, 163: 1 (2002), pp. 24–39.

Gallup, 'State of the American manager: analytics and advice for leaders', 2014, https://www.gallup.com/services/182216/state-americanmanager-report.aspx.

Ganley, Colleen M.; George, Casey E.; Cimpian, Joseph R.; and Makowski,Martha B., 'Gender equity in college majors: looking beyond the STEM/non-STEM dichotomy for answers regarding female participation', *American Educational Research Journal*, 55: 3 (2018), pp.453 – 87.

Gardiner, Becky; Mansfield, Mahana; Anderson, Ian; Holder, Josh; Louter, Daan; and Ulmanu, Monica, 'The dark side of Guardian comments', *Guardian*, 12 April 2016.

Garikipati, Supriya, and Kambhampati, Uma, 'Women leaders are better at fighting the pandemic', *VoxEU/CEPR*, 21 June 2020, https://voxeu.org/article/women-leaders-are-better-fighting-pandemic.

Gaubatz, John A., and Centra, Noreen B., 'Is there gender bias in student evaluations of teaching?', *Journal of Higher Education*, 70: 1 (2000), pp. 17 – 33.

Gedro, Julie, 'Lesbian presentations and representations of leadership, and the implications for HRD', *Journal of European Industrial Training*, 34: 6 (2010), pp. 552 – 64.

Gerhart, B., and Rynes, S., 'Determinants and consequences of salary negotiations by male and female MBA graduates', *Journal of Applied Psychology*, 76: 2 (1991), pp. 256 – 62.

Ghavami, Negin, and Peplau, Letitia Anne, 'An intersectional analysis of gender and ethnic stereotypes: testing three hypotheses', *Psychology of Women Quarterly*, 37: 1 (2012), pp. 113 – 27.

Gillard, Julia, and Okonjo-Iweala, Ngozi, *Women and Leadership: real lives*, real lessons (Bantam, 2020).

Glass, Ira, 'If you don't have anything nice to say, say it in all caps', *This American Life*, 23 Jan. 2015.

Global Institute for Women's Leadership, 'Women have been marginalised in Covid-19 media coverage', King's College London News Centre, 30 Oct. 2020, https://www.kcl.ac.uk/news/women-have-beenmarginalised-incovid-19-media-coverage.

Global Media Monitoring Project, *Who Makes the News?*, 2015 report, https://whomakesthenews.org/gmmp-2015-reports/.

Gneezy, Uri; Leonard, Kenneth L.; and List, John A., 'Gender differences in competition: evidence from a matrilineal and a patriarchal society', *Econometrica*, 77: 5 (2009), pp. 1637–64.

Gompers, Paul, and Kovvali, Silpa, 'The other diversity dividend', *Harvard Business Review*, July–Aug. 2018.

Good, Jessica; Woodzicka, Julie; and Wingfield, Lylan, 'The effects of gender stereotypic and counter-stereotypic textbook images on science performance', *Journal of Social Psychology*, 150: 2 (2010), pp. 132–47.

Griffeth, Rodger W.; Hom, Peter W.; and Gaertner, Stefan, 'A meta analysis of antecedents and correlates of employee turnover: update, moderator tests, and research implications for the next millennium', *Journal of Management*, 26: 3 (2000), pp. 463–88.

Griffith, Nicola, 'Books about women don't win big awards: some data', 26 May 2015, https://nicolagriffith.com/2015/05/26/books-aboutwomen-tend-not-to-win-awards/.

Groff, Lauren, 'Lauren Groff: By the book', *New York Times*, 24 May 2018.

Grunspan, Daniel Z.; Eddy, Sarah L.; Brownell, Sara E.; Wiggins, Benjamin L.; Crowe, Alison J.; and Goodreau, Steven M., 'Males underestimate academic performance of their female peers in undergraduate biology classrooms', *PLoS One*, 10 Feb. 2016, https://journals.plos.org/plosone/article?id=10.1371/journal.pone.0148405.

Guinness, Molly, 'Is this the world's sexiest woman (and the most powerful)?', *Guardian*, 17 July 2011.

Gutiérrez y Muhs, Gabriella; Flores Neimann, Yolanda; González, Carmen G.; and Harris, Angela P., *Presumed Incompetent: the intersections of race and class for women in academia* (Utah State University Press, 2012).

Hadjivassiliou, Kari, and Manzoni, Chiara, 'Discrimination and access to employment for female workers with disabilities', 1 June 2017, https://www.researchgate.net/publication/319999703_Discrimination_and_Access_to_Employment_for_Female_Workers_with_Disabilities_DIRECTORATE_GENERAL_FOR_INTERNAL_POLICY_DEPARTMENT_A_ECONOMIC_AND_SCIENTIFIC_POLICY_Study_on_Discrimination_and_Access_to_E.

Handley, Ian M.; Brown, Elizabeth R.; Moss-Racusin, Corinne; and Smith, Jessi L., 'Quality of evidence revealing subtle gender biases in science is in the eye of the beholder', *Proceedings of the National Academy of Sciences of the United States of America*, 112: 43 (2015), pp. 13201 – 6.

Hannon, John M., and Milkovich, George T., 'The effect of human resource reputation signals on share prices: an event study', *Human Resource Management*, 35: 3 (1996), pp. 405 – 24.

Harlow, Roxanna, 'Race doesn't matter, but⋯ : the effect of race on professors' experiences and emotion management in the undergraduate college classroom', *Social Psychology Quarterly*, 66: 4 (2003), pp. 348 – 63.

Harvey, Melinda, and Lamond, Julieanne, 'Taking the measure of gender disparity in Australian book reviewing as a field, 1985 and 2013', *Australian Humanities Review*, 60 (2016), pp. 84 – 107.

Haslanger, Sally, 'Changing the ideology and culture of philosophy: not by reason (alone)', *Hypatia*, 23: 2 (2008), pp. 210 – 23.

Hazell, Will, 'A-level results: girls tip gender balance in science', *Times Educational Supplement*, 15 Aug. 2019.

Heil, Bill, and Piskorski, Mikolaj, 'New Twitter research: men follow men and nobody tweets', *Harvard Business Review*, June 2009.

Heilman, Madeline E., and Chen, Julie J., 'Same behavior, different consequences: reactions to men's and women's altruistic citizenship behavior', *Journal of Applied Psychology*, 90: 3 (2005), pp. 431 – 41.

Hekman, David R.; Johnson, Stefanie K.; Foo, Maw-Der; and Yang, Wei, 'Does diversity-valuing behavior result in diminished performance ratings for non-white and female leaders?', *Academy of Management Journal*, 60: 2 (2016), pp. 771 – 97.

Hengel, Erin, 'Evidence from peer review that women are held to higher standards', *Vox EU/CEPR*, 22 Dec. 2017, https://voxeu.org/article/evidence-peer-review-women-are-held-higher-standards.

Hensel, Jana, 'Gender parity in all areas just seems logical', *Die Zeit*, 28 Jan. 2019.

Herbert, Jennifer, and Stipek, Deborah, 'The emergence of gender difference in children's perceptions of their academic competence', *Journal of Applied Developmental Psychology*, 26: 3 (2005), pp. 276 – 95.

Hess, Amanda, 'Why women aren't welcome on the internet', *Pacific Standard*, 14 June 2017, https://psmag.com/social-justice/women-arentwelcome-internet-72170.

Hewlett, Sylvia Ann, and Green, Tai, *Black Women Ready to Lead* (Centre for Talent Innovation, 2015).

Hockley, Tony, 'Solution aversion', Behavioral Public Policy blog, 27 March 2018, https://bppblog.com/2018/03/27/solution-aversion/.

Hodson, Phillip, *Men: An investigation into the emotional male* (Ariel, 1984).

Holmes, Janet, 'Women's talk in public contexts', *Discourse & Society*, 3: 2(1992), pp. 131 – 50.

Holter, Øystein Gullvåg, '"What's in it for men?" Old question, new data', *Men and Masculinities*, 17: 5 (2014), pp. 515 – 48.

Horowitz, Jason, 'Girding for a fight, McConnell enlists his wife', *New York Times*, 13 May 2014.

Horvath, Michael, and Ryan, Ann Marie, 'Antecedents and potential moderators of the relationship between attitudes and hiring discrimination on the basis of sexual orientation', *Sex Roles*, 48: 3 – 4, pp. 115 – 29.

Hosie, Rachel, 'Transgender people reveal how they're treated differently as a man or woman', *Independent*, 13 April 2017.

Howlett, Neil; Pine, Karen J.; Cahill, Natassia; Orakçıoğlu, İsmail; and Fletcher, Ben C., 'Unbuttoned: the interaction between provocativeness of female work attire and occupational status', *Sex Roles*, 72: 3–4 (2015), pp. 105–16.

Huang, Jess; Krivkovich, Alexis; Starikova, Irina; Yee, Lareina; and Zanoschi, Delia, 'Women in the workplace 2019' (McKinsey, Oct. 2019), https://www.mckinsey.com/~/media/McKinsey/Featured%20Insights/Gender%20Equality/Women%20in%20the%20Workplace%202019/Women-in-the-workplace-2019.ashx.

Hughes, Sarah, '*The Golden Rule* by Amanda Craig, review: a perfect murder "mythtery"', i, 3 July 2020.

Hyde, Janet S., and Mertz, Janet E., 'Gender, culture and mathematics performance', *Proceedings of the National Academy of Sciences of the United States of America*, 106: 22 (2009), pp. 8801–7.

Institute of Physics, *It's Different for Girls: the influence of schools* (Institute of Physics, 2012).

Ipsos, Global Institute for Women's Leadership and King's College London, 'International Women's Day 2019: global attitudes towards gender equality', 2019, https://www.kcl.ac.uk/giwl/assets/iwd-giwlparenting.pdf.

Jacobi, Tonja, and Schweers, Dylan, 'Justice, interrupted: the effect of gender, ideology and seniority at Supreme Court oral arguments', *Virginia Law Review*, 103 (2017), pp. 1379–1485.

Jane, Emma A., *Misogyny Online: a short (and brutish) history* (Sage Swifts, 2016).

Jerrim, John, and Shure, Nikki, 'Young men score highest on "bullshit calculator"', University College London, 1 April 2019, https://www.ucl.ac.uk/ioe/news/2019/apr/young-men-score-highest-bullshitcalculator.

Johansson, Elly-Ann, *The Effect of Own and Spousal Parental Leave on Earnings, working paper* 2010: 4 (Institute for Labour Market Policy Evaluation,

2010).

Johnson, Stefanie K.; Hekman, David R.; and Chan, Elsa T., 'If there's only one woman in your candidate pool, there's statistically no chance she'll be hired', *Harvard Business Review*, April 2016.

Johnson, Stefanie K., and Kirk, Jessica F., 'Dual-anonymization yields promising results for reducing gender bias: a naturalistic field experiment of applications for Hubble Space Telescope time', *Publications of the Astronomical Society of the Pacific*, 132:034503, March 2020, https://iopscience.iop.org/article/10.1088/1538-3873/ab6ce0/pdf.

Johnson, Wendy; Carothers, Andrew; and Deary, Ian J., 'Sex differences invariability in general intelligence: a new look at the old question', *Perspectives on Psychological Science*, 3: 6 (2008), pp. 518–31.3

Jones, Kristen P.; Peddie, Chad I.; Gilrane, Veronica L.; King, Eden B.; and Gray, Alexis L., 'Not so subtle: a meta-analytic investigation of the correlates of subtle and overt discrimination', *Journal of Management*, 42:6 (2013), pp. 1–26.

Joshi, Aparna; Son, Jooyeon; and Roh, Hyuntak, 'When can women close the gap? A meta-analytic test of sex differences in performance and rewards', *Academy of Management Journal*, 58: 5 (2014), pp. 1516–45.

Jost, John T.; Rudman, Laurie A.; Blair, Irene V.; Carney, Dana R.; Dasgupta, Nilanjana; Glaser, Jack; and Hardin, Curtis D., 'The existence of implicit bias is beyond reasonable doubt: a refutation of ideological and methodological objections and executive summary of ten studies that no manager should ignore', *Research in Organizational Behavior*, 29 (2009), pp. 39–69.

Julé, A., Gender, *Participation and Silence in the Language Classroom: sh-shushing the girls* (Palgrave Macmillan, 2004).

JWT, *The State of Men* (J. Walter Thompson Intelligence, 2013).

Karpf, Anne, *The Human Voice: the story of a remarkable talent* (Bloomsbury, 2011).

Karpowitz, Christopher F., and Mendelberg, Tali, *The Silent Sex: gender, deliberation and institutions* (Princeton University Press, 2014).

Kay, Katty, and Shipman, Claire, *The Confidence Code* (HarperCollins, 2015). 케티 케이, 클레어 시프만, 『세계 최고의 여성들은 왜 자신감에 집중할까』, 엄성수 옮김, 위너스북, 2021

Kerevel, Yann P., and Atkeson, Lonna Rae, 'Reducing stereotypes of female leaders in Mexico', *Political Research Quarterly*, 68: 4 (2015), pp. 732–44.

Killeen, Lauren A.; López-Zafra, Esther; and Eagly, Alice H., 'Envisioning oneself as a leader: comparisons of women and men in Spain and the United States', *Psychology of Women Quarterly*, 30: 3 (2006), pp. 312–22.

Kilmartin, Christopher; Smith, Tempe; Green, Alison; Heinzen, Harriotte; Kuchler, Michael; and Kolar, David, 'A real time social norms intervention to reduce male sexism', *Sex Roles*, 59: 3 (2008), pp. 264–73.

Kimmel, Michael, *Angry White Men: American masculinity at the end of an era* (National, 2013).

Klofstad, Casey A.; Anderson, Rindy C.; and Peters, Susan, 'Sounds like a winner: voice pitch influences perception of leadership capacity in both men and women', *Proceedings of the Royal Society B*, 14 March 2012, https://doi.org/10.1098/rspb.2012.0311.

Knobloch-Westerwick, S.; Glynn, C. J.; and Huge, M., 'The Matilda effect in science communication: an experiment on gender bias in publication quality perceptions and collaboration interest', *Science Communication*, 35: 5 (2013), pp. 603–25.

Knox, Richard, 'Study: men talk just as much as women', NPR, 5 July 2007, https://www.npr.org/templates/story/story.php?storyId=11762186&t=159222113880.

Kogan, Deborah Copaken, 'My so-called "post-feminist" life in arts and letters', *The Nation*, 29 April 2013.

Koolen, C. W., *Reading Beyond the Female* (University of Amsterdam, 2018).

Kramer, Andrea S., and Harris, Alton B., 'The persistent myth of female office rivalries', *Harvard Business Review*, Dec. 2019.

Kreager, Alexis, and Follows, Stephen, *Gender Inequality and Screenwriters* (Writers' Union, 2018).

Kristof, Nicholas, 'What the pandemic reveals about the male ego', *New York Times*, 13 June 2020.

Lagarde, Christine, and Ostry, Jonathan D., 'The macroeconomic benefits of gender diversity', *VoxEU/CEPR*, 5 Dec. 2018, https://voxeu.org/article/macroeconomic-benefits-gender-diversity.

Larivière, Vincent; Ni, Chaoqun; Gingras, Yves; Cronin, Blaise; and Sugimoto, Cassidy R., 'Bibliometrics: global gender disparities in science', *Nature*, 504: 7479 (2013), pp. 211 – 13.

Latu, Ioana M.; Schmid Mast, Marianne; Lammers, Joris; and Bombari, Dario, 'Successful female leaders empower women's behavior in leadership tasks', *Journal of Experimental Social Psychology*, 49: 3 (2013), pp. 444 – 8.

Lauzen, Martha M., The Celluloid Ceiling: behind-the-scenes employment of women on the top US films of 2020, Center for the Study of Women in Television and Film, 2021, https://womenintvfilm.sdsu.edu/wpcontent/uploads/2021/01/2020_Celluloid_Ceiling_Report.pdf.

Lauzen, Martha M., 'It's a man's (celluloid) world: portrayals of female characters in the top grossing films of 2019', Center for the Study of Women in Television and Film, 2020, https://womenintvfilm.sdsu.edu/wp-content/uploads/2020/01/2019_Its_a_Mans_Celluloid_World_Report_REV.pdf.

Lauzen, Martha M., 'Thumbs down 2018: film critics and gender, and why it matters', Center for the Study of Women in Television and Film, 2018, https://womenintvfilm.sdsu.edu/wp-content/uploads/2018/07/2018_Thumbs_Down_Report.pdf.

Lavy, Victor, and Sand, Edith, *On the Origins of Gender Human Capital Gaps: short and long term consequences of teachers'* stereotypical biases, working paper (National Bureau of Economic Research, 2015).

Layser, Nikki; Holcomb, Jessie; and Litmann, Justin, 'Twitter makes it worse: political journalists, gendered echo chambers, and the amplification of gender bias', *International Journal of Press/Politics*, 23: 2 (2018), pp. 1-21.

Lean In, *How Outdated Notions about Gender and Leadership are Shaping the 2020 Presidential Race* (Lean In, 2020).

Lean In and McKinsey, *Women in the Workplace 2019* (Lean In and McKinsey, 2019).

Lean In and McKinsey, *Women in the Workplace 2020* (Lean In and McKinsey, 2020).

Leibbrandt, Andreas, and List, John A., 'Do women avoid salary negotiations? Evidence from a large-scale natural field experiment', *Management Science*, 61: 9 (2015), pp. 2016-24.

Levashina, Julie; Hartwell, Christopher J.; Morgeson, Frederick P.; and Campion, Michael A., 'The structured employment interview: narrative and quantitative review of the research literature', *Personnel Psychology*, 67: 1 (2014), pp. 241-93.

Levin, Sam, 'Delta accused of "blatant discrimination" by black doctor after incident on flight', *Guardian*, 13 Oct. 2016.

Levon, Erez, 'Gender, interaction and into national variation: the discourse functions of high rising terminals in London', *Journal of Sociolinguistics*, 20: 2 (2016), pp. 133-63.

LinkedIn, *Language Matters: how words impact men and women in the workplace*, 2019, https://www.kcl.ac.uk/giwl/assets/linkedin-languagematters-report-final.pdf.

Lipman, Joanne, *Win Win: when business works for women, it works for everyone* (John Murray, 2018).

Livingston, Robert W.; Rosette, Ashleigh Shelby; and Washington, Ella F., 'Can an agentic black woman get ahead? The impact of race and interpersonal dominance on perceptions of female leaders', *Psychological Science*, 23: 4 (2012), pp. 354 – 58.

Livni, Ephrat, 'Your workplace rewards men more and AI can prove it', *Quartz at Work*, 7 Dec. 2017, https://qz.com/work/1149027/yourworkplace-rewards-men-more-and-an-ai-can-prove-it/.

Lopez, German, 'Study: racism and sexism predict support for Trump much more than economic dissatisfaction', Vox, 4 Jan. 2017, https://www.vox.com/identities/2017/1/4/14160956/trump-racism-sexismeconomy-study.

Loughland, Amelia, 'Female judges, interrupted: a study of interruption behaviour during oral argument in the High Court of Australia', *Melbourne University Law Review*, 43: 2, 2020, pp. 822 – 51.

Loveday, Leo, 'Pitch, politeness and sexual role: an exploratory investigation into the pitch correlates of English and Japanese politeness formulae', *Language and Speech*, 24: 1 (1981), pp. 71 – 89.

Lyness, Karen S., and Judiesch, Michael K., 'Are female managers quitters? The relationships of gender, promotions, and family leaves of absence to voluntary turnover', *Journal of Applied Psychology*, 86: 6 (2001), pp. 1167 – 78.

McBee, Thomas Page, *Amateur: a true story about what makes a man* (Scribner, 2018).

McBee, Thomas Page, 'Until I was a man, I had no idea how good men had it at work', *Quartz*, 13 May 2016, https://qz.com/680275/until-i-was-a-man-i-had-no-idea-how-good-men-had-it-at-work/.

McClean, Elizabeth J.; Martin, Sean R.; Emich, Kyle J.; and Woodruff, Todd, 'The social consequences of voice: an examination of voice type and gender on status and subsequent leader emergence', *Academy of Management Journal*, 61: 5 (2018), pp. 1869 – 91.

McDaniel, Michael A., and Nguyen, Nhung T., 'Situational judgment tests: a review of practice and constructs assessed', *International Journal of Selection and Assessment*, 9: 1 – 2 (2001), pp. 103 – 13.

McDonagh, Margaret, and Fitzsimons, Lorna, *WOMENCOUNT2020: role, value, and number of female executives in the FTSE 350* (The Pipeline, 2020), https://www.execpipeline.com/wp-content/uploads/2020/07/The-Pipeline-Women-Count-2020-1.pdf.

MacNell, Lillian; Driscoll, Adam; and Hunt, Andrea N., 'What's in a name: exposing gender bias in student ratings of teaching', *Innovative Higher Education*, 40: 4 (2015), pp. 291–303.

Maddocks, Fiona, 'Marin Alsop, conductor of Last Night of the Proms, on sexism in classical music', *Guardian*, 6 Sept. 2013.

Mailer, Norman, *Advertisements for Myself* (Harvard University Press, 1959).

Maliniak, Daniel; Powers, Ryan; and Walter, Barbara F., 'The gender citation gap in International Relations', *International Organization*, 67: 4 (2012), pp. 889–922.

Manne, Kate, *Down Girl: the logic of misogyny* (Oxford University Press, 2017).

Masoud, Tarek; Jamal, Amaney; and Nugent, Elizabeth, 'Using the Qu'ránto empower Arab women? Theory and experimental evidence from Egypt', *Comparative Political Studies*, 49: 12 (2016), pp. 1555–98.

Matschiner, Melannie, and Murnen, Sarah K., 'Hyperfemininity and influence', *Psychology of Women Quarterly*, 23: 3 (1999), pp. 631–42.

Maume, David J.; Hewitt, Belinda; and Ruppanner, Leah, 'Gender equality and restless sleep among partnered Europeans', *Journal of Marriage and Family*, 80: 4 (2018), pp. 1040–58.

Mavin, Sharon, 'Queen bees, wannabees and afraid to bees: no more "best enemies" for women in management?', *British Journal of Management*, 19: S1 (2008), pp. S75–84.

Mavisakalyan, Astghik, and Tarverdi, Yashar, 'Gender and climate change: do female parliamentarians make difference?', *European Journal of Political Economy*, 56: (2019), pp. 151–64.

Mazei, Jens; Hüffmeier, Joachim; Freund, Philipp Alexander; Stuhlmacher, Alice

F.; Bilke, Lena; and Hertel, Guido, 'A meta-analysis on gender differences in negotiation outcomes and their moderators', *Psychological Bulletin*, 141: 1 (2015), pp. 85–104.

Meeussen, Loes; van Laar, Colette; and Verbruggen, Marijke, 'Looking for a family man? Norms for men are toppling in heterosexual relationships', *Sex Roles*, 80: 7 (2018), pp. 429–42.

Mehl, Matthias R.; Vazire, Simine; Ramírez-Esparza, Nairán; Slatcher,Richard B.; and Pennebaker, James W., 'Are women really more talkative than men?', *Science*, 317: 5834, 6 July 2007, p. 82.

Merrit, Deborah Jones, 'Bias, the brain, and student evaluations of teaching', *St John's Law Review*, 82: 1 (2008), pp. 251–2.

Miller, David I., and Halpern, Diane F., 'The new science of cognitive sex differences', *Trends in Cognitive Sciences*, 18: 1 (2014), pp. 37–45.

Miller, David I.; Nolla, Kyle M.; Eagly, Alice H.; and Uttal, David H., 'The development of children's gender-science stereotypes: a meta-analysis of 5 decades of US draw-a-scientist studies', *Child Development*, 89: 6 (2018), pp. 1943–55.

Miller, JoAnn, and Chamberlin, Marylin, 'Women are teachers, men are professors: a study of student perceptions', Teaching Sociology, 28: 4 (2000), pp. 283–98.

Mills, Eleanor, 'How to deal with men', *British Journalism Review*, 28: 4 (2017), pp. 5–7.

Mills, Eleanor; Hind, Kate; and Quinn, Aine, 'The tycoon and the escort: the business of portraying women in newspapers', *Women in Journalism*, 19 Sept. 2017, https://womeninjournalism.co.uk/the-tycoon-and-theescort-the-business-of-portraying-women-in-newspapers-2/.

Moran, Caitlin, 'I have 50 face masks and I intend to use them', *The Times*, 26 June 2020.

Moscatelli, Silvia; Menegatti, Michela; Ellemers, Naomi; Mariani, MarcoGiovanni;

and Rubini, Monica, 'Men should be competent, women should have it all', *Sex Roles*, 83: 5-6 (2020), pp. 269-88.

Moss-Racusin, Corinne A.; Dovidio, John F.; Brescoll, Victoria L.; Graham, Mark J.; and Handelsman, Jo, 'Science faculty's subtle gender biases favor male students', *Proceedings of the National Academy of Sciences of the United States of America*, 109: 41 (2012), pp. 16474-16479.

Muir, Kate, 'Killing Eve and the rise of the older screen queen', *Financial Times*, 14 June 2019.

Mulholland, Valentine, 'Why are there disproportionately few female school leaders and why are they paid less than their male colleagues?', *Times Educational Supplement*, 8 March 2018.

Muller-Heyndyk, Rachel, 'Female and younger leaders more susceptible to imposter syndrome', *HR Magazine*, 28 Oct. 2019, https://www.hrmagazine.co.uk/article-details/female-and-younger-leaders-moresusceptible-to-imposter-syndrome.

Murphy, Heather, 'Picture a leader. Is she a woman?', *New York Times*, 16 March 2018.

Murti, Lata, 'Who benefits from the white coat? Gender differences in occupational citizenship among Asian-Indian doctors', *Ethnic and Racial Studies*, 35: 12 (2013), pp. 2035-53.

National Rehabilitation Information Center, 'Working women with disabilities share strategies for countering stereotypes in the workplace', 9 Sept. 2018, https://www.naric.com/?q=en/rif/working-womendisabilities-share-strategies-countering-stereotypes-workplace.

Neimann, Yolanda Flores, *Chicana Leadership: the frontiers reader* (University of Nebraska Press, 2002).

Nelson, Larry R., Jr; Signorella, Margaret L.; and Botti, Karin G., 'Accent, gender, and perceived competence', *Hispanic Journal of Behavioural Sciences*, 38: 2 (2016), pp. 166-85.

Nichols, Catherine, 'Homme de plume: what I learned sending my novel out under a male name', *Jezebel*, 4 Aug. 2015, https://jezebel.com/homme-de-plume-what-i-learned-sending-my-novel-out-und-1720637627.

Nielsen, *African-American Women: our science*, her magic, 21 Sept. 2017, https://www.nielsen.com/us/en/insights/report/2017/africanamerican-women-our-science-her-magic/#.

Nittrouer, Christine L.; Hebl, Michelle R.; Ashburn-Nardo, Leslie; Trump Steele, Rachel C. E.; Lane, David M.; and Valian, Virginia, 'Gender disparities in colloquium speakers at top universities', *Proceedings of the National Academy of Sciences of the United States of America*, 115: 1 (2018), pp. 104 – 8.

Noland, Marcus, and Moran, Tyler, 'Study: firms with more women in the C-suite are more profitable', *Harvard Business Review*, Feb. 2016.

Nordell, Jessica, 'Why aren't women advancing at work? Ask a transgender person', *New Republic*, 28 Aug. 2014.

Okahana, Hironao, and Zhou, Enyu, Graduate Enrollment and Degrees: 2007 to 2017 (Council of Graduate Schools, 2018).

O'Kane, Caitlin, '"Mr Vice President, I'm speaking": Kamala Harrisrebukes Pence's interruptions during debate', CBS News, 7 Oct. 2020, https://www.cbsnews.com/news/kamala-harris-mr-vice-presidentpence-interruptions/.

Okimoto, Tyler G., and Brescoll, Victoria L., 'The price of power: power seeking and backlash against female politicians', *Personality and Social Psychology Bulletin*, 36: 7 (2010), pp. 923 – 36.

Oleszkiewicz, Anna; Pisanski, Katarzyna; Lachowicz-Tabaczek, Kinga; and Sorokowszka, Agnieska, 'Voice-based assessments of trustworthiness, competence, and warmth in blind and sighted adults', *Psychonomic Bulletin and Review*, 24: 3 (2017), pp. 856 – 62.

Ones, Deniz S., and Viswesvaran, Chockalingam, 'Gender, age and race differences on overt integrity tests: results across four large-scale job applicant data sets', *Journal of Applied Psychology*, 83: 1 (1998), pp. 35–42.

Organisation for Economic Co-operation and Development, *Reading performance (PISA)*, 2019, https://data.oecd.org/pisa/readingperformance-pisa.htm.

Park, G.; Yaden, D. B.; Schwartz, H. A.; Kern, M. L.; Eichstaedt, J. C.;Kosinski, M.; Stillwell, D.; Ungar, L. H.; and Seligman, M. E., 'Women are warmer but no less assertive than men: gender and language on Facebook', *PLoS One*, 11: 5 (2016), e0155885, https:journals.plos.org/plosone/article?id=10.1371%2Fjournal.pone.0155885.

Parke, Ross D., Fatherhood (Harvard University Press, 1996).

Parker, Adam, 'Comparative analysis of gender on Twitter in relation to UK politics journalists', *Lissted*, Oct. 2017, https://drive.google.com/file/d/1CoMkc455RvI49Kr0Qzf_xk-dXyovW1A4/view.

Parker, Ceri, '"When the woman starts talking, the men switch off"–Christine Lagarde on why gender parity is taking so long', World Economic Forum Annual Meeting, 18 Jan. 2017, https://www.weforum.org/agenda/2017/01/when-the-woman-starts-talking-the-men-switch-off-davos-participants-on-why-gender-parity-is-taking-solong/.

Parker, Kim, *Women and Leadership: public says women are equally qualified, but barriers persist* (Pew Research Center, 2015).

Paustian-Underdahl, Samantha C.; Walker, Lisa Slattery; and Woehr, David J., 'Gender and perceptions of leadership effectiveness: a meta-analysis of contextual moderators', *Journal of Applied Psychology*, 99: 6 (2014), pp. 1129–45.

Pearce, Edward, 'Sir Gordon Reece', obituary, *Guardian*, 27 Sept. 2001.

Peck, Emily, 'Half the men in the US are uncomfortable with female political leaders', *Huffington Post*, 19 Nov. 2019.

Pemberton, Cecilia; McCormack, Paul; and Russell, Alison, 'Have women's voices lowered across time? A cross sectional study of Australian women's voices', *Journal of Voice*, 12: 2 (1998), pp. 208–13.

Penny, Laurie, 'A woman's opinion is the mini-skirt of the internet', *Independent*, 4 Nov. 2011, https://www.independent.co.uk/voices/commentators/laurie-penny-a-womans-opinion-is-the-mini-skirt-of-theinternet-6256946.html.

Peplau, Letitia Anne, and Fingerhut, Adam, 'The paradox of the lesbian worker', *Journal of Social Issues*, 60: 4 (2004), pp. 719–35.

Perkins, Susan, and Phillips, Katherine W., 'Research: are women better at leading diverse countries than men?', *Harvard Business Review*, Feb. 2019.

Petruzalek, Daniela, 'Gender bias? A transgender perspective!', *Medium*, 17 Jan. 2018, https://medium.com/@danielapetruzalek/gender-bias-atransgender-perspective-de27f2cd3837.

Petter, Olivia, 'Tackling workplace sexism could boost economy by 35 percent, IMF chief says', *Independent*, 2 March 2019.

Petts, Richard J.; Knoester, Chris; and Waldfogel, Jane, 'Fathers' paternity leavetaking and children's perceptions of father–child relationships in the United States', *Sex Roles*, 82: 1 (2019), pp. 173–88.

Phillips, Adam, 'Unforgiven', London Review of Books, 7 March 2019.Phillips, Katherine W.; Liljenquist, Katie A.; and Neale, Margaret A., 'Better decisions through diversity', *Kellogg Insight*, 1 Oct. 2010, https://insight.kellogg.northwestern.edu/article/better_decisions_through_diversity.

Pittman, Chavella T., 'Race and gender oppression in the classroom: the experiences of women faculty of color with white male students', *Teaching Sociology*, 38: 3 (2010), pp. 183–96.

Pressner, Kristen, 'Are you biased? I am', TEDxBasel, 30 Aug. 2016, https://www.youtube.com/watch?v=Bq_xYSOZrgU.

Pring, John, 'MP speaks of pride at being dyspraxic at launch of Neurodivergent Labour', 14 Feb. 2019, https://www.disabilitynewsservice.com/mp-speaks-of-pride-at-being-dyspraxic-atlaunch-of-neurodivergent-labour/.

Pronin, Emily; Lin, Daniel Y.; and Ross, Lee, 'The bias blind spot: perceptions of bias in self versus others', *Personality and Social Psychology Bulletin*, 28: 3 (2002), pp. 369–81.

Propp, Kathleen M., 'An experimental examination of biological sex as a status cue in decision-making groups and its influence on information use', *Small Group Research*, 26: 4 (1995), pp. 451–74.

pwc, *Winning the Fight for Female Talent: how to gain the diversity edge through inclusive recruitment* (pwc, 2017).

Quadlin, Natasha, 'The mark of a woman's record: gender and academic performance in hiring', *American Sociological Review*, 83: 2 (2018), pp. 331–60.

Ramakrishna, Anil; Martínez, Victor R.; Malandrakis, Nikolaos; Singla, Karan; and Narayanan, Shrikanth, 'Linguistic analysis of differences in portrayal of movie characters', *Proceedings of the 55th Annual Meeting of the Association for Computational Linguistics* (Association for Computational Linguistics, 2017), pp. 1669–1678.

Rankin, Sarah, 'New York Times "By the book" interviews', *GitHub*, 14 June 2018, https://github.com/srhrnkn/btb/blob/master/btb.md#newyork-times-by-the-book-interviews.

Rankine, Claudia, *Just Us: an American conversation* (Allen Lane, 2020).

Rattan, Aneeta; Chilazi, Siri; Georgeac, Oriane; and Bohnet, Iris, 'Tackling the underrepresentation of women in media', *Harvard Business Review*, June 2019.

Raw, Louise, 'When women experts are not taken seriously', BBC News, 20 May 2019, https://www.bbc.co.uk/news/uk-48333945.

Reuben, Ernesto; Sapienza, Paola; and Zingales, Luigi, 'How stereotypes impair women's careers in science', *Proceedings of the National Academy of Sciences of the United States of America*, 111: 12 (2014), pp. 4403–8.

Rigby, Jennifer; Newey, Sarah; and Gilbert, Dominic, 'Why do female leaders seem so good at tackling the coronavirus pandemic?', *Daily Telegraph*, 28 April 2020.

Roberts, Laura Morgan; Mayo, Anthony J.; Ely, Robin J.; and Thomas, David A., 'Beating the odds', *Harvard Business Review*, March – April 2018.

Robertson, Katie, 'Kamala Harris cartoon in Murdoch paper is denounced as racist', *New York Times*, 17 Aug. 2020.

Rodionova, Zlata, 'What happened when a man and woman switched names at work for a week', *Independent*, 10 March 2017.

Rosenthal, Cindy Simon, *When Women Lead: integrative leadership in state legislatures* (Oxford University Press, 1998).

Rosette, Ashleigh Shelby; Koval, Christy Zhou; Ma, Anyi; and Livingston, Robert, 'Race matters for women leaders: intersectional effects on agentic deficiencies and penalties', *Leadership Quarterly*, 27: 3 (2016), pp. 429 – 45.

Rosette, Ashleigh Shelby, and Livingston, Robert W., 'Failure is not an option for black women: effects of organizational performance on leaders with single versus dual-subordinate identities', *Journal of Experimental Social Psychology*, 48: 5 (2012), pp. 1162 – 7.

Ross, Karen; Boyle, Karen; Carter, Cynthia; and Ging, Debbie, 'Women, men and news: it's life, Jim, but not as we know it', *Journalism Studies*, 19: 6 (2018), pp. 824 – 45.

Ross, Karen, and Sreberny-Mohammadi, Annabelle, 'Playing house – gender, politics and the news media in Britain', *Media, Culture & Society*, 19: 1 (1997), pp. 101 – 9.

Rudman, L. A., 'Self-promotion as a risk factor for women: the costs and benefits of counterstereotypical impression management', *Journal of Personality and Social Psychology*, 74: 3 (1998), pp. 629 – 45.

Sadker, David; Sadker, Myra; and Zittleman, Karen R., *Still Failing at Fairness: how gender bias cheats girls and boys in school and what we can do about it* (Scribner, 2009).

Sadker, Myra, and Sadker, David, *Final Report: project effect (effectiveness and equity in college teaching)* (US Department of Education, 1986).

Sage, Adam, 'How misogyny, infidelity and betrayal destroyed Ségolène Royal's bid to become president of France', *The Times*, 10 Nov. 2018.

SAGE Publications, 'Gay and lesbian job seekers face discrimination', 5 April 2015, https://phys.org/news/2015-04-gay-lesbian-job-seekersdiscrimination.html.

Salerno, Jessica M., and Peter-Hagene, Liana C., 'One angry woman: anger expression increases influence for men, but decreases influence for women, during group deliberation', *Law and Human Behaviour*, 39: 6, pp. 581–92.

Sandberg, Sheryl, *Lean In: women, work, and the will to lead* (W. H. Allen, 2013).

셰릴 샌드버그, 『린인: 200만이 열광한 TED강연 페이스북 성공 아이콘의 특별한 조언』, 안기순 옮김, 와이즈베리, 2013

Schilt, Kristen, 'Just one of the guys? How transmen make gender visible at work', *Gender and Society*, 20: 4 (2006), pp. 465–90.

Schilt, Kristen, *Just One of the Guys? Transgender men and the persistence of gender inequality* (University of Chicago Press, 2010).

Schumaker, Erin, 'Progressive gender views among teen boys could protect against violence: study', ABC News, 27 Dec. 2019, https://abcnews.go.com/Health/progressive-gender-views-teen-boys-protectviolence-study/story?id=67897133.

Sesko, Amanda K., and Biernat, Monica, 'Prototypes of race and gender: the invisibility of Black women', *Journal of Experimental Social Psychology*, 46: 2 (2010), pp. 356–60.

Shashkevich, Alex, 'Stanford researcher examines how people perceive interruptions in conversation', 2 May 2018, https://news.stanford.edu/press-releases/2018/05/02/exploring-interrion-conversation/.

Shift7, 'Female-led films outperform at box office for 2014–2017', Dec. 2018, https://shift7.com/media-research/.

Siegel, Ed, 'Could a good choice for the BSO turn into a great choice for Boston?', WBUR, 6 Sept. 2019, https://www.wbur.org/artery/2019/09/06/conductor-andris-nelsons-bso-five-years.

Sieghart, Mary Ann, 'Are you taken less seriously than men?', *Mumsnet*, 29 May 2020, https://www.mumsnet.com/Talk/womens_rights/3923344-Are-you-taken-less-seriously-than-men-Contribute-to-my-book.

Sieghart, Mary Ann, 'Why are even women biased against women?', *Analysis*, BBC Radio 4, 28 April 2019, https://www.bbc.co.uk/programmes/articles/312 fXcsr5T1V9p509XNMYC4/why-are-evenwomen-biased-against-women.

Simge, And i ; Selva, Meera; and Nielsen, Rasmus Kleis, 'Women and leadership in the news media 2020: evidence from ten markets', *Reuters Institute for the Study of Journalism*, 8 March 2020, https://reutersinstitute.politics.ox.ac. uk/sites/default/files/2020-03/Andi_et_al_Women_and_Leadership_in_Media_FINAL.pdf.

Smith, David, 'Women are still a closed book to men', *Guardian*, 29 May 2005.

Smith, Stacy L.; Choueiti, Marc; Yao, Kevin; Clark, Hannah; and Pieper, Katherine, *Inclusion in the Director's Chair: analysis of director gender & race/ethnicity across 1,300 top films from 2007 to 2019* (ReFrame and Annenberg Inclusion Initiative, Jan. 2020).

Smith, Stacy L.; Weber, Rene; Choueiti, Marc; Pieper, Katherine; Case, Ariana; Yao, Kevin; and Lee, Carmen, *The Ticket to Inclusion: gender &race/ethnicity of leads and financial performance across 1,200 popular films* (ReFrame and Annenberg Inclusion Initiative, Feb. 2020).

Snow, Jon, Maggie & Me, Channel 4, 8 April 2013, https://www.channel4.com/programmes/maggie-me.

Snyder, Kieran, 'The abrasiveness trap: high-achieving men and womenare described differently in reviews', *Fortune*, 26 Aug. 2014.

Snyder, Kieran, 'Boys learn to interrupt. Girls learn to shut up', *Slate*, 14Aug.

2014, https://slate.com/human-interest/2014/08/childinterruption-study-boys-learn-to-interrupt-girls-as-young-as-4-years-old.html.

Snyder, Kieran, 'How to get ahead as a woman in tech: interrupt men', *Slate*, 23 July 2014, https://slate.com/human-interest/2014/07/studymen-interrupt-women-more-in-tech-workplaces-but-high-rankingwomen-learn-to-interrupt.html.

Snyder, Kirk, *The G Quotient: why gay executives are excelling as leaders ··· and what every manager needs to know* (Wiley, 2006).

Soderlind, Laura, 'Lesbians earn more than heterosexual women while gay men lag in wages', 31 March 2015, https://phys.org/pdf347005749.pdf.

Solnit, Rebecca, *Men Explain Things to Me* (Haymarket, 2014). 리베카 솔닛, 『남자들은 자꾸 나를 가르치려 든다』, 김명남 옮김, 창비, 2015.

Sontag, Susan, 'The double standard of aging', *Saturday Review*, 23 Sept. 1972.

Spender, Dale, *Learning to Lose: sexism and education* (Women's Press, 1980).

Steinpreis, Rhea E.; Anders, Katie A.; and Ritzke, Dawn, 'The impact of gender on the review of curricula vitae of job applicants and tenure candidates: a national empirical study', *Sex Roles*, 41: 7-8 (1999), p. 509.

Stephens-Davidowitz, Seth, 'Google, tell me. Is my son a genius?', *New York Times*, 18 Jan. 2014.

Steuter-Martin, Marilla, 'Sue Montgomery calls out gender disparity at city council, one stitch at a time', CBC News, 14 May 2019, https://www.cbc.ca/news/canada/montreal/montreal-city-council-gender-suemontgomery-1.5135001.

Storage, Daniel; Charlesworth, Tessa; Banaji, Mahzarin; and Cimpian, Andrei, 'Adults and children implicitly associate brilliance with men more than women', *Journal of Experimental Social Psychology*, 90 (2020), art. 104120, https://www.sciencedirect.com/science/article/abs/pii/S0022103120303607.

Storage, Daniel; Horne, Zachary; Cimpian, Andrei; and Leslie, Sarah-Jane, 'The frequency of "brilliant" and "genius" in teaching evaluations predicts the representation of women and African Americans across fields', *PLoS One*, 3 March 2016, https://journals.plos.org/plosone/article?id=10.1371/journal.pone.0150194.

Subtirelu, Nicholas, 'Bashing Hillary Clinton's voice: "screeching","shrieking", and "shrill"', *Linguistic Pulse*, 8 Feb. 2016, https://339Bibliographylinguisticpulse.com/2016/02/08/bashing-hillary-clintons-voicescreeching-shrieking-and-shrill/.

Swacker, M., 'The sex of the speaker as a sociolinguistic variable', in Barrie Thorne and Nancy Henley, eds, *Language and Sex: difference and dominance* (Newbury House, 1975).

Tannen, Deborah, 'The truth about how much women talk – and whether men listen', *Time*, 28 June 2017.

Thomas, Sue; Herrick, Rebekah; Franklin, Lori D.; Godwin, Marcia L.; Gnabasik, Eveline; and Schroedel, Jean R., 'Not for the faint of heart: assessing physical violence and psychological abuse against US mayors', *State and Local Government Review*, 51: 1 (2019), pp. 57 – 67.

Thomas-Hunt, Melissa C., and Phillips, Katherine W., 'When what you know is not enough: expertise and gender dynamics in task groups', *Personality and Social Psychology Bulletin*, 30: 12 (2004), pp. 1585 – 98.

Tinsley, Catherine H., and Ely, Robin J., 'What most people get wrong about men and women', *Harvard Business Review*, May – June 2018.

Titlow, John Paul, 'These women entrepreneurs created a fake male cofounder to dodge startup sexism', *Fast Company*, 29 Aug. 2017, https://www.fastcompany.com/40456604/these-women-entrepreneurscreated-a-fake-male-cofounder-to-dodge-startup-sexism.

Tivnan, Tom, 'Women dominated the top literary bestsellers last year', *Bookseller*, 15 Jan. 2018.

Tramontana, Mary Katharine, 'Why are men still explaining things to women?', *New York Times*, 9 Sept. 2020.

Travers, Peter, interview with Anne Hathaway, *Popcorn*, 19 April 2017.

Treneman, Ann, 'Media families: 11. the Siegharts', *Independent*, 28 April 1997.

Trix, F., and Psenka, C., 'Exploring the color of glass: letters of recommendation for female and male medical faculty', *Discourse & Society*, 14: 2 (2003), pp. 191–220.

Twenge, Jean M., 'Changes in masculine and feminine traits over time: a meta-analysis', *Sex Roles*, 36: 5–6 (1997), pp. 305–25.

21st Century Fox, Geena Davis Institute on Gender in Media and J. Walter Thompson Intelligence, 'The Scully Effect: I want to believe in STEM', 2020, https://seejane.org/research-informs-empowers/the-scully-effecti-want-to-believe-in-stem/.

Uhlmann, Eric Luis, and Cohen, Geoffrey L., 'Constructed criteria: redefining merit to justify discrimination', *Psychological Science*, (2005), pubmed.ncbi.nlm.nih.gov/15943674/.

UK Feminista and National Education Union, *'It's Just Everywhere': a study on sexism in schools – and how we tackle it*, 2017, https://ukfeminista.org.uk/wp-content/uploads/2017/12/Report-Its-just-everywhere.pdf.

Universitat Pompeu Fabra, Barcelona, 'Women are 30 percent less likely to be considered for a hiring process than men', 26 March 2019, https://phys.org/news/2019-03-women-percent-hiring-men.html.

University of Sussex, 'Female bosses favour gay and lesbian job-seekers, research finds', 23 Feb. 2017, https://phys.org/news/2017-02-femalebosses-favour-gay-lesbian.html.

Unstereotype Alliance, 'Advertising is out of sync with world's consumers', 2 Oct. 2018, https://www.unstereotypealliance.org/pt/resources/research-and-tools/ipsos-study---advertising-is-out-of-sync-with-worldsconsumers.

van Bezooijen, Reneé, 'Sociocultural aspects of pitch differences between Japanese and Dutch women', *Language and Speech*, 38: 3 (1995), pp. 253–65.

Vedantam, Shankar, *The Hidden Brain* (Spiegel & Grau, 2010).

VIDA, The 2018 VIDA Count, 2019, https://www.vidaweb.org/the-count/the-2018-vida-count/.

Voronova, Liudmila, '"Send pretty girls to the White House": the role of gender in journalists – politicians' interactions', *Journal for Communication Studies*, 7: 2 (2014), pp. 145 – 72.

Voyer, Daniel, and Voyer, Susan D., 'Gender differences in scholastic achievement: a meta-analysis', *Psychological Bulletin*, 140: 4 (2014), pp.1174 – 1204.

Wagner, Claudia; Graells-Garrido, Eduardo; Garcia, David; and Menczer, Filippo, 'Women through the glass ceiling: gender asymmetries in Wikipedia', *EPJ Data Science*, 5: 1 (2016), DOI: 10.1140/epjds/s13688-016-0066-4.

Waterson, Jim, 'Financial Times tool warns if articles quote too many men', *Guardian*, 14 Nov. 2018.

Wayne, Carly; Valentino, Nicholas; and Oceno, Marzia, 'How sexism drives support for Donald Trump', *Washington Post*, 23 Oct. 2016.

Weinberg, Dana B., and Kapelner, Adam, 'Comparing gender discrimination and inequality in indie and traditional publishing', *PLoS One*, 9 April 2018, https://journals.plos.org/plosone/article?id=10.1371/journal.pone.0195298.

Weiss, Suzannah, 'Is this the only way to escape trolls?', *Bustle*, 7 April 2015, https://www.bustle.com/articles/74778-tweeting-troll-free-is-aform-of-male-privilege-and-alex-blank-millard-just-proved-it.

Weitz, Rose, 'Women and their hair: seeking power through resistance and accommodation', *Gender and Society*, 15: 5 (2001), pp. 667 – 86.

West, Candace, 'When the doctor is a "lady": power, status and gender in physician – patient encounters', *Symbolic Interaction*, 7: 1 (1984), pp. 87 – 106.

Wible, Pamela, 'Her story went viral. But she is not the only black doctor ignored in an airplane emergency', *Washington Post*, 20 Oct. 2016.

Wieckowski, Ania G., 'For women in business, beauty is a liability', *Harvard Business Review*, Nov. – Dec. 2019.

Wikipedia, 'Gender bias on Wikipedia', 2020, https://en.wikipedia.org/wiki/Gender_bias_on_Wikipedia.

Williams, Blair, 'A gendered media analysis of the prime ministerial ascension of Gillard and Turnbull: he's "taken back the reins" and she's "a backstabbing" murderer', *Australian Journal of Political Science*, 52: 4 (2017), pp. 1036 – 1146.

Williams, Blair E., 'A tale of two women: a comparative gendered media analysis of UK prime ministers Margaret Thatcher and Theresa May', *Parliamentary Affairs*, April 2020, DOI: 10.1093/pa/gsaa008.

Williams, Joan C., 'The 5 biases pushing women out of STEM', *Harvard Business Review*, March 2015.

Williams, Paula Stone, 'I've lived as a man & a woman – here's what I learned', *Youtube*, 17 Dec. 2017, https://www.youtube.com/watch?v=lrYx7HaUlMY&feature=youtu.be.

Willsher, Kim, 'French "boys' club" of journalists accused of bullying women online', *Guardian*, 11 Feb. 2019.

Winkett, Lucy, 'Thank God for women priests!', *The Oldie*, 8 Jan. 2020.

Woetzel, Jonathan; Madgavkar, Anu; Ellingrud, Kweilin; Labaye, Eric; Devillard, Sandrine; Kutcher, Eric; Manyika, James; Dobbs, Richard; and Krishnan, Mekala, How Advancing Women's Equality Can Add $12 Trillion to Global Growth (McKinsey, 1 Sept. 2015), https://www.mckinsey.com/featured-insights/employment-and-growth/how-advancing-womensequality-can-add-12-trillion-to-global-growth.

Woman Interrupted, *Woman Interrupted*, 2020, http://www.womaninterruptedapp.com/en/. Woolcock, Nicola, 'GCSE results 2019: top grades on the increase in reformed, harder exams', The Times, 23 Aug. 2019.

Wright, Oliver, 'Theresa May making £100,000 a speech on lecture circuit', *The Times*, 22 June 2020.

Wu, Alice H., 'Gender stereotyping in academia: evidence from economics job market rumors forum', Aug. 2017, http://calwomenofecon.weebly.com/uploads/9/6/1/0/96100906/wu_ejmr_paper.pdf.

Xinyue Xiao, Sonya; Cook, Rachel E.; Martin, Carol Lynn; Nielson, Matthew G.; and Field, Ryan D., 'Will they listen to me? An examination of ingroup gender bias in children's communication beliefs', *Sex Roles*, 80: 3–4 (2019), pp. 172–85.

Yang, Jiang; Counts, Scott; Morris, Meredith Ringel; and Hoff, Aaron, 'Microblog credibility perceptions: comparing the United States and China', ACM Conference on Computer Supported Cooperative Work, San Antonio, 2013.

Yong, Ed, 'I spent two years trying to fix the gender imbalance in my stories', *The Atlantic*, 6 Feb. 2018.

Yoon, Carol Kaesuk, 'Scientist at work: Joan Roughgarden; a theorist with personal experience of the divide between the sexes', *New York Times*, 17 Oct. 2000.

Zimmerman, Don H., and West, Candace, 'Sex roles, interruptions and silences in conversation', in Barrie Thorne and Nancy Henley, eds, *Language and Sex: difference and dominance* (Newbury House, 1975).

$$\text{주석}$$

서문

1　저자와의 인터뷰(2019).

2　Livni, 'Your workplace rewards men more'.

3　Joshi et al., 'When can women close the gap?'.

4　https://www.lexico.com/definition/authority.

5　저자와의 인터뷰(2019).

6　저자와의 인터뷰(2020).

7　Jost et al., 'The existence of implicit bias'.

8　저자와의 인터뷰(2019).

9　저자와의 인터뷰(2019).

10　저자와의 인터뷰(2019).

11　저자와의 인터뷰(2020).

12　저자와의 인터뷰(2019).

13　저자와의 인터뷰(2020).

14　Bennett, *Our Women*.

15　Elborough, 'Two letters of one's own'.

16　Fallon, "VS Naipaul finds no woman writer his literary match'.

17　Mailer, *Advertisements for Myself*.

18　Ramakrishna et al., 'Linguistic analysis of differences'.

19　Sieghart, 'Why are even women biased against women?'

20　Furnham et al., "Parents think their sons are brighter'.

21　Del Río and Strasser, 'Preschool children's beliefs about gender differences'.

22　Bian et al., 'Evidence of bias against girls and women'.

23　Stephens-Davidowitz, 'Google, tell me'.

24　Furnham et al., 'Parents think their sons are brighter'.

25　Manne, *Down Girl*.

26　Birger, 'Xerox turns a new page'.

27 저자와의 인터뷰(2019).

28 Lean In and McKinsey, *Women in the Workplace 2019*. A smaller Ipsos-MORI poll also found women experiencing this treatment more than men, but in lower numbers.

1장

1 Nichols, 'Homme de plume'.

2 Sieghart, 'Why are even women biased against women?'.

3 Nichols, 'Homme de plume'.

4 Sieghart, 'Why are even women biased against women?'.

5 Moss-Racusin et al., 'Science faculty's subtle gender biases'.

6 Sieghart, 'Why are even women biased against women?'.

7 MacNell et al., 'What's in a name'.

8 Steinpreisetal.,'The impact of gender on the review of curriculavitae'.

9 저자와의 인터뷰(2019).

10 저자와의 인터뷰(2019).

11 저자와의 인터뷰(2019).

12 Eriksson et al., 'Differences between girls and boys'.

13 Voyer and Voyer, 'Gender differences in scholastic achievement'.

14 Bilton, 'Women are outnumbering men at a record high'.

15 Okahana and Zhou, *Graduate Enrollment and Degrees*.

16 Colom et al., 'Negligible sex differences in general intelligence'.

17 Johnson et al., 'Sex differences in variability in general intelligence'.

18 Bian et al., 'Gender stereotypes about intellectual ability'.

19 Miller and Halpern, 'The new science of cognitive sex differences'.

20 Hyde and Mertz, 'Gender, culture and mathematics performance'.

21 위의 글.

22 Woolcock, 'GCSE results 2019'.

23 OECD, *Reading performance (PISA)*.

24 Breda and Napp, 'Girls' comparative advantage in reading'.

25 Hazell,'A-levelresults'.

26　Institute of Physics, *It's Different for Girls*.

27　Ganley et al., 'Gender equity in college majors'.

28　Barthelemy et al., 'Gender discrimination in physics and astronomy'.

29　Costa et al., 'Gender differences in personality traits across cultures'.

30　Twenge, 'Changes in masculine and feminine traits'.

31　Park et al., 'Women are warmer but no less assertive than men'.

32　Byrnes et al., 'Gender differences in risk taking'.

33　Brackett et al., 'Relating emotional abilities to social functioning'.

34　Ones and Viswesvaran, 'Gender, age and race differences'.

35　Gneezy et al., 'Gender differences in competition'.

36　Catalyst, *Women and Men in US Corporate Leadership*.

37　Killeen et al., 'Envisioning oneself as a leader'.

38　Carter and Silva, *Pipeline's Broken Promise*.

39　Griffeth et al., 'A meta-analysis of antecedents and correlates'.

40　Lyness and Judiesch, 'Are female managers quitters?'.

41　Elliott and Smith, 'Race, gender and workplace power'.

42　Lean In and McKinsey, *Women in the Workplace 2020*.

43　Mulholland,'Why are there disproportionately few female school leaders'.

44　위의 글.

45　Paustian-Underdahl et al., 'Gender and perceptions of leadership effectiveness'.

46　Eagly and Carli, 'The female leadership advantage'.

47　Rigby et al., 'Why do female leaders seem so good at tackling the coronavirus pandemic?'

48　Kristof, 'What the pandemic reveals about the male ego'.

49　Garikipati and Kambhampati, 'Women leaders are better at fighting the pandemic'.

50　저자와의 인터뷰(2019).

51　저자와의 인터뷰(2019).

52　저자와의 인터뷰(2019).

53　저자와의 인터뷰(2019).

2장

1 Vedantam, The Hidden Brain.

2 Barres, 'Does gender matter?'.

3 Nordell, 'Why aren't women advancing at work?'.

4 Vedantam, The Hidden Brain.

5 Barres, 'Does gender matter?'.

6 Vedantam, The Hidden Brain.

7 저자와의 인터뷰(2018).

8 Yoon, 'Scientist at work'.

9 Schilt, Just One of the Guys?.

10 Abelson, Men in Place.

11 Schilt, 'Just one of the guys?'.

12 Alter, 'Cultural sexism in the world is very real'.

13 Williams, 'I've lived as a man & a woman'.

14 McBee, Amateur.

15 Rodionova,' What happened when a man and woman switched names'.

16 Barres, 'Does gender matter?'.

3장

1 저자와의 인터뷰(2020).

2 저자와의 인터뷰(2020).

3 저자와의 인터뷰(2019).

4 저자와의 인터뷰(2020).

5 Sieghart, 'Why are even women biased against women?'.

6 Sieghart, 'Why are even women biased against women?'.

7 저자와의 인터뷰(2019).

8 저자와의 인터뷰(2019).

9 Solnit, Men Explain Things to Me.

10 저자와의 인터뷰(2019).

11 저자와의 인터뷰(2020).

12 저자와의 인터뷰(2019).

13 저자와의 인터뷰(2020).

14 Sieghart, 'Are you taken less seriously than men?'.

15 Zimmerman and West, 'Sex roles, interruptions and silences'.

16 Jacobi and Schweers, 'Justice, interrupted'.

17 Loughland, 'Female judges, interrupted'.

18 저자와의 인터뷰(2019).

19 West, 'When the doctor is a "lady" '.

20 Manne, *Down Girl*.

21 Shashkevich, 'Stanford researcher examines how people perceive interruptions'.

22 Karpowitz and Mendelberg, *The Silent Sex*.

23 Esposito, 'Sex differences in children's conversation'.

24 Parke, *Fatherhood*.

25 저자와의 인터뷰(2020).

26 저자와의 Q&A(2020)

27 Snyder, 'How to get ahead as a woman in tech'.

28 저자와의 인터뷰(2019).

29 Carmichael, 'Women at work'.

30 저자와의 인터뷰(2019).

31 Woman Interrupted, *Woman Interrupted*.

32 Eilperin, 'White House women want to be in the room'.

33 Parker, '"When the woman starts talking, the men switch off"'.

34 저자와의 인터뷰(2019).

35 저자와의 인터뷰(2020).

36 저자와의 인터뷰(2018).

37 저자와의 인터뷰(2019).

38 저자와의 인터뷰(2019).

39 저자와의 인터뷰(2019).

40 BBC News, 'Black MP Dawn Butler "mistaken for cleaner" '.

41 저자와의 인터뷰(2019).

42 Jones et al., 'Not so subtle'.

4장

1   Maume et al., 'Gender equality and restless sleep'.

2   Meeussen et al., 'Looking for a family man?'.

3   Hodson, *Men*.

4   Carlson et al., *The Division of Childcare*.

5   Dex and Ward, *Parental Care and Employment*.

6   LinkedIn, *Language Matters*.

7   Burgess and Davies, *Cash or Carry?*.

8   Frith, 'Women progress when childcare duties are shared'.

9   Petts et al., 'Fathers' paternity leavetaking'.

10 JWT, *The State of Men*.

11 Croft et al., 'The second shift reflected in the second generation'.

12 Schumaker, 'Progressive gender views among teen boys'.

13 저자와의 인터뷰(2020).

14 저자와의 인터뷰(2018).

15 Holter, '"What's in it for men?"'.

16 Gallup, 'State of the American manager'.

17 저자와의 인터뷰(2019).

18 Hengel, 'Evidence from peer review'.

19 Dixon-Fyle et al., *Diversity Wins*.

20 McDonagh and Fitzsimons, WOMENCOUNT2020.

21 pwc, *Winning the Fight for Female Talent*.

22 Hengel, 'Evidence from peer review'.

23 Phillips et al., 'Better decisions through diversity'.

24 Cohan, 'When it comes to tech start-ups'.

25 Lagarde and Ostry, 'The macroeconomic benefits of gender diversity'.

26 Woetzel et al., *How Advancing Women's Equality Can Add $12 Trillion*.

27 Anzia and Berry, 'The Jackie (and Jill) Robinson effect'.

28 Crespo-Sancho, *Can Gender Equality Prevent Violent Conflict?*.

29 Audette et al., '(E)quality of life'.

30 De Looze et al., 'The happiest kids on Earth'.

31 Ballew et al., *Gender Differences in Public Understanding of Climate Change*.

32 Cook et al., 'Gender quotas increase the equality and effectiveness'.

33 Mavisakalyan and Tarverdi, 'Gender and climate change'.

5장

1   저자와의 인터뷰(2019).

2   Muller-Heyndyk,'Female and younger leaders'.

3   저자와의 인터뷰(2019).

4   Kay and Shipman, *The Confidence Code*.

5   Brazelton, *The Earliest Relationship*.

6   Furnham et al., 'Parents think their sons are brighter'.

7   위의 글.

8   저자와의 인터뷰(2019).

9   Grunspan et al., 'Males under-estimate academic performance'.

10 Bian et al., 'Evidence of bias against girls and women'.

11 Storageetal.,'Adultsandchildrenimplicitlyassociatebrilliancewithmen'.

12 저자와의 인터뷰(2019).

13 Casselman and Tankersley, 'Women in economics report rampant sexual assault and bias'.

14 Wu, 'Gender stereotyping in academia'.

15 Haslanger, 'Changing the ideology and culture of philosophy'.

16 Sadker et al., *Still Failing at Fairness*.

17 Julé, Gender, *Participation and Silence*.

18 Damour, 'Why girls beat boys at school'.

19 Cameron, Deborah, 'Mind the respect gap'.

20 Jerrim and Shure, 'Young men score highest on "bullshit calculator" '.

21 Chamorro-Premuzic, 'Why do so many incompetent men become leaders?'.

22 Belmi et al., 'The social advantage of miscalibrated individuals'.

23 Artz, et al., 'Do women ask?'.

24 Bowles et al., 'Social incentives for gender differences'.

25 Gerhart and Rynes,'Determinants and consequences of salary negotiations'.

26 Bowles et al., 'Social incentives for gender differences'.

27 Rudman, 'Self-promotion as a risk factor for women'.

28 Sandberg, Lean In.

29 Cameron, *Language: a feminist guide*.

30 Treneman, 'Media families'.

31 Horowitz, 'Girding for a fight'.

32 저자와의 인터뷰(2019).

33 저자와의 인터뷰(2019).

34 저자와의 인터뷰(2019).

35 저자와의 인터뷰(2019).

36 저자와의 인터뷰(2018).

37 저자와의 인터뷰(2018).

38 저자와의 인터뷰(2018).

39 저자와의 인터뷰(2019).

40 Kay and Shipman, *The Confidence Code*.

41 저자와의 인터뷰(2019).

42 저자와의 인터뷰(2020).

43 Treneman, 'Media families'.

6장

1 Mehl et al., 'Are women really more talkative than men?'.

2 Tannen, 'The truth about how much women talk'.

3 저자와의 인터뷰(2020).

4 Eakins and Eakins, 'Verbal turn-taking and exchanges'.

5 Steuter-Martin, 'Sue Montgomery calls out gender disparity'.

6 Carter et al., 'Women's visibility in academic seminars'.

7 저자와의 인터뷰(2020).

8 Latu et al., 'Successful female leaders empower women's behavior'.

9 저자와의 인터뷰(2019).

10 Swacker, 'The sex of the speaker'.

11 Tramontana, 'Why are men still explaining things to women?'.

12 Tinsley and Ely, 'What most people get wrong'.

13 Karpowitz and Mendelberg, *The Silent Sex.*

14 Deedes, 'Blair's Babes are still on the warpath'.

15 Cutler and Scott, 'Speaker sex and perceived apportionment of talk'.

16 저자와의 인터뷰(2019).

17 Brescoll, 'Who takes the floor and why'.

18 Brescoll, 'Who takes the floor and why'.

19 저자와의 인터뷰(2019).

20 Karpf, *The Human Voice.*

21 Cameron, 'Imperfect pitch'.

22 Beard, *Women and Power.*

23 Pemberton et al., 'Have women's voices lowered across time?'.

24 Van Bezooijen, 'Sociocultural aspects of pitch differences'.

25 Loveday, 'Pitch, politeness and sexual role'.

26 Wright, 'Theresa May making £100,000 a speech'.

27 저자와의 인터뷰(2020).

28 Hensel, 'Gender parity in all areas'.

29 저자와의 인터뷰(2019).

30 저자와의 인터뷰(2020).

31 Oleszkiewicz et al., 'Voice-based assessments of trustworthiness'.

32 Klofstad et al., 'Sounds like a winner'.

33 Cheng et al., 'Listen, follow me'.

34 저자와의 인터뷰(2019).

35 저자와의 Q&A(2019).

36 Levon, 'Gender, interaction and intonational variation'.

37 Subtirelu, 'Bashing Hillary Clinton's voice'.

38 Clinton, *What Happened.*

7장

1   Propp, 'An experimental examination of biological sex as a status cue in decision-making groups'.

2   Thomas-Hunt and Phillips, 'When what you know is not enough'.

3   Burris, 'The risks and rewards of speaking up'.

4   저자와의 인터뷰(2019).

5   Cooke, 'Beth Rigby: "I'm going to have to get off telly soon"'.

6   Carli, 'Gender, interpersonal power and social influence'.

7   저자와의 인터뷰(2019).

8   McClean et al., 'The social consequences of voice'.

9   Livingston et al., 'Can an agentic black woman get ahead?'

10   Matschiner and Murnen, 'Hyperfemininity and influence'.

11   https://pubmed.ncbi.nlm.nih.gov/26322952/

12   저자와의 인터뷰(2020).

13   Cowen, 'Rebecca Kukla on moving through'.

14   Quadlin, 'The mark of a woman's record'.

8장

1   Layser et al., 'Twitter makes it worse'.

2   Flood, 'Readers prefer authors of their own sex'.

3   Smith, 'Women are still a closed book to men'.

4   Boyne, '"Women are better writers than men"'.

5   Enright, 'Diary'.

6   저자와의 인터뷰(2019).

7   저자와의 인터뷰(2019).

8   Hughes, *The Golden Rule by Amanda Craig*.

9   저자와의 인터뷰(2019).

10   Koolen, *Reading Beyond the Female*.

11   Tivnan, 'Women dominated the top literary bestsellers'.

12   Elizabeth, 'Sex and reading'.

13 저자와의 인터뷰(2020).

14 Griffith, 'Books about women'.

15 서자와의 인터뷰(2020).

16 'The 80 best books every man should read', Esquire, 1 April 2015.

17 VIDA, *The 2018 VIDA Count*.

18 Enright, 'Diary'.

19 저자와의 인터뷰(2020).

20 저자와의 인터뷰(2019).

21 Bamman, 'Attention in "By the book"'.

22 Colyard, 'A breakdown of "By the book" columns'.

23 Groff, 'Lauren Groff: By the book'.

24 Weinberg and Kapelner, 'Comparing gender discrimination and inequality'.

25 저자와의 인터뷰(2020).

26 Breznican, '*Little Women* has a little man problem'.

27 Lauzen, 'Thumbs down 2018'.

28 Berkers et al., '"These critics (still) don't write enough"'.

29 Adams et al., 'Is gender in the eye of the beholder?'.

9장

1 Travers, interview with Anne Hathaway.

2 저자와의 인터뷰(2020).

3 Sieghart, 'Why are even women biased against women?'.

4 Pressner, 'Are you biased?'.

5 Begeny et al., 'In some professions'.

6 Reuben et al., ''How stereotypes impair women's careers in science'.

7 Charlesworth and Banaji, 'Patterns of implicit and explicit attitudes II'.

8 저자와 이메일 교환

9 저자와의 인터뷰(2019).

10 Miller et al.,'The development of children's gender-science stereotypes'.

11 Charlesworth and Banaji, 'Patterns of implicit and explicit stereotypes III'.

12 Good et al., 'The effects of gender stereotypic and counter-

stereotypic textbook images'.

13 저자와의 인터뷰(2019).

14 저자와의 인터뷰(2019).

15 Benenson et al., 'Rank influences human sex differences'.

16 Ellemers et al., 'The underrepresentation of women in science'.

17 Derks et al., 'Do sexist organizational cultures create the queen bee?'.

18 Derks et al., 'Gender-bias primes elicit queen bee responses'.

19 BBC Reality Check team, 'Queen bees'.

20 저자와의 인터뷰(2019).

21 저자와의 인터뷰(2019).

22 Kramer and Harris, 'The persistent myth of female office rivalries'.

23 Mavin, 'Queen bees, wannabees and afraid to bees'.

24 Hekman et al., 'Does diversity-valuing behavior result in diminished performance ratings'.

25 Dezső et al., 'Is there an implicit quota'.

26 McDonagh and Fitzsimons, *WOMENCOUNT2020*.

27 저자와의 인터뷰(2019).

28 저자와의 인터뷰(2019).

10장

1 Ross et al., 'Women, men and news'.

2 저자와의 인터뷰(2019).

3 Ross et al., 'Women, men and news'.

4 Global Institute for Women's Leadership, 'Women have been marginalised'.

5 Yong, 'I spent two years trying to fix the gender imbalance'.

6 Darrah, A Week in British News.

7 Waterson, 'Financial Times tool warns if articles quote too many men'.

8 Rattan et al., 'Tackling the underrepresentation of women in media'.

9 Global Media Monitoring Project, *Who Makes the News?*.

10 See https://vtdigger.org/2012/06/17/4th-estate-infographic-womens-voices-arent-heard-in-media-election-coverage/

11 Global Media Monitoring Project, *Who Makes the News?*.

12 Simge et al., 'Women and leadership in the news media 2020'.

13 Mills, 'How to deal with men'.

14 저자와의 인터뷰(2019).

15 저자와의 인터뷰(2019).

16 Willsher, 'French "boys' club" of journalists'.

17 저자에게 보낸 이메일(2019)

18 Alexander, 'Why our democracy needs more black political journalists'.

19 저자와의 인터뷰(2019).

20 저자와의 인터뷰(2019).

21 Cameron and Shaw, Gender, *Power and Political Speech*.

22 이비 프리처드(Evie Prichard)가 저자에게 제시한 의견.

23 Channel 4, 'Winning ad'.

24 Unstereotype Alliance, 'Advertising is out of sync'.

25 Kreager and Follows, *Gender Inequality and Screenwriters*.

26 저자와의 인터뷰(2020).

27 저자와의 인터뷰(2020).

28 21st Century Fox et al., 'The Scully Effect'.

29 Annenberg Inclusion Initiative, *Inequality across 1,300 Popular Films*.

30 See www.bechdeltest.com.

31 Lauzen, 'It's a man's (celluloid) world'.

32 Lauzen, *The Celluloid Ceiling*.

33 Smith et al., *Inclusion in the Director's Chair*.

34 Shift7, 'Female-led films outperform at box office'.

35 위의 글.

36 저자와의 인터뷰(2019).

37 Carter, 'Losing my religion for equality'.

38 저자와의 인터뷰(2019).

39 저자와의 인터뷰(2019).

40 Winkett, 'Thank God for women priests!'.

41 저자와의 인터뷰(2019).

42 저자와의 인터뷰(2019).

43 Masoud et al., 'Using the Qu'rān to empower Arab women?'.

11장

1   저자와의 인터뷰(2020).

2   See https://worldwitandwisdom.com/author/gloria-steinem/.

3   저자와의 인터뷰(2019).

4   Carnevale et al., May the best woman win?.

5   Sage, 'How misogyny, infidelity and betrayal destroyed'. (Sage, 2018)

6   저자와의 인터뷰(2019).

7   저자와의 인터뷰(2020).

8   Williams, 'A gendered media analysis'.

9   저자와의 인터뷰(2019).

10 Cohn, 'One year from election'.

11 Cameron, 'Tedious tropes'.

12 Okimoto and Brescoll, 'The price of power'.

13 Wayne et al., 'How sexism drives support for Donald Trump'.

14 Lopez, 'Study'.

15 저자와의 인터뷰(2019).

16 Snow, *Maggie & Me*.

17 BBC, 'Churchill tops PM choice'.

18 Cameron, 'Tedious tropes'.

19 Williams, 'A tale of two women'.

20 저자와의 인터뷰(2019).

21 Cowper-Coles, *Women Political Leaders*.

22 Perkins and Phillips, 'Research'.

23 Fulton, 'When gender matters'.

24 Kerevel and Atkeson, 'Reducing stereotypes of female leaders'.

12장

1   저자와의 인터뷰(2019).

2 저자와의 인터뷰(2019).

3 저자와의 인터뷰(2019).

4 저자와의 인터뷰(2020).

5 저자와의 인터뷰(2020).

6 저자와의 인터뷰(2020).

7 저자와의 인터뷰(2020).

8 저자와의 인터뷰(2019).

9 저자와의 인터뷰(2020).

10 Gutiérrez y Muhs et al., Presumed Incompetent.

11 위의 책.

12 위의 책.

13 위의 책.

14 Harlow, 'Race doesn't matter, but…'.

15 Miller and Chamberlin, 'Women are teachers, men are professors'.

16 Pittman, 'Race and gender oppression in the classroom'.

17 저자와의 인터뷰(2020).

18 Neimann, Chicana Leadership.

19 Hewlett and Green, *Black Women Ready to Lead*.

20 Lean In and McKinsey, *Women in the Workplace 2020*.

21 Nielsen, *African-American Women*.

22 Huang et al., 'Women in the workplace 2019'.

23 Chaudhary, 'New survey reports black women continue to face major barriers'.

24 위의 글.

25 Murti, 'Who benefits from the white coat?'.

26 Bhatt, 'The little brown woman'.

27 Ghavami and Peplau, 'An intersectional analysis of gender and ethnic stereotypes'.

28 저자와의 인터뷰(2020).

29 Williams, 'The 5 biases pushing women out of STEM'.

30 Rosette et al., 'Race matters for women leaders'.

31 Livingston et al., 'Can an agentic black woman get ahead?'.

32 저자와의 인터뷰(2020).

33 Gutiérrez y Muhs et al., *Presumed Incompetent*.

34 Ashley et al., *A Qualitative Evaluation of Non-Educational Barriers*.

35 Nelson et al., 'Accent, gender, and perceived competence'.

36 Durante et al., 'Poor but warm, rich but cold (and competent)'.

37 Belmi et al., 'The social advantage of miscalibrated individuals'.

38 저자와의 인터뷰(2020).

39 저자와의 인터뷰(2018).

40 Soderlind, 'Lesbians earn more than heterosexual women'.

41 Dunne, *Lesbian Lifestyles*.

42 Peplau and Fingerhut, 'The paradox of the lesbian worker'.

43 Peplau and Fingerhut, 'The paradox of the lesbian worker'.

44 Snyder, *The G Quotient*.

45 Gedro, 'Lesbian presentations and representations of leadership'.

46 저자와의 인터뷰(2020).

47 Dean, 'Understanding gender'.

48 Lean In and McKinsey, *Women in the Workplace 2020*.

49 National Rehabilitation Information Center, 'Working women with disabilities'.

50 Hadjivassiliou and Manzoni, 'Discrimination and access to employment'.

51 Pring, 'MP speaks of pride at being dyspraxic'.

52 저자와의 인터뷰(2020).

53 저자와의 인터뷰(2020).

54 저자와의 인터뷰(2020).

13장

1 Sieghart, 'Why are even women biased against women?'.

2 Ross and Sreberny-Mohammadi, 'Playing house'.

3 Guinness, 'Is this the world's sexiest woman'.

4 Moran, 'I have 50 facemasks and I intend to use them'.

5 Hensel, 'Gender parity in all areas'.

6 Clinton, *What Happened.*

7 Sontag, 'The double standard of aging'.

8 저자와의 인터뷰(2019).

9 Beard, *Women and Power.*

10 See https://nationalpost.com/health/why-a-growing-number-of-young-women-are-using-botox-before-they-have-wrinkles

11 저자와의 인터뷰(2019).

12 저자와의 인터뷰(2018).

13 저자와의 인터뷰(2019).

14 Gillard and Okonjo-Iweala, *Women and Leadership.*

15 저자와의 인터뷰(2019).

16 저자와의 인터뷰(2019).

17 저자와의 인터뷰(2019).

18 저자와의 인터뷰(2019).

19 저자와의 인터뷰(2019).

20 Rosette et al., 'Race matters for women leaders'.

21 Weitz, 'Women and their hair'.

22 Wieckowski, 'For women in business, beauty is a liability'.

23 Bernard et al.,'An initial test of the cosmetics dehumanization hypothesis'.

24 Howlett et al., 'Unbuttoned'.

25 저자와의 인터뷰(2020).

26 Wieckowski, 'For women in business, beauty is a liability'.

27 저자와의 인터뷰(2019).

28 저자와의 인터뷰(2019).

29 Petter, 'Tackling workplace sexism could boost economy'.

30 저자와의 인터뷰(2019).

14장

1 Baird, 'Women, own your "Dr" titles'.

2 Evans, '"It's Dr, not Ms"'.

3 Criado Perez, 'She called the police'.

4   Doran and Berdahl, 'The sexual harassment of uppity women'.

5   Jane, *Misogyny Online*.

6   Weiss, 'Is this the only way to escape trolls?'.

7   위의 글.

8   Penny, 'A woman's opinion'.

9   Gardiner et al., 'The dark side of Guardian comments'.

10   Amnesty International, *Troll Patrol Findings*.

11   Thomas et al., 'Not for the faint of heart'.

12   Elliott, 'Brexit abuse forces MPs to move house'.

13   Jane, *Misogyny Online*.

14   Hess, 'Why women aren't welcome on the internet'.

15   위의 글.

16   Badham, 'A man lost his job for harassing a woman online?'.

17   저자에게 보낸 이메일(2019).

18   Bosson and Vandello, 'Precarious manhood'.

19   Phillips, 'Unforgiven'.

20   저자와의 인터뷰(2019).

21   저자와의 인터뷰(2019).

22   저자와의 인터뷰(2020).

23   Kimmel, Angry White Men.

24   저자와의 인터뷰(2020).

25   *Economist/YouGov, The Economist/YouGov Poll*.

15장

1   Burgess and Davies, *Cash or Carry?*.

2   Croft et al., 'The second shift reflected in the second generation'.

3   Karpowitz and Mendelberg, *The Silent Sex*.

4   위의 책.

5   위의 책.

6   Bauer and Baltes, 'Reducing the effect of stereotypes'.

7   Bohnet et al., 'When performance trumps gender bias'.

8   Heilman and Chen, 'Same behavior, different consequences'.

9   Correll and Simard, 'Vague feedback is holding women back'.

10 Livni, 'Your workplace rewards men more'.

11 Karpowitz and Mendelberg, *The Silent Sex*.

12 Brescoll et al., 'Hard won and easily lost'.

13 Moscatelli et al., 'Men should be competent, women should have it all'.

14 Trix and Psenka, 'Exploring the color of glass'.

15 Cullen and Perez-Truglia, *The Old Boys' Club*.

16 Cihangir et al., 'Men as allies against sexism'.

17 Eagly and Carli, 'Women and the labyrinth of leadership'.

18 Leibbrandt and List, 'Do women avoid salary negotiations?'.

19 Universitat Pompeu Fabra, Barcelona, 'Women are 30 percent less likely to be considered'.

20 Johnson et al., 'If there's only one woman in your candidate pool'.

21 Levashina et al., 'The structured employment interview'.

22 Castilla, 'Accounting for the gap'.

23 Dobbin and Kalev, 'Why diversity programs fail'.

24 Sadker and Sadker, *Final Report*.

25 Sadker et al., *Still Failing at Fairness*.

26 위의 책.

27 위의 글.

28 Lavy and Sand, *On the Origins of Gender Human Capital Gaps*.

29 Bates, 'We must act to stop sexism'.

30 UK Feminista and National Education Union, *'It's Just Everywhere'*.

31 위의 글.

32 BBC Media Centre, 'No more boys and girls'.

33 Bennedsen et al., *Do Firms Respond to Gender Pay Gap Transparency?*.

34 Beaman et al., 'Female leadership raises aspirations'.

35 Gillard and Okonjo-Iweala, Women and Leadership.

36 저자와의 인터뷰(2020).

37 저자와의 인터뷰(2019).

38 저자와의 인터뷰(2019).

39   저자와의 인터뷰(2019).

40   저자와의 인터뷰(2019).

김진주

연세대학교 심리학과를 졸업하고 동 대학원에서 성격 및 사회심리학 석사 학위를 취득했다. 글밥아카데미 영어 출판번역 과정을 수료하고 바른번역 소속 번역가로 활동하고 있다. 옮긴 책으로는 『의미의 지도』, 『예민한 부모를 위한 심리 수업』, 『꿀잠 자는 아이』, 『엄마 마음 설명서』 등이 있다.

평등하다는 착각

초판 1쇄 발행 2023년 3월 27일
초판 2쇄 발행 2023년 12월 5일

지은이 메리 앤 시그하트
옮긴이 김진주
발행인 강선영·조민정
디자인 강수진
펴낸곳 (주)앵글북스
주소 서울시 종로구 사직로8길 34 경희궁의 아침 3단지 오피스텔 407호
문의전화 02-6261-2015 **팩스** 02-6367-2020
메일 contact.anglebooks@gmail.com

ISBN 979-11-87512-82-0 03330

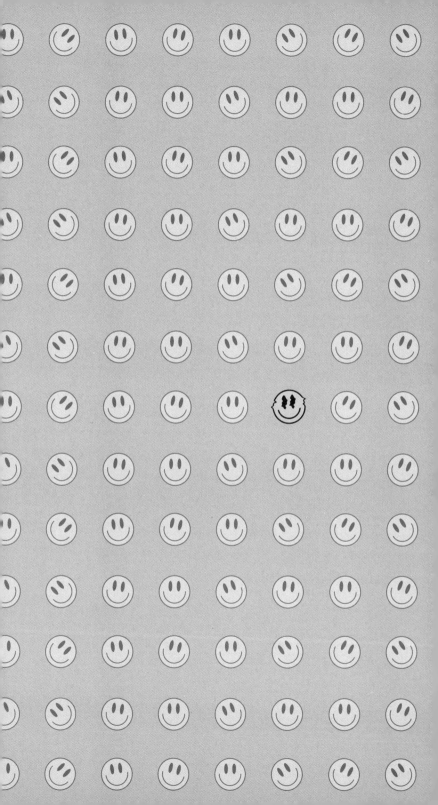

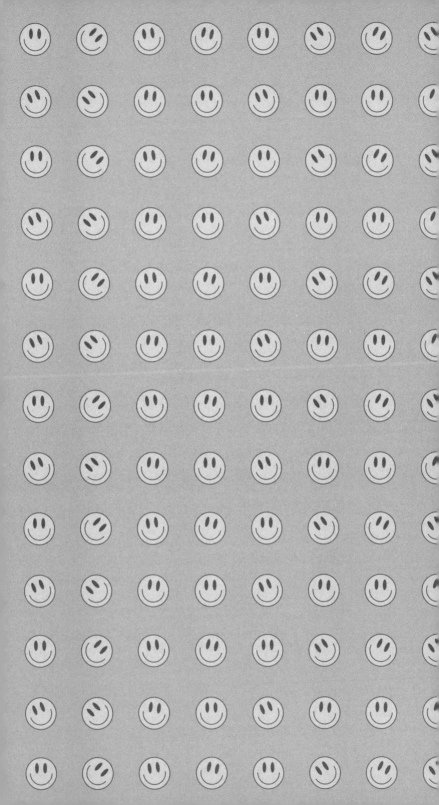

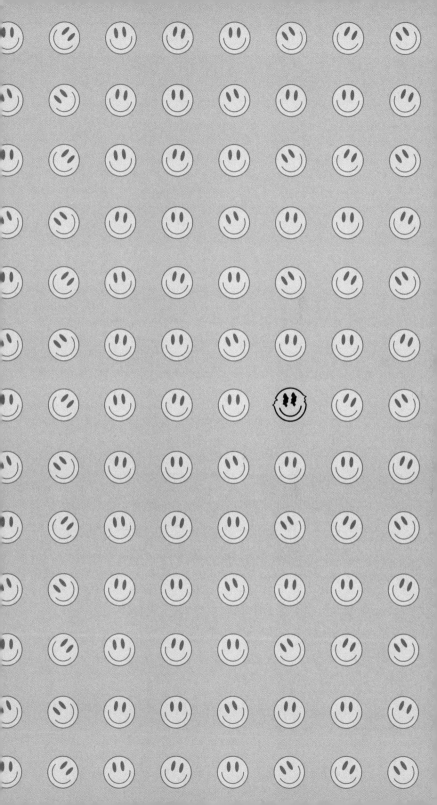

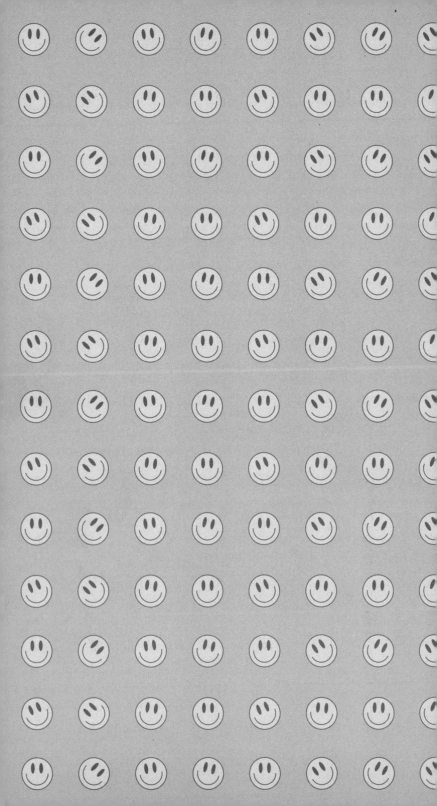